QUALIDADE
E COMPETÊNCIA
NAS DECISÕES

Blucher

PEDRO LUIZ DE OLIVEIRA COSTA NETO
Coordenador

QUALIDADE
E COMPETÊNCIA
NAS DECISÕES

Qualidade e competência nas decisões
© 2007 Pedro Luiz de Oliveira Costa Neto
1ª edição – 2007
1ª reimpressão – 2014
Editora Edgard Blücher Ltda.

Blucher

Rua Pedroso Alvarenga, 1245, 4º andar
04531-012 – São Paulo – SP – Brasil
Tel 55 11 3078-5366
contato@blucher.com.br
www.blucher.com.br

É proibida a reprodução total ou parcial por quaisquer
meios, sem autorização escrita da Editora.

Todos os direitos reservados pela Editora
Edgard Blücher Ltda.

FICHA CATALOGRÁFICA

Qualidade e competência nas decisões / Pedro Luiz
de Oliveira Costa Neto, coordenador – 1ª edição –
São Paulo: Blucher, 2007.

Vários autores.
Bibliografia.
ISBN 978-85-212-0407-7

1. Decisões I. Costa Neto, Pedro Luiz de Oliveira.

07-1165   CDD-658.403

Índices para catálogo sistemático:
1. Decisões: Administração executiva   658.403
2. Tomada de decisões: Administração executiva   658.403

A todos os autores,
sem cujo comprometimento
e dedicação este livro não seria possível

À Sirlei Aparecida de Souza,
pela paciência infinita que
demonstrou ao organizar o material

VI   Qualidade e Competência nas Decisões

APRESENTAÇÃO

Este livro foi concebido devido à importância que o ato de decidir apresenta na vida das pessoas e das organizações em geral. Com este pano de fundo, são apresentados aspectos do problema decisório em variados contextos da realidade empresarial.

Assim sendo, o livro interessa não somente àqueles que tenham, no seu dia-a-dia, que conviver com o problema da tomada de decisões, mas a todos os interessados que queiram observar, nos seus aspectos básicos, um painel contendo grande parte dos assuntos que interessam à Administração Empresarial e à Engenharia de Produção. O livro pode também ser utilizado como apoio didático em níveis distintos, como graduação, especialização e pós-graduação, além de se mostrar interessante ao público em geral.

Ante a pluralidade de situações em que a questão decisória se coloca, foi necessário convidar diversos especialistas, para que pudessem apresentar o problema em suas respectivas áreas de atuação. Com isto, a obra torna-se, também, necessariamente plural quanto a estilos, abordagens, profundidade, extensão de capítulos e outros aspectos relacionados com a visão e as características de cada autor. Embora tenha buscado inicialmente promover uma padronização dos capítulos, a coordenação acabou decidindo não interferir nessa questão, por não julgar adequado, nem tampouco viável.

A riqueza desta visão multifacetada do cenário decisório permitirá ao leitor, com certeza, complementar a abordagem de outras obras existentes no campo das decisões. As ferramentas de apoio à decisão aqui descritas vêm se tornando tema nos principais cursos internacionais de gestão. Esses cursos abordam a necessidade atual de todo dirigente, que é integrar a definição de iniciativas (projetos, programas e ações) alinhadas aos objetivos estratégicos das corporações com a mitigação dos riscos do negócio, otimizando os recursos disponíveis. Os temas que o leitor terá contemplado, apresentados pelos colaboradores desta obra, resumem toda a sua experiência prática na aplicação de metodologias estruturadas.

Agradecemos aos diversos colegas, amigos e colaboradores que aceitaram participar do desafio de produzir este livro. Sem seu esforço, este projeto não teria sido possível. Esperamos que essa dedicação seja plenamente compensada pela utilidade que o presente trabalho tenha para a comunidade à qual se destina.

A coordenação

VIII   Qualidade e Competência nas Decisões

APRESENTAÇÃO DOS AUTORES

Ângela Maria Neis

Engenheira pela Universidade Federal de Santa Maria. Pós-graduada pela FAAP e mestranda do Programa de Engenharia de Produção da Universidade Paulista. Engenheira de Desenvolvimento de Produto na DaimlerChrysler do Brasil.

Antonio Roberto Pereira Leite de Albuquerque

Professor Titular do Programa de Pós-Graduação em Engenharia de Produção da UNIP. Líder do Grupo de Pesquisa do CNPq "Ferramentas de Inteligência Artificial para Tomada de Decisão". Presidente da Associação Pesquisadores sem Fronteira.

Antonio Teodoro Ribeiro Guimarães

Especialista em administração de empresas pela FGV e mestre em estratégia empresarial pela UNICID, é professor convidado da pós-graduação da Universidade Mackenzie. Estuda estratégia competitiva de empresas em *clusters* e em redes de negócios. Autor do livro Diagnóstico de Cluster de Negócios.

Biagio Fernando Giannetti

Químico pela Faculdade de Filosofia, Ciências e Letras de São Bernardo do Campo. Mestre e Doutor em Ciências pela Universidade de São Paulo. Professor Titular do Programa de Pós-Graduação em Engenharia de Produção da Universidade Paulista.

Cecília Maria Villas Bôas de Almeida

Engenheira pela Universidade Presbiteriana Mackenzie. Mestre e Doutora em Ciências pela Universidade de São Paulo. Professora Titular do Programa de Pós-Graduação em Engenharia de Produção da Universidade Paulista.

Edmilson Alves de Moraes

Engenheiro pelo Instituto de Educação Superior Santa Cecília, Mestre e Doutor em Administração de Empresas pela Fundação Getulio Vargas e professor do programa de Mestrado em Administração do Centro Universitário da FEI.

Flavio Cesar Faria Fernandes

Engenheiro pela Escola de Engenharia de São Carlos-USP (EESC-USP), Mestre em Engenharia de Produção pela EP-USP, Doutor em Engenharia pela EESC-USP, pós-Doutor em Planejamento e Controle da Produção pela Universidade de Nottingham (Inglaterra) e Professor Associado da Universidade Federal de São Carlos (UFS-Car).

Israel Brunstein

Engenheiro de Produção pela Escola Politécnica da USP. Professor Titular do Departamento de Engenharia de Produção da Escola Politécnica da USP. Professor Titular do Programa de Pós-Graduação em Engenharia de Produção da UNIP. Consultor técnico de várias empresas públicas e privadas e de órgãos de fomento.

Ivanir Costa

Bacharel em Física pela USP (1972), Mestre em Engenharia de Produção pela UNIP (1999), Doutor em Engenharia de Produção pela Escola Politécnica da USP (2003). Professor Titular do Programa de Mestrado da UNIP. Coordenador e professor de pós-graduação do SENAC, professor de pós-graduação da Fundação Vanzolini e professor de graduação da FASP

Jair Minoro Abe

Bacharel e Mestre em Matemática pelo Instituto de Matemática e Estatística da USP e Doutor pela Faculdade de Filosofia, Letras e Ciências Humanas da USP. Foi Professor Visitante de diversas universidades brasileiras e estrangeiras, entre elas a Hokkaido University do Japão. Atualmente, é Professor Titular da Universidade Paulista.

Jorge Mitsuru Matsuoka

Engenheiro, Mestre e Doutor em Engenharia de Produção pela Escola Politécnica da USP. Professor de Comportamento Humano na Organização do ISE – Instituto Superior da Empresa

José Benedito Sacomano

Doutor em Engenharia de Produção pela Escola de Egenharia de São Carlos, da USP. Professor Titular de Programa de Pós-Graduação em Engenharia de Produção da UNIP - Universidade Paulista.

José Paulo Alves Fusco

Professor Titular do Programa de Pós-Graduação em Engenharia de Produção da UNIP. Professor Adjunto Livre-Docente da UNESP – Universidade Estadual Paulista, FEB – Faculdade de Engenharia de Bauru.

José Roberto Lopes

Bacharel em Ciências Contábeis pelo Instituto de Ensino Superior Santo André (IESA), Mestre em Administração pela Universidade Federal do Rio Grande do Sul (UFRGS), Doutor em Engenharia de Produção pela UFSCar, Professor Adjunto da Universidade Federal da Grande Dourados (UFGD) e Diretor da Faculdade de Administração, Ciências Contábeis e Economia da UFGD.

Marcelo Kenji Shibuya

Engenheiro pela FEI, mestre pela Universidade Paulista, consultor de empresas e professor das disciplinas de Gestão da Qualidade e PCP da Faculdade Politécnica de Jundiaí.

Marcelo Salazar

Engenheiro de Produção pela UFSCar, vice-presidente do NAPRA – Núcleo de Apoio à População Ribeirinha da Amazônia. Consultor de planejamento, produção e comercialização de produtos florestais não madeireiros, especialmente da Floresta Amazônica.

Mario Mollo Neto

Engenheiro Industrial pela Universidade São Judas Tadeu - SP, Mestre em Engenharia de Produção pela UNIP e Doutorando em Engenharia Agrícola pela UNICAMP. Professor Titular do Centro Universitário Padre Anchieta de Jundiaí e Pesquisador do Departamento de Bioengenharia do Centro de Tecnologia da UNICAMP.

Mauro de Almeida Toledo

Engenheiro Agrônomo pela ESALQ/USP e licenciado em Matemática pela UNISANTANA. Especialista em Educação Ambiental pelo Centro de Recursos Hídricos e Ecologia Aplicada da EESC/USP.

Moacir Godinho Filho

Engenheiro pela UFSCar, Mestre em Engenharia de Produção pela UFSCar, Doutor em Engenharia de Produção pela UFSCar, pos-doc com início em janeiro de 2007 na Universidade de Wisconsin at Madison (EUA) e Professor Adjunto da Universidade Federal de São Carlos (UFSCar).

Nilton Nunes Toledo

Engenheiro Mecânico de Produção, Mestre em Engenharia Mecânica e Doutor em Engenharia de Produção pela Escola Politécnica da USP. Professor da EPUSP e da FEA/USP. Foi Diretor Industrial de várias empresas e Vice-Presidente do Project Management Institute. Atual conselheiro do PMI e membro da comissão de ensino da SAE Brasil.

Oduvaldo Vendrametto

Doutor em Engenharia de Produção pela EPUSP, coordenador e professor do Programa de Pós-Graduação em Engenharia de Produção da UNIP – Universidade Paulista (mestrado e doutorado).

Pedro Luiz de Oliveira Costa Neto

Engenheiro pelo ITA, Mestre pela Stanford University e Doutor em Engenharia de Produção pela Escola Politécnica da USP, professor aposentado da Escola Politécnica e Professor Titular do Programa de Pós-Graduação em Engenharia de Produção da UNIP – Universidade Paulista.

Ricardo Ferrari Pacheco

Bacharel em Ciências da Computação pela UFSCar, Mestre em Engenharia de Produção pela UFSCar, Doutor em Engenharia de Produção pela Escola Politécnica da USP e Professor Adjunto da Universidade Católica de Goiás (UCG).

Roberto Bazanini

Bacharel em Administração de Empresas, Filosofia e Pedagogia. Mestre em Comunicação Social pela UMESP, Doutor em Comunicação e Semiótica pela PUC/SP. Profissional na área de Propaganda e Marketing, Professor Titular do Mestrado em Administração da Universidade Paulista.

Roberto Camanho

Engenheiro mecânico pela Faculdade de Engenharia Industrial, estágio de especialização em automação na École D'arts et Métiers de Bourdeaux. Consultor em instituições financeiras, indústrias e governo para solução de problemas complexos através da aplicação de modelos matemáticos. Professor das cadeiras de Pesquisa Operacional e Gestão de Negócios na Escola Superior de Propaganda e Marketing.

Rogério Monteiro

Tecnólogo pela FATEC-SP, Mestre e Doutor em Engenharia Mecânica pela UNICAMP, Diretor do Centro Tecnológico da Zona Leste (FATEC-ZL e ETE-ZL), Professor Associado da Universidade Presbiteriana Mackenzie, professor convidado nos cursos de Pós Graduação em Engenharia da Produção na Universidade São Judas Tadeu e na Universidade Padre Anchieta (Jundiaí).

Sérgio Baptista Zaccarelli

Engenheiro pela Escola Politécnica, livre-docente aposentado e professor emérito da FEA, ambas faculdades da Universidade de São Paulo. Desenvolve novas teorizações sobre a mudança nas empresas, ao lado da continuidade dos estudos na área da estratégia competitiva. É autor, entre outros, do livro Estratégia e Sucesso nas Empresas.

Silvia Helena Bonilla

Química pela Universidad de la República (Uruguai). Doutora em Ciências pela Universidade de São Paulo. Professora Titular do Programa de Pós-Graduação em Engenharia de Produção da Universidade Paulista.

Qualidade e Competência nas Decisões

CONTEÚDO

1 A tomada de decisão 1
    1.1   Introdução 1
    1.2   Exemplos históricos 2
    1.3   Decisões políticas 3
    1.4   Estrutura do livro 5
          Referências 7

2 Decisões com qualidade 9
    2.1   Fatores para a qualidade das decisões 9
          2.1.1   Decisões tomadas racionalmente 9
          2.1.2   Decisões baseadas em fatos e dados 10
          2.1.3   Decisões economicamente pesadas 11
          2.1.4   Decisões baseadas na experiência 12
          2.1.5   Decisões visando o futuro 12
          2.1.6   Decisões consensuais 14
          2.1.7   Decisões baseadas na consolidação de indicações 15
          2.1.8   Decisões justas e legais 16
          2.1.9   Decisões criativas e inovadoras 17
          2.1.10 Decisões corajosas x prudentes 18
          2.1.11 Decisões inspiradas em paradigmas 19
    2.2   Competência e sabedoria 19
    2.3   Os sete pecados capitais 21
    2.4   Dominância e admissibilidade 23
          Referências 25

3 Decisões e estratégia 27
    3.1   Introdução 27
    3.2   A revolução no pensamento estratégico 29
    3.3   Os raciocínios lógicos e de estratégia competitiva 31
    3.4   A vantagem competiviva 33
          3.4.1   As estratégias complementares 34
          3.4.2   O vencer os competidores 37
    3.5   O convívio da estratégia para vencer com a lógica 40
    3.6   Conclusão 42
          Referências 43

XVI Qualidade e Competência nas Decisões

4 Decisões empresariais: paradigmas comportamentais dos indivíduos 45
   4.1   Introdução 45
   4.2   Os cinco paradigmas comportamentais 47
        4.2.1   O paradigma racional 47
        4.2.2   O paradigma organizacional...............................49
        4.2.3   O paradigma racional limitado 51
        4.2.4   O paradigma *garbage can* 54
        4.2.5   O paradigma político 56
   4.3   Análise dos fatores preponderantes no processo decisório no contexto de cada paradigma...57
   4.4   Considerações finais..59
        Referências...59

5.   Decisões na administração...63
   5.1   As funções da administação 63
   5.2   Planejamento...64
        5.2.1   Preocupações do planejamento...........................65
        5.2.2   Níveis de planejamento 65
   5.3   Organização..67
        5.3.1   Preocupações da organização.............................68
        5.3.2   Autoridade e responsabilidade 68
        5.3.3   Fontes de autoridade 69
        5.3.4   Níveis de competência 70
   5.4   Direção 71
        5.4.1   Preocupações da direção 71
        5.4.2   Eficiência e eficácia 72
        5.4.3   Liderança 72
        5.4.4   Motivação...75
        5.4.5   Comando eficaz..77
        5.4.6   Uso de reuniões 78
   5.5   Controle 79
        5.5.1   Preocupações do controle...................................81
   5.6   As organizações na organização 82
   5.7   Pecados capitais na administração......................................83
        Referências...84

6.   Decisões na gestão da qualidade 85
   6.1   Qualidade e produtividade...85
   6.2   Competitividade 87
   6.3   Os gurus da qualidade...89
   6.4   O processo de melhoria 90
   6.5   Ferramentas para a melhoria 92
   6.6   Qualidade em serviços 93

6.7	Sistemas de gestão	96
	Referências	104

7. Decisões na gestão de projetos 107
- 7.1 Decisões mais comuns 107
- 7.2 Aspectos relevantes 108
- 7.3 A realização do projeto 109
  - 7.3.1 Estudo de viabilidade 111
  - 7.3.2 Qualidade 111
  - 7.3.3 Suprimentos 111
  - 7.3.4 Riscos 112
  - 7.3.5 Comunicações 114
  - 7.3.6 Controles 114
- 7.4 Recomendações finais 117
- Referências 117

8. Decisões em tecnologia 119
- 8.1 O que é tecnologia? 119
- 8.2 Ciência e tecnologia 120
- 8.3 Inovação tecnológica 123
- 8.4 Um pouco da nossa história 126
  - 8.4.1 A tecnologia nos países emergentes 126
  - 8.4.2 Paralelo 38 128
  - 8.4.3 Coréia do Sul, a vencedora 128
- 8.5 Pressupostos para a tomada de decisão 133
- 8.6 Paradigmas para decisão em tecnologia 134
- 8.7 Mais segurança para a sua decisão 137
- Referências 139

9. Decisões lógicas e argumentação 141
- 9.1 Argumentação na tomada de decisão 141
  - 9.1.1 O que é tomada de decisão? Por que é difícil? 141
  - 9.1.2 O que é e para que serve argumentar? 141
- 9.2 Lógica e argumentação 144
  - 9.2.1 Lógica formal ou simbólica 144
  - 9.2.2 Lógica informal 145
  - 9.2.3 Lógica formal x lógica informal 145
- 9.3 O que é argumento 145
  - 9.3.1 Identificando as premissas, indicadores de inferência e de conclusão 146
  - 9.3.2 Argumentos complexos 147
  - 9.3.3 Diagrama dos argumentos 148
  - 9.3.4 Argumentos convergentes 149
  - 9.3.5 Enunciados implícitos 150

XVIII Qualidade e Competência nas Decisões

9.4	Avaliação de um argumento	151
	9.4.1 Verdade das premissas	152
	9.4.2 Veracidade da conclusão	152
	9.4.3 Relevância das premissas	154
	9.4.4 Exigência da total relevância	155
9.5	Falácias	155
	9.5.1 Tipos e exemplos de falácias	155
9.6	Análise de um argumento	159
	9.6.1 Construa a árvore do argumento	159
	9.6.2 Formalização	160
9.7	Conclusões	161
	Referências	161

10. Decisões multicritério 163

10.1	As dificuldades para decidir	163
10.2	Histórico do AHP	165
10.3	Processo de análise hierárquica	166
10.4	Caso: Gestão do portfólio de projetos	174
	10.4.1 Demanda da área de TI da empresa	175
10.5	Conclusões	181
	Referências	181

11. Decisões sob incerteza 183

11.1	O problema decisório	183
11.2	Teoria da utilidade	189
11.3	Exercícios propostos	192
	Referências	194

12. Decisões econômicas 195

12.1	Fundamentos de Matemárica Financeira	195
12.2	Outros conceitos	199
	12.2.1 Investimentos e empréstimos	199
	12.2.2 Amortização e juros	199
	12.2.3 Taxas equivalentes	200
	12.2.4 Taxas nominal e real	200
	12.2.5 Taxa real, intrínseca ou interna de retorno (TIR)	201
12.3	Decisão entre as alternativas	202
	12.3.1 Interpretação da taxa de equivalência	202
	12.3.2 Critérios de decisão	203
	12.3.3 Incompatibilidade entre os critérios	204
12.4	Exercícios propostos	204
	Referências	205

Qualidade e Competência nas Decisões **XIX**

13. Decisões financeiras: avaliação de investimentos 207
13.1 Introdução 207
13.2 Definição e classificações de investimentos 208
13.3 O processo de avaliação 209
    13.3.1 Aspectos quantitativos na avaliação de investimentos...........212
    13.3.2 Relações entre o período de retorno e a taxa interna
        de retorno 215
    13.3.3 Método do índice de lucratividade 217
    13.3.4 Método do período de retorno descontado..............217
13.4 Considerações da incerteza 218
    13.4.1 Análise de sensibilidade 219
    Referências 221

14. Decisões sobre sistema de custeio: uma proposta 223
14.1 Introdução 223
14.2 O relacionamento entre o processo decisório e os sistemas
    de custeio 226
14.3 O relacionamento entre o grau de complexidade dos sistemas
    de produção e os sistemas de custeio.......................................230
14.4 O relacionamento entre estratégia competitiva e os sistemas
    de custeio 236
14.5 O processo decisório proposto 238
14.6 Estudos de caso...240
14.7 Considerações finais..242
    Referências 243

15. Decisões no planejamento e controle da produção 245
15.1 Introdução 245
15.2 Introdução ao processo de decisão no PCP.............................246
15.3 Os novos paradigmos produtivos 250
    15.3.1 Manufatura enxuta (*just-in-time*)..........................251
    15.3.2 Do MRP ao ERP...252
    15.3.3. Manufatura responsiva 254
    15.3.4 Manufatura ágil 256
15.4 O processo decisório no cenário competitivo...........................258
15.5 Conclusão 260
    Referências 260

16. Decisões em redes de empresas e cadeias de fornecimento 263
16.1 Introdução 263
16.2 Metodologia da pesquisa..265
16.3 Revisão da bibliografia 266
16.4 Redes de empresas e cadeias de fornecimento.........................269
16.5 Alianças estratégicas...271

XX Qualidade e Competência nas Decisões

16.6 O modelo de redes simultâneas..273
16.7 Estudo de caso 277
    16.7.1 Indústria automotiva – apresentação 277
    16.7.2 Indústria automotiva – análise dos relacionamentos............279
16.8 Conclusão 281
    Referências..282

17. Decisões em logística 285
17.1 Apresentação das ferramentas 285
    17.1.1 Curva ABC 285
    17.1.2 Gráfico dente de serra...286
    17.1.3 Lote econômico de compra (LEC) 287
    17.1.4 Roteirização 288
    17.1.5 Custos totais e compensações logísticas (*trade-off*)..............290
    17.1.6 Custeio baseado em atividades.................................292
    17.1.7 Estratégias logísticas...292
    17.1.8 Análise de investimento 294
    17.1.9 Técnicas híbridas de análise de investimento..........294
17.2 Considerações finais...296
    Referências..297

18. Decisões em tecnologia da informação 299
18.1 A tecnologia de informação (TI) 299
18.2 A gestão de TI e o gerente de TI...300
18.3 Objetivos e impactos da TI nas oragnizações 301
18.4 Governança de TI..305
18.5 Alinhamento entre negócios e TI 308
18.6 Modelos de governança de TI (COBIT, ITIL e BSC) 309
    18.6.1 COBIT 309
    18.6.2 ITIL..310
    18.6.3 BSC (*Balanced Scorecard*) 311
18.7 Conclusões...312
    Referências..312

19. Decisões e sustentabilidade ambiental 315
19.1 Introdução 315
19.2 O desafio do desenvolvimento sustentável............................316
19.3 A pirâmide das decisões e suas lições.....................................319
    19.3.1 Questionamentos práticos 324
    19.3.2 A necessidade 324
19.4 A ferramenta 325
19.5 Um exemplo prático..327
    19.5.1 O diagnóstico ambiental...328
19.6 Comentários finais e conclusões..334
    Referências..336

20. Decisões em marketing 337

20.1 O nascimento e evolução do marketing 337

    20.1.1 Os primórdios do marketing 338

    20.1.2 O marketing moderno 339

    20.1.3 O marketing pós-moderno 341

20.2 Análise em marketing 345

    20.2.1 Estrutura de empresas orientadas para o mercado 346

    20.2.2 Estrutura das empresas orientadas para o marketing...........347

    20.2.3 Análise global para evitar a miopia 349

    20.2.4 Sistema de informação de marketing (SIM) 350

20.3 Decisões em marketing.................................350

    20.3.1 Decisões em relação ao planejamento.................................350

    20.3.2 Decisões em relação aos elementos do mercado................351

    20.3.3 Decisões em relação aos produtos e preços.................352

    20.3.4 Decisões em relação ao canal de distribuição.................353

    20.3.5 Decisões em relação ao mercado-alvo e à divulgação de produtos.................................354

    20.3.6 Decisões em relação ao relacionamento e fidelização...........356

20.4 Discussões em marketing sobre os riscos do mercado 357

20.5 Conclusão 361

    Referências.................................362

21. Decisões quanto ao tipo psicológico.................................363

21.1 Um modelo das motivações humanas 363

    21.1.1 A teoria motivacional de Pérez López.................................364

    21.1.2 O perfil motivacional individual 365

    21.1.3 O líder, um formador de pessoas 366

21.2 Um modelo de tipos psicológicos 367

    21.2.1 Os quatro tipos básicos de temperamento: a busca de perfeição própria de cada um 367

21.3 Padrões individuais de atitude e comportamento no trabalho.............370

    21.3.1 Como operam os quatro tipos psicológicos: qualidades naturais e deficiências potenciais 371

    21.3.2 O perfil motivacional de cada tipo psicológico.................372

    21.3.3 Os quatro tipos psicológicos na condição de líder.................373

    21.3.4 Trabalho em equipe: preferências peculiares a cada tipo psicológico.................................374

    21.3.5 O espírito empreendedor 375

21.4 Abordagem ética da gestão individualizada de pessoas.................376

    Referências.................................377

22. Decisões usando mapas cognitivos 379

22.1 Introdução 379

22.2 O mapeamento cognitivo – conceitos 381

XXII Qualidade e Competência nas Decisões

22.3 Construindo um mapa cognitivo 384
22.4 Considerações finais..385
Referências 386

23. Decisões usando Inteligência Artifical 387
23.1 A Inteligência Artificial 387
23.2 A emulação do conhecimento 389
    23.2.1 Processo de aquisição do conhecimento.....................390
    23.2.2 Automatização do conhecimento 391
23.3. Origens e características iniciais da IA 391
    23.3.1 Habilidades para a decisão...392
    23.3.2 Principais técnicas..392
23.4 O processo de decisão nas empresas 393
23.5 Sistemas especialistas para as empresas 394
    23.5.1 Arquitetura de sistemas especialistas 395
    23.5.2 Vantagens dos sistemas especialistas..........................396
    23.5.3 Categorias de sistemas especialistas 396
    23.5.4 Os novos sistemas especialistas em plataforma *web*..............397
23.6 Conclusão 397
Referências 398

24. Decisões consistentes sobre o inconsistente 401
24.1 A ciência Lógica 403
24.2 Lógicas clássicas e não-clássicas 404
24.3 Lógica paraconsistente 406
    24.3.1 Teorias inconsistentes e teorias triviais 407
    24.3.2 Conceituação de lógica paraconsistente 408
    24.3.3 Lógica e imprecisão..408
    24.3.4 A lógica paraconsistente modelando o conhecimento
            humano 409
    24.3.5 A lógica paraconsistente anotada (LPA).......................411
24.4 Sistemas de apoio à decisão: exemplos e comentários finais 412
Referências 416

25. Decisões baseadas no *Balanced Scorecard*...........................419
25.1 O *Balanced Scorecard* (BSC) 419
25.2 Perspectivas do *Balanced Scorecard* 422
    25.2.1 Perspectiva financeira 423
    25.2.2 Perspectiva dos clientes..424
    25.2.3 Perspectiva dos processos internos da organização..............425
    25.2.4 Perspectiva de aprendizado e crescimento...................426
25.3 Integração à estratégia..428
25.4 Conclusão 429
Referências 430

Qualidade e Competência nas Decisões **XXIII**

26. Decisões no agronegócio 433
26.1 Introdução 433
    26.1.1 Exemplo histórico 435
    26.1.2 Decisões políticas 435
    26.1.3 Estrutura do capítulo 436
26.2 O que produzir? Onde produzir? 437
    26.2.1 Conceito de capacidade de uso dos solos 437
    26.2.2 Cadeias de produção agropecuária........................ 438
    26.2.3 Sazonalidade da produção e dos mercados........... 440
    26.2.4 Fatores ambientais 442
26.3 Conclusão 449
    Referências 450

27. Mais sobre decisões 451
27.1 Decisões empreendedoras... 451
27.2 Metodologia Delphi 453
27.3 Modelos determinísticos 453
27.4 Modelos probabilísticos.. 455
27.5 O papel da Estatística 456
27.6 Mais sobre dominância... 458
27.7 Teoria dos jogos... 462
    Referências 463

Anexo I... 465
Anexo II 467

XXIV   Qualidade e Competência nas Decisões

1 A TOMADA DE DECISÃO

Pedro Luiz de Oliveira Costa Neto

1.1 Introdução

Decidir é uma ação à qual pessoas e entidades estão permanentemente submetidas. As decisões podem variar das mais simples, como "que camisa usarei hoje", às mais complexas, como a de uma grande organização que deve optar se compra ou não os ativos de uma outra empresa, com todas as vantagens e dificuldades que isso pode representar.

Este livro se preocupa em oferecer aos seus leitores subsídios para melhorar a qualidade de suas decisões em variadas situações. Evidentemente, não se contemplarão situações como a primeira acima citada, de cunho estritamente pessoal e sem conseqüências práticas diretas. A preocupação dos autores está centrada em fornecer elementos para decisões pessoais ou empresariais que podem, se forem bem ponderadas, resultar em benefícios para quem decide ou para sua organização, com a contrapartida de um resultado negativo se o oposto ocorrer.

Ou seja, serão abordadas diversas situações freqüentes na vida de pessoas e entidades, nas quais a tomada de decisão em geral representa momentos cruciais que podem determinar um avanço ou retrocesso, uma melhoria ou piora, sucesso ou fracasso. Para tais situações, busca-se fornecer orientações que permitam decidir em condições melhores que as de um mero palpite ou opinião pessoal.

A esse respeito, dois pontos devem ser comentados desde já. O primeiro diz respeito à tendência que muitos executivos (ou decisores) têm de confiar cegamente na sua capacidade de decidir com base na experiência ou na intuição, sem levar em conta informações e metodologias que lhes permitam ter muito mais clareza e eficácia naquilo sobre o que decidem. É evidente que, em muitos desses casos, o resultado pode ser adverso, para desagradável surpresa dessas sumidades.

O segundo ponto a deixar claro é que nem sempre a melhor decisão conduz ao melhor resultado. Isto decorre de que, muitas vezes, há informações e realidades que não estão disponíveis ao decisor no momento em que faz a sua opção. Ou seja, em geral influi no resultado de uma decisão o famoso "fator sorte", que pode agir positiva ou negativamente, e que, em última análise, embute os efeitos de diversos fatores desconhecidos, devido às causas ditas aleatórias, impedindo uma tomada de decisão perfeita e isenta de erros. Não se deve, portanto, avaliar a qualidade de uma decisão e do método em que foi baseada apenas em conseqüência dos seus resultados. Uma coisa entretanto, se pode afirmar: é muito mais provável que se colham melhores resultados com de-

2   Qualidade e Competência nas Decisões

cisões tomadas com o amparo de técnicas adequadas, em condições favoráveis, do que através daquelas feitas sem esses devidos cuidados. Esta realidade justifica a existência desde livro, cujo principal objetivo é exatamente contribuir com seus leitores a que se habilitem a decidir da melhor forma possível, utilizando os conceitos, metodologias e técnicas que melhor se apliquem aos seus respectivos problemas decisórios.

1.2   Exemplos históricos

A preocupação com as decisões não é coisa recente. Segundo Buchanan & O'Connell (2006), Confúcio já ensinava que "toda decisão deve ser influenciada pela benevolência, o ritual, a reciprocidade e a piedade filial". Note-se que, no pensamento do antigo filósofo, já estava embutida no termo "reciprocidade" a idéia dos relacionamentos ganha-ganha como suporte às boas decisões.

Quando Caio Júlio César, segundo narra o historiador romano Suetônio, de volta da Guerra da Gália, pronunciou a frase "Alea jacta est!" (A sorte está lançada) e decidiu, correndo todos os riscos, desafiar a proibição existente, atravessar o Rio Rubicão e impor-se vitorioso em Roma, dando fim à objurgação de Pompeu, estava certamente, de alguma forma, influindo no rumo da História Universal.

Mais ou menos à mesma época, se Jesus Cristo, na Terra Santa, não se houvesse feito cercar por um conjunto de discípulos que, após a sua morte, se encarregariam de espalhar a sua doutrina, talvez sua pregação hoje nem fosse conhecida, não existisse o Cristianismo e a História Universal fosse completamente diferente. Quão sábia foi, administrativamente falando, a providência gerencial de Jesus, tendo em vista o sucesso de sua causa!

Segundo Menzies (2002), na primeira metade do século XV, quando Cristóvão Colombo ainda não tinha nascido, os chineses estiveram na América com as enormes caravelas que haviam construído, capazes de cruzar o Oceano Pacífico, muito maiores do que as que seriam, décadas após, utilizadas pelo genovês. O imperador chinês da época, entretanto, desdenhou da descoberta, não se interessou pela posse daquelas novas terras e, mais do que isso, mandou destruir a sua frota de navios, talvez por julgá-los inúteis. A ser verdadeira essa narrativa, é espantoso imaginar como o mundo poderia ser hoje, se outra tivesse sido a decisão.

Já durante a Segunda Guerra Mundial, quando o Império Nipônico resolveu atacar de surpresa a VI Frota norte-americana estacionada em Pearl Harbor, visando o domínio do Pacífico, o Almirante Yamamoto, que seria o comandante da operação, pediu audiência ao Imperador Hiroito e lhe manifestou posição contrária à ação, pois implicaria a guerra contra uma nação com capacidade de produção bélica muito superior, sendo a iniciativa, portanto, fadada ao fracasso a longo prazo. A decisão de atacar foi mantida e deu no que deu.

Este exemplo ilustra uma realidade freqüentemente não notada: muitas vezes, a melhor decisão é não agir. Ocorre que, em geral, a inação acaba passando despercebida, ao passo que a ação, quer leve ao sucesso ou ao fracasso, será lembrada. "Falem mal, mas falem de mim" parece ser o lema que orienta muitos irresponsáveis decisores. No meio político, mormente em países que ainda não atingiram a condição designada como de primeiro mundo, este fato é muito comum. Quer se fazer, não em obediência a uma criteriosa avaliação de prioridades, mas visando aparecer, mostrando-se como um profícuo realizador, com o fito de angariar votos da maneira mais eficaz, aproveitando a baixa capacidade de discernimento dos eleitores, por sua vez conseqüência de processos educacionais que deixam a desejar.

Isso remete à diretriz que Tancredo Neves havia enunciado para seu governo que não houve, lida após sua morte pelo empossado vice-presidente José Sarney: "É proibido gastar!" O presidente eleito estava plenamente consciente da importância de se evitarem os contumazes gastos desnecessários que as administrações irresponsáveis costumam praticar.

Uma outra referência ilustra bem a importância de se tomar decisões inteligentes, baseadas no bom senso e não em ímpetos momentâneos sem a devida justificação. Consta que o Marechal Montgomery, comandante das tropas inglesas na Segunda Guerra Mundial, classificava seus oficiais subordinados em quatro categorias, conforme os critérios de inteligência e operosidade. Aos inteligentes e operosos cabiam as missões de combate no *front*, onde decisões críticas e, em geral, rápidas, deviam ser tomadas; aos inteligentes e pouco operosos, ele dava as funções estratégicas, ou seja, as decisões envolvendo ações mais a longo prazo; aos pouco inteligentes e pouco operosos, ele dava as funções burocráticas e de rotina; e dos pouco inteligentes e operosos, ele queria distância. Sábias considerações!

Em tempos mais recentes, citamos o caso da IBM – International Business Machines, multinacional que se especializara na fabricação de *mainframes* e chegara a desdenhar os microcomputadores. Quando estes surgiram com grande força através da concorrência, a empresa passou a produzir seus próprios modelos. Entretanto, a estrutura burocrática e rígida que mantinha não apontava para favorável horizonte competitivo. Uma drástica decisão da alta administração, que, para ser implementada, principalmente envolvendo pagamento de obrigações trabalhistas, representou um custo de bilhões de dólares, transformou a empresa em uma prestadora de serviços no seu ramo e salvou-a da bancarrota. Este é um clássico exemplo de como situações dramáticas fazem aflorar a coragem para tomar decisões drásticas.

1.3   Decisões políticas

Embora não sejam propriamente a razão de ser deste livro, as decisões políticas, embora muito complexas, por envolver interesses diversos e conflitantes, também podem – e devem – ser pautadas pelos princípios que regem as boas decisões em geral.

Ilustramos essa questão com uma comparação entre diversos aspectos da realidade da Coréia do Sul e do Brasil, nos anos de 1960 e 2004, conforme mostrado na Tabela 1.1, como também na Tabela 1.2, referente a 2003.

Qualidade e Competência nas Decisões

Tabela 1.1 – Coréia do Sul x Brasil, 1960 e 2004

ITEM	CORÉIA		BRASIL	
	1960	2004	1960	2004
Renda per capita (US$)	900	17.900	1.800	7.500
Taxa de analfabetismo (%)	33	2	39	13
Mortalidade infantil (por 1.000 nascimentos)	70	5	121	27,5
Jovens na Universidade (%)	7	82	?	18

Tabela 1.2 – Coréia do Sul x Brasil, 2003

ITEM	CORÉIA	BRASIL
Domicílios com acesso à Internet banda larga	85%	3%
Artigos científicos em revistas indexadas (2003)	17.000	12.000
Patentes estrangeiras (2003)	2.947	121
Exportação mútua	Celulares Acessórios de computador Componentes de TV	Milho Soja Suco de laranja

A esse propósito, a revista Veja de 16/02/05 exibiu a essência do modelo educacional coreano, baseado nos pontos apresentados no Quadro 1.1.

Quadro 1.1 – Modelo educacional sul-coreano

1 - Concentrar os recursos públicos no ensino fundamental – e não na universidade – enquanto a qualidade nesse nível for sofrível
2 - Premiar os melhores alunos com bolsas e aulas extras para que desenvolvam seu talento
3 - Racionalizar os recursos para dar melhores salários aos professores
4 - Investir em pólos universitários voltados para a área tecnológica
5 - Atrair o dinheiro das empresas para a universidade, produzindo pesquisa afinada com as demandas do mercado
6 - Estudar mais. Os brasileiros dedicam cinco horas por dia aos estudos, menos da metade do tempo dos coreanos
7 - Incentivar os pais a se tornarem assíduos participantes nos estudos dos filhos

Os dados falam por si mesmos e indicam uma evolução coreana muito superior à que ocorreu em nosso país. Qual a razão disso? Diversas pode haver, mas certamente a principal foi a decisão política do governo daquele país, tomada várias décadas atrás, de investir maciçamente na educação, em todos os níveis, do seu povo, enquanto sabemos que, no Brasil, isso longe está de ser prioridade de governo. De fato, de acordo com estudo publicado em 2005 pelo IPEA – Instituto de Pesquisa Econômica Aplicada, do Ministério do Planejamento, os investimentos do Ministério da Educação entre 1995 e 2003 cairam 58%, passando de R$ 1,874 bilhão/ano para R$ 0,790 bilhão/ano, em valores atualizados pelo IGP-DI (Índice Geral de Preços) da Fundação Getúlio Vargas.

Em contrapartida, porém, temos a nosso favor a existência da EMBRAER – Empresa Brasileira de Aeronáutica, que nos enche de orgulho por ser uma das maiores produtoras mundiais de aviões de excelente qualidade que são comercializados pelo mundo afora, inclusive nas nações mais desenvolvidas.

Como é possível tal milagre? Ora, não somos inferiores a ninguém, mas o "milagre" jamais poderia ter ocorrido se um certo brigadeiro da nossa Aeronáutica, cujo nome é Casimiro Montenegro Neto, não tivesse lutado pela implementação, isso ainda nos anos 40, da criação do ITA – Instituto Tecnológico de Aeronáutica, que, a partir de 1950, forma engenheiros de aeronáutica e eletrônica de alto nível que forneceram a base intelectual para o sucesso de uma grande fabricante de aviões no País.

Citemos também, como caso positivo de decisão governamental bem sucedida, a da implementação do Plano Real, no Governo do Presidente Itamar Franco, que estancou o terrível e pernicioso processo inflacionário que grassava em nossa terra.

1.4 Estrutura do livro

Após este primeiro capítulo introdutório, o Capítulo 2 apresenta uma série de considerações que devem contribuir para melhorar a qualidade das decisões. Essas considerações, incluindo os pecados capitais e a questão da denominância e admissibilidade, são de caráter geral, valendo para quaisquer situações particulares. Já as questões da competência e sabedoria, incluindo o modelo conceitual apresentado, são, a nosso ver, de fundamental importância para a questão decisória.

Outras considerações gerais importantes são dadas nos Capítulos 3 e 4, onde se discutem a função vital e os limites da estratégia e a inevitável questão da influência do comportamento gerencial e humano na tomada de decisões.

Os capítulos 5 e 6 são ainda de aplicabilidade geral, já descendo, entretanto, a aspectos mais específicos voltados à gestão. Um forte relacionamento entre eles é dado pela realidade dos tempos presentes, que associa muito de perto a gestão da qualidade à administração das organizações como um todo.

Baseados na experiência dos seus autores, o Capítulo 7 oferece uma visão prática e realística da decisões em projetos, enquanto o Capítulo 8 se dirige às decisões em ciência e tecnologia.

Capítulo 9, através da análise da argumentação lógica, mostra o caminho para se chegar às decisões corretas sem tropeços no mau uso das informações.

No Capítulo 10 é discutida e apresentada uma ferramenta prática para auxiliar a tomada de decisão quando há vários critérios de referência a serem considerados.

Os Capítulos 11 e 12 oferecem ferramentas para a tomada de decisões em condições de incerteza e perante a consideração dos valores financeiros no tempo.

O Capítulo 13 aprofunda a questão das decisões financeiras, apresentando aspectos reais das condições em que os decisores tradicionalmente exercem suas opções.

O Capítulo 14 se preocupa com a importante questão do sistema de custeio, oferecendo uma interessante discussão a respeito.

No Capítulo 15 é apresentada a evolução dos sistemas usados no planejamento e controle da produção e respectivas decisões, chegando à visão prática moderna da questão.

Já no capítulo 16, aborda-se a atualíssima questão das redes de empresas e cadeias de suprimento, que envolve decisões cruciais para a competitividade sinergética.

O Capítulo 17 aborda a importante questão estratégica da logística sob a ótica das decisões que em geral devem preocupar os decisores ligados à questão.

O Capítulo 18 aborda a atualíssima questão do uso da Tecnologia da Informação e as decisões que isso acarreta.

Não menos importante e atuais são os problemas decisórios referentes ao meio ambiente, tratados no Capítulo 19.

Fundamental para a vida econômica das empresas, o marketing e as competentes decisões são aprofundados no Capítulo 20.

Já o Capítulo 21 traz interessantes considerações de natureza humana e psicológica que muito podem ajudar as decisões referentes à atribuição de responsabilidades.

O Capítulo 22 apresenta mais uma ferramenta muito útil ao processo decisório quando há várias considerações a se fazer em mais de um nível.

No Capítulo 23 é tratado outra questão atual, da Inteligência Artificial, e as correspondentes decisões.

Também atual é a abordagem do Capítulo 24, que enfatiza a Lógica Paraconsistente como ferramenta para decisões em situações não triviais.

O Balanced Scorecard como ferramenta moderna e cada vez mais usada para orientar as decisões empresariais é o tema do Capítulo 25.

O Capítulo 26 é voltado ao agronegócio e suas decisões, oferecendo um painel das preocupações que devem se colocar para os seus responsáveis.

Finalmente, fecha-se o livro com o Capítulo 27, no qual uma miscelânea de tópicos complementares que envolvem decisões é apresentada e discutida.

Referências

- BUCHANAN, l. & O'CONNELL, A. – Uma breve história da tomada de decisões – Harvard Business Review Brasil, vol. 84, nº 1, 08/2006.

- MENZIES, G. – 1421 – The Year China Discovered America – Harper Collins, USA, 2002.

2 DECISÕES COM QUALIDADE

Pedro Luiz de Oliveira Costa Neto

Neste capítulo, abordamos uma série de considerações de caráter geral que certamente contribuem para melhorar a qualidade das decisões a tomar. Algumas delas são baseadas em princípios de racionalidade, outras surgem de manifestações de especialistas. Todas, porém, em seu conjunto, representam sugestões a serem ponderadas pelos envolvidos em processos de opção em que a busca das melhores alternativas se impõe.

2.1 Fatores para a qualidade das decisões

Diversos fatores não excludentes entre si podem contribuir para a tomada das melhores decisões, conforme veremos a seguir. Essa relação, entretanto, não é exaustiva, podendo certamente haver casos em que aspectos não aqui relacionados podem ser importantes.

2.1.1 Decisões tomadas racionalmente

Certamente, uma decisão tomada racionalmente, fruto de um processo cuidadoso de reflexão e do uso de metodologias adequadas, tende a ser melhor do que outra tomada sem esses cuidados. Incluem-se nestas últimas as decisões tomadas com base na intuição, na opinião de terceiros não abalizados e, principalmente, as decisões emocionais.

A forte emoção, muitas vezes, representa uma traiçoeira armadilha para os decisores. Pessoas mais temperamentais costumam ser as maiores vítimas das decisões assim tomadas. Logo, o bom decisor deve evitar fazer opções quando esteja, de alguma forma, emocionalmente envolvido com o problema a resolver.

Sempre que possível, quando um momento de decisão se apresenta e o decisor percebe que está em condição emocional imprópria para a decisão, deve-se buscar adiá-la para uma oportunidade próxima, muitas vezes para o dia seguinte. O pequeno atraso em ter a solução pode ser amplamente compensado pela melhor decisão tomada com a cabeça mais fria.

Esta recomendação, entretanto, não deve ser entendida como uma sugestão de que a decisão seja sistematicamente adiada, ou por receio das possíveis conseqüências, ou por indisposição do decisor em tomá-la.

Há, entretanto, uma situação em que a postergação da decisão, até quando recomendável, pode ser conveniente adotada. Trata-se de situações em que se deseja manter flexibilidade quanto às possíveis direções em que se pretende caminhar como decorrência da escolha feita. Uma das possibilidade para se beneficiar dessa flexibilidade é precisamente dada pelo adiamento das pertinentes decisões, evidentemente enquanto cabível, para poder realizar a opção com um conjunto maior de informações que se espera adquirir com o decurso do tempo.

2.1.2 Decisões baseadas em fatos e dados

Ao menos dois dos principais gurus da Qualidade, sobre os quais se tratará mais ao Capítulo 6, enfatizavam a importância de se pautar as diretrizes e tomar decisões com base em fatos e dados, ao invés de palpites ou opiniões subjetivas. Esta parece ser uma recomendação elementar e simples de ser compreendida, mas uma certa dose de cuidado deve-se ter para a sua efetiva implementação.

Acontece que os dados de que se dispõe podem, muitas vezes, ser enganosos. Dados são conjuntos de informações colhidas da natureza, ou seja, obtidas do fenômeno em estudo. Eles subsidiarão a decisão a ser tomada, podendo ser de natureza qualitativa ou quantitativa.

Os dados, para serem úteis, devem ser transformados em informações das quais se pode extrair conhecimento, que deverá subsidiar as melhores decisões. Os dados *in natura* em geral pouco informam e necessitam de um trabalho estatístico de preparação para passarem a exibir a informação desejada. Esse papel cabe à Estatística Descritiva que, no dizer de Costa Neto (2002), se preocupa com a organização e descrição dos dados experimentais.

Os dados assim organizados e apresentados através de tabelas, gráficos e quantidades descritoras (como a média, a mediana e o desvio padrão) certamente contêm alguma informação, mas em geral se requer avaliar a significância dessa informação para poder servir confiavelmente de base a uma decisão sólida. Esse papel compete à Estatística Indutiva, ou Inferência Estatística, cuja função é, segundo o mesmo autor, analisar e interpretar o conteúdo desses dados. A Figura 2.1. representa a seqüência mencionada.

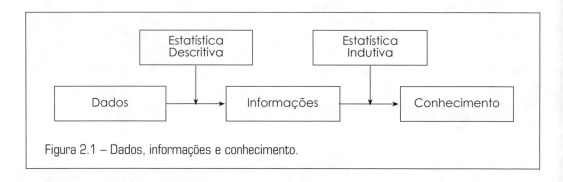

Figura 2.1 – Dados, informações e conhecimento.

Não nos aprofundaremos nestas questões de natureza estatística neste texto, mas desejamos que o leitor as tenha em mente, para evitar a armadilha de usar, em suas decisões, dados referentes a amostras insuficientes ou, pior que isso, viciados em relação à realidade, conduzindo a conclusões precipitadas ou errôneas. Essa questão do vício está ligada a problemas de amostragem, ou seja, que podem ocorrer no processo de coleta dos dados, desde que não executado com os devidos cuidados.

A ciência Estatística dispõe, nos tempos que correm, de inúmeros métodos voltados à organização e análise de dados das mais variadas formas, com base em programas computacionais mais ou menos poderosos. O uso desses programas, entretanto, não é trivial e requer, para evitar erros, um conhecimento básico ou profundo de Probabilidade e Estatística, conforme o caso. Exemplo disso é a formação de *black-belts* e *master-black-belts* na Metodologia Seis Sigma, conforme pode ser visto em Rotondaro (2002). Eles são, na verdade, especialistas com sólida formação estatística capacitados a usar as ferramentas disponíveis na busca de solução para problemas.

Exatamente por ser fundamental para a tomada de decisões, o conhecimento é hoje considerado, juntamente com os recursos humanos capazes de utilizá-lo eficazmente, como importante patrimônio das empresas e organizações, como até mesmo de pessoas. O conhecimento está globalizado, para o que contribui extraordinariamente o advento da *web*. Em contrapartida, existe o problema do excesso de informações, dificultando a separação das informações importantes das inúteis.

Nesse contexto emerge a importância dos sistemas de gestão do conhecimento. Esse processo de gestão passa por três grandes fases: geração ou aquisição, organização e manutenção, disseminação controlada. Terra (2005) oferece uma visão bastante completa dessa problemática, sob a ótica de sua importância para as decisões gerenciais.

2.1.3 Decisões economicamente pesadas

O aspecto econômico, evidentemente, é de fundamental importância para pessoas, empresas e outras entidades, aí incluídos os próprios governos, na sociedade capitalista. Pensadores que se preocupam com a missão das empresas costumam apontar outras razões para a sua existência, mas a obtenção de lucro certamente figura como a principal condicionante das decisões. Este fato deve ser encarado com naturalidade, até porque a empresa deficitária acaba se envolvendo em problemas financeiros, podendo caminhar para uma concordata ou para a própria falência, com graves prejuízos aos seus acionistas e funcionários.

O aspecto econômico ou, mais especificamente, as perdas e ganhos imaginados, em geral são contemplados ao se tomar decisões. Estas podem se dar em diversas circunstâncias, baseadas em conjuntos de informações de natureza distinta, sujeitas a restrições que as influenciam de uma forma ou de outra.

As decisões baseadas em critérios econômicos, como as demais, estão sujeitas a armadilhas que podem atrapalhar a tarefa do decisor. Uma delas refere-se à correta

12 Qualidade e Competência nas Decisões

avaliação do custo do capital e como utilizar essa informação adequadamente, conforme será abordado no Capítulo 12. Outra delas se apresenta quando a decisão deve ser tomada sob incerteza quanto aos cenários envolvidos, embutindo portanto um componente de risco, como será visto no Capítulo 11.

Outra armadilha freqüente que costuma viesar decisões econômicas se refere ao fenômeno de âncora no passado, ou seja, deixar que considerações pretéritas exerçam influência no raciocínio decisório. Assim, por exemplo se uma empresa investiu considerável montante em um novo projeto que não se mostra promissor e deve tomar uma decisão qunato a prosseguir com ele ou descontinuá-lo, é freqüente se fixar na decisão de continuidade, mesmo que imprudente e inadequada, na esperança de recuperar o capital investido. O empresário é muitas vezes incapaz de aceitar que passado é passado e sua decisão deve contemplar exclusivamente o que vem pela frente.

2.1.4 Decisões baseadas na experiência

Sem dúvida, a experiência adquirida sobre determinado assunto pode ser um fator importante para a tomada de boas decisões. O conhecimento adquirido, a vivência de situações anteriores, inclusive aprendendo com os erros já cometidos, o melhor domínio do assunto em relação aos demais colaboradores, tudo isso deve ser levado em conta no processo e pode ser de grande valia.

Um problema que pode ocorrer, no entanto, está na possibilidade de o detentor da experiência, nela plenamente confiante, não absorver as novidades e inovações, tanto tecnológicas como administrativas, que aparecem cada vez mais neste mundo moderno. Neste caso, pode ocorrer de o detentor da experiência, que em princípio exerce uma liderança, por esse fato, no assunto, não se mostrar aberto, ou não aceitar as inovações, mantendo-se apegado às suas práticas tradicionais, antes tão bem sucedidas. Cabe, então, ao decisor responsável pela questão encontrar uma forma hábil de contornar o problema

A decisão de grande banco radicado no Brasil de investir maciçamente, certamente uma grande soma, na imagem de seis craques brasileiros que, se esperava, participariam da conquista do hexacampeonato mundial de futebol na Alemanha muito possivelmente tenha sido tomada sem ouvir a voz da experiência, segundo a qual, com a gloriosa exceção de 1958, as copas européias são ganhas por seleções européias e, ademais, o mal acostumado brasileiro tende a valorizar apenas o título e não uma digna apresentação de sua seleção, o que, no caso, ficou até longe de ocorrer.

2.1.5 Decisões visando o futuro

O alcance dos efeitos de uma decisão pode ser de curto, médio ou longo prazo. Esse horizonte está, em geral, correlacionado com a importância da decisão e com a hierarquia dos decisores.

Decisões de curto prazo, referentes a períodos de dias, semana ou alguns meses, costumam ser tomadas no dia-a-dia das empresas, pelos colaboradores de baixo ou médio escalão. Em geral dizem respeito à operacionalização das atividades e, muitas vezes, se restringem ao adequado cumprimento de normas e instruções de trabalho.

As decisões de médio prazo, referentes a períodos de meses ou alguns poucos anos, costumam ser tomadas mediante interação entre a média gerência e a direção das empresas. Em geral, dizem respeito a aspectos envolvendo o ambiente exterior à empresa ou a mudanças estruturais que devam ser implementadas na operação interna.

Já as decisões de longo prazo, referentes a ações cujos efeitos se prolongarão por anos, têm a ver com o futuro da empresa e envolvem, normalmente, grande responsabilidade. Ficam a cargo da alta administração e envolvem, muitas vezes, relações externas com outras empresas, às vezes até concorrentes. São em geral baseadas em previsões referentes à evolução do cenário econômico, da entrada de importantes inovações, da existência de crises, e outras do gênero. Podem também dizer respeito a importantes modificações internas, como foi o caso, por exemplo, das implementações dos sistemas integrados de gestão, de alto custo e complexa absorção, que modificam completamente a estrutura de gestão operacional da empresa, sendo, inclusive, objeto de críticas.

Outro exemplo de decisão que modifica a operação futura e tem estado em voga é a terceirização, em que a empresa transfere a fornecedores selecionados parte das operações que antes realizava internamente, visando racionalizar a produção e reduzir custos, mas sempre conservando internamente as operações que constituem a sua competência intrínseca, ou *core competence*.

Um elemento que pode estar ligado à orientação de decisões visando o futuro é representado pelo conceito de visão. A visão corresponde a uma realidade para a organização que sua liderança principal imagina – e deseja – em algum instante do futuro. Em geral, embute uma componente de visionarismo, no sentido de ousadia ou mesmo pretensão de atingir objetivos difíceis. De fato, nesse sentido, a visão deve representar um avanço considerável em relação ao presente, senão perderia a sua razão de ser. Sem ir ao extremo do aforismo de Miguel de Unamuno, de que "quem sonha o absurdo acaba realizando o impossível", muitos grandes empreendimentos chegaram ao que são graças a visões proativas e corajosas de seus iluminados líderes.

É conhecido o fato de que as empresas japonesas primam por contemplar resultados no longo prazo muito mais que as ocidentais, em especial as norte-americanas, o que lhes valeu, certamente, melhores condições de competitividade. Os diretores no Ocidente, premidos pela ânsia por resultados a curto e médio prazo de seus donos ou acionistas, eram levados a criar exigências de ações que levassem a lucros rápidos, em detrimento de um planejamento de longo prazo bem pensado e bem executado. Essa foi uma das razões que fizeram a balança da competitividade pender historicamente para o lado dos produtos japoneses.

14 Qualidade e Competência nas Decisões

Métodos estatísticos podem ser usados como subsídio para decisões baseadas em previsões do que o futuro reserva, como por exemplo, as técnicas de regressão. Deve-se ter cuidado, entretanto, ao utilizar essas técnicas, pois elas embutem as variações naturais dos processos aleatórios e, ademais, pressupõem a condição de *cetibus paribus*, ou seja, de que o quadro em que ocorre o fenômeno não se modificará com o tempo, o que pode perfeitamente não ocorrer na realidade.

2.1.6 Decisões consensuais

Quando decisões devem ser tomadas sobre assuntos complexos em que diversos envolvidos no processo decisório enxergam o problema sob ângulos distintos, é altamente recomendável que se procure o consenso, para melhor subsidiar a decisão a ser tomada. Nessas situações, o exercício da vontade autocrática do chefe ou a imposição de uma intuição pessoal costumam ser prejudiciais.

A busca do consenso por ser conseguida mediante reuniões bem estruturadas entre os responsáveis pela decisão, podendo-se usar metodologias apropriadas para auxiliar esse processo. Uma dessas metodologias é ilustrada em 27.2.

No processo de consenso devem estar representados todos os setores que possam ter contribuição a dar. A omissão de alguma dessas diferentes visões pode representar uma lacuna que prejudique a qualidade da decisão.

Ilustramos esse fato pela comparação entre os gastos das indústrias automobilísticas ocidentais e japonesas na década de 80 com modificações no projeto de seus produtos, conforme ilustrado na Figura 2.2.

No processo de projeto do produto, os japoneses buscavam ouvir todos os setores que pudessem contribuir para atender aos desejos dos clientes e as necessidades da produção, como marketing, vendas, compras, manutenção, qualidade, produção, e não apenas basear o projeto nas criações de seus especialistas. O fato é que, em geral, todas essas partes ouvidas têm alguma contribuição a dar, sob a sua ótica, que seria definitivamente imaginada apenas pelos projetistas. A não-observância deste princípio, conforme mostra a figura, leva à necessidade de adaptações posteriores do projeto, aumentando os custos totais envolvidos.

A prática de desenvolver projetos envolvendo todos os capacitados a opinar está hoje mundialmente consagrada, sendo conhecida no Brasil como Engenharia Simultânea (em inglês, *Concurrent Engineering*), sobre a qual se pode ler mais em Casarotto Filho (2002).

Outra prática que tem sido considerada um orgulho pelos japoneses é a dos Círculos de Controle da Qualidade, em que vários colaboradores com diferentes visões se reúnem para discutir e resolver problemas encontrados, em geral utilizando as ferramentas básicas de análise mencionadas em 4.5.

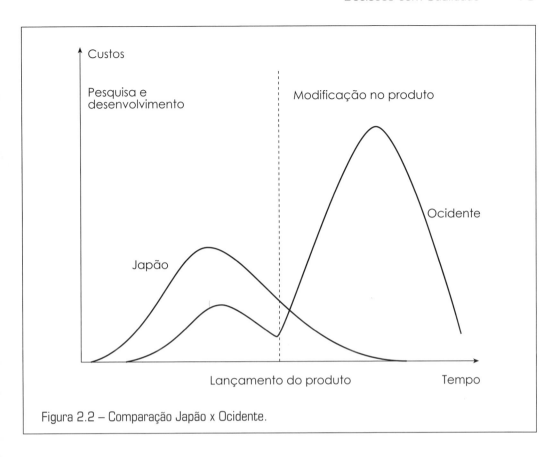

Figura 2.2 – Comparação Japão x Ocidente.

2.1.7 Decisões baseadas na consolidação de indicações

Muitas decisões são subsidiadas por métodos qualitativos ou quantitativos adequadamente escolhidos. Esses métodos em geral se baseiam em realidades sujeitas à influência de fatores aleatórios, o que faz com que embutam uma componente de erro estatístico em suas indicações. Por esse motivo, é desejável ter-se a convicção de que o método utilizado é "robusto", ou seja, não se desvia muito, em suas indicações, mesmo que nas hipóteses em que se baseia haja imperfeições até de algum porte. O oposto seriam os métodos muito sensíveis a pequenos desvios nas hipóteses, cujo uso não é recomendado. Um bom exemplo de método estatístico robusto é a Análise de Variância, usada para a comparação de várias médias em diversas situações.

Uma forma de avaliar a robustez de um método é proceder à chamada "análise de sensibilidade", que consiste em introduzir pequenas e crescentes variações nos dados de entrada e verificar o quanto essas variações influem nos resultados apontados pelo método. Se as diferenças nos resultados são pequenas, razoavelmente consolidadas, o método pode ser considerado robusto.

Outra situação que pode ocorrer está no uso de mais de um método para subsidiar a mesma decisão. Se os métodos em geral apontarem numa mesma direção, esta con-

16   Qualidade e Competência nas Decisões

vergência de indicações permite que se decida com maior tranqüilidade. Se, entretanto, as indicações forem divergentes, melhores pesquisas podem ser necessárias. Duas coisas podem estar ocorrendo: ou os métodos são muito sensíveis ou alguns deles são inadequados ao problema.

2.1.8   Decisões justas e legais

A questão ética deve pautar a conduta de pessoas e organizações. Logo, as competentes decisões devem ser justas e em observância das disposições legais.

Uma organização deve procurar ser justa com seus *stakeholders*. São, em geral, os donos ou acionistas, os colaboradores, os clientes, os fornecedores, o governo e a própria sociedade.

Compete aos executivos tomar decisões de modo a promover esse tratamento justo. Isso pode, muitas vezes, ser complicado em face de donos ou acionistas ávidos pelo lucro e por vantagens de curto prazo. Na contrapartida, os colaboradores (diretores, gerentes, demais empregados, horistas, terceirizados, etc.) devem ser adequadamente tratados quanto a salários, promoção, demissões, direitos trabalhistas, ambiente de trabalho, perspectivas de crescimento, e assim por diante.

O relacionamento com os clientes deve ser o melhor possível, sem exageros, para mantê-los satisfeitos, fidelizados e atuando como elementos de divulgação positiva da empresa e seus produtos e/ou serviços. Afinal, são os clientes os responsáveis pela saúde financeira das empresas e pela razão de ser das organizações em geral, por adquirirem e utilizarem os produtos e serviços oferecidos.

Com os fornecedores deve haver também uma relação de confiança e respeito, com ganhos para ambas as partes. O desenvolvimento de fornecedores é hoje um assunto em pauta, visando atingir as condições desejáveis. Por outro lado, com o crescimento da filosofia *just-in-time*, essa questão do afinamento de relações com os fornecedores é de suma importância. Neste quadro destacam-se os serviços logísticos, responsáveis pela distribuição aos pontos-de-venda ou aos próprios clientes de produtos em perfeitas condições e nos prazos estabelecidos, cada vez mais necessários e fundamentais em uma sociedade em que a informação está ao alcance de todos.

O adequado relacionamento com o governo está no cumprimento das obrigações legais, questão que, amiúde, se torna complicada em um país como o Brasil, em que as autoridades primam pelo excesso de exigências, quer tributárias ou burocráticas.

Em relação à sociedade, ela deve ser beneficiária das atividades da empresa. Toda empresa tem funções sociais, por gerar empregos, por oferecer produtos e serviços necessários à população, por contribuir para o desenvolvimento do país. A isso se acrescem obrigações, mesmo que não expressas em leis ou normas, de evitar poluições, de agir contra o interesse público, de faltar com a verdade, por exemplo, através de propaganda enganosa, de oferecer produtos nocivos à saúde ou à dignidade, etc. Um quadro, em grande parte, utópico, mas que deveria merecer a atenção dos dirigentes.

Esses aspectos são discutidos com muita propriedade por Cerquinho (1994), em cujo trabalho se mostra o relacionamento indissociável entre a ética que imprime às suas ações e a capacidade que a empresa adquire para conseguir sucesso.

2.1.9 Decisões criativas e inovadoras

A criatividade é um fator que pode levar a decisões envolvendo elementos novos sendo, portanto, inovadoras. Ser criativo é ter a capacidade de fugir dos lugares comuns, das soluções batidas, das determinações padronizadas, das decisões conhecidas de antemão.

Ser criativo implica também, em geral, ter que enfrentar reações adversas daqueles que temem o novo, preferem o *statu quo*, combatem as mudanças. Essa é uma das características talvez da maioria dos seres humanos, dificultando as implementações de mudanças nas organizações, oferecendo resistência às novas determinações, questionando a sua validade. Todo processo de mudança enfrenta relutâncias, abertas ou veladas, explícitas ou sorrateiras.

Embora haja pessoas certamente criativas, essa qualidade não é verificada na maioria delas. Há, entretanto, técnicas para incentivar o processo criativo, na busca por novas soluções. Uma delas é a técnica do *brainstorming* (se traduzido, daria tempestade cerebral), que consiste em pedir a um grupo de pessoas envolvidas de alguma forma com a questão em estudo que escrevam o maior número possível de novas sugestões em um determinado tempo. Essas sugestões são coletadas anonimamente e analisadas, e em geral aparecem algumas realmente dignas de serem melhor estudadas e implementadas. O anonimato é garantido para vencer a inibição natural das pessoas, que não gostam de manifestar publicamente suas idéias, com receio de serem ridicularizadas (muitas vezes com razão).

Já as inovações tecnológicas surgem com freqüência exponencialmente crescente em nossa era, e sua avaliação criteriosa pelos especialistas pode ser um fator decisivo de aumento da competitividade das empresas. Não é à toa que os congressos e feiras nacionais e internacionais crescem sempre em freqüência de realização e participação de interessados, ávidos por conhecer as novidades.

Entretanto, ao decidir pela adoção de alguma tentadora e estimulante inovação, necessita-se bastante cuidado para se assegurar da efetiva eficácia que proporcionará. Não é incomum inovações aparentemente vencedoras trazerem mais custos e problemas do que havia antes da sua implementação, por não terem sido devidamente sopesados os prós e os contras e, talvez também, por ter sido o bom senso do decisor ofuscado pelo brilho da nova solução.

18 Qualidade e Competência nas Decisões

2.1.10 Decisões corajosas x prudentes

Deve o decisor ser mais freqüentemente corajoso ou prudente em suas decisões? A pergunta, evidentemente, não tem outra resposta senão essa: depende de cada caso.

É claro que pode depender, também, da personalidade de quem decide. Há pessoas e entidades mais aversas ao risco, que tendem a ser prudentes, conservadoras, como há aqueles com certa propensão ao risco, que mostram mais coragem ao decidir.

Abstraída essa realidade, pode-se dizer que há os momentos para ser corajoso, como há, e acreditamos serem maioria, aqueles para ser prudente. Costumam (ou até devem) adotar decisões corajosas empresas que enfrentam dificuldades crescentes, seja por administração deficiente, seja por ação dos concorrentes, ou por outras variadas razões, que percebem a necessidade de uma mudança, drástica, sob pena de perderem prestígio e mercado, ou mesmo desaparecerem.

A esse respeito, Adizes (1990) propôs um modelo de ciclo de vida das organizações, que considera os seguintes estágios em suas vidas:

Estágios de crescimento:	namoro, infância, toca-toca
Estágios de maioridade:	adolescência, plenitude
Estágios de envelhecimento:	estabilidade, aristocracia, burocracia incipiente, burocracia e morte.

Soler (1997), por sua vez, com base nessa classificação e nos critérios do Prêmio Nacional da Qualidade, apresentou uma proposta de ações a serem tomadas para detectar e impedir o envelhecimento, prolongando a vida útil das empresas.

Quanto às decisões prudentes, esta é uma tendência nas empresas estabilizadas. No ciclo de Adizes, provavelmente seria a forma de raciocínio das empresas na plenitude e nos estágios de envelhecimento que precedem a morte. Os estados burocráticos certamente dificultam qualquer mudança desse comportamento, mas talvez no estado de moribundice, que acabamos de inventar, possam proceder de forma ousada, movidas pelo desespero.

Um caso bem ilustrativo dessa questão parece ser o da VARIG, que passou por todos esses estágios, teve um processo de envelhecimento prolongado por terapias baseadas na sua imagem no exterior e, no momento em que escrevíamos, estava nos seus estertores.

Resumindo este item em poucas palavras: decisões corajosas, quando aplicáveis; decisões prudentes, quando necessárias.

2.1.11 Decisões inspiradas em paradigmas

A prática do *benchmarking* é hoje consagrada e adotada pelas melhores empresas que buscam, com isso, manter-se atualizadas quanto às melhores formas de organziar sua gestão e utilizar os melhores métodos para resolver os seus problemas. O *benchmarking* pode ser descrito como um sistema para examinar pormenorizadamente algum processo, ou prática de gestão da empresa comparativamente a outros processos ou práticas semelhantes reconhecidos por sua eficácia. O paradigma que será observado é o *benchmark*.

Entretanto, organizações que seriam naturais *benchmarks* por sua excelência de procedimentos também podem realizar *benchmarking* com outras entidades, pois sempre há o que aprender e aprimorar.

O *benchmarking* pode ser realizado internamente à própria organização, aproveitando experiências adquiridas por outros setores, ou externamente, através de contatos com organizações similares ou não. Neste caso, evidentemente, pode haver obstáculos à sua realização, mormente em se tratando de empresas envolvidas em processos concorrenciais..

Deve-se notar que o *benchmarking* não necessariamente deve ser feito observando empresas ou funções semelhantes. Assim, por exemplo, uma metalúrgica pode adotar como uma *benchmarking* uma indústria farmacêutica para aprimorar a sua logística interna.

O *benchmarking* não deve ser visto como espionagem industrial, pois é feito em comum acordo com o *benchmark*. Tampouco deve ser confundido com pesquisa de mercado, visita técnica, ato de cópia ou análise comparativa. Deve ser visto, sim, como uma forma de comparar processos, metodologias, produtos e outros assuntos ligados à gestão, enfim, como parte de um processo de aprendizado.

Uma referência básica para melhor conhecer essa prática é dada por Camp (1993).

2.2 Competência e sabedoria

Inspirados em Setzer (2001), que discute com muita propriedade a questão, poderíamos agregar um quarto bloco à Figura 2.1., apresentada em 2.1.2, referente à competência, ou seja, ao uso adequado do conhecimento para efeito de decisões eficazes.

Entretanto, se o percurso dado – informação – conhecimento é amparado por uma ciência, a Estatística, a passagem do conhecimento para a competência é um processo muito mais aberto à discussão, em que o elemento humano tem importante participação. Formação, treinamento, capacidade intelectual, experiência, certamente podem ajudar no processo de geração de competências, mas muitas vezes não são suficientes.

20 Qualidade e Competência nas Decisões

De fato, há já literatura e experiências interessantes voltadas à questão do conhecimento e sua gestão, mas a questão da competência ainda espera por contribuições mais consolidadas. Aqui, interessa-nos o fato de que a competência, que se manifesta no processo de tomada de decisões, em maior ou menor grau tem sua base no conhecimento, mas também em outros possíveis pilares, como intuição, avaliação de riscos, conhecimento de pessoas, além dos já citados anteriormente.

A geração do conhecimento ocorre primordialmente nas universidades, nos laboratórios e nos centros de pesquisas. A formação de competências ocorre, em geral, nas organizações privadas ou públicas, envolvidas com seus problemas de competitividade e/ou de eficácia, com decisões que necessitam ser tomadas permanentemente. Dirigentes consagrados e consultores renomados representam, em geral, a tipificação da competência. Ou então, por exemplo, cirurgiões que se destacam por sua alta confiabilidade, fruto de muitos casos de sucesso, mas que chegaram a essa condição após intensa absorção de conhecimento e um longo processo de aquisição de experiência.

A questão do conhecimento e da competência, entretanto, não pode ser circunscrita aos limites das empresas privadas ou das organizações de governo que executam funções específicas. Há pelo menos um passo a mais que precisa ser dado nessa seqüência de aprendizado, que leva ao patamar da sabedoria, definida nos dicionários como abundância de conhecimento. Entretanto, julgamos que a sabedoria, além de implicar grande ou notório conhecimento, também embute uma transcendentalidade, no sentido de enxergar adiante do que todo esse conhecimento proporciona *tout court*. É preciso extrair desse acervo de conhecimento o como ele pode ser usado para causas nobres. E o que seriam essas causas nobres? Eis aí o fulcro da questão. Do ponto de vista de uma empresa, pode ser a condição em que a empresa exerça todas as ações a que tem direito dentro da lei e sem ferir a ética, vindo a proporcionar-lhe lucratividade, segurança, prosperidade, mas não esqueça o seu papel social, que compreende também, dentre outros aspectos, a geração de empregos, a satisfação dos colaboradores, a preservação do meio ambiente, a participação positiva junto à sociedade. Do ponto de vista de um governo, pode ser a visão de futuro que lhe permita adotar ações que não comprometam o progresso da nação, o bem-estar dos cidadãos, a coexistência pacífica.

A propósito, o leitor já parou para pensar no que poderá estar acontecendo em nosso planeta dentro de 10 a 20 anos?

Esta preocupação certamente vai ao encontro da de Carlos Vogt (2005), ao colocar que:

"Um dos grandes desafios do mundo contemporâneo é, ao lado do chamado desenvolvimento sustentável, a transformação do conhecimento em riqueza. Como estabelecer padrões de produção e de consumo que atendam às demandas das populações crescentes em todos os cantos da Terra, preservando a qualidade de vida e o equilíbrio do meio ambiente no planeta? Esta é, em resumo,

a pergunta que nos põe o assim chamado desafio ecológico. Como transformar conhecimento em valor econômico e social, ou, num dos jargões comuns ao nosso tempo, como agregar valor ao conhecimento?".

Buscando caminhar nessa direção, desenvolvemos a Figura 2.3, apresentada em Costa Neto (2007).

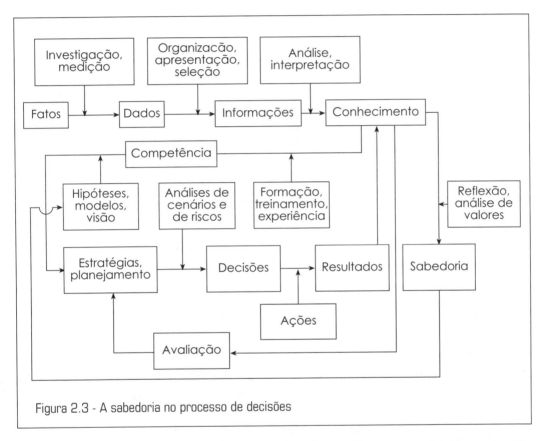

Figura 2.3 - A sabedoria no processo de decisões

Acreditamos que os blocos colocados nessa figura dispensem maiores comentários. A análise de valores que alimenta a sabedoria se relaciona com as causas nobres supracitadas. Os resultados fornecem realimentação para as estratégias e planejamento, mas as hipóteses, modelos e, sobretudo, visão devem ser reavaliados com aporte de sabedoria, para que haja evolução mais eficaz e justa.

2.3 Os sete pecados capitais

Recorremos a uma advertência bíblica para mostrar que também pode servir para a orientação de decisões adequadas de empresas e pessoas, evitando situações que apresentam analogia com os sete pecados capitais.

22 Qualidade e Competência nas Decisões

a) Gula

As empresas devem ponderar bastante antes de decidir se lançar em empreendimentos que visem assambarcar o mercado a qualquer custo, engolindo fatias de mercado dos concorrentes por meios anti-éticos, mediante propaganda enganosa, por artifícios ilícitos, burlando a legislação, etc. Da mesma forma que as pessoas que comem demais e acabam por sofrer indigestão ou problemas causados pela obesidade, essas empresas poderão sentir as conseqüências dos seus atos atrabiliários, e provavelmente arregimentarão contra elas uma coalizão de concorrentes, que leve a situações adversas à sua tranqüila participação no mercado.

b) Ira

Muitas vezes, a direção da empresa pode sentir-se indignada com ações que lhe são prejudiciais por parte dos concorrentes, de ex-colaboradores ou do próprio governo, levando-as a decisões precipitadas de revanche ou retaliação contra os seus adversários. Não estamos sugerindo que nada se faça, a empresa tem todo o direito de se defender, mas aqui cabe a recomendação já apresentada em 2.1.1, de evitar decidir em condições emocionais adversas. A recomendação, que vale também para pessoas, é de deixar os espíritos se acalmarem, protelando um pouco a decisão, para poder exercê-la de forma a mais racional possível.

c) Inveja

Este pecado capital é, sem dúvida, um mau conselheiro e a nada leva. Não há que se remoer e blasfemar, porque um concorrente é mais bem sucedido. O melhor a fazer é buscar aprimorar os próprios processos e procedimentos, a fim de melhorar a operação, conseguir melhores resultados e eliminar as diferenças. Um bom remédio para isso pode ser o *benchmarking*, abordado em 2.1.11.

d) Luxúria

Este pecado capital costuma ocorrer quando começam a sobrar recursos. Resulta de uma tendência oriunda da fraqueza humana, que leva a gastar uma parte ou a totalidade desses recursos em inutilidades, em coisas fúteis, como o luxo exagerado, viagens desnecessárias, festas, ostentações e coisas do gênero. Não é condenável destinar sobras de recursos para premiar colaboradores, mas o exagero costuma ser prejudicial, até por acostumar mal. Por outro lado, muitas vezes não se percebe que há outras possibilidades de melhor investir esses recursos, que passam despercebidas em face da ânsia por exibicionismo. Dentre os efeitos perniciosos da luxúria, estão a indignação que pode causar em terceiros e a criação de uma imagem de grandeza que pode não corresponder à realidade e se desfazer em seguida, levando os ostentadores ao ridículo.

e) Soberba

Este é um pecado talvez mais grave que o anterior, em geral a ele associado, pois costuma levar a decisões em que se supõe infalibilidade, tomadas sem os devidos cuidados examinados neste livro, pois os espíritos estão tão imbuídos da própria superioridade que não admitem a possibilidade de falhas ou erros. A soberba tem esse aspecto de cegar as pessoas, fazê-las saborear uma superioridade sustentada pelas próprias convicções, levá-las a atitudes inaceitáveis por terceiros, tomando decisões que, a médio ou longo prazo, se mostrarão inadequadas ou mesmo desastrosas. O fracasso da seleção brasileira de futebol na copa da Alemanha certamente se deveu, em grande parte, à soberba que acometeu os integrantes da equipe e da direção técnica e administrativa.

f) **Preguiça**
Este pecado capital se manifesta na demora em tomar decisões quando são necessárias. As decisões freqüentemente envolvem pessoas e os seus interesses e, muitas vezes, necessitam de coragem e atitudes para ser tomadas. A preguiça, ou o receio de desencadear situações novas, pode levar ao protelamento indevido dessas decisões, com prejuízos para a organização ou para o próprio decisor. A preguiça se vence com determinação, com espírito mantido sempre sensível ao que apontam os controles, ao exercício da vontade de acertar e à não-adoção das atitudes passivas e cômodas do *statu quo*.

g) **Avareza**
Este pecado capital pode consistir na negativa de decidir por investimentos necessários à modernização da empresa, ou a urgentes programas de qualidade p/ou segurança no trabalho, ou para cumprir determinações legais. Há também situações em que as empresas ou pessoas preferem resguardar seus ativos financeiros aplicando-os no mercado de capitais, gerando dividendos pequenos mas certos, ao invés de investi-los em oportunidades de negócio. A provável conseqüência da avareza é a estagnação da empresa, levando-a a ser superada pela concorrência.

2.4 Dominância e admissibilidade

O conceito de dominância pode, muitas vezes, ajudar a simplificar as análises dos decisores mediante a eliminação de opções inferiores sob todos os aspectos. Uma alternativa é dominada por outra se, em qualquer situação que possa interessar, não oferecer melhor resultado que essa outra, podendo, pois, ser descartada.

Ilustramos o conceito analisando a posição de um proprietário de automóvel que deve decidir entre as opções A e F quanto à empresa com que irá fazer o seguro anual do seu carro, todas igualmente idôneas. As alternativas de que dispõe estão apresentadas na Tabela 2.1, em que a alternativa F corresponde a simplesmente não fazer seguro.

Uma rápida análise mostra que E é pior que B em ambos os aspectos, pois cobra prêmio maior e oferece um valor segurado menor. É, pois, claramente "dominada" pela B e deve ser descartada. Da mesma forma, a alternativa C é dominada por A, pois empata no prêmio, mas perde no valor segurado. Eliminadas por dominância as

24 Qualidade e Competência nas Decisões

alternativas E e C, sobram as A, B, D e F, que seriam admissíveis à análise a ser feita pelo decisor.

Tabela 2.1 – Alternativas de seguro.

Empresa	Prêmio a pagar	Valor segurado
A	1.500	28.000
B	1.200	25.000
C	1.500	27.500
D	1.000	23.500
E	1.250	24.500
F	0	0

Note-se que a eliminação do E e C foi feita por razões estritamente objetivas. A decisão que se seguirá, esta sim, poderá ter aspectos subjetivos, dependendo das suposições do decisor. Assim, um decisor muito otimista possivelmente ficasse com a alternativa F, por acreditar que nada iria suceder com o seu carro. Já um pessimista poderia optar por A, porque paga o maior valor segurado.

Note-se também que, se agora surgisse uma alternativa G com prêmio 1.000 e valor segurado 28.000, ela seria dominante também em relação a A, B, e D, restando à consideração do decisor apenas as alternativas F e G.

Tomemos também um exemplo simples, do dia-a-dia. Um motorista que quer minimizar o tempo de percurso chega a um semáforo fechado. Há duas faixas de rolamento, onde estão parados os veículos à sua frente, aguardando a luz verde. Na fila da direita há 3 automóveis e um caminhão. Na da esquerda, há 6 automóveis. O motorista pode decidir por ficar na fila da direita, por ser a mais curta, ou na da esquerda, por não ter caminhão e que possivelmente vá andar mais rápido. Ambas as soluções são admissíveis, não havendo, em princípio, uma regra que indique qual a melhor. Entretanto, se na fila da esquerda houvesse 4 automóveis, esta deveria ser claramente escolhida por dominância, pois empataria no número de veículos, mas não teria caminhão.

Referências

- ADIZES, I. – Os Ciclos de Vida das Organizações: como e por que as empresas crescem e morrem e o que fazer a respeito – Pioneira, São Paulo, 1990.

- CAMP, R. C. – *Benchmarking* – O Caminho da Qualidade Total – Pioneira, São Paulo, 1993.

- CASAROTTO Filho, N., FÁVERO, J. S. & CASTRO, J. E. E. – Gerência de Projetos/Engenharia Simultânea – Atlas, São Paulo, 2002.

- CERQUINHO, F. – Ética e Qualidade nas Empresas – Dissertação de mestrado – Escola Politécnica da USP – Departamento de Engenharia de Produção – São Paulo, SP, 1994.

- COSTA NETO, P. L. O. – Conhecimento e Sabedoria: um Modelo Abrangente – ICECE' 2007: International Conference on Engineering and Computer Education – Mongaguá, SP, 2007.

- COSTA NETO, P. L. O. – Estatística – Edgard Blücher, São Paulo, 2002 – 2ª ed.

- ROTONDARO, R. G. (coord.) – Seis Sigma – Estratégia Gerencial para a Melhoria de Processos, Produtos e Serviços – Atlas, São Paulo, 2002.

- SETZER, V. W. – Dado, informação, conhecimento e competência, In Meios Eletrônicos e Educação – Uma visão alternativa – Escrituras – São Paulo, 2001.

- SOLER, Alonso M. – Qualidade Total e Maturidade Organizacional – Tese de doutoramento – Escola Politécnica da USP – Departamento de Engenharia de Produção, São Paulo, 1997.

- TERRA, J. C. Cyrineu – Gestão do Conhecimento – O Grande Desafio Empresarial – Elsevier, Rio de Janeiro, 2005 – 5ª ed.

- VOGT, C. – A utilidade do conhecimento – Palestra proferida na École Normale Supérieure de Lyon, França, 2005.

Qualidade e Competência nas Decisões

3 DECISÕES E ESTRATÉGIA

Sérgio Baptista Zaccarelli
Antonio Teodoro Ribeiro Guimarães

3.1 Introdução

Num recente congresso da SLADE – Sociedade Latino Americana de Estratégia, há alguns anos, acontecido em Montevidéu, no Uruguai, ocorreu um fato interessante, que pode muito bem servir de abertura para este capítulo, com o qual se pretende oferecer subsídios para as decisões estratégicas das empresas.

Como em qualquer congresso, o público era muito heterogêneo e os trabalhos iam acontecendo simultaneamente em várias salas, sendo que, na sala principal, eram apresentados os trabalhos que os organizadores haviam considerado como os mais importantes. Entre estes últimos estava inscrito um grupo de técnicos argentinos, que tinham desenvolvido o estudo de um modelo de simulação para o governo de seu país, cujo objetivo era auxiliar a decisão dos pecuaristas na gestão de seus negócios.

O modelo vinha sendo desenvolvido já há três anos, e era bastante completo e complexo, além de incorporar sofisticadas técnicas de processamento de informações. A equipe encarregada do desenvolvimento do projeto, muito competente no assunto, era formada por cientistas especializados em crescimento de pastagens, genética animal, manejo de alto rendimento, engenharia de sistemas, modelagem matemática, enfim, realmente um grupo de técnicos de altíssimo nível.

A platéia assistiu à apresentação com interesse e até admiração, inclusive um experiente professor de estratégia competitiva, que também estava presente.

O modelo de simulação desenvolvido, que incorporava o estado da arte da técnica, contemplava praticamente todas as possibilidades que os empresários do setor podem encontrar na gestão pecuária. Se ocorresse uma seca prolongada, por exemplo, o modelo calculava as alternativas de decisão possíveis, considerando o custo dos insumos e o preço de venda da carne. Poderia recomendar desde não vender nenhuma cabeça, apenas suportar a perda de peso do rebanho, até diminuir o tamanho do plantel. Se a relação custo/benefício indicasse ser este último o caminho a ser seguido, o modelo partia então para analisar o tipo do descarte que seria mais vantajoso: a venda de vacas matrizes, que, além de diminuir o rebanho no presente, também teria influência em seu tamanho no futuro, pela queda da taxa de seu crescimento anual, ou a venda de bezerros desmamados, que implicaria um efeito inverso à frente, pois seria mantida a capacidade produtiva do plantel.

Se as escolha fosse pelos bezerros, a venda de novilhos machos produziria um efeito, se fosse pelas novilhas fêmeas, o cfcito seria outro. E assim por diante, numa

28 Qualidade e Competência nas Decisões

sucessão de decisões de lógica, com o objetivo de maximizar e otimizar os resultados possíveis para o pecuarista.

A leitura e análise de uma situação como a relatada podem nos conduzir a um tipo de raciocínio, muito comum entre empresários, pelo qual, se nos pedissem uma opinião sobre o assunto, provavelmente nosso pensamento seria expresso obedecendo a alguns ímpetos:

1º ímpeto: acreditar que tudo o que se faz bem feito, que foi criteriosamente bem decidido, leva ao sucesso;

2º ímpeto: acreditar que quanto mais lógico for o tomador de decisões, maior será o sucesso;

3º ímpeto: acreditar que uma equipe de tomadores de decisão fica ideal se contar com grandes especialistas em lógica e em estratégia;

Mas precisamos refrear nossos ímpetos, pois todas essas idéias estão erradas. Até como subsídio para analisarmos esses impetuosos pensamentos, vamos retomar o caso dos pecuaristas e saber como terminou a excelente apresentação dos técnicos argentinos.

Quando a sessão foi aberta para as perguntas da platéia, o primeiro a se manifestar foi aquele professor brasileiro de estratégia competitiva, que se levantou e manifestou fortemente seu apreço pelo modelo que estava acabando de ser exposto, pelo fato de ser uma peça de lógica extremamente bem construída. Em seguida, perguntou:

O dono do frigorífico, do abatedouro, vai ter acesso aos resultados do modelo?

Os técnicos responderam afirmativamente, até porque o seu desenvolvimento tinha sido bancado pelo governo argentino e, portanto, era um instrumento público.

Então, replicou o professor, *sinto muitíssimo, mas, apesar de ter sido tão bem construído, o modelo não vai servir para nada.* Ante o silêncio que tomou conta da assembléia, ele continuou: *pela simples razão de que o abatedor, sabendo dos resultados da decisão do pecuarista, poderá mudar o preço de compra da vaca, ou do novilho, no sentido inverso daquela decisão, e o modelo desaparece!*

Lógica é ótima para muitas coisas, como realizar o máximo com recursos limitados, ou otimizar resultados, exatamente como fazia o modelo dos técnicos argentinos. Era bem construído, mas "da porteira da fazenda para dentro". Bastou o professor mostrar apenas uma única reação que poderia acontecer "fora da porteira", para o modelo desmanchar. Isso mostra que nem sempre, ou nem somente, a lógica produz decisões que conduzam ao sucesso.

Durante muito tempo, todos pensavam que o uso competente da lógica era suficiente para conseguir o sucesso da empresa. E se o sucesso não fosse alcançado, era por falta de conhecimento do uso de lógica[*].

---

[*] O assunto Lógica é tratado no Capítulo 9.

3.2 A revolução no pensamento estratégico

O primeiro livro radical sobre o assunto, *Competindo pelo Futuro*, de Hamel e Prahalad, de 1994, publicado no Brasil em 1995, foi como que um acordar para o fato da lógica, em alguns casos, não ser suficiente para resolver os problemas empresariais. Esse livro sobre estratégia competitiva, durante anos, foi o livro de estratégia mais vendido no mundo, tendo sido traduzido em muitos idiomas, e que abriu caminho para todos os outros autores que abordaram o assunto. Logo em seu primeiro capítulo, o livro mostra a que veio:

"As dolorosas revoluções que ocorreram em tantas empresas nos últimos anos refletem a incapacidade, por parte dos novos líderes do setor, de acompanhar o ritmo acelerado das mudanças. Durante décadas, as mudanças enfrentadas pela Sears, General Motors, IBM, Westinghouse, Volkswagen e outras empresas líderes foram, se não exatamente glaciais em termos de velocidade, pelo menos extrapolações lineares aproximadas do passado. A Sears poderia contar com o fato de que gerações sucessivas de norte-americanos do interior do país consideraram seu catálogo a forma mais conveniente de se vestir e equipar suas casas; a GM poderia ter certeza de que, à medida que os salários aumentassem, os jovens consumidores, exatamente como seus pais fizeram antes deles, trocariam seus Chevys por Oldsmobiles e seus Buicks por Cadillacs; a IBM poderia esperar um eterno aumento de faturamento à medida que as novas empresas acrescentassem mais "mips" aos seus centros de processamento de dados e os sistemas operacionais proprietários protegessem as contas da IBM dos ataques dos concorrentes. A palavra de ordem para a alta gerência dessas empresas era "imutável". Essas empresas eram administradas por gerentes, não por líderes; por engenheiros de manutenção, não por arquitetos.

Contudo, poucas empresas que começaram a década de 80 como líderes do setor terminaram a década com sua posição de liderança intacta e inalterada. IBM, Philips, Dayton-Hudson, TWA, Texas Instruments, Xerox, Boeing, Daimler-Benz, Salomon Brothers, Citicorp, Bank of América, Sears, Digital Equipment Corp. (DEC), Westinghouse, DuPont, Pan Am e muitas outras viram a erosão ou destruição de seu sucesso pelas marés de mudanças tecnológicas, demográficas e na regulamentação, e pela magnitude da produtividade e ganhos em qualidade obtidos por seus concorrentes não tradicionais. Surpreendidas por essas forças, poucas empresas pareciam ter o controle do seu próprio destino. As bases para o sucesso obtido no passado foram abaladas e fragmentadas quando, na maioria dos casos, a topografia do setor mudou mais rápido do que a capacidade da alta gerência de reformular suas crenças e premissas básicas sobre que mercados deveria servir, que tecnologias deveria dominar, que clientes deveria atender e como obter o melhor desempenho dos funcionários".

30 Qualidade e Competência nas Decisões

Hamel e Prahalad (1995), depois dessa identificação clara do problema por que passavam os antigos gigantes do mercado, em outro trecho ainda do primeiro capítulo, começam a demonstração de que, em sua visão de estratégia, o espaço para as coisas da lógica tinha diminuído tanto que, se as empresas não assumissem uma postura estratégica, sua passagem para o futuro estaria seriamente comprometida.

"Nossas premissas iniciais são simples: a competição pelo futuro é uma competição pela criação e domínio das oportunidades emergentes – pela posse do novo espaço competitivo. Criar o futuro é um desafio maior do que acompanhá-lo, para o qual é preciso criar seu próprio mapa. A meta não é simplesmente fazer o benchmarking dos produtos e processos de um concorrente e imitar seus métodos, mas desenvolver uma visão independente de quais são as oportunidades de amanhã e como explorá-las. Abrir o caminho é muito mais recompensador do que seguir os outros. Não se pode chegar primeiro ao futuro deixando uma outra empresa abrir o caminho.

... Está implícita aqui uma visão de estratégia diferente da que prevalece em muitas empresas. Esta visão de estratégia reconhece que uma empresa precisa desaprender grande parte de seu passado para poder descobrir o futuro. Esta visão de estratégia reconhece que não é suficiente colocar a empresa em uma posição ótima dentro dos mercados existentes; o desafio é penetrar na nuvem de incerteza e desenvolver uma grande capacidade de previsão dos paradeiros dos mercados de amanhã. Esta visão de estratégia reconhece a necessidade de algo mais do que a dança ritual da chuva do planejamento anual incrementalista; é preciso uma arquitetura estratégica que elabore a planta para construção das competências necessárias para dominar os mercados futuros.

*Esta visão de estratégia está menos preocupada com garantir uma adequação total entre metas e recursos e mais preocupada em criar metas que superem os limites e desafiem os funcionários a conseguir o aparentemente impossível. Esta visão de estratégia vai além da alocação de recursos escassos a projetos que competem entre si; estratégia é a luta para superar as limitações de recursos através de uma busca criativa e infindável da melhor **alavancagem dos recursos**.*

*Esta visão de estratégia reconhece que as empresas não competem apenas dentro das fronteiras dos setores existentes, mas competem para **criar a estrutura** dos setores futuros. Esta visão de estratégia reconhece que a competição pela liderança das **competências essenciais (core competences)** precede a competição pela liderança de produtos e concebe a corporação como um portfólio de competências, bem como um portfólio de empresas. Esta visão de estratégia reconhece que a competição freqüentemente ocorre dentro e entre **coalizões** de empresas, e não entre empresas isoladas.*

Esta visão de estratégia reconhece que as falhas de produto muitas vezes são inevitáveis, mas proporcionam a oportunidade de aprender mais sobre onde pode estar exatamente a origem das futuras demandas. Esta visão de estratégia reconhece que, para capitalizar na previsão e na liderança das competências essenciais, uma empresa precisa fundamentalmente aproximar-se das concorrentes em mercados mundiais críticos, e que a questão não é tanto o tempo de lançamento do produto no mercado, mas o tempo de **preempção global**, isto é, de ocupação prévia de mercados".

E convém não esquecer que este livro, divisor de águas, foi escrito quase agora, logo ali, em 1994.

E, mais ainda, lógica pode até atrapalhar. Lembram da história contada no Velho Testamento, que falava de Davi e Golias? Talvez tenha sido um dos primeiros relatos escritos de vitória em uma competição com ferramentas estratégicas. Por lógica, Davi nunca teria enfrentado Golias, mas ele precisava vencer, e seu pensamento caminhou para encontrar um modo não usual para enfrentar o gigante, acabando por utilizar uma arma, a funda, que trouxe a vantagem competitiva de mantê-lo a uma distância segura do adversário, o que lhe deu a vitória. Provavelmente algum tipo de pensamento semelhante motivou a então _bebê_ Microsoft para que ela se decidisse enfrentar a gigante IBM, alguns anos atrás.

Qual é a nova variável que determina essas diferenças na administração das empresas, e note-se que não falamos de qualquer empresa, mas das maiores do mundo, como as citadas por Hamel e Prahalad? Essa nova maneira de tomar decisões, pensando no sucesso, é o escopo da estratégia competitiva. É a estratégia **para vencer**, que tem raciocínios próprios, independentes da lógica. Convém aqui esclarecer que estratégia competitiva não pode ser confundida, como muitos o fazem, com planejamento estratégico, que é uma ferramenta importante, mas tem finalidade específica, e essa finalidade não é vencer os competidores, por ser uma peça de lógica.

3.3 Os raciocínios lógicos e de estratégia competitiva

Problema lógico tem que ser limitado, com uma fronteira ao seu redor. Dentro da fronteira todos os problemas devem ser resolvidos por lógica. Essa fronteira pode ser tudo da empresa: máquinas, trabalhadores, tecnologia, organização, etc. Dentro dela, todos os problemas devem ser resolvidos por lógica, pois não são problemas competitivos, mas sim assuntos de otimização de recursos e outros do mesmo tipo, para os quais o raciocínio lógico é insubstituível.

Fora dessa fronteira estão os oponentes, com conflitos de interesse. Fora dessa fronteira existem: estado, imprensa, consumidores, governos, e principalmente, competidores. Então, a competição é algo no exterior da empresa – que não é sen-

32 Qualidade e Competência nas Decisões

sível aos aspectos lógicos considerados em seu interior – e a disputa com esses oponentes, do exterior da fronteira da lógica, tem que ser com pensamento estratégico, para poder tentar ter sucesso.

Sobre a competição permanente das empresas, vale a pena colocar a forma de pensar de Jack Welch, um dos mais respeitados e famosos executivos do mundo, que durante décadas dirigiu a General Electric, de forma até mitológica.

Welch, de uma maneira bastante polida, nestas suas regras básicas para competir, deixava claras as razões de seu imenso sucesso, mediante seis regras de sucesso:

1. Controle seu destino, ou alguém o fará;

2. Encare a realidade como ela é, não como ela era ou como você gostaria que ela fosse;

3. Seja honesto com todos;

4. Não administre, lidere;

5. Mude, antes que seja necessário fazê-lo;

6. Se você não possuir uma vantagem competitiva, não entre na competição.

Em nenhum momento, Jack Welch manda pensar bastante, de maneira lógica. Fica apenas implícito que é preciso pensar. Também não fala em antecipar suas decisões para que outros fiquem sabendo. Contrariamente ao que se poderia supor, dado o seu prestígio, ele não se coloca como o dono das decisões que levam ao sucesso, mas sim numa posição até de humildade, reconhecendo sua posição de competidor, apenas de competidor, sem vitória garantida.

Em razão dessa postura, menciona com ênfase a necessidade da busca da vantagem competitiva e da importância de mudar mais rápido que os competidores. Naturalmente, ele sabia que ser o primeiro não é ser o mais lógico – possivelmente o mais lógico vai pensar muito e será o último a mudar, talvez até quando não haja mais necessidade disso, por ter sido colocado fora do jogo.

Nessa mesma linha de pensamento, desenvolvemos um "decálogo do estrategista", que é um conjunto de afirmações para mostrar como o pensamento estratégico é muito diferente do pensamento lógico:

O nosso decálogo do estrategista:

1. O importante é vencer a disputa com os atuais oponentes para viabilizar a *chegança* em uma situação futura delineada como ideal;

2. Identifique os oponentes e as alianças conhecidas e potenciais;

3. Identifique a institucionalização e evolução do ambiente dos negócios;

4. Retarde, até data ótima, a abertura do conflito e procure surpreender os oponentes;

5. Antes de abrir o conflito, conte simultaneamente com (A) vantagem de posição para resistir ou apenas lucrar, e (B) vantagem competitiva para disputar;

6. Para aumentar a efetividade de suas vantagens, assuma alguma desvantagem (não busque resolver/eliminar todas as suas desvantagens) e administre com foco total;

7. Localize os pontos vulneráveis dos seus oponentes para eventuais ataques pontuais;

8. Se puder vencer, adote como norte em suas decisões a situação futura delineada como ideal;

9. Se não puder vencer, prolongue a disputa ou adote a estratégia do vencido;

10. Marque a condição de vencedor e ... sempre considere que a luta continua.

Como fica bem claro, tanto as regras de Welch, como o decálogo, são extremamente simples. A forma de encaminhar o raciocínio estratégico é muito simples, e nem poderia ser de maneira diferente, pois o raciocínio estratégico tem que partir do pressuposto de que o oponente é imprevisível e tem seus interesses particulares. Então, tem que ser simples, tem apenas que lidar com interesses conflitantes.

O raciocínio estratégico apenas faz uso das vantagens competitivas, das estratégias complementares, e tem um objetivo único, que é vencer.

3.4   A vantagem competitiva

Existem muitos tipos de vantagens competitivas. E devem ser definidas como o que facilita lucrar ou vencer, principalmente vencer. Ter melhor tecnologia só é vantagem competitiva se facilita vencer – do contrário, é só melhor tecnologia, e a empresa pode ir à falência, mesmo tendo a melhor tecnologia.

A vantagem competitiva para lucrar é vantagem no mesmo sentido, mas não para vencer, é apenas para lucrar. Pode ser feita alguma coisa ilógica para ter vantagem para lucrar, como, por exemplo, manter estoques altos de matéria-prima (no sentido de investimento excessivo), dando possibilidade de negociar bem a aquisição dessa matéria-prima (quem for lógico e compra somente quando o estoque está baixo, nem sempre consegue bom preço). O mesmo raciocínio vale para vendas.

Embora toda generalização seja perigosa, entendemos que podem ser identificados cinco tipos de vantagens competitivas: quatro delas são caracterizadas como vantagens para vencer e uma quinta, que é também uma vantagem competitiva, mas não para vencer, e sim para lucrar alto, podendo, inclusive, como decorrência, a empresa ficar sem vantagem competitiva para vencer.

34 Qualidade e Competência nas Decisões

As vantagens competitivas para vencer são:

- pela preferência dos clientes,
- pelo custo baixo,
- pela flexibilidade operacional
- pela inovação nos produtos.

A vantagem competitiva para lucrar é a do posicionamento nas negociações.

A lógica da vantagem competitiva é atender a um raciocínio estratégico competitivo. Tendo claro um tipo de vantagem competitiva, é preciso ter claro também aonde se quer chegar, que é o que está sendo desenvolvido agora como Teoria da Chegança.

3.4.1 As estratégias complementares

Além das cinco vantagens competitivas citadas, a estratégia competitiva também se utiliza das chamadas estratégias complementares, que dão vantagens em lances competitivos por período curto. Sendo complementares, nenhuma delas leva, isoladamente, ao sucesso. Segundo Zaccarelli (2000), elas não são assunto para o plano anual, ou para a reunião da diretoria. Requerem alguém preocupado com elas e com a reação dos competidores, todos os dias.

Se a empresa tiver de analisar a situação, elaborar um plano, aprová-lo formalmente para só então agir, outros concorrentes poderão antecipar-se e tomar a oportunidade para eles. Como a oportunidade não espera e há mais empresas interessadas nela, a ação deve ser imediata, mesmo que imperfeita.

Apresentamos a seguir uma relação de estratégias complementares, incluindo mesmo aquelas consideradas anti-éticas, pois a lista é tão-somente uma constatação de práticas empresariais, até mesmo daquelas práticas que nenhuma empresa reconhece ter usado, e não uma recomendação do que deve ser utilizado ou não. **Ressalte-se que a inclusão dessas práticas moralmente questionáveis não significa que as consideramos aceitáveis.**

- **Estratégia de intento:** caracteriza-se pelo estabelecimento de um intento (uma meta apenas desejável) para longo ou longuíssimo prazo. É importante não confundir intentos estratégicos com objetivos operacionais. Toda a empresa que declara a pretensão de conquistar a liderança no seu mercado escolheu, implicitamente, conduzir esta estratégia complementar.

- **Estratégia de preempção:** é o entendimento de que existe uma melhor posição competitiva para quem preencher todo o mercado para o seu produto em uma região e, assim, criar dificuldades para qualquer concorrente vir a atuar na região. No caso extremo de preempção total, a empresa chega à condição de monopolista.

- **Estratégia de oportunidades:** ocorre quando a empresa vive disputando e conseguindo, eventualmente, condições especialmente favoráveis em certos períodos, mas, fora destes períodos, baixa sua atividade ao mínimo possível no aguardo de melhores tempos. São casos típicos:

  - grandes empreiteiras de obras públicas;
  - empresas que produzem exclusivamente artigos de moda; etc.

- **Estratégia pró-proteção:** visa conseguir protetores externos à empresa. O protetor preferido é o governo, cujas ações podem ser influenciadas por lobistas que defendem os interesses de determinados grupos empresariais. Existem outros protetores, como associações empresariais ou organizações não-governamentais.

- **Estratégia de reação:** típica de empresas com posição muito boa em relação à concorrência, ela consiste em agir em função de ações ou planos de ação dos competidores, existindo até mesmo uma pré-decisão de agir em função do que os competidores fizeram. As empresas que a utilizam se colocam como vigilantes dos movimentos estratégicos das concorrentes, de tal forma que possam agir rapidamente, anulando ou compensando os efeitos desses movimentos.

- **Estratégia de sinalização:** toda empresa, querendo ou não, emite sinais que são percebidos pelos competidores como indicadores dos próximos lances do jogo competitivo. Mesmo a ausência de sinais pode ser interpretada como tendo algum significado, ou seja, é impossível deixar de emitir sinais. Desta forma, segundo este tipo específico de estratégia, as empresas devem dar sinais aos competidores, desde que sejam do tipo "administrado", para serem interpretados na forma conveniente para a empresa.

- **Estratégia de cooperação:** ao seguir esta estratégia, a empresa age para ajudar outras empresas, sem preocupar-se com o retorno financeiro que sua ação pode lhe trazer, mas com algum outro ganho provável e não mensurável. A ação é aparentemente altruísta e ilógica para quem raciocina apenas com lucros imediatos. Nos últimos anos, a estratégia de cooperação entrou em evidência pelo crescimento da *terceirização* e da compreensão da natureza e importância dos *clusters*.

- **Alianças estratégicas:** elas são muito importantes para incrementar as vantagens competitivas das empresas aliadas. Deve haver uma importante negociação para a convergência das propostas iniciais de cada uma das empresas aliadas, de forma que a aliança final traga aprofundamento das vantagens competitivas para todos os aliados. Essa negociação é delicada, visto que não se trata de discutir preços e custos, mas sim os acréscimos de valor das vantagens competitivas que resultarão da aliança. Elas podem assumir muitas formas, como parcerias para desenvolvimento e uso de tecnologias, distribuição comum de produtos dos diversos aliados, fabricação cruzada, uso de recursos materiais comuns, etc.

36 Qualidade e Competência nas Decisões

- **Estratégia de agressão:** é definida como aquela em que se utilizam meios ilícitos para prejudicar outros competidores ou para extrair algum benefício. Evidentemente, a empresa agressora não reconhece a autoria da agressão, o que dificulta a seleção de exemplos reais. Algumas estranhas coincidências, porém, são indicadoras da existência deste tipo de estratégia. Tal estratégia não é tratada na maioria dos livros, mas poucos executivos experientes duvidam de sua existência.

  Talvez tenha sido apenas por coincidência que a mosca-do-chifre – com apenas 4 milímetros de comprimento, mas altamente prejudicial à pecuária – chegou ao Brasil, vinda dos Estados Unidos, exatamente como foi "previsto" que chegaria, tendo atravessado o golfo do México, a cordilheira dos Andes e a floresta amazônica. Evidentemente, como estava "previsto" que a mosca chegaria, os estoques de medicamentos para combater o inseto já haviam sido feitos.

- **Estratégia de desinvestimento:** ela requer o encerramento de certas atividades da empresa, com o intuito de facilitar o uso das atuais ou gerar novas vantagens competitivas. Nem todos os desinvestimentos são decididos por razões estratégicas. Uma grande parte deles é feita por razões lógicas, e o que define o que é estratégia e o que é lógica está na não-alteração das interações com o exterior da empresa, tais como concorrentes, clientes e consumidores, no caso de se tratar de uma decisão de lógica.

- **Estratégia de investimentos:** ela não pode existir isoladamente, pois é um complemento das outras estratégias, que também não podem existir sem a aplicação de recursos financeiros.

  O progresso da estratégia moderna trouxe uma nova abordagem das decisões sobre investimentos, que contrasta drasticamente com a análise de investimento tradicional, baseada apenas no cálculo da taxa de retorno do capital investido. A taxa de retorno é ótima para decisões lógicas, quando se trata, por exemplo, de escolher entre dois tipos de aplicação financeira, mas perde a validade quando é o caso de ações interativas, isto é, de decisões estratégicas. Por isso, há duas teorias de investimentos: a tradicional, para problemas lógicos, e a moderna, para problemas estratégicos.

- **Estratégia de imitação:** o nome estratégia de imitação dá uma conotação negativa, mas ser um imitador bem sucedido tem seus méritos e valor para a sociedade. Se o empreendedor não deseja correr o risco de ser inventor, terá de se dispor a ser ao menos um imitador, ou cairá na condição de estagnado, o que o tirará do jogo competitivo. Por isso, nos negócios, imitar pode ser uma questão de sobrevivência.

  Aliás, em seu livro *Administrando as Estratégias de Imitação*, Steven P. Schnaars mostra muitos exemplos de empresas que venceram e conquistaram a liderança no seu mercado, praticando imitações. A opinião do autor é de que, quase sempre, quem inventa um produto não é a empresa mais competente para liderar o jogo do mercado e, por isso, perde essa posição para o imitador mais rápido e eficaz.

Algumas estratégias complementares são incompatíveis entre si, como as de agressão e cooperação. Outras têm completa compatibilidade, como as de imitação e reação. Poderíamos fazer uma lista de todas as incompatibilidades, mas é perigoso generalizar. Cada caso real assume aspectos peculiares que podem fugir às regras usuais e, por isso, a generalização pode vir a ser mais prejudicial que benéfica.

Entre grandes empresas e corporações não é raro haver movimentos de intensa cooperação em uma unidade de negócio e, simultaneamente, forte disputa e até agressão em outra unidade, como ocorreu entre GM e Toyota, quanto aos automóveis Chevy Nova e Corolla FX, ou entre Ford e Mazda, quanto à assistência técnica.

3.4.2 O vencer os competidores

Para vencer os competidores, é preciso que a empresa tenha uma vantagem competitiva, pois o uso das estratégias complementares não garante a vitória na competição, mas tão-somente a vitória numa batalha. E como o pensar estratégico é de uma racionalidade muito simples, a generalização mais importante é apenas definir claramente quem são os oponentes a serem vencidos e procurar seus pontos vulneráveis.

Para operar a vantagem competitiva nesse processo de buscar derrotar o oponente, é necessário que se conte com uma "caixa de ferramentas". Entretanto, a definição de vantagem competitiva como sendo a que permite vencer a competição é muito vaga. Só pode ficar mais clara quando se mencionam as ferramentas para uma **vantagem competitiva já existente**. Não são ferramentas para conseguir uma vantagem competitiva, mas são para quem já possui uma vantagem.

Vamos então, rapidamente, mostrar as "caixas de ferramentas" de cada vantagem competitiva falada anteriormente.

As ferramentas para operar a vantagem competitiva para vencer **pela preferência dos clientes,** entre outras, incluem:

- Foco total (definir quais serão as tarefas e aspectos a serem tratados com muito mais detalhamento);

- Propaganda e promoção para acelerar a percepção da vantagem competitiva;

- Definição de segmentos prioritários;

- Propaganda para reforçar a vantagem competitiva (para deixar a vantagem ficar considerada racional e indispensável);

- Ajudar a formação de segmentos do mercado e particularizar para cada um deles: marca, preço, embalagem, propaganda, etc.;

- Proteção em cada segmento para evitar a formação de oportunidades para novos entrantes no mercado;

- Usar "empresa-breque" para competir com preços baixos e dificultar a vida de concorrentes regulares ou entrantes;

38   Qualidade e Competência nas Decisões

- Técnicas de preempção de mercado (uma microrregião por vez) ou de seleção de novos clientes a serem conquistados;

- Velocidade ótima para vencer os competidores na disputa por maior fração de mercado: desde baixar preços para aumentar o volume vendido até subir preços além do preço de equilíbrio para perder mercado e comprar competidores;

- Equilíbrio entre preço baixo e esforço promocional;

- Estabelecer controles administrativos para gerar motivação e cultura adequadas.

No caso deste tipo de vantagem competitiva, existem algumas ferramentas proibidas ou que devem ser evitadas:

- Vantagem de preferência pelos clientes por preços baixos (usar descontos, brindes, venda de produto complementar por preço muito baixo, etc.)

- Tornar a preferência racional (é melhor que a preferência seja não-racionalizada, por fé).

As ferramentas usuais para trabalhar com a vantagem competitiva para vencer **pelo custo baixo** são as seguintes:

- Dar agrados funcionais aos clientes (maior prazo, descontos, brindes, presentes, descontos absurdos, etc.);

- Criar superoferta dos produtos sem baixar os preços, fazendo os clientes ficarem com estoques altíssimos;

- Formar produtos de "venda casada", que funciona muito bem com produtos de consumo de pequenas quantidades mensais, ou com serviços complementares do tipo informações sobre leis e mercados;

- Aaguardar períodos de alta demanda para crescer e períodos de crise para comprar competidores enfraquecidos;

- Pesquisar previamente os competidores mais vulneráveis e disputar seus clientes;

- Procurar meios para criar dependência e fidelização.

Entre as ferramentas que são usadas para operar a vantagem competitiva para vencer **pela flexibilidade operacional,** listamos as seguintes:

- Competência maior na previsão de demanda, com prazo suficiente para mudar a oferta de produtos/serviços (inclui competência para despistar os competidores);

- Tecnologia e processos administrativos adequados para mudança no ritmo das operações, inclusive sistema de custeio adequado;

- Fidelização conveniente com clientes classe A;
- Forma detalhada de definição da capacidade econômica dos equipamentos (em geral são máquinas pequenas);
- Terceirização de serviços nos períodos de pico da demanda;
- Simbiose com vantagem competitiva pela preferência dos clientes que querem prazos curtos.

A seguir, apresentamos algumas das ferramentas que normalmente são utilizadas para operar a vantagem competitiva para vencer **pela inovação nos produtos:**

- Lançar inicialmente o modelo mais adequado para vencer a resistência do ambiente (geralmente é o modelo mais sofisticado);
- Formar a conveniente "imagem" do produto desde antes de seu lançamento;
- Terceirização de operações para facilitar a ocupação do mercado, com rapidez e baixo investimento;
- Definir a opção mais conveniente entre: (a) ocupar uma região por vez (iniciando por região pequena), ou (b) ocupar um segmento de mercado por vez;
- Garantir a condição de "leão da rede";
- Procurar outras inovações complementares.

As ferramentas para operar a vantagem competitiva para lucrar **pelo posicionamento nas negociações,** entre outras, incluem:

- Tudo o que possa contribuir para construir o poder de negociação sobre clientes e fornecedores;
- Cuidar para que o maior poder de negociação seja permanente (poder efêmero leva a desastres);
- Monitoração do mercado e da evolução do negócio, visando preservar e aumentar as vantagens competitivas de posicionamento;
- Manter fornecedores e clientes fidelizados e viáveis;
- Bloquear fornecedores e clientes no aspecto da mudança de poder de negociação;
- Ser discreto na negociação (não parecer "fominha"), embora tenha negociadores bem treinados.

Essas ferramentas fazem a vantagem competitiva ficar poderosa e, em algum período de anos, pode determinar quem é o dono do mercado.

40 Qualidade e Competência nas Decisões

3.5 O convívio da estratégia para vencer com a lógica

A vida de qualquer administrador é uma sucessão de incontáveis decisões. Algumas, talvez a maioria, são tão rotineiras que exigem pouco esforço do pensamento. São decorrentes de respostas a problemas lógicos. Outras, entretanto, exigem um certo tipo de sensibilidade especial, uma forma diferente de desenvolver o pensamento. Estas são as decisões estratégicas – são as que lidam com novas direções, mudanças, visão de mundo, vencer a competição, e até, em muitos casos, lucrar.

Chester Barnard, ainda na primeira metade do século XX, em seu livro *The Functions of the Executive,* dizia que as características mais marcantes dos executivos bem-sucedidos eram, essencialmente, estratégicas – *"são tão complexas e tão rápidas, muitas vezes quase instantâneas, que não poderiam ser analisadas nem mesmo pela pessoa em cujo cérebro se realizam".*

Barnard, provavelmente, foi o primeiro a chamar a atenção para o processo de tomada de decisões como elemento significativo para a administração de empresas. Ele estabeleceu uma distinção importante entre os elementos lógicos e os não-lógicos da decisão prática, que, embora não sendo uma classificação científica, pode ajudar o entendimento desse processo e dessa convivência.

Para ele, a decisão lógica pode ser expressa por palavras ou outros símbolos, isto é, pelo raciocínio consciente. Ao contrário, as decisões não-lógicas não podem ser expressas nos mesmos termos, sendo apenas percebidas sob a forma de resultados de julgamentos ou ações.

Sobre isto, vale reproduzir um texto de Peter Drucker, o "inventor" da administração moderna. Drucker, em setembro de 1998, deu uma longa entrevista à revista *Fortune,* de onde foi retirado o trecho a seguir:

"Você sabe quem contratou o primeiro homem para relações públicas neste país? Foi Alfred Sloan (o famoso presidente da General Motors, a maior empresa do mundo), que contratou um editor financeiro para manter a GM fora da revista Fortune. O escolhido foi Paul Garret, que, por dez anos, foi bem-sucedido, tendo conseguido que a Fortune nada publicasse sobre a GM. Muito tempo depois, tive a oportunidade de perguntar ao Sr. Sloan por que ele fez aquilo. E ele respondeu: 'Eu achei que era embaraçoso ter de explicar a um jornalista decisões que eu mesmo não entendia' ".

Ora, se até quem vive uma história, como Sloan, tem dificuldade para explicar por que toma certas decisões, fica claramente entendido por que as decisões estratégicas dificilmente poderão ser expressas por palavras, uma vez que pertencem a outro mundo conceitual.

3. Decisões e Estratégia 41

Para essas decisões não-lógicas, intuitivas, ou, simplesmente estratégicas, todas as pessoas que são colocadas na posição de tomá-las precisam usar de um banco interior de recursos pessoais de conhecimentos, crenças e experiência orientada, e, para qualquer direção que caminhe o esforço mental em decisões estratégicas, uma das variáveis é a necessidade de rapidez. Como não é possível criar uma relação entre a inteligência e a capacidade de tomar decisões rápidas, o administrador precisa desenvolvê-la, porque ela é absolutamente necessária em seu dia-a-dia, enquanto profissionais de outras áreas, como arquitetos ou advogados, por não decidirem em assuntos competitivos e por não precisarem de rapidez para suas decisões, não a desenvolvem.

É claro que nenhuma decisão é totalmente isolada, sem dependências. Toda decisão, embora individual, faz parte de uma estratégia global da empresa, se ela a tiver; ou pelo menos, de um contexto de pensamento político particular, característico da organização.

Dessa forma, pode haver uma presunção de que cada decisão é parte lógica, parte intuitiva; parte calculada, parte baseada no *slogan* "a coisa certa que se deve fazer". Entretanto, a observação e a teoria ensinam que isso não é verdadeiro. A decisão para otimizar recursos é lógica, e a decisão para vencer os competidores é estratégica. E são mutuamente excludentes. E, como estamos tentando mostrar todo o tempo neste texto, os recursos não substituem a estratégia.

A abordagem que apresentamos está centrada nos relacionamentos hierárquicos da empresa e na técnica de resolução de problemas. A contribuição de Kepner & Tregoe (1965) para o assunto, com seu livro *O Administrador Racional,* que chegou ao topo da lista de livros mais vendidos em administração, bem como a contribuição de Simon (1970), sobre *bounded racionality* e sobre os assuntos básicos para o desenvolvimento da inteligência artificial, tornaram-se os alicerces sobre os quais foram construídas as idéias atuais de solução de problemas sucessivos.

Outro método de pensar originou-se com Hegel, no livro *A Fenomenologia do Espírito,* como um precursor da Teoria de Sistemas, onde ele não se preocupa com a essência de cada parte e se concentra no efeito cumulativo das várias interações entre as partes. No entanto, a Teoria de Sistemas obriga à definição da fronteira do sistema, não conseguindo, por isso, incluir aspectos estratégicos (vencer os oponentes que ficam fora da fronteira).

Foi Simon quem abriu nosso aprendizado para a forma conveniente da divisão do problema de decisões, quando colocou como algo típico da administração ter seus problemas divididos em partes seqüenciais, onde cada problema resolvido abre outro problema, até cair no problema operacional. Dessa forma, as partes seqüenciais devem ser resolvidas partindo-se do problema mais geral, o que constitui, de certa forma, o inverso do método cartesiano.

Vamos imaginar a seguinte situação: a empresa precisa melhorar sua competitividade no mercado. Como resolver? É um problema estratégico ou lógico? Vamos tratar o assunto pelo método da sucessão de problemas.

42 Qualidade e Competência nas Decisões

Problema geral – Melhorar a competitividade – para ser resolvido por estratégia, pois não pode ser resolvido por lógica, pela existência de oponentes competidores. Devemos, neste caso, para melhorar a competitividade da empresa, que é o problema geral, criar o primeiro problema:

1º problema – Qual o caminho a ser tomado para conseguir essa melhoria: introduzir um produto novo, aumentar a propaganda, abrir uma nova filial, comprar um concorrente? A decisão para esse problema é puramente estratégica, de pensamento para vencer. O estrategista toma a decisão que ele entende ser aquela que facilita mais a melhoria da competitividade. Outro estrategista poderia eventualmente pensar diferente e preferir outra decisão. Digamos que a decisão tenha sido: abrir uma nova filial.

Com essa decisão de abrir uma nova filial, aparece o segundo problema:

2º problema – Onde abrir uma nova filial? A decisão para este problema precisa de uma preliminar: vai ser decidido por estratégia ou por lógica? Se a decisão for por estratégia, vai se pensar em qual é o lugar onde será mais promissor competir. Se for por lógica, vai se procurar a cidade menos abastecida.

Uma vez escolhida a cidade, seja por estratégia ou por lógica, surge o terceiro problema:

3º problema – Comprar ou alugar um imóvel? A partir deste ponto, todas as decisões serão lógicas, até a realização da festa de inauguração. E se os lógicos forem competentes, tudo será feito de modo muito eficaz.

3.6 Conclusão

Esta é uma característica única da administração: seus problemas devem ser tratados como uma sucessão. Muitos problemas são de lógica, e as decisões dos lógicos se encadeiam até o nível operacional. Alguns problemas, entretanto, são de estratégia, e devem ser decididos por estratégia, inicialmente, e depois da primeira decisão lógica, todas as outras, na seqüência, serão lógicas. Esta é uma peculiaridade notável da administração.

É importante saber que as empresas não podem ficar sem estrategistas e nem sem lógicos, e que seus problemas de administração não são uma mistura de lógica e estratégia. Quando têm oponentes envolvidos, começam com estratégia e, a partir de um ponto, são de lógica. E quando não existem aspectos de disputa competitiva, são resolvidos somente por lógica, desde o início.

Assim, os nossos três ímpetos iniciais para pensar sobre como tomar uma decisão em face de um problema empresarial que nos é oferecido, como, por exemplo, aquele dos pecuaristas argentinos com o qual este capítulo foi iniciado, poderiam ser reescritos da seguinte forma:

- **1° ímpeto**: acreditar que tudo o que se faz bem feito, que foi criteriosamente bem decidido, leve ao sucesso não faz sentido, pois o que é decidido por estratégia, por mais bem pensado que seja, não tem nenhuma garantia de que vai dar certo;

- **2° ímpeto**: acreditar que, quanto mais lógico for o tomador de decisões, maior será o sucesso, só é válido se as primeiras decisões estratégicas deram certo;

- **3° ímpeto**: acreditar que uma equipe de tomadores de decisão fica ideal se contar com grandes especialistas em lógica e em estratégia, desde que cada um deles faça a sua parte: os estrategistas tomam as decisões mais gerais, as iniciais, num processo de problemas sucessivos, e os lógicos se encarregam das decisões subseqüentes; e mais, que os estrategistas tomam suas decisões sem a participação dos lógicos, e que os lógicos se encarregam das decisões subseqüentes sem consultar os estrategistas, apenas respeitando suas decisões iniciais.

Referências

- BARNARD, C. – *The Functions of the Executive*, apud Dimock, M. E. *Filosofia da Administração*, p. 152, citado.

- BITENCOURT, C. (org.) – *Gestão Contemporânea de Pessoas: Novas Práticas, Conceitos Tradicionais* – Bookman, Porto Alegre, 2004.

- DIMOCK, M. E. – *Filosofia da Administração* – Fundo de Cultura, Lisboa, 1958.

- HAMEL G. & PRAHALAD, C. K. – *Competindo pelo Futuro: Estratégias Inovadoras para Obter o Controle do seu Setor e Criar os Mercados de Amanhã* – Elsevier, Rio de Janeiro, 1995.

- KEPNER, C. H.& TREGOE, B. B. – *O Administrador Racional* – Atlas, São Paulo, 1965.

- SCHNAARS, S. P. – *Administrando as Estratégias de Imitação,* apud Zaccarelli, S. B. *Estratégia e Sucesso nas Empresas,* p. 193, citado.

- SIMON, H. – *The Sciences of the Artificial*, Massachusetts: M.I.T, 1970.

- ZACCARELLI, S. B. – *Estratégia e Sucesso nas Empresas* – Saraiva, São Paulo, 2000.

Qualidade e Competência nas Decisões

4 DECISÕES EMPRESARIAIS: PARADIGMAS COMPORTAMENTAIS DOS INDIVÍDUOS

Flavio César Faria Fernandes
Ricardo Ferrari Pacheco
José Roberto Lopes
Moacir Godinho Filho

4.1 Introdução

O dicionário Aurélio dá a seguinte definição para o termo processo: "[Do lat. processu.] S. m. 1. Ato de proceder, de ir por diante; seguimento, curso, marcha. 2. sucessão de estados ou de mudanças. 3. Maneira pela qual se realiza uma operação, segundo determinadas normas; método, técnica. 4..." (FERREIRA, 1986, p. 1395)

Para o termo decisão: "[Do lat. decisione.] S. f. 1. Ato ou efeito de decidir (-se); resolução, determinação, deliberação. 2. Sentença, julgamento. 3. Desembaraço, disposição; coragem. 4. Capacidade de decidir; de tomar decisões." (Ferreira, 1986, p. 525). E, para o termo decisório: "Jur. Adj. 1. Que tem o poder de decidir. S. m. 2. Parte da sentença em que o juiz manifesta sua decisão em favor de um dos litigantes; dispositivo." (FERREIRA, 1986, p. 525)

Portanto, é possível afirmar que processo decisório é a capacidade de decidir, de tomar decisões, de escolher, selecionar ou optar entre várias alternativas de ação que possibilitem ir adiante, suceder ou mudar o estado atual da situação. Este posicionamento é corroborado por Mintzberg *et al* (1976) ao definirem decisão como um compromisso específico para a ação (normalmente um compromisso de recursos) e o processo de decisão como um conjunto de ações e fatores dinâmicos que começa com a identificação de um estímulo para a ação e termina com o específico compromisso para a ação. A decisão, ou escolha, constitui-se no processo pelo qual uma dessas alternativas de comportamento é selecionada e adotada (HOLLOWAY, 1979). Denomina-se estratégia o conjunto das decisões que determinam o comportamento exigido num dado período (SIMON, 1970).

Entende-se por boa administração aquela cujo comportamento é objetivamente adequado a seus fins, da mesma maneira que um "bom negócio" pode ser descrito como um comportamento econômico cuidadosamente orientado para fins lucrativos (SIMON, 1970). A análise do processo de tomada de decisões administrativas preocupa-se com os aspectos envolvidos nas escolhas ou decisões tomadas por elementos de uma organização.

Mintzberg *et al* (1976), sobre o processo decisório, classificam a literatura empírica em três grupos, ou seja: i) pesquisas de psicólogos cognitivos baseadas no

46   Qualidade e Competência nas Decisões

processo decisório individual realizadas em situação de jogos; ii) pesquisas de psicólogos sociais baseadas no processo decisório em grupo realizadas em laboratórios; e; iii) pesquisas de teóricos administrativos e cientistas políticos baseadas no processo decisório organizacional realizadas no campo. No primeiro grupo, estão as pesquisas que simulam o processo decisório para tentar resolvê-lo como um jogo de quebra-cabeça e indicam que, quando diante de um problema complexo, ou uma situação não programada, o tomador de decisão busca reduzir a indecisão em subdecisões para aplicar soluções de propósito geral. No segundo grupo, estão as pesquisas realizadas em laboratório que, por sua natureza, simplificam o processo decisório ao remover muitos de seus elementos. No terceiro grupo, estão as pesquisas realizadas nas organizações.

Da inclusão do termo "gerencial" na terminologia do processo decisório resulta que o processo de tomada de decisão que será analisado é o que compreende as decisões tomadas pelos gerentes, ou gestores em geral. Considerando-se, também, a classificação apresentada anteriormente, proposta por Mintzberg *et al* (1976), mais especificamente o terceiro grupo, pode-se afirmar que o objeto de estudo deste capítulo é o processo decisório gerencial em organizações.

O estudo do processo decisório, conforme o que aqui nos interessa, surge com os trabalhos de Herbert Simon, ao abordar o comportamento dos indivíduos nas organizações. É exatamente dentro deste contexto que este trabalho se insere, uma vez que objetiva apresentar uma visão geral dos cinco principais paradigmas comportamentais dos indivíduos que tomam decisões nas empresas, a saber: o paradigma racional, o paradigma organizacional, o paradigma racional limitado, o paradigma *garbage can* e o paradigma político. No Quadro 4.1 mostramos um resumo das características principais destes cinco paradigmas. Também neste trabalho, apresentamos uma análise dos fatores preponderantes no processo decisório no contexto de cada um desses paradigmas. Os fatores considerados são: risco, incerteza, presença ou falta de estrutura e conflito. Entendemos que o paradigma racional limitado é o mais pragmático, mais completo e apropriado para a maioria das situações no atual ambiente competitivo. Portanto neste trabalho é dada uma atenção especial a este paradigma.

A estrutura do capítulo é a que segue: na seção 2 são apresentados os cinco paradigmas comportamentais tratados, com destaque para o paradigma racional limitado, na seção 3 é apresentada uma análise a respeito do potencial de cada paradigma em tratar quatro fatores que atualmente afetam o processo decisório nas organizações e na seção 4 são tecidas algumas considerações finais.

4. Decisões Empresariais: Paradigmas Comportamentais dos Indivíduos   47

Quadro 4.1 – Resumo das principais características dos paradigmas comportamentais estudados

Paradigmas Comportamentais	Principais Características
Racional	Decisão individual ou em grupo. Preferências claras e conhecimento total das alternativas e conseqüências. Lógica de escolha pouco influenciada por pressões do ambiente. Inexistência de conflitos entre participantes.
Organizacional	Decisão individual ou em grupo. Preferências claras. Lógica de escolha valoriza conceitos institucionalizados, tais como normas (explícitos) ou tradições (implícitos). Inexistência de conflitos entre participantes.
Racional Limitado	Decisão individual ou em grupo. Preferências claras e conhecimento limitado das alternativas e conseqüências. Lógica de escolha pouco influenciada por pressões do ambiente. Inexistência de conflitos entre participantes.
Garbage can	Processo decisório envolvendo um grupo de pessoas. Preferências problemáticas, tecnologia não clara, participação fluida. Inexistência de conflitos. Processo geralmente demorado. Decisão envolve confluência aleatória de eventos (sorte).
Político	Processo decisório envolvendo grupos em conflito quanto às preferências. Uso de barganha ou negociação.

4.2   Os cinco paradigmas comportamentais

4.2.1   O paradigma racional

Para Simon (1997), o comportamento racional do ser humano, para ser explicado de maneira clara, requer que o vocábulo "racional", para ser apropriadamente definido, deva ser precedido de alguns termos, que são:

1. **Objetivamente racional**, se representa de fato o comportamento correto para maximizar certos valores numa dada situação;

2. **Subjetivamente racional**, se maximiza a realização com referência ao conhecimento real do assunto pelo(s) fornecedor(es) de decisão;

3. **Conscientemente racional**, na medida em que o ajustamento dos meios aos fins visados constitui um processo consciente;

4. **Deliberadamente racional**, na medida em que a adequação dos meios aos fins tenha sido deliberadamente provocada (pelo indivíduo ou pela organização);

48 Qualidade e Competência nas Decisões

5. **Organizativamente racional**, se for orientado no sentido dos objetivos da organização; e,

6. **Pessoalmente racional**, se visar os objetivos do indivíduo.

O estudo do comportamento racional tem origem na teoria econômica e defende que o homem econômico toma decisões baseando-se em alternativas que conduzam a um resultado ótimo, ou seja, à maximização dos resultados. Para March e Simon (1979, p. 193), "o homem racional da economia e da teoria da decisão estatística faz escolhas ótimas, num ambiente minuciosamente especificado e nitidamente definido". Portanto, temos que, no paradigma racional, os atores (ou tomadores de decisão) participam de processos decisórios com objetivos conhecidos, e o conhecimento dos objetivos e das possíveis conseqüências de uma ação sobre cada um dos objetivos determina o valor intrínseco de cada alternativa.

O problema enfrentado pelo homem racional, de acordo com March e Simon (1979, p. 194), é que todas as alternativas de escolha necessitam ser identificadas, que todas as conseqüências associadas a cada alternativa necessitam ser conhecidas em termos de riscos e incertezas e que todas as conseqüências necessitam ser classificadas de acordo com sua utilidade. A racionalidade ocupa-se da seleção de alternativas de comportamento preferidas de acordo com algum sistema de valores que permita avaliar as conseqüências desse comportamento. No processo decisório racional, escolhem-se alternativas consideradas como meios adequados para atingir os fins desejados. Os fins em si mesmos são, na maioria das vezes, apenas instrumentos para se conseguir objetivos mais distantes. Em conseqüência, o tomador de decisão é levado a conceber uma cadeia ou hierarquia de fins. A racionalidade é o processo mental que procura o estabelecimento dessa cadeia de meios e fins (SIMON, 1970).

Para Simon (1997), a escolha, dentre as alternativas apresentadas à organização, depende da consciência dos indivíduos, ou seja, de como é o comportamento do indivíduo diante da decisão, ou da escolha da alternativa adequada. O conjunto dessas decisões que determinam o comportamento a ser exigido num dado período de tempo chama-se estratégia, que é o objetivo da decisão racional e consiste justamente em selecionar, dentre várias possíveis, aquela estratégia composta de um conjunto preferido de conseqüências. Assim, para o autor, a tarefa de decidir compreende três etapas, a saber:

1. O relacionamento de todas as possíveis estratégias;

2. A determinação de todas as conseqüências que acompanham cada uma dessas estratégias; e,

3. A avaliação comparativa desses grupos de conseqüências.

Já de acordo com Heizer & Render (1997), o processo decisório racional possui a seguinte seqüência de passos:

1. Definição do problema e os fatores de influência;

4. Decisões Empresariais: Paradigmas Comportamentais dos Indivíduos   49

2. Estabelecimento dos critérios de decisão e objetivos;

3. Formulação do modelo ou a relação entre os objetivos e as variáveis de influência;

4. Identificação e avaliação das alternativas;

5. Seleção da melhor alternativa;

6. Implementação da decisão.

Howard (1988) sugere que, além da escolha da melhor alternativa, seja feita uma revisão do processo de decisão, para que a escolha recomendada seja não apenas a logicamente correta, mas que seja também claramente persuasiva.

Lundgren (1974) recomenda que a busca da tomada de decisões racionais seja executada em 4 etapas:

1. Estabelecimento de objetivos, identificação dos problemas e critérios de análise;

2. Estabelecimento de alternativas disponíveis e as conseqüências de cada uma;

3. Avaliação das alternativas à luz dos critérios;

4. Seleção da melhor alternativa, que resolva os problemas e atinja os objetivos.

Segundo Eisenhardt & Zbaracky (1992), o processo decisório racional pode ser caracterizado pelos seguintes passos:

1. Definição de objetivos;

2. Obtenção de informações;

3. Desenvolvimento de alternativas;

4. Escolha de uma alternativa.

Os princípios da racionalidade continuam ainda a ser estudados, formando o que se convencionou denominar "paradigma racional normativo" (HITT & TYLER, 1991). Estudos desta abordagem incluem as teorias de Von Newmann & Morgenstein (1944), Ansoff (1980), Howard (1988) e Eeckhoudt *et al.* (1995).

4.2.2   O paradigma organizacional

O paradigma organizacional sustenta que decisões podem ser explicadas pela busca da adequação das alternativas às normas implícitas ou explícitas da organização da qual o decisor faz parte. Enquanto o paradigma racional procura a melhor alternativa, ou a decisão correta tendo em vista os objetivos colocados, o paradigma

50 Qualidade e Competência nas Decisões

organizacional (ou racionalmente organizacional) busca a decisão mais satisfatória naquele instante ou contexto atual da organização, ou seja, a consideração da expectativa de outros elementos afetados pela decisão: chefes, colegas, subordinados, clientes, etc.

Allison (1971) demonstra como os procedimentos padrão de operação do governo explicam e descrevem o resultado de suas decisões. Este autor estudou as decisões tomadas pelo Comitê Executivo de Segurança Nacional dos EUA, durante a crise dos mísseis cubanos de 1962. Desta forma, segundo ele, "decisões tomadas ontem influenciam e predizem a decisão a ser tomada hoje". Ele demonstrou que o padrão de decisão tomada era fruto do processo burocrático. Assim, por exemplo, o tempo decorrido entre a descoberta da existência dos mísseis em Cuba e a decisão foram reflexos dos procedimentos burocráticos para análise de dados de importantes agências governamentais.

Dentro do contexto do paradigma organizacional, está a discussão de como uma determinada alternativa se torna um modelo, ou seja, uma alternativa amplamente adotada pelas organizações. Várias teorias procuram explicar como se dá esse processo, sendo que, em resumo, a difusão de um modelo pode ser explicada por um conjunto de fatores que não são apenas ligados exclusivamente ao seu desempenho (aspecto racional), mas influenciada por práticas e expectativas sociais.

Meyer *et al.* (1994) denominam institucionalização ao processo pelo qual um dado padrão de comportamento ou atitude é aceito como norma, ou considerado *a priori* como válido, ou tomado como "a escolha racional". Na realidade, segundo a escola neo-institucionalista, não se pode dizer que as escolhas são feitas por indivíduos absolutamente livres de interferências. O estado do ambiente e do objeto sobre o qual decidem não é considerado de uma maneira absolutamente racional. As escolhas são feitas sob contextos culturais, nos quais valores e normas estão institucionalizados e no interior dos quais apenas um certo grau de racionalidade é considerado como legítimo, tanto pelo indivíduo quanto pelo ambiente no qual o indivíduo se insere. Segundo Zilbovícius (1997), o processo de construção de modelos relativos à organização da produção e do trabalho no ocidente é marcado por um relacionamento triangular entre as abstrações (modelos), as práticas e as condições do ambiente econômico. Abstrações podem ser produzidas a partir de um trabalho de generalização das práticas, tornando-se referencial para os tomadores de decisão. Assim, produz-se um modelo que se difundirá à medida que ganhar legitimidade por parte do ambiente em que é utilizado e também à medida em que a aplicação das práticas a ele vinculadas proporcione resultados aceitáveis. Nessas condições, ocorre a institucionalização do modelo. Como os resultados são aceitos, há um reforço das práticas e, por sua vez, um reforço do modelo construído a partir delas. Tem-se, portanto, um processo de institucionalização, legitimização e difusão do modelo.

O modelo alcança legitimidade quando é considerado válido segundo algum critério de validação compartilhado entre os agentes. Quando amplamente difundido e adotado, o modelo passa a ter referência paradigmática: soluções fora da lógica e da ordem interna do modelo podem vir a ser descartadas como irracionais ou ina-

4. Decisões Empresariais: Paradigmas Comportamentais dos Indivíduos

dequadas, ainda que possam contribuir para a melhoria da *performance*. Num dado momento, se os resultados obtidos são colocados em questão (por exemplo, devido a condições de competição no ambiente que deixam de sancionar esses resultados como aceitáveis), novas práticas passam a ser desenvolvidas. Entretanto, o emprego generalizado dessas práticas (difusão) dependerá da construção de um novo modelo que as circunscreva e que seja legitimado pelo ambiente. Assim, o quadro se reestabiliza com a adoção ampla de outro modelo.

Outra abordagem, também da escola organizacional, apresentada por Dimaggio & Powell (1991) procura explicar o processo de institucionalização e difusão de modelos por meio do conceito de isomorfismo. Tal teoria assume que a adoção de modelos é um processo de constrangimento explícito ou implícito, que força uma população a assemelhar-se a outras unidades que estão diante do mesmo conjunto de condições ambientais, podendo ser classificado em isomorfismo competitivo e isomorfismo institucional. O ambiente caracterizado como isomorfismo competitivo considera que há uma maior racionalidade das organizações, sendo encontrado em situações que enfatizam a competição de mercado. Seria, portanto, uma escolha racional e voluntária da empresa adotar práticas "copiadas" de empresas bem-sucedidas. Essa visão, para Dimaggio & Powell (1991), é adequada para situações de competição livre e aberta, podendo descrever adequadamente ambientes competitivos que envolvem processos inovadores, mas não representam adequadamente o contexto competitivo das organizações comuns. Já o isomorfismo institucional refere-se a forças que "pressionam comunidades a se acomodarem ao mundo exterior". Segundo Strang & Meyer (1994), as organizações procuram simultaneamente desempenho e legitimidade, sendo que, pela institucionalização das práticas, o desempenho acaba sendo visto pela ótica do próprio modelo difundido. Segundo Meyer & Rowan (1991), o isomorfismo institucional promove o sucesso e sobrevivência das organizações, por permitir que elas permaneçam bem-sucedidas por definição social. Desta forma, há outros elementos considerados na adoção de modelos além da busca da eficiência (critério racional). Em certas situações, o mimetismo pode contribuir com o aumento da eficiência, em outros pode comprometê-lo em prol de uma maior legitimidade organizacional.

4.2.3 O paradigma racional limitado

A mente humana é incapaz de levar em conta, em uma decisão, todos os aspectos de valor, conhecimento e comportamento que seriam relevantes, portanto impõe limites à racionalidade objetiva. Diante disso, foi proposta por Simon (1997) a racionalidade limitada ou subjetiva, pois este autor considera que os seres humanos não são absolutamente racionais.

O paradigma da racionalidade limitada sustenta que se torna impossível, na prática, que um indivíduo conheça todas as alternativas de que dispõe, ou todas as conseqüências futuras de uma estratégia. Essa impossibilidade faz com que, na prática, o tomador de decisão passe a decidir utilizando uma racionalidade limitada pela informação de que dispõe.

52 Qualidade e Competência nas Decisões

Conforme definida por Simon (1997), a racionalidade objetiva sugere que o indivíduo atuante ajuste seu comportamento a um sistema integrado por meio:

1. Da visão panorâmica das alternativas de comportamento, antes da tomada de decisão;

2. Da consideração de todo o complexo de conseqüências que advirão de cada escolha; e,

3. Da escolha, tomando o sistema de valores como critério, de uma alternativa entre todas aquelas disponíveis.

Forest & Mehier (2001) salientam que o conceito da racionalidade limitada não objetiva mostrar que os indivíduos ou organizações são irracionais nas suas avaliações e decisões. Este conceito somente propõe que sejam salientados os limites que restringem as ações humanas.

Para Simon (1997), a racionalidade humana opera dentro dos limites do ambiente psicológico. Este ambiente impõe ao indivíduo um conjunto de fatores, sobre os quais ele deve basear suas decisões. Ainda de acordo com este autor, o comportamento real não alcança racionalidade objetiva pelo menos em três aspectos diferentes:

1. A racionalidade requer um conhecimento completo e antecipado das conseqüências resultantes de cada ação. Na prática, porém, o conhecimento dessas conseqüências é sempre fragmentário;

2. Considerando-se que essas conseqüências pertencem ao futuro, a imaginação deve suprir a falta de experiência em atribuir-lhes valores, embora estes só possam ser antecipados de maneira imperfeita;

3. A racionalidade pressupõe uma opção entre todos os possíveis comportamentos alternativos. No comportamento real, porém, apenas uma fração de todas essas possíveis alternativas é levada em consideração.

Estudos de Walsh (1988) apóiam a idéia da racionalidade limitada. Seus estudos sugerem que executivos não adotam um processo exclusivamente racional de decisão, podendo não utilizar corretamente as informações da indústria, ou não utilizar todas as informações disponíveis na decisão. A racionalidade limitada corresponde a uma situação na qual o tomador de decisão, por diversos fatores, o faz sob o paradigma racional, mas com visão parcial ou limitada da situação.

Inúmeros aspectos exercem influência sobre o tomador de decisão, impedindo-o de ser absolutamente racional. Influências são características relacionadas às bases de valores cognitivos que filtram e distorcem percepções dos tomadores de decisão. Dentre as principais variáveis que influenciam a decisão, são citadas na literatura a idade, nacionalidade, tipo de educação, complexidade cognitiva dos tomadores de decisão, atitude perante o risco, excesso de confiança, intuição, conhecimento pes-

4. Decisões Empresariais: Paradigmas Comportamentais dos Indivíduos   53

soal, erros de codificação da informação, forma de apresentação da informação, o tempo disponível, áreas de atuação, funções exercidas, experiência, raízes socioeconômicas, situação financeira, carreira e características do grupo decisor.

Outros aspectos importantes que exercem forte influência sobre a racionalidade são o conhecimento e a existência de mais de um indivíduo no processo decisório. A função do conhecimento no processo decisório é determinar antecipadamente quais são as estratégias e quais as conseqüências de cada uma das alternativas. Cabe ao indivíduo selecionar, a partir de toda sorte de resultados possíveis, a estratégia que proporciona o melhor conjunto de resultados. Uma vez que é impossível ao ser humano prever quais serão todas as conseqüências de suas escolhas, o que ele faz é construir expectativas das conseqüências futuras, baseando-se em informações empíricas conhecidas e informações sobre a situação existente. Com relação à existência de mais do que um indivíduo envolvido no processo decisório, tem-se que cada indivíduo deveria saber exatamente quais serão as ações dos demais para poder determinar com precisão quais serão as conseqüências de suas próprias ações. Esse fato gera um problema insolúvel na escolha racional de uma estratégia. O que ocorre na prática é que todos os envolvidos selecionam uma estratégia baseados na expectativa da estratégia selecionada pelos elementos restantes.

Segundo Eizenhardt & Zbaracki (1992), alguns aspectos consensuais parecem emergir dos estudos sobre a racionalidade da tomada de decisões:

1. A existência de limites cognitivos para a tomada de decisões racionais. Decisores procuram se satisfazer ao invés de otimizar, raramente estão envolvidos num processo compreensível de busca de alternativas e compreensão do problema, descobrindo os objetivos no decorrer desse processo de busca.

2. Muitos decisores seguem o processo de identificação, desenvolvimento e seleção de alternativas de modo seqüencial, mas tornam esse processo cíclico, repetindo-o de modo mais aprofundado a cada ciclo.

3. A complexidade do problema e os conflitos existentes entre os decisores influenciam a racionalidade da escolha.

4. Não há uma teoria única de racionalidade limitada, mas diversas variações.

5. O ser humano parece ser influenciado em suas decisões por aspectos racionais e não-racionais, sendo a força de cada aspecto bastante variável de acordo com o contexto.

De acordo com Gigerenzer & Selten (2002), em um mundo incerto e complexo, os homens tomam decisões sob restrições de conhecimento, recursos e tempo. Neste contexto, entender a racionalidade limitada é de suma importância para se compreender como pessoas do mundo real tomam decisões. Estes autores, a fim de impor maior ordem e coerência ao conceito da racionalidade limitada, propõem o conceito da "caixa de ferramentas adaptativa", um repertório de regras rápidas e econômicas

54 Qualidade e Competência nas Decisões

para a tomada de decisão sob incerteza. Além disso, tentam ampliar o escopo da racionalidade limitada de somente ferramentas cognitivas para também tratar com emoções.

Wall (1993) apresenta um modelo para tomada de decisão dentro do contexto da racionalidade limitada. Este modelo combina a racionalidade limitada com aprendizagem e adaptação. Dessa forma, as aspirações e os objetivos dos tomadores de decisão se ajustam dinamicamente em resposta à seqüência observada de decisões passadas.

Kahneman e Tversky (1979) fazem uma análise da decisão que ocorre em situação de risco e apresentam um modelo teórico chamado de teoria dos prospectos, que considera a decisão sendo influenciada pela forma com que o problema é apresentado ao tomador de decisão e pelo fator risco. Tal suposição reforça a teoria da racionalidade limitada.

Agosto (2001) investiga a teoria da racionalidade limitada aplicada na tomada de decisão de jovens na internet. Análises mostram que as pessoas estudadas operam dentro dos limites da racionalidade limitada.

Conlisk (1996) mostra que não somente a área de Psicologia, mas também a área de Economia, já forneceram evidências de que a racionalidade limitada é importante. Este autor, por meio de um *survey*, fornece quatro conjuntos de razões para incorporar a racionalidade limitada em modelos econômicos: i) existem evidências empíricas de que esta teoria é importante; ii) os modelos de racionalidade limitada já foram testados e aprovados em uma vasta gama de trabalhos respeitados; iii) as justificativas padrão para se assumir racionalidade ilimitada não são convincentes; iv) o custo da tomada de decisão deve ser considerado.

Também com relação ao paradigma da racionalidade limitada aplicada à área de Economia, Laville (2000) compara a teoria da otimização com a teoria da racionalidade limitada. Este autor conclui que a teoria da otimização deve ser abandonada e a teoria da racionalidade limitada deve ser levada em consideração.

Inúmeros outros trabalhos tratam da racionalidade limitada na literatura, como por exemplo: Sheshinski (2002), Jones (1999), Camerer (1998), Aumann (1997), Radner (1996) e Tietz (1992).

4.2.4 O paradigma *garbage can*

Cohen *et al.* (1972) propõem um modelo para descrever o processo decisório dentro de anarquias organizadas ou organizações ilegítimas denominado de *garbage can*, que é muito citado na literatura sobre decisões organizacionais como uma alternativa ao modelo proposto por Simon.

De acordo com os autores citados, as anarquias organizadas, ou situações de decisão, possuem três características principais: a primeira compreende as preferências problemáticas, pois é difícil definir um conjunto de preferências que satisfaça as

4. Decisões Empresariais: Paradigmas Comportamentais dos Indivíduos 55

necessidades de consistência de modo que seja tomada uma decisão. A organização opera numa base variável de preferências inconsistentes e mal definidas, que pode ser descrita mais como uma coleção de idéias do que uma estrutura coerente; a segunda são as tecnologias não evidentes, pois, embora a gestão da organização busque sobreviver e produzir, o processo não é bem entendido por seus membros e é operado simplesmente na base da tentativa e erro, considerando o aprendizado em acidentes da experiência passada e em invenções pragmáticas provenientes da necessidade; a terceira é a participação fluida dos mesão variáveis de um para outro. Como resultado, os limites da organização são incertos e em constante mudança, bem como os participantes do processo de decisão estão constantemente se modificando (COHEN *et al.*, 1972, p. 1).

O modelo proposto pelos autores fundamenta-se na seguinte idéia: a organização é uma coleção de escolhas procurando por problemas, questões e sentimentos procurando por situações de decisão nas quais eles possam ser aplicados, soluções procurando por questões para as quais elas possam ser as respostas, e tomadores de decisão procurando por trabalho (COHEN *et al.*, 1972, p. 2).

A idéia é complementada com o seguinte exemplo: o processo pode ser visto como uma oportunidade de escolha, como uma lata de lixo dentro da qual vários tipos de problemas e soluções são colocados pelos participantes assim que são gerados. O *mix* do lixo em uma simples lata depende do *mix* de latas disponíveis, das classificações junto às latas disponíveis, de qual lixo está sendo produzido, e com qual velocidade o lixo é coletado e removido. Pode-se, portanto, afirmar que o paradigma *garbage can* descreve um ambiente no qual a decisão decorre da confluência acidental ou aleatória de quatro eventos, mostrados no Quadro 4.2.

Quadro 4.2 – Eventos aleatórios caracterizadores do paradigma *garbage can*

Evento	Explicação
Problemas	Assuntos internos ou externos à organização que demandam soluções
Participantes	Pessoas que possuem agendas tomadas e que precisam se reunir e deliberar sobre problemas
Oportunidades de escolha	Ocasiões que clamam por uma decisão
Soluções	Respostas à busca de problemas

Reenfatizando: o processo de decisão se dá pelo encontro aleatório de escolhas procurando por problemas, problemas procurando ser escolhidos, soluções procurando problemas a serem resolvidos e tomadores de decisão com disponibilidade para decidir sobre algo.

56 Qualidade e Competência nas Decisões

Conforme observa Levitt & Nass (1989), as soluções devem estar buscando problemas, e tanto problemas e soluções devem aguardar a oportunidade de decisão. A oportunidade de decisão deve surgir num momento em que a energia dos participantes seja suficiente, uma vez que o paradigma considera que a energia dedicada às decisões pode variar de acordo com a carga de trabalho dos mesmos e não de uma forma organizada segundo a importância da decisão a ser tomada. Desta forma, o paradigma ressalta a relevância do fator sorte no processo decisório (EIZENHARDT & ZBARACKI, 1992). As decisões não são resultado de uma racionalidade limitada ou poder de coalizão, mas de uma confluência aleatória de eventos.

Estudos sobre o paradigma *garbage can* podem ser divididos em duas categorias: estudos que procuram simular ambientes de decisão definidos como anarquias organizadas, tais como os de Padgett (1980), e artigos que utilizam a metodologia de estudos de casos para descrever processos decisórios definidos como *garbage can*, tais como o trabalho de Levitt & Nass (1989).

4.2.5 O paradigma político

O estudo do comportamento político remete ao estudo do comportamento de indivíduos atuando em grupos, ou seja, o estudo do processo de tomada de decisão grupal em que as decisões são tomadas através de comissões, comitês, equipes, forças-tarefa, etc.

Eisenhardt e Zbaracki (1992) citam o surgimento da perspectiva política na tomada de decisão estratégica na literatura sobre ciência política a partir da década de 50, no século XX, ao descrever o processo de tomada de decisão governamental e o conflito natural do processo legislativo. O comportamento político é baseado na premissa de que as organizações são formadas por pessoas que têm diferentes metas e objetivos. Neste contexto, as decisões caracterizadas pelo comportamento político se dão num ambiente de conflitos e de barganhas entre os detentores do poder. Similar ao modelo da racionalidade limitada, a aplicação do modelo de comportamento político também confronta o comportamento racional, demonstrando que decisões estratégicas em organizações não possuem objetivos únicos e consensuais, nem se pautam, muitas vezes, pelas mesmas hipóteses de maximização do objetivo econômico que orientam grande parte dos processos racionais.

Em resumo, a idéia central do comportamento político compreende: as organizações são compostas de pessoas com preferências conflitantes ou parcialmente conflitantes; a tomada de decisão estratégica é política no sentido em que o indivíduo consegue o que ele deseja ou quer conseguir o que lhe é mais conveniente; e as pessoas engajadas no processo de tomada de decisão usam a informação para aumentar seu poder na organização.

Embora o processo político possa ser visto por muitos como pouco ético, dado o seu comportamento muitas vezes fluido, outras opiniões sustentam que o manejo do aspecto político é vital para o sucesso das organizações, criando e mantendo as con-

4. Decisões Empresariais: Paradigmas Comportamentais dos Indivíduos 57

dições para que ocorram mudanças ou adaptações necessárias. Outros autores concluem que políticos criam animosidades, perdas de tempo, bloqueios nos canais de informações e, por fim, baixa *performance* nas organizações das quais participam.

4.3 Análise dos fatores preponderantes no processo decisório no contexto de cada paradigma

A partir de uma adaptação das idéias de Bateman & Snell (1999), podemos dizer que os fatores preponderantes no processo decisório são: risco, incerteza, presença ou falta de estrutura e conflito, conforme a Figura 4.1. A respeito destes fatores, pode-se dizer que:

i) Há a possibilidade de se implementar uma alternativa com risco, o qual pode ou não ser avaliado e de forma mais ou menos confiável, o que implica a adequação ou não de cada um dos paradigmas; por exemplo, se o risco não pode ser avaliado, a situação não é adequada para o paradigma racional;

ii) A incerteza ocorre quando não há informações confiáveis sobre as conseqüências das alternativas viáveis nem de suas probabilidades de ocorrência ou devido às alternativas poderem sofrer influências externas imprevisíveis;

iii) A falta de estrutura faz com que não haja procedimentos rotineiros estruturados nem uma norma que norteie o processo decisório e, assim, o tomador de decisão não fica seguro quanto à forma de proceder; e

iv) Os conflitos que os tomadores de decisão enfrentam ao tomar decisões contrárias podem ocorrer, em nível de conflito psicológico, quando várias opções são atrativas ou nenhuma opção é atrativa, e em nível de conflito entre indivíduos e grupos, quando as alternativas escolhidas são divergentes, por exemplo devido a conflito de interesses.

Analisemos os fatores preponderantes no processo decisório no contexto de cada paradigma. No paradigma racional, preponderam o conhecimento pleno do risco e a conseqüente eliminação da incerteza envolvida numa situação de tomada de decisão e na presença de uma estrutura a ser seguida. No paradigma organizacional, o fator preponderante é a presença de uma estrutura que deve ser respeitada durante o processo decisório. Quanto ao paradigma racional limitado, os fatores preponderantes são o conhecimento (mesmo que avaliado com um certo grau de subjetividade) do risco, uma redução significativa na incerteza e a falta de uma estrutura definida que deva ser acatada durante o processo decisório. No paradigma *garbage can*, o fator mais importante é a falta de uma estrutura a ser seguida; há uma interação praticamente aleatória entre os tomadores de decisão, as soluções disponíveis e os problemas a serem priorizados. Já o comportamento político instiga o surgimento de conflitos com o objetivo de fazer surgir situações onde é possível tirar-se vantagens pessoais.

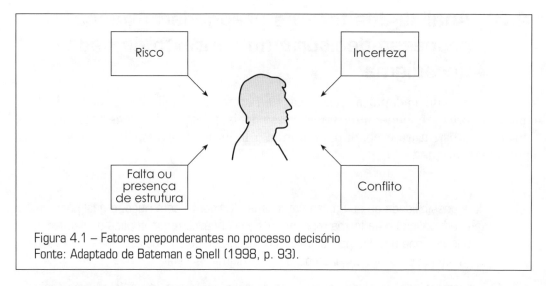

Figura 4.1 – Fatores preponderantes no processo decisório
Fonte: Adaptado de Bateman e Snell (1998, p. 93).

Esta análise facilita identificar qual foi (ou qual deveria ser) o paradigma dominante num dado processo decisório. Como exemplo, em 2005, o Departamento de Engenharia de Produção (DEP) da Universidade Federal de São Carlos – UFSCAR se deparou com a necessidade de escolher a área do primeiro professor titular do departamento. Características do processo:

i) Não havia uma estrutura que deveria ser acatada;

ii) Tentou-se, em vão, estabelecer uma estrutura a ser seguida, mas houve o impasse: não se conseguiu, de forma nitidamente majoritária, decidir se deveria ser priorizada a contribuição para a construção do DEP ou o volume de produção científica;

iii) Determinaram-se, de forma racional, as variáveis que deveriam ser avaliadas para quantificar os méritos dos candidatos;

iv) Houve a ponderação dessas variáveis de maneira totalmente subjetiva;

v) Houve uma votação subjetiva por parte de todos os professores do DEP, que apontou a mesma área do professor que a área apontada pelo modelo com pesos subjetivos. Essa confluência de resultados validou o processo decisório.

Assim sendo, estas características remetem ao paradigma racional limitado.

4. Decisões Empresariais: Paradigmas Comportamentais dos Indivíduos

4.4   Considerações Finais

O presente capítulo teve por objetivos:

i) Apresentar os pontos-chaves do que a literatura tem escrito a respeito dos paradigmas comportamentais dos indivíduos que tomam decisões nas empresas e;

ii) Analisar os fatores preponderantes num processo decisório no contexto de cada paradigma, com vistas a auxiliar na determinação de qual foi (ou qual deveria ser) o paradigma, dominante num dado processo decisório.

Este trabalho visou corroborar a opinião de que o paradigma racional limitado é o mais pragmático, mais completo e mais aderente à maioria das situações no atual ambiente competitivo, onde a falta de estrutura é um fator preponderante e o conhecimento das variáveis envolvidas (bem como os riscos e incertezas envolvidos) é razoavelmente bem determinado, apesar de envolver certo grau de subjetividade, dados os avanços da tecnologia de informação e da sociedade do conhecimento.

Referências

- AGOSTO, D.E. Bounded rationality and satisficing in young people´s Web-based decision making. **Journal of the American Society for Information Science and Technology**, vol. 53, issue 1, pp. 16-27, 2001.

- ALLISON, G. T.: **The Essence of Decision: Explaining the Cuban Missile Crisis.** Litle Brown, 1971.

- ANSOFF, H. I.: Strategic Issue Management. **Strategic Management Journal**, vol. 1, pp. 131-148, 1980.

- AUMANN, R.J. Rationality and bounded rationality. **Games and Economic Behavior**, vol. 21, pp. 2-14, 1997.

- BATEMAN, Thomas S.; SNELL, Scott A. **Administração**: construindo vantagem competitiva. São Paulo: Atlas, 1998.

- CAMERER, C. Bounded rationality in individual decision making. **Experimental Economics**, vol. 1, n.2, pp. 163-183, 1998

- COHEN, Michael D.; MARCH, James G.; OLSEN, Johan P.: A garbage can model of organizational choice. **Administrative Science Quarterly**, v.17, p. 1-25, 1972.

- CONLISK, J.: Why bounded rationality? **Journal of Economic Literature**, vol. 34, pp. 669-700, 1996.

- DiMAGGIO, P. J. & POWELL, W. W.: The Iron Cage Revisited: Institutional Isomorphism and Collective Rationality in Organizational Fields. In POWELL, W.

60   Qualidade e Competência nas Decisões

W. & DiMAGGIO, P. J.: **The Neoinstitutionalism in Organization Analisys**. Chicago: Chicago Press, 1991.

- EECKHOUDT, L. ; GOLLIER, C.; SCHLESINGER, H.: The Risk-averse (and Prudent) Newsboy, **Management Science**, vol. 41, n. 5, pp. 786-794, 1995.

- EISENHARDT, Kathleen M.; ZBARACKI, Mark J.: Strategic Decision Making. **Strategic management journal**, v. 13, p. 17-37, 1992.

- FERREIRA, Aurélio B. H. **Novo Dicionário da Língua Portuguesa**. 2 ed. Rio de Janeiro: Nova Fronteira, 1986.

- FOREST, J.; MEHIER, C.: John R. Copmmons and Herbert A. Simon on the concept of rationality. **Journal of Economic Issues**, vol. 35, n.3, pp. 591-605, 2001.

- GIGERENZER, G.; SELTEN, R. **Bounded rationality – The adaptive Toolbox**. MIT Press, 2002.

- HEIZER, J. & RENDER, B.: **Principles of Operations Management**. N. J: Prentice Hall, 1997.

- HITT, M. A. & TYLER, B. B.: Strategic Decision Models: Integrating Different Perspectives. **Strategic Management Journal**, vol. 12, p. 327-351, 1991.

- HOLLOWAY, C. A.: **Decision Making under Uncertainty: Models and Choices.** Englewood Cliffs: Prentice Hall, 1979.

- HOWARD, R. A. Decision Analysis: practice and promise. **Management Science**, v.34, n. 6, 1988.

- JONES, B.D. Bounded Rationality. **Annual Review of Political Science**, vol. 2, pp. 297-321, 1999.

- KAHNEMAN, Daniel; TVERSKY, Amos. Prospect Theory: an analysis of decision under risk. **Econometrica**, v. 47, p. 263-291, March/1979.

- LAVILLE, F. Should we abandon optimization theory? the need for bounded rationality. **Journal of Economic Methodology**, vol. 7, n. 3, pp. 395-426, 2000.

- LEVITT, Bárbara; NASS, Clifford. The lid on the garbage can: Institutional constraints on decision making in the technical core of college-text publishers. **Administrative Science Quarterly**, v.34, p. 190-207, 1989.

- LUNDGREN, E. F.: **Organizational Management: Systems and Process**. NY: Canfield Press, 1974.

- MARCH, James; SIMON, Herbert. **Teoria das Organizações**. 4 ed. Rio de Janeiro: Fundação Getúlio Vargas, 1979.

- MEYER, J. W.; BOLI, J.; THOMAS, G. M.: Ontology and Rationalization in the Western Cultural Account. In SCOTT, W. R. & MEYER, J. W. **Institutional Environments and Organizations: Structural Complexity and Individualism**, ed. SAGE, 1994.

4. Decisões Empresariais: Paradigmas Comportamentais dos Indivíduos 61

- MEYER, J. W. & ROWAN, B.: Institutionalizated Organizations: formal Structure as Myth and Ceremony. In POWELL, W. W. & DiMAGGIO, P. J.: **The Neoinstitutionalism in Organization Analisys**. Chicago: Chicago Press, 1991.

- MINTZBERG, Henry; RAISINGHANI, Duru; THÉORÊT, André. The Structure of "Unstructured" Decision Process. **Administrative Science Quarterly**, v. 21, p. 246-275, June, 1976.

- PADGETT, John F. Managing Garbage Can Hierarchies. **Administrative Science Quarterly**, v. 25, p. 583-604, 1980.

- RADNER, R. Bounded Rationality, indeterminacy and the theory of the firm. **The Economic Journal**, vol. 106, pp. 1360-1373, 1996.

- SHESHINSKI, E. Bounded rationality and socially optimal limits on choice in a self-selection model. **Institute for the study of labor**, Bonn, Germany, 2002. Download on www.iza.org/en/papers/sheshinski290704.pdf.

- SIMON, Herbert. **Comportamento administrativo**: Estudo dos processos decisórios nas organizações administrativas. 2 ed. Rio de Janeiro: Fundação Getúlio Vargas, 1970.

- SIMON, Herbert. **Administrative Behavior**. 4th Edition. New York: The Free Press, 1997.

- STRANG, D. & MEYER, J. W.: Institutional Conditions for Diffusion. In Scott, W. R. & Meyer, J. W.: **Institutional Environments and Organizations: Structural Complexity and Individualism**. Ed. SAGE, 1994.

- TIETZ, R. Semi-normative theories based on bounded rationality. **Journal of Economic Psychology**, vol. 13, issue 2, pp. 297-314, 1992.

- VON NEUMANN, J. & MORGENSTERN, O.: **Theory of Games and Economic Behavior,** New York: John Wiley, 1944.

- WALL, K.D. A model of decision making under bounded rationality. **Journal of Economic Behavior & Organization**, vol. 20, issue 3, pp. 331-352, 1993.

- WALSH, James P. Selectivity and selective perception: an investigation of managers' belief structures and information processing. **Academy of Management Journal**, v. 31, n. 4, p. 873-894, 1988.

- ZILBOVÍCIUS, M.: **Modelos Para a Produção, Produção de Modelos: Contribuição à Análise da Gênese, Lógica e Difusão do Modelo Japonês.** Tese (Doutorado); Escola Politécnica da Universidade de São Paulo, Departamento de Engenharia de Produção, 1997.

62   Qualidade e Competência nas Decisões

5 DECISÕES NA ADMINISTRAÇÃO

Pedro Luiz de Oliveira Costa Neto

Quem administre o que quer que seja estará sempre sujeito à tomada de decisões. Se assim não fosse, não haveria necessidade da figura do administrador, seja ele um presidente de empresa, um diretor, um gerente ou um chefe de seção.

Neste capítulo discutiremos os diversos aspectos do processo administrativo, relacionando-os com as decisões que tipicamente devem ser tomadas por seus responsáveis. Esses conceitos valem, em princípio, para qualquer tipo de organização e, guardadas as devidas proporções, até para indivíduos.

5.1 As funções da Administração

Desde o surgimento das duas primeiras importantes obras que entendiam a Administração como uma ciência e não como uma arte, Princípios de Administração Científica, em 1911, de Frederick Winslow Taylor, e Administração Industrial e Geral, em 1916, de Henry Fayol*, com possíveis pequenas variações se admite serem quatro as grandes funções da Administração: planejamento, organização, direção e controle. Essas funções estão apresentadas no Quadro 5.1., juntamente com as principais ações e decisões correspondentes a cada uma delas.

Quadro 5.1 – Funções de Administração

• **PLANEJAMENTO**	- O QUE (WHAT) FAZER
	- POR QUE (WHY) FAZER
	- COMO (HOW) FAZER
• **ORGANIZAÇÃO**	- QUEM (WHO) VAI FAZER
	- ONDE (WHERE) FAZER
	- QUANDO (WHEN) FAZER
• **DIREÇÃO**	- EFICIÊNCIA E EFICÁCIA
	- LIDERANÇA E MOTIVAÇÃO
	- COMANDO EFETIVO
• **CONTROLE**	- COMPARAÇÃO COM OS PADRÕES
	- CORREÇÃO DE RUMOS
	- MELHORIA CONTÍNUA

---

* Para maiores informações, ver Taylor (1990) e Fayol (1994).

64 Qualidade e Competência nas Decisões

Note-se que, como atribuição das funções de planejamento e organização, aparecem os 5W e 1H, que resumem as grandes perguntas clássicas a serem respondidas pelos administradores. A eles alguns autores sugerem se acrescentar mais um H, referente a *how-much*, ou seja, quanto (se vai gastar ou investir).

Na seqüência será discutida cada uma das funções da Administração, buscando focar os aspectos decisórios contidos em sua problemática.

5.2 Planejamento

Conforme o Quadro 5.1, o Planejamento deve decidir sobre "o que" fazer, "por que" fazer e "como" fazer. A primeira dessas questões está ligada ao conceito de missão. Definir a missão de uma organização é estabelecer o que ela deverá fazer como sua(s) principal(is) atividade(s).

Tomamos como exemplo a Fundação Nacional de Qualidade, até há pouco denominada Fundação para o Prêmio Nacional da Qualidade, mas que tomou a decisão de mudar seu próprio nome para que melhor espelhasse sua missão, pois o nome antigo sugeria que a atribuição do prêmio fosse a sua principal finalidade. Isto não corresponde à verdade, conforme se depreende do enunciado da sua missão, dada em FPNQ (2005):

> Promover a conscientização para a busca da excelência na gestão e disseminar conceitos e fundamentos relativos às práticas bem sucedidas nas organizações por meio dos Critérios de Excelência do Prêmio Nacional da Qualidade.

A missão, evidentemente, orienta quanto às grandes linhas de atividade da empresa ou organização, mas o planejamento também se exerce em outros níveis, como se verá a seguir. O estabelecimento claro da missão orienta os estrategistas da entidade no seu desdobramento em políticas e diretrizes, que representam a tradução da missão em termos, respectivamente, de orientações para as ações e linhas comportamentais a serem seguidas.

O "por que" fazer seria uma justificativa do "o que", muitas vezes tendo o papel de esclarecer junto aos *stakeholders* da organização a razão pela qual se decidiu pelas linhas de ação adotadas.

Já o "como" fazer diz respeito à orientação para bem executar as ações que buscam concretizar a missão. O "como" fazer resulta da sabedoria e conhecimentos adquiridos pela organização. Quanto maior e melhor o acervo de conhecimento disponível, com mais qualidade se tomarão as decisões que dizem respeito ao "como". Daí a importância da gestão do conhecimento, conforme hoje plenamente reconhecido.

5.2.1 Preocupações do Planejamento

Dentre as preocupações típicas da função Planejamento, pode-se citar:

* Atender às políticas e diretrizes da organização
* Determinar o que deve ser feito
* Determinar como deve ser feito
* Estabelecer cronogramas físicos e financeiros
* Estabelecer as necessidades de treinamento
* Prever as possíveis vicissitudes
* Prever os recursos necessários
* Identificar ameaças e oportunidades
* Interagir com a alta direção
* Replanejar sempre que necessário

As políticas e diretrizes mencionadas na primeira preocupação acima citada dizem respeito ao desdobramento, a nível de grandes orientações e princípios a serem seguidos, das ações necessárias ao cumprimento da missão.

Entretanto, um dos sérios problemas de gestão organizacional está em conseguir que as decisões do planejamento sejam corretamente cumpridas por aqueles que as devem executar. O estabelecimento de normas externas, como, por exemplo, as da série NBR ISO 9001:2000 para o Sistema de Gestão da Qualidade, certamente contribui para esse fim, mas deve-se ter o cuidado de garantir que a normalização não seja exagerada, sob pena de engessar os procedimentos da entidade.

As empresas japonesas têm utilizado bastante a metodologia Hoshin Kanri, traduzida por Gerenciamento das Diretrizes, conforme pode ser vista em Akao (1997), para estabelecer um diálogo eficaz da alta administração com a média gerência e desta com os escalões inferiores. Esta forma de administrar está ganhando paulatinamente adeptos também no Ocidente, muitas vezes substituindo a Gestão por Objetivos, proposta por Peter Drucker, o grande pensador da Administração que, mais tarde, reconheceu que o tempo de voga dessa sistemática estava passando. Uma comparação entre essas duas orientações administrativas pode ser encontrada em Turrioni & Costa Neto (1995).

5.2.2 Níveis de Planejamento

Já foi mencionado que as decisões sobre "o que", "por que" e "como" fazer podem se dar em mais de um nível. Há certas divergências entre os inúmeros autores que se ocupam dessa questão mas, de modo geral, pode-se divisar três níveis básicos de planejamento:

- **Nível estratégico**, envolvendo decisões em geral de médio ou longo prazo. Preocupa-se com as grandes questões da organização, compatíveis com sua missão. Dele resultam as políticas e diretrizes que orientarão as demais atividade. Está relacionado à eficácia da organização, conforme discutido no Capítulo 3.
- **Nível tático**, referente a decisões que dizem respeito a aspectos mais específicos, visando aproveitar as oportunidades para melhor desempenho. Está relacionado à busca da eficiência nos processos da organização.
- **Nível operacional**, cujas decisões se preocupam com as ações a executar, ordens de produção, métodos de execução, procedimentos a seguir, enfim, com o dia-a-dia da organização.

Há uma clara hierarquia entre esses níveis. Assim, por exemplo, uma decisão estratégica errada é em geral mais grave e prejudicial que um erro numa decisão tática. A Figura 5.1 procura ilustrar essa afirmação.

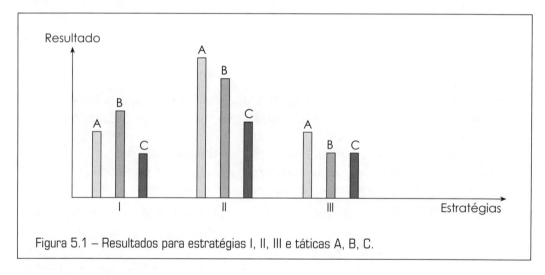

Figura 5.1 – Resultados para estratégias I, II, III e táticas A, B, C.

Vê-se que a decisão errada de não optar pela estratégia II gera muito mais perda no resultado do que, por exemplo, a decisão errada de escolher a tática B associada à estratégia II. A pior decisão seria escolher a estratégia III, claramente dominada pela II. A melhor decisão, obviamente, seria a combinação de estratégia II com a tática A.

Uma observação deve ser feita. Modernamente, há autores, como Zaccarelli (2003), Mintzberg (2004) e Costa (2002), que consideram ultrapassado o conceito de planejamento estratégico, preferindo falar em gestão estratégica. A principal razão disso parece ser o fato de que o planejamento estratégico clássico está ligado a decisões de médio ou longo prazo, e se considera que no mundo atual, com a enorme quantidade de informações disponíveis e com a rápida cambialidade dos cenários econômicos e políticos, as principais decisões devem ser tomadas com muito maior rapidez e flexibilidade.

5.3 Organização

Conforme o Quadro 5.1, a Organização deve decidir sobre "quem" vai fazer, "onde" fazer e "quando" fazer. O "quem" fazer está ligado à determinação das responsabilidades pelas tarefas nos vários níveis da organização. Diz respeito à adequada atribuição dessas responsabilidades às pessoas certas, delimitando claramente as suas funções e até onde vai a sua capacidade de tomar decisões autonomamente. A este processo de atribuição estão fortemente ligados os conceitos de autoridade e responsabilidade, discutidos em 5.3.2, como também questões ligadas à forma de liderança desejável, discutidas em 5.4.5 e/ou aos tipos psicológicos das pessoas envolvidas, conforme apresentado no Capítulo 21.

O "onde" fazer pode envolver decisões de maior efeito, envolvendo grandes investimentos e conseqüências duradouras, como em questões de localização industrial, em que se decide onde vai ser instalada determinada unidade da organização, como em problemas internos, como o estabelecimento do arranjo físico das unidades produtivas e dos equipamentos dentro de cada unidade. Pode também dizer, por exemplo, em que cidades instalar sucursais ou revendedoras do produto ou serviço gerado pelo negócio.

O "quando" fazer estabelece uma cronologia das atividades compatível com os prazos fixados, a capacidade de produção, as disponibilidades de equipamentos e materiais e demais condições limitadoras. O estabelecimento de cronogramas para as atividades é, em geral, muito útil para o acompanhamento e controle dos prazos programados. Na Figura 5.2 é ilustrado, como exemplo, o cronograma simplificado dos prazos estabelecidos para a confecção deste livro.

Figura 5.2 – Cronograma do presente livro.

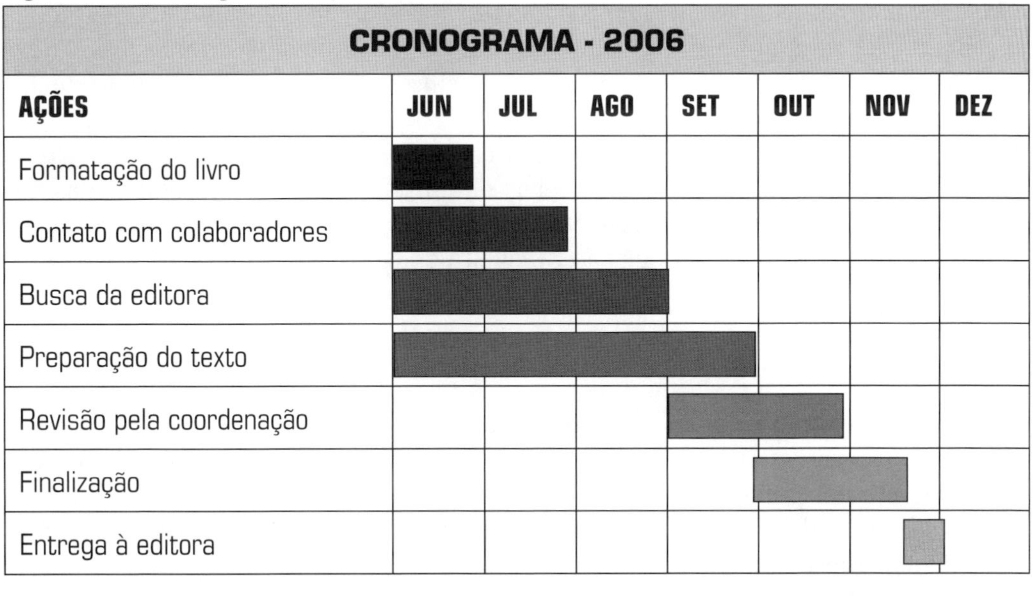

CRONOGRAMA - 2006							
AÇÕES	JUN	JUL	AGO	SET	OUT	NOV	DEZ
Formatação do livro	■						
Contato com colaboradores	■	■					
Busca da editora	■	■	■				
Preparação do texto	■	■	■	■			
Revisão pela coordenação				■	■		
Finalização					■	■	
Entrega à editora						■	

68 Qualidade e Competência nas Decisões

Existem, evidentemente, técnicas e normas voltadas ao controle de prazos de execução em projetos mais complexos, como os métodos CPM/PERT (de *Critical Path Method e Project Evalution and Review Technique*), como pode ser visto em Correa & Correa (2004).

5.3.1 Preocupações da Organização

Dentre as preocupações da função Organização, podemos citar:

- Delegar autoridade
- Atribuir responsabilidades
- Prover os recursos necessários
- Analisar e discutir os cronogramas
- Desenvolver as atividades de treinamento
- Cuidar do arranjo físico
- Cuidar das boas condições de trabalho
- Estabelecer os relacionamentos necessários
- Fornecer os demais subsídios à execução das atividades
- Interagir com o Planejamento

As duas primeiras preocupações citadas são discutidas na seqüência.

A questão do provimento dos recursos necessários é sumamente importante e está ligada à adequada execução das atividades. Esta questão tem muita ligação com o Planejamento, que deve considerá-la nas previsões orçamentárias, mas sua efetiva execução está no âmbito da função Organização. O provimento de recursos deve contemplar, além das atividades necessárias à realização do negócio, como produção, marketing, compras, vendas, manutenção e outras, a garantia de boas condições de trabalho aos colaboradores, com conforto e segurança, como também ações relacionadas com as responsabilidades sociais da empresa, hoje consubstanciadas nas normas SA 8000, emitida pelo SAI – Social Accountability Institute norte-americano e NBR 16.001, da ABNT – Associação Brasileira de Normas Técnicas.

5.3.2. Autoridade e responsabilidade

O conceito de autoridade está relacionado à capacidade de tomar decisões e exigir o seu cumprimento. Quem está investido de autoridade em determinada posição responde, em contrapartida, pela responsabilidade pelos resultados das suas decisões. Logo, autoridade e responsabilidade são conceitos indissociáveis, como as duas faces de uma mesma moeda.

Ocorre, entretanto, que quase sempre quem tem autoridade para tomar uma série de decisões não tem a possibilidade física, ou a competência técnica, ou os conhecimentos necessários, para fazê-lo sem se valer do apoio de outras pessoas. Surge então a necessidade de delegar parte considerável dessa autoridade aos colaboradores, sem o que o efeito administrativo do exercício da autoridade seria desastroso. O processo de delegação da autoridade, portanto, é parte integrante e essencial da atividade administrativa.

O problema que se coloca é quando, como, o que e a quem delegar. As respostas a essas perguntas parecem óbvias: quando for necessário, de forma que quem assume a autoridade delegada esteja apto a exercê-la bem, aquilo que quem receber a autoridade delegada tenha competência para gerenciar, às pessoas certas e de confiança.

Executar isso na prática é bem mais complexo. A decisão de delegar exige competência e experiência do administrador e deve vir acompanhada da exigência de responsabilidade de quem recebe a delegação. Quem delega deve poder recuperar a autoridade caso o receptor da autoridade não se desempenhe a contento. E, sobretudo, deve estar consciente de que responsabilidade não se delega, se compartilha. Quem delega autoridade não se exime da respectiva responsabilidade, fato muitas vezes não devidamente considerado na prática, em que bodes expiatórios são freqüentemente encontrados para justificar o fracasso de delegações incorretas da autoridade.

Outro problema comum está no administrador averso à delegação, seja por falta de confiança nos subordinados, seja por se julgar mais capacitado que eles para decidir. Ou então, se delega, cerca-se de um processo muito burocrático, para garantir o eficiente controle do que foi delegado. Em ambos os casos, resultará, pela centralização do poder ou pela burocratização dos procedimentos, o emperramento das atividades, com decisões retardadas e processos entrevados.

Outras distorções que podem ocorrer no processo de delegação de autoridade são o autoritarismo, ou seja, o abuso da autoridade, que pode levar a conflitos, o *laisser faire* (deixar fazer), ou delegação exagerada, que podem levar ao descontrole, e a já citada não-recuperação de autoridade, que pode levar ao desprestígio da chefia e conseqüentes dificuldades.

5.3.3 Fontes de autoridade

Existe a teoria formal da autoridade, segundo a qual esta emana do cargo ou posição ocupada pelo seu detentor. Isto tem sua razão de ser, pois o fato de assumir determinado comando por indicação ou nomeação vinda de instância superior confere à pessoa escolhida a autoridade inerente a essa posição. Ocorre, entretanto, que, se o detentor de autoridade não se desincumbir a contento, ou se não for devidamente aceito pelos subordinados, a eficiência de sua atuação e de suas decisões será deteriorada com o tempo. É o caso, por exemplo, de governantes eleitos pelo povo em meio a grande júbilo que, no decorrer do mandato, revelam suas falhas e inaptidão para o cargo, caindo em descrédito.

70 Qualidade e Competência nas Decisões

Isso leva a uma segunda teoria sobre a autoridade, a teoria da aceitação, segundo a qual a autoridade existe e se mantém se for devidamente reconhecida pelo corpo de subordinados. Esta teoria é bastante realística e, de certa forma, se complementa em relação à teoria formal. De fato, o ideal é que a pessoa que recebe a autoridade a tenha também devidamente aceita, para que o processo administrativo e as respectivas decisões se desenvolvam eficazmente, sem conturbações.

Há também outras fontes de autoridade, como a competência técnica, que se impõe quando o assunto é complexo e requer a opinião de especialistas abalizados, a capacidade de liderança, que será discutida em 5.4.3, o carisma, que se alicerça em fatores de natureza pessoal, e assim por diante.

5.3.4 Níveis de competência

Evidentemente, uma atribuição ou delegação de autoridade deve levar em conta a competência de quem recebe a autoridade para executar a contento as necessárias ações e tomar corretas decisões dentro do seu âmbito de atuação.

Miron Trybus, do MIT – Massachusetts Institute of Technology, propõe uma escala de competências crescentemente constituída de:

- **Incompetência inconsciente**, quando o encarregado da tarefa não está preparado para realizá-la bem, mas não tem consciência disso, caso em que deverão ocorrer falhas, erros, mau atendimento e outras conseqüências danosas ao processo em execução.

- **Incompetência consciente**, quando o sujeito não está preparado e sabe disso. Sua atitude correta seria apresentar o problema a quem lhe delegou essa autoridade mas, freqüentemente, o subordinado opta por esconder sua incompetência, criando problemas ainda maiores que no caso anterior.

- **Competência consciente**, quando o encarregado da função sabe como executá-la e o faz corretamente, em geral seguindo à risca as instruções recebidas.

- **Competência automática**, a condição desejável pelas organizações inteligentes, em que o indivíduo conhece o seu trabalho, executa corretamente suas funções e, além disso, usa o bom senso para resolver casos não previstos mas cabíveis no seu âmbito de decisão. Mas, sobretudo, enxerga as possibilidades de melhoria dos processos e serviços e busca fazer com que essas melhorias sejam implementadas.

Dizem que Rockefeller queria contratar um gerente e estava considerando vários candidatos. Cada um deles era entrevistado pessoal e separadamente, ficava cinco minutos na sala e saía, até que um deles, ao dirigir-se à porta de saída, percebendo um papelzinho amassado no chão, perto de um cesto de lixo, abaixou-se e jogou-o no cesto. O magnata o chamou de volta e contratou. Ele passara no teste de competência automática.

O administrador, ao tomar suas decisões de atribuição de responsabilidades, deve estar bem avisado e consciente quanto ao grau de competência das pessoas a quem delega autoridade, para obter eficácia das atuações e evitar problemas futuros.

5.4 Direção

Dirigir ou comandar é tomar as decisões necessárias para que as coisas aconteçam. O processo de Direção requer, portanto, a participação do chefe (que pode ser um presidente, diretor, gerente, responsável por seção, mestre de obra, etc.) de forma efetiva e atuante, para que seus subordinados executem corretamente, da melhor forma possível, as determinações emanadas do processo de Organização.

O Quadro 5.1 realça três questões ligadas ao processo de Direção: eficiência e eficácia, liderança e motivação, comando efetivo, este decorrente do adequado exercício das decisões referentes aos dois itens anteriores, que serão estudados na seqüência deste tópico.

5.4.1 Preocupações da Direção

Dentre as preocupações da função Direção, podemos citar:

- Dirigir a execução das atividades
- Exercer liderança
- Gerenciar a rotina
- Cuidar do bom relacionamento
  - entre os colaboradores
  - com os demais intervenientes
- Cuidar do bom andamento dos trabalhos
- Cuidar do registro das atividades
- Dirimir conflitos
- Promover ações corretivas e preventivas
- Interagir com o Planejamento e a Organização

A preocupação com o gerenciamento da rotina merece ser comentada, pois o bom andamento das atividades do dia-a-dia muitas vezes é negligenciado por resolvido. Isso pode causar uma deterioração lenta e paulatina dos processos, que por isso se torna imperceptível e só é detectada quando alguma ocorrência mais grave surgir. Essa questão pode ser melhor vista em Campos (1999).

Os gráficos de controle de processos, mencionados em 6.5, constituem também uma ferramenta prática antiga, mas que se mantém ao longo do tempo, comprovando

72 Qualidade e Competência nas Decisões

a sua validade, utilizada para garantir a qualidade de processos repetitivos de fabricação.

5.4.2 Eficiência e eficácia

Deve ficar clara a diferença entre estes dois conceitos. A eficiência está ligada à boa utilização dos recursos disponíveis. Esta preocupação em geral se manifesta ao nível tático e está ligada à idéia de produtividade. Podemos também considerar que decisões ou ações eficientes são aquelas em que se fazem certo as coisas.

A eficácia, por sua vez, está ligada ao bom resultado global da organização. Esta preocupação deve se manifestar ao nível estratégico, ou mesmo nas decisões da alta direção, ou seja, de gestão no sentido amplo. Podemos também considerar que decisões ou ações eficazes são aquelas em que se fazem as coisas certas.

Há um aforismo em Administração, segundo o qual "a maximização da eficácia do todo em geral não corresponde à maximização das eficiências das partes". Isto se atribui a que, na busca da eficácia, deve haver uma harmonização entre as atuações das partes, o que não significa o mesmo que as partes serem individualmente eficientes. Não é cada departamento "puxando a brasa para sua sardinha" que a empresa vai conseguir o seu melhor resultado.

É razoável supor que as decisões estratégicas e táticas estejam relacionadas aos respectivos níveis de planejamento, conforme apresentados em 5.2.2, competindo à Direção executar as determinações emanadas dessas decisões.

5.4.3 Liderança

O conceito de liderança está ligado a certas características que dão a certas pessoas a capacidade de tomar decisões aceitas entusiasticamente pelos seus colaboradores. Ou seja, o líder é capaz de obter concordância com suas idéias e propósitos pelo grupo do qual está à frente. Esta é, evidentemente, uma característica altamente desejável aos que comandam os empreendimentos, desde que as idéias que postulam sejam as mais adequadas ao sucesso. Quando um chefe consciente do que deve ser adequadamente feito tem também a condição de liderança dos seus subordinados, os efeitos desse binômio costumam ser plenamente satisfatórios.

Entretanto, Hitler e Churchill foram líderes incontestes durante a Segunda Guerra Mundial. Este simples exemplo ilustra a importância de estar o líder comprometido com as causas certas, e não obedecendo a propósitos pessoais, neste caso certamente iludindo seus liderados com conclamações ilusórias.

Outro exemplo real ilustrativo da importância de um líder é o de um time de futebol, esporte coletivo em que, freqüentemente, a presença do líder, com sua experiência e capacidade de motivação dos companheiros de equipe, pode ser decisiva para a vitória.

5. Decisões na Administração   73

Posto o que é liderança, a questão é saber como se consegue e se exerce essa liderança, conforme é discutido a seguir, ou seja, quais são as condições e atitudes que caracterizam a presença do líder.

Os seguintes aspectos, em sua maioria, correspondem à figura do líder:

- Precisa ser um agente de transformação
- Ter visão clara sobre para onde quer levar a organização
- Ter coragem para propor e implementar mudanças
- Criar definição coletiva e solidária de sucesso
- Ter indicadores claros
- Engajar os participantes no processo de transformação
- Conhecer de perto sua equipe
- Comunicar-se sempre com os seus liderados
- Usar o diálogo para obter o consenso
- Olhar para trás, conhecer a cultura herdada
- Infundir segurança entre os liderados
- Saber que os liderados esperam verdades
- Mostrar o máximo possível de transparência
- Pautar-se pelo tripé: competência, ambição, integridade

São adequadas as seguintes recomendações para o líder:
- Seja otimista
- Defina suas fontes
- Conheça sua equipe
- Provoque o comprometimento
- Solicite e dê *feedback*
- Faça reuniões de avaliação
- Esteja aberto à negociação
- Ouça mais do que fale
- Seja paciente e cauteloso
- Dê soluções proativas aos problemas
- Faça autocrítica

Se o líder é também o chefe formal, pode-se acrescentar:
- Evite a megalomania
- Coloque a competência acima da lealdade
- Evite preconceitos
- Não evite o conflito, mas aprenda com ele
- Queira ser um chefe eficaz

74 Qualidade e Competência nas Decisões

A seguir, são apresentados excertos de entrevista sobre liderança com Carlos Ghosn, presidente mundial da Nissan, extraídos do site www.portaldaqualidade. com:

- Confiança e motivação são essenciais. Com um quadro funcional motivado, a vitória virá. Caso contrário, a derrota é certa.

- Há que ter visão e uma estratégia muito clara, compartilhada, comunicada.

- O sucesso não pode beneficiar somente o acionista, tem que beneficiar também o empregado.

- Jamais dizer que a empresa está dando certo, se não está. Jamais dizer que o funcionário é bom, se ele não é.

- Dedicação total à *performance*. É preciso medir os resultados.

- Há que ter transparência. Se você pensa, você diz. Se você diz, você faz.

- A transformação de uma pessoa em líder só ocorrerá quando ela enfrentar os obstáculos e superá-los.

São apresentados também os ensinamentos de Richard Witeley, dados no Fórum HSM de Alta *Performance*, sobre práticas críticas da liderança:

- **Propósito**: saber o que quer
- **Legado**: saber o que deixar
- **Intenção – impacto**:
  - 7% provêm do que diz
  - 38% provêm de como diz
  - 55% provêm da energia própria
- **Comunicação**
- **Preocupação com as conseqüências**
- **Humildade**

Completando esta relação de tópicos, apresenta-se o que os líderes de sucesso têm em comum, segundo a Revista Exame de 02/02/2005.

- Constroem uma sólida cultura empresarial
- Identificam e atendem mercados inexplorados ou mal explorados
- São visionários e enxergam o invisível
- Constroem e fortalecem as marcas
- Usam o preço como vantagem competitiva
- Aprendem de forma rápida e contínua
- Assumem e administram riscos
- Dizem a verdade

Na apresentação supra, deu-se uma quase exaustiva, mas ainda certamente incompleta, visão das características formadoras da liderança. Ficam abertas questões como: se a capacidade de liderar é inata ou pode ser desenvolvida. Alguma luz sobre isso pode ser lançada com a leitura do Capítulo 21. Outra questão refere-se às situações e posições hierárquicas em que as recomendações apresentadas são mais ou menos válidas, mas, em princípio, se aplicam, *mutatis mutandis*, às mais variadas condições.

Talvez a mais importante das conseqüências positivas do exercício de liderança seja o desenvolvimento da motivação para o propósito desejado, questão que será discutida a seguir.

5.4.4 Motivação

Faz parte indissociável das atribuições dos líderes incutir em seus liderados a efetiva motivação, para que desincumbam o contento as atividades que lhes competem. Para tanto, o processo de distribuição de responsabilidades, de provimento dos recursos necessários e a participação do líder devem ser executados de maneira satisfatória.

Tudo isso, entretanto, pode não ser suficiente para conseguir a necessária motivação e o desejável comprometimento com os fins a alcançar. Há algumas considerações de natureza humana que os administradores e os líderes, na sua condição de decisores, devem conhecer.

Uma delas diz respeito à hierarquia das necessidades, segundo Maslow (2000). Esse celebrado psicólogo organizou as necessidades humanas segundo uma escala, apresentada sob a forma de uma pirâmide na Figura 5.3.

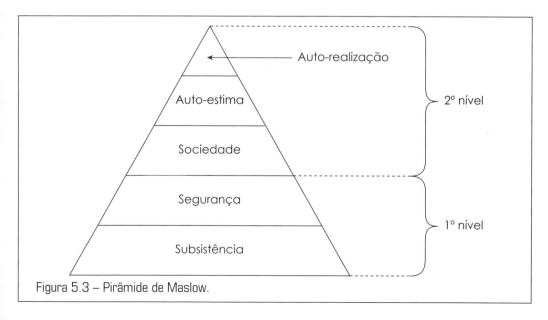

Figura 5.3 – Pirâmide de Maslow.

Segundo Maslow, as pessoas tendem a se preocupar com as necessidades mais nobres, ou mais acima na pirâmide, somente após verem satisfeitas as necessidades que estão abaixo. Assim, a primeira necessidade humana é, muito compreensivelmente, a Subsistência (ter comida, casa, etc.), a seguir a Segurança (segurança física, estabilidade no emprego, assistência médica, etc.), consideradas necessidades básicas, de primeiro nível.

Satisfeitas estas, a pessoa começa a se preocupar com o segundo nível, no qual os quesitos são mais de cunho íntimo. Primeiro, vem a necessidade da vida em Sociedade (ter amigos, freqüentar clube, divertir-se, etc.), depois a Auto-estima (reconhecimento, *status*, poder, etc.) e, no cume da pirâmide, a Auto-realização (satisfação pelo que fez, dever cumprido, sensação de paz de espírito, etc.). O bom administrador deve ter essa hierarquia em mente ao tomar decisões que envolvam pessoas e a sua condição na escala de necessidades, pois isto pode ajudá-lo a cometer menos erros.

Uma outra teoria, devida a Frederick Herzberg e ilustrada na Figura 5.4, diz respeito propriamente aos fatores que geram, ou não, motivação. Os fatores extrínsecos (de fora da pessoa), ou fisiológicos, geram satisfação física, mas não propriamente motivação. Exemplos de fatores extrínsecos são: boas condições físicas de trabalho, ar condicionado, transporte, clube de lazer, etc. Segundo o autor, o que gera de fato motivação são os fatores intrínsecos ligados às tarefas a executar, aquelas que colocam desafios aos colaboradores, com dificuldades a vencer, com salutar envolvimento, enfim, que geram um sentimento de satisfação interior pelo sucesso alcançado. Estes são os fatores que efetivamente conduzem à motivação, segundo Herzberg.

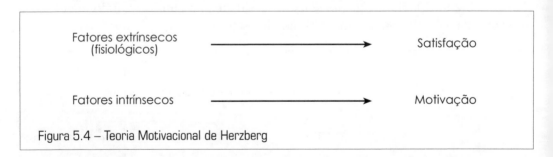

Figura 5.4 – Teoria Motivacional de Herzberg

Há, evidentemente, tarefas mais ou menos dotadas de fatores intrínsecos e, portanto, propensas a gerar motivação, desde que devidamente incentivadas pelos líderes. A decisão quanto a quem atribuir essas tarefas é importante, pois dela pode depender o sucesso ou fracasso do empreendimento. As considerações do Capítulo 21 podem subsidiar positivamente essa decisão.

Quanto às tarefas destituídas de fatores intrínsecos, pode não haver muito o que fazer quanto à questão em discussão. Em compensação, essas tarefas são em geral rotineiras, de menor nível intelectual, não sendo cruciais para o sucesso da empreitada.

5. Decisões na Administração   77

Uma terceira recomendação quanto à questão motivacional nos é proporcionada por Hyrum Smith, em recente participação no Fórum HSM de Alta *Performance*. Respondendo à questão "o que almeja o ser humano?", Smith cita estudo internacional mostrando que ele quer:

- **Equilíbrio** – casa, trabalho, etc. (em consonância com Maslow)
- **Simplicidade** – a tecnologia não tornou a vida mais simples, apenas ajudou a fazer mais coisas mais rapidamente
- **Sucesso** – ser reconhecido por algo (também em consonância com Maslow)
- **Maior eficiência**

Em resumo, paz interior, para o que o palestrante indicou quatro condições básicas:

1. Identificar as poucas metas mais importantes e cruciais
2. Saber onde se está, o tempo todo
3. Traduzir grandes metas em ações específicas
   - Valores que nos governam
   - Metas de longo alcance
   - Metas intermediárias
   - O que fazer diariamente
4. Manterem-se mutuamente responsáveis o tempo todo

Dentre diversas referências que poderão esclarecer mais pontos sobre esta controversa e delicada questão, sugerimos Bergamini (1997).

5.4.5   Comando eficaz

Como exercer liderança e motivação para conseguir o comando eficaz? Uma boa pergunta, difícil, mas que pode ser respondida a contento se os princípios gerais de administração disponíveis forem devidamente pensados para a tomada das melhores decisões a respeito.

Outra pergunta vem atrelada a essa: como deve ser esse comando? Ou, dito de outra forma, quais os tipos de comando a se adotar e qual o mais adequado em cada situação?

Não há, evidentemente, uma resposta direta a essas perguntas, pois cada caso tem as suas peculiaridades, mas uma orientação geral pode ser dada. De fato, pode-se distinguir três tipos básicos de comando possíveis de utilização, em sua forma típica ou em combinação entre elas:

1. **Comando autocrático**, baseado na imposição do que deve ser feito por meio de ordens de cima para baixo, com o mínimo de discussão por parte dos subor-

78 Qualidade e Competência nas Decisões

dinados. É, certamente, a mais antiga e clássica forma de comandar, por muitos hoje vista como obsoleta e antipática, mas ainda a mais adequada em várias situações.

2. **Comando democrático**, com decisões tomadas conforme a opinião majoritária do grupo. Tem a vantagem de ser "politicamente correto", mas pode levar a distorções se aplicado em situações impróprias ou sem os devidos cuidados.

3. **Comando participativo**, com decisões tomadas através da discussão com o grupo a elas afeto, buscando o máximo de esclarecimentos das idéias e dúvidas antes de assumir a posição final.

O Quadro 5.2 faz uma comparação entre esses três tipos possíveis de comando, mostrando aspectos de cada um.

Quadro 5.2 – Tipos de comando

Comando	Autocrático	Democrático	Participativo
Objetivo buscado por	Ordens	Maioria	Consenso
Vantagens	Disciplina Eficiência	Satisfação do grupo Boa aceitação	Busca do ótimo Eficácia
Desvantagens	Concentração na chefia Burocracia Gera ressentimentos	Esvaziamento da chefia Riscos de erro	Mais complexo Necessita monitoramento constante
Aplicabilidade	Níveis de competência distintos Funções áridas ou de risco Situações emergenciais	Entidades consolidadas Decisões fáceis Opiniões bem caracterizadas	Convergência de competências Novas tecnologias Subordinados conscientes
Exemplos típicos	Exército Organizações dispersas	Associações Partidos políticos	Empresas de consultoria Centros de pesquisa

5.4.6 Uso de reuniões

Costuma-se dizer que, quando não se quer que um assunto seja resolvido, institui-se uma comissão para estudá-lo, pois essa comissão irá realizar longas e inúmeras reuniões a respeito, sem chegar a conclusão alguma, e o assunto sairá do foco. Isto pode ou não ser verdade, mas evidentemente não deve ser essa a atitude do bom administrador. Este deve, sempre quando necessário, instituir comissões ou realizar reuniões eficazes cujos resultados venham ao encontro das razões para as quais foram convocadas.

Outra afirmação que, esta sim, muitas vezes corresponde à verdade, refere-se à freqüente realização de reuniões longas e improdutivas. De fato, reuniões são necessárias, mas devem ser bem conduzidas e aproveitadas, sendo suas decisões colocadas em atas concisas e bem escritas.

Obviamente, o caráter de reuniões convocadas por chefias para desenvolver assuntos de seu interesse deve ter relação com o tipo de comando exercido, conforme discutido em 5.4.5. Assim, no caso de comando autocrático, espera-se que as reuniões sejam breves e mais para comunicação das decisões já tomadas previamente. Se o comando for democrático, as reuniões serão feitas, em geral, para verificar os posicionamentos dos participantes quanto aos assuntos em pauta e decidir conforme a opinião da maioria. Se o comando for participativo, as reuniões tendem a ser longas, com amplas discussões dos assuntos, visando melhor esclarecê-los para a conseqüente tomada da decisão consensual.

Mankins (2004) oferece um conjunto de sugestões para a eficácia das reuniões, no sentido de evitar que sejam excessivas e improdutivas, além de roubar tempo precioso dos executivos e colaboradores das empresas. São elas:

- Trate de operações e estratégia separadamente;
- Foque decisões, não discussões;
- Avalie o verdadeiro valor de cada item da pauta;
- Resolva itens da pauta o mais rápido possível;
- Coloque na mesa alternativas reais;
- Adote processos e padrões comuns de tomada de decisão;
- Faça valer uma decisão.

5.5   Controle

O ciclo das grandes funções da administração se fecha com o Controle, sem o qual nada do que foi visto funcionará na prática. De fato, a ausência de controle impedirá ao administrador e decisor verificar se o que foi decidido foi efetivamente realizado e se foi realizado conforme especificado. Assim sendo, qualquer ação para a melhoria das operações fica inviabilizada e, pior do que isso, as distorções não serão detectadas e tenderão a se avolumar.

O Quadro 5.1 indica como principais ações do Controle a comparação com os padrões, a correção de rumos e a melhoria contínua. A primeira dessas ações é óbvia e necessária para garantir que o planejado e programado foi ou está sendo corretamente executado.

A correção de rumos pode consistir em, detectadas falhas, serem estas eliminadas para se voltar ao atendimento do padrão estabelecido, ou ser encarada nos sentido de propor alterações nesse padrão, já configurando um processo de melhoria. A primeira conotação da correção de rumos se insere no já citado gerenciamento da rotina e pode se valer de instrumentos como os gráficos de controle de processos, abordados em 6.5.

Já a melhoria contínua é sempre desejável, para que a operação não fique estagnada em sua concepção, logo passível de ficar obsoleta, dando força à concorrência. As ações de melhoria contínua somente podem ser levadas a cabo mediante o conhecimento do que ocorre no processo através de sua criteriosa observação e devem ser implementadas para se passar a operar em novas e mais vantajosas condições. O ciclo PDCA (Plan – Do – Check – Act), apresentado em 6.3, ilustra bem essa realidade.

Uma forma ampliada desse ciclo básico é apresentada nos critérios de excelência do Prêmio Nacional da Qualidade, FNQ (2006), através do Diagrama de Gestão mostrado na Figura 5.5.

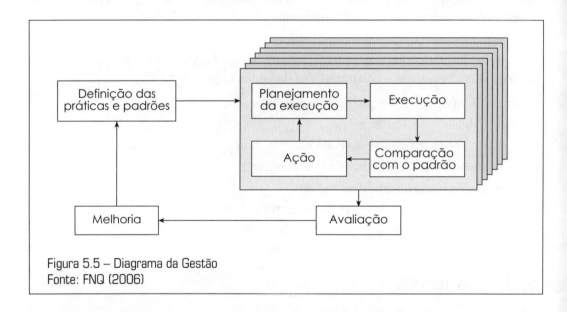

Figura 5.5 – Diagrama da Gestão
Fonte: FNQ (2006)

Esse diagrama contempla dois ciclos PDCA. O ciclo menor, aplicável a cada uma das práticas, se preocupa com a manutenção do padrão estabelecido, sendo também identificado como ciclo SDCA de padronização (Stardandize – Do – Check – Act), ao passo que o ciclo maior, externo, é o ciclo PDCA clássico.

A idéia contida nesse diagrama é simples: cada operação é realizada conforme os padrões vigentes e monitora-se a sua execução para se garantir que o padrão está sendo cumprido. Paralelamente, processam-se análises para introduzir melhorias que, quando aprovadas, modificam os padrões, passando a execução a ser realizada sob novas e melhores condições, e assim por diante.

5.5.1 Preocupações do Controle:

Dentre as preocupações da função Controle, podemos citar:

- Verificar se o que foi planejado e organizado está sendo corretamente executado
- Auditar a execução
- Medir o desempenho
- Garantir a qualidade da execução
- Fornecer realimentação (*feedback*)
- Fornecer subsídios para a melhoria contínua
- Indicar as ações corretivas e preventivas necessárias
- Garantir a implementação dessas ações
- Interagir com o Planejamento, a Organização e a Execução

A realimentação mencionada entre as preocupações do controle resume, de fato, a sua essência. A forma como se dá essa realimentação na prática vai depender de cada caso específico, mas ela pode incidir sobre os vários escalões da organização, tendo em vista a natureza do que esteja informando, conforme mostrado na Figura 5.6.

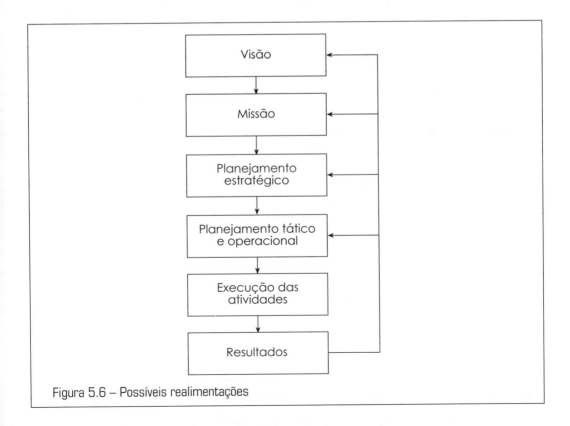

Figura 5.6 – Possíveis realimentações

82 Qualidade e Competência nas Decisões

Costa Neto e Oliveira (2007) fornecem um detalhamento do esquema de reali-mentação mostrado na figura com base no critério de resultados do Prêmio Nacional de Qualidade, onde se indicam as instâncias acionadas conforme a natureza da informação.

5.6 As organizações na organização

As posições hierárquicas dos cargos nas organizações são tradicionalmente determinadas de forma clara pelos seus estatutos ou documentos equivalentes, sendo usualmente representadas em um organograma, onde as relações entre essas posições são facilmente visualizadas. O organograma, portanto, mostra a estrutura formal da organização, com as devidas ligações de chefia e subordinação, nas diversas subdivisões da entidade (unidades, departamentos, seções, etc.), cada uma incumbida da sua especialização, gerando dessa forma uma estrutura funcional.

Entretanto, a prática mostra que as organizações administradas com base exclusivamente nessas relações funcionais tendem a gerar burocratização excessiva, em especial quando há muitos níveis hierárquicos. Isto tem levado muitas empresas a reduzir o número de níveis, buscando agilizar seu processo administrativo.

Isto, contudo, não tem sido suficiente. Tanto é verdade que, modernamente, como a própria norma ISO 9000 passou a exigir, conforme 6.7-b, a tendência é caminhar para sistemas de gestão por processos, cada um tendo um responsável por suas atividades, com liberdade para conversar em igualdade de condições com os vários departamentos cujas funcionalidades interagem com o seu processo. Daí o surgimento de estruturas matriciais, conforme ilustrado no Quadro 5.3, com os departamentos e os processos (ou projetos, conforme o caso) tendo seus respectivos responsáveis.

Quadro 5.3 – Estrutura matricial

	Departamento A	Departamento B	....	Departamento N
Processo 1				
Processo 2				
. . .				
Processo m				

A tendência moderna é aumentar a ênfase na gestão dos processos em relação à administração departamental. Cabe ao bom administrador, em suas decisões, pesar adequadamente qual deve ser o ponto de equilíbrio nessa estrutura de poder, para a melhor eficácia da organização.

Outra questão, que escapa do campo formal para situar-se no do relacionamento humano, é o da existência de uma organização informal, que, em maior ou menor grau, sempre está presente paralelamente à organização formal. Essa estrutura informal, que abriga relacionamentos não amparados pelo organograma, baseados em relações pessoais, confiança, desconfiança, amizades, inimizades, admiração, rancor e outras manifestações da condição humana, vai inevitavelmente se formando com o tempo e a convivência, no local de trabalho, no lazer, no clube, e pode chegar a moldar aspectos do que se costuma denominar a cultura da empresa.

A existência da organização informal, que pode influenciar a tomada de decisões pelos administradores, não é um mal em si, podendo seus efeitos serem positivos ou negativos, conforme o caso e as variáveis que incidam sobre ela. Entretanto, os bons administradores, líderes e decisores, devem, na medida do possível, conhecer os relacionamentos determinados pela organização informal e utilizar esse conhecimento para facilitar a tomada de decisões e garantir a eficácia no cumprimento das determinações resultantes. Devem também ter o cuidado de evitar que os relacionamentos entre pessoas que caracterizam a organização informal não ultrapassem limites compatíveis com a manutenção sob controle das atividades da entidade, sem criar, em contrapartida, condições adversas que perturbem a harmonia entre os colaboradores.

5.7 Pecados capitais na Administração

A exemplo de 2.3, damos abaixo um conjunto, possivelmente não exaustivo, de pecados capitais na administração de empresas e outras organizações. A relação é apresentada sem comentários adicionais, por serem considerados desnecessários:

- Falta de visão e liderança
- Falta de constância de propósito
- Ênfase em lucros de curto prazo
- Desconsideração da concorrência
- Rotatividade da gerência
- Marketing inadequado
- Custos desnecessários

Referências

- AKAO, Y. – Desdobramento das Diretrizes para o Sucesso da TQM– Bookman, Porto Alegre, 1997.

- BERGAMINI, C. W. – Motivação nas Organizações – Atlas, São Paulo, 1997 – 4ª ed.

- CAMPOS, V. FALCONI – TQC: Gerenciamento da Rotina do Trabalho do Dia-a-dia – Fundação Christiano Ottoni, Belo Horizonte, 1999.

- CORREA, H. L. & CORREA, A. C. – Administração de Produção e Operações – Atlas, São Paulo, 2004.

- COSTA, E. A. – Gestão Estratégica – Saraiva, São Paulo, 2002.

- COSTA NETO, P. L. O. & Oliveira, M. A. – Um Modelo Atual para a Gestão Empresarial – Revista Estratégica – Fundação Armando Álvares Penteado – São Paulo, 2007 (A publicar).

- FAYOL, H. – Administração Industrial e Geral – Atlas, São Paulo, 1994 – 10ª ed.

- FNQ – Fundação Nacional da Qualidade – Critérios de Excelência – São Paulo, 2006

- FPNQ – Fundação para o Prêmio Nacional da Qualidade – Critérios de Excelência – São Paulo, 2005.

- MANKINS, M. S. – Pare de perder um tempo precioso – Harvard Business Review (em português), setembro de 2004.

- MASLOW, A. H. – Maslow no Gerenciamento – Qualitymark Editora, Rio de Janeiro, 2000, 1ª ed.

- MINTZBERG, H. – Ascensão e Queda do Planejamento Estratégico – Bookman, Porto Alegre, 2004.

- TAYLOR, F. W. – Princípios de Administração Científica – Atlas, São Paulo, 1990, 8ª ed.

- TURRIONI, J. B. & COSTA NETO, P. L. O. – Gerenciamento pelas Diretrizes e Gerenciamento por Objetivos: uma análise comparativa – Gestão & Produção, vol. 2, nº 3 – São Carlos, SP, 1995.

- ZACCARELLI, S. B. – Estratégia e Sucesso nas Empresas – Saraiva, São Paulo, 2003.

6 DECISÕES NA GESTÃO DA QUALIDADE

Pedro Luiz de Oliveira Costa Neto

Desde tempos imemoriais em que existe a produção de bens e serviços, existe também preocupação com a Qualidade. Os conceitos e as ferramentas da qualidade evoluíram paulatinamente ao longo do tempo, acompanhando a evolução histórica dos processos produtivos, chegando hoje ao ponto de serem considerados instrumentos básicos da própria gestão empresarial, com ela se confundindo. Não é por mero acaso, por exemplo, que o prêmio atribuído no Estado de São Paulo às empresas e organizações que se destacam pela sua boa qualidade é chamada Prêmio Paulista de Qualidade da Gestão, sendo concedido pelo IPEG – Instituto Paulista de Excelência da Gestão, conforme IPEG (2005/2006).

Aos interessados, uma visão dessa evolução dos conceitos e ferramentas da Qualidade pode ser encontrada, dentre outros, em Carvalho (2006).

Neste capítulo, abordamos aspectos referentes à Gestão da Qualidade considerados importantes para a tomada de decisão, tanto por aqueles preocupados com a problemática da Qualidade em si, quanto por administradores em geral.

6.1 Qualidade e Produtividade

O conceito de Qualidade foi objeto de muita discussão no tempo e até hoje suscita controvérsias. Entretanto, há um certo consenso em se admitir cinco visões para a qualidade:

- **Transcendental**, ligada à idéia de excelência do produto ou serviço.
- **Baseada no produto ou serviço**, ligada à idéia de serventia.
- **Baseada no usuário**, ligada ao atendimento das necessidades dos clientes.
- **Baseada no processo**, ligada à idéia de conformação ou conformidade, isto é, o quão bem o processo está executando o que foi especificado.
- **Baseada no valor**, ligada a considerações econômicas.

Evidentemente, há contextos distintos em que cada uma dessas visões (ou definições) da qualidade são aplicáveis. No entanto, há, de forma bastante generalizada, um consenso de que a visão baseada no usuário tem importância estratégica, pois esse usuário, ou cliente, é, em última análise, quem suporta financeiramente a empresa. De fato, se os clientes atuais e potenciais não estiverem satisfeitos com o produto ou serviço oferecidos, deixarão de comprar e passarão a se valer da concorrência, o que não interessa a nenhum fornecedor. Daí surge a idéia de que o cliente deve estar sempre em primeiro lugar, com seus desejos e necessidades atendidos da melhor forma e até, sempre que possível, superados.

Muitos autores advogam, portanto, que, mais que atender o cliente, é preciso "encantá-lo". Isto, entretanto, pode ser facilmente confundido com a criação de novidades supérfluas, que muitas vezes surpreendem e despertam encantamento nos clientes, mas, na verdade, não correspondem às suas reais necessidades.

Outro aspecto da questão é que a busca pela qualidade deve ocorrer dentro de um ambiente sadio, dentro e fora da organização, contemplando adequadamente todos os *stakeholders* envolvidos. Com esta visão, num trabalho em que busca mostrar que ética e qualidade devem sempre caminhar juntas, Cerquinho (1994) ousou uma definição da qualidade que é transcrita a seguir por sua pertinência:

"Qualidade é o somatório de todas as características e propriedades dos bens e serviços oferecidos que satisfaçam as necessidades razoáveis dos clientes, juntamente com o conjunto de situações envolvidas na obtenção e uso destes produtos que favoreçam uma existência saudável e autenticamente humana a todos que são afetados".

Garvin (1984), por sua vez, apresenta um conjunto de oito dimensões da qualidade:

- **Desempenho**, relacionada à principal função.
- **Complementos**, referente a itens que se agregam ao exercício da principal função.
- **Confiabilidade**, referente à segurança, à ausência de riscos.
- **Conformação**, que diz respeito ao cumprimento das especificações.
- **Durabilidade**, relacionada com a vida útil.
- **Assistência Técnica**, referente ao apoio pós-venda.
- **Estética**, que diz respeito à boa aparência, ao bom gosto.
- **Qualidade percebida**, subjetiva, refere-se à opinião do cliente.

Essas dimensões têm muita aderência com a prática, nos mais diversos campos de atividades, tanto para produtos como para serviços. Por exemplo, uma interessante aplicação ao serviço Administração de Materiais, cujo principal cliente, a própria Produção, é interno às empresas[*], pode ser vista em Santos (2006).

---

[*] A definição mais ampla de cliente o considera como o próximo usuário, podendo ser externo ou interno à empresa.

Já o conceito de Produtividade é menos controverso, pois está ligado ao bom aproveitamento dos recursos, com o mínimo de desperdício, para se conseguir os resultados desejados. Em termos gerais, o conceito de Produtividade pode ser encarado como:

$$\text{Produtividade} = \frac{\text{Resultados}}{\text{Insumos}}$$

Essa relação, entretanto, pode ser interpretada de várias formas e em diferentes contextos, como mostra Contador (2002).

6.2 Competitividade

O mundo globalizado, com o crescimento das informações disponíveis mundialmente na *web* e o crescimento da importância das empresas multinacionais, levou a um acirramento da competitividade, que passou a ser preocupação obrigatória da alta administração das empresas. Porter (1989) oferece uma importante contribuição a essa questão, quando aponta as forças que agem no mercado competitivo e as ameaças a que os participantes estão sujeitos. Outro autor preocupado com essa problemática é Contador (1996), que propõe um modelo de enfoque baseado nos campos e armas da competição.

Diversas conceituações podem ser encontradas para a Competitividade, mas, em essência, uma empresa é competitiva se tem, conserva ou amplia a fatia do mercado para seus produtos ou serviços, estando apta a enfrentar a atuação dos seus concorrentes.

Existem diversas visões buscando esclarecer como se tornar competitivo. Neste texto, buscamos sintetizá-las através do relacionamento apresentado na Figura 6.1, colocando Qualidade e Produtividade como elementos básicos para se chegar à Competitividade.

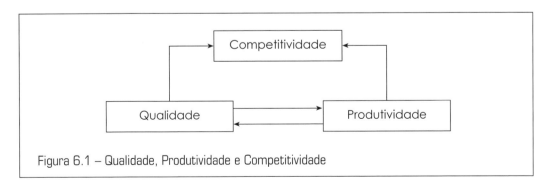

Figura 6.1 – Qualidade, Produtividade e Competitividade

De fato, para a empresa ser competitiva, deve poder oferecer seus produtos ou serviços com a qualidade esperada pelos clientes e com preços aceitáveis pelo mercado. Para ter preços competitivos, a empresa deve ter custos com eles compatíveis, o que exige produtividade no uso dos recursos de que dispõe.

A Figura 6.1 ressalta também que Qualidade e Produtividade são conceitos afins, um influindo no outro. De fato, produzir com qualidade implica produtividade e vice-versa, relação que nem sempre foi imaginada assim, mormente quando o atendimento às especificações se conseguia pela inspeção de produtos finais, levando a refugo ou a retrabalho dos itens não conformes. Coisa que deveria ser do passado.

Outra forma de se compreender essa relação é através da Teoria VPC, ilustrada na Figura 6.2, onde

V = valor do produto ou serviço para o cliente
P = preço pago pelo cliente
C = custo para o fornecedor
V – P = vantagem do cliente
P – C = parcela de lucro do fornecedor

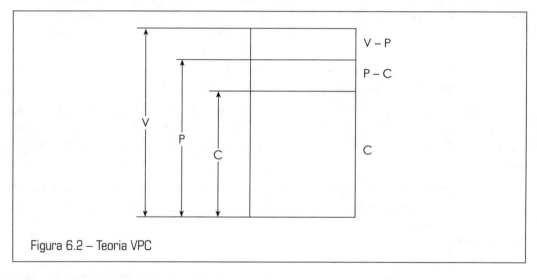

Figura 6.2 – Teoria VPC

Sendo produtivo, o fornecedor reduzirá seu custo, obtendo maior margem para a diferença P–C. A propósito, não se deve incidir no grave equívoco de considerar o preço como estabelecido pelo fornecedor, de modo a cobrir os seus custos e ainda gerar lucro, pois, em um mercado competitivo, é este que, em última análise, determina o preço.

Já a diferença V–P, que move o cliente na sua disposição de comprar o produto ou serviço, tem uma forte componente subjetiva, pois o termo "cliente", na verdade, representa uma enorme gama de indivíduos ou entidades, cada uma com sua própria visão da conveniência de gasto ou investimento.

6.3 Os Gurus da Qualidade

Há alguns grandes nomes ligados ao desenvolvimento dos conceitos e práticas da Qualidade no Século XX, dos quais citamos os mais proeminentes.

a) **William Edwards Deming**, estatístico norte-americano que se projetou pelos ensinamentos ministrados aos empresários japoneses após a devastação da Segunda Guerra Mundial e, com isso, muito contribuiu para a adoção dos preceitos da qualidade naquele país que, mais tarde, se tornaria paradigmático. Essa contribuição foi devidamente reconhecida pelos nipônicos que, ao criarem em 1951 o seu prêmio para a qualidade, o designaram Prêmio Deming.

O Ciclo de Deming, ou PDCA, mostrado na Figura 6.3, é considerado um elemento fundamental para a resolução de problemas e/ou a busca da melhoria contínua, costumando surgir sob diversas roupagens. Embora usualmente atribuído a este guru, o ciclo foi, na verdade, idealizado na década de 20 por William Shewhart, idéia essa que certamente está presente na concepção, por aquele especialista, dos gráficos de controle estatístico de processos, mencionados em 6.5.

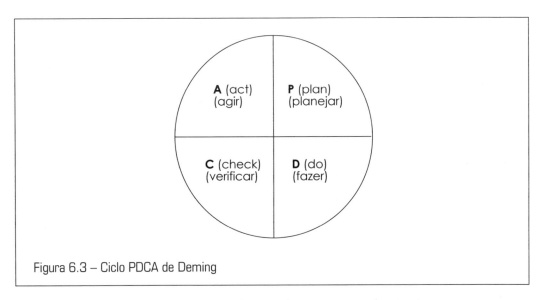

Figura 6.3 – Ciclo PDCA de Deming

b) **Joseph Juran**, romeno naturalizado norte-americano, este paladino da Qualidade também esteve no Japão pregando suas idéias e ainda hoje, centenário, atua através do instituto que criou e tem sucursais em muitos países.

Juran propôs a Trilogia planejamento, controle e melhoria da qualidade, que pouco difere do Ciclo PDCA. Ele enfatizou a necessidade da ruptura, ou quebra de barreiras representando reações contrárias, para efetivamente se conseguir implementar as melhorias da qualidade nas organizações. Hoje se tem claramente em conta que essas reações contrárias costumam ser mais fortes na média gerência, que pode representar um anteparo entre o planejamento e a execução, sendo essas reações motivadas por receio do novo e da perda do poder de decisão, com conseqüente desvalorização do cargo.

90   Qualidade e Competência nas Decisões

c) **Armand Feigenbaum**, que foi o primeiro a registrar a idéia de que a Qualidade se consegue não pelo esforço isolado de um departamento específico, mas pela participação de todos na organização. Surgiram assim os conceitos de Controle Total da Qualidade e Gestão da Qualidade Total (em inglês TQM – *Total Quality Management*), este mais adequado para enfatizar que a qualidade faz parte do processo de gestão.

Em entrevista dada à Revista Quality Progress em novembro de 2005, Feigenbaum recordou diversos ensinamentos úteis às decisões, dentre os quais "as pessoas mais próximas do trabalho fazem melhor as coisas", "as várias propostas para a melhoria se somam", "Qualidade é um aprimoramento de valor", "falhas são oito vezes mais percebidas que evoluções" e "precisamos conhecer a diferença entre uma moda passageira e tipos importantes de atividades, como a Engenharia de Valor e o Controle Estatístico da Qualidade". Esta última afirmação traz um alerta quanto a modismos que, muitas vezes, só ajudam a fazer a alegria de certas consultorias[*].

d) **Kaoru Ishikawa**, o idolatrado guru japonês, um humanista segundo o qual "uma interpretação que se poderia dar à qualidade é que ela significa qualidade de trabalho, qualidade do serviço, qualidade de informação, qualidade do processo, qualidade da estrutura, qualidade das pessoas, incluindo os operários, técnicos, engenheiros, gerentes e alta administração, qualidade do sistema, qualidade da companhia, qualidade dos objetivos, etc."

É atribuída a ele a paternidade do diagrama de causas e efeito, uma das sete ferramentas usuais para a resolução de problemas, visto a seguir em 6.5.

e) **Vicente Falconi Campos**, brasileiro, aqui citado por merecer essa condição no Brasil. Foi o grande divulgador das técnicas japonesas para a qualidade em nosso país, fruto do intercâmbio entre a Fundação Christiano Ottoni, de Belo Horizonte, da qual participava, com a JUSE – Japonese Union of Scientists and Engineers e ouros organismos japoneses voltados à Gestão da Qualidade, com vários livros publicados nesse campo, a começar por Campos (1992).

6.4   O processo de melhoria

Os decisores envolvidos com a problemática da Qualidade e Produtividade devem conhecer os caminhos que levam à melhoria das operações e processos, para melhor subsidiar as suas decisões a respeito.

A melhoria pode ser contínua ou incremental. A primeira se dá através das análises dos processos como eles estão operando, podendo-se chegar a melhores formas de operação, conforme sugerido na Figura 6.4. Já as melhorias incrementais se dão

---

[*] Não é, a nosso ver, o caso da Metodologia Seis Sigma, que pode ser vista em Eckes (2001) ou Rotondaro (2002), que consolida diversos conhecimentos anteriores na busca de melhores práticas.

por mudanças mais drásticas, representadas por modificações mais profundas nos processos ou pelo surgimento de inovações. Seu efeito é tipicamente pontual e de maior intensidade, como mostrado na figura.

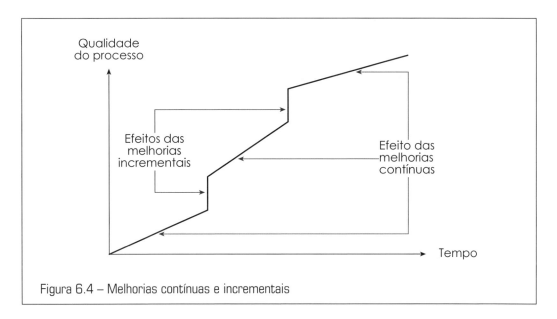

Figura 6.4 – Melhorias contínuas e incrementais

As melhorias contínuas podem, em geral, ser obtidas usando ferramentas simples de análise, como as que serão vistas a seguir. O uso de técnicas mais sofisticadas, envolvendo uma estatística mais avançada, pode resultar em melhorias incrementais. Uma outra ilustração deste fato é dada na Figura 6.5.

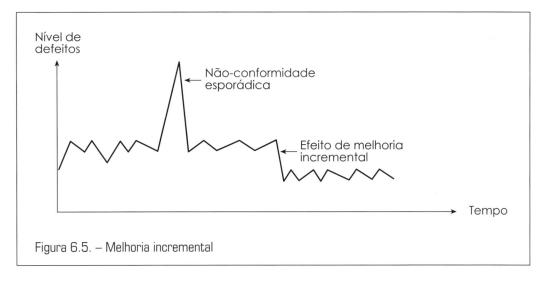

Figura 6.5. – Melhoria incremental

A Figura 6.5 ilustra um processo que operava em um nível usual de defeitos. Uma não-conformidade esporádica ocorreu e foi detectada *on-line*, provavelmente por um gráfico de controle de processo, conforme citado a seguir, voltando-se ao nível usual. Fez-se então uma análise mais profunda, *off-line*, conseguindo-se trazer a um patamar melhor o nível de qualidade do processo. Note-se que a perda causada pela não-conformidade esporádica é, em verdade, muito menor que a perda que vinha sendo causada por operar em um nível de defeitos pior.

6.5 Ferramentas para a melhoria

Costumam ser mencionadas sete ferramentas básicas para a melhoria contínua, às quais agregamos mais uma devido à sua importância:

- **Fluxograma**[*], que mostra a representação gráfica de todas as atividades de um processo, para sua melhor visualização e análise.

- **Lista de verificação**, importante para que nada do que deve ser realizado ou verificado seja esquecido.

- **Histograma**, ferramenta estatística básica de descrição gráfica de amostras de variáveis, útil para entender o seu comportamento.

- **Gráfico de Pareto**, em que se representam os itens sob análise em ordem decrescente de importância (valor, freqüência, etc.), visando priorizar a análise dos mais importantes. Sua função cumulativa costuma ser chamada Curva ABC, pois a análise de Pareto permite identificar itens classe A, os "poucos mas vitais", representando um percentual considerável, por exemplo, 60%, os itens classe C, que em geral são diversos mas representam a ordem de 10% ou menos do total, e a classe B dos itens intermediários. Ver mais em 17.1.1.

- **Diagrama de Ishikawa**, ou causas-efeito, ou espinha de peixe, conforme exemplificado na Figura 6.6, usado para identificar as diversas causas do problema, organizadas conforme a sua natureza.

- **Gráfico de controle de processos**, principal ferramenta do Controle Estatístico de Processos, conforme pode ser visto em Costa *et al.* (2003).

- **Estratificação**, usada quando se suspeita haver valores referentes a elementos de procedência diversa.

- **Diagrama de dispersão**, adequado à análise de situações envolvendo simultaneamente duas variáveis, como pode ser visto em Costa Neto (2002).

---

[*] Agregação nossa.

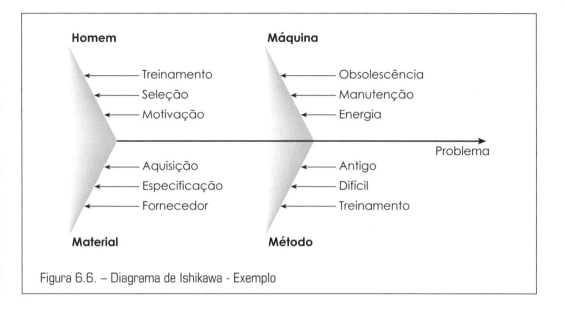

Figura 6.6. – Diagrama de Ishikawa - Exemplo

6.6 Qualidade em serviços

É inegável, no mundo moderno, a importância dos serviços na economia. A demanda por serviços cresce continuamente, devido a diversos fatores, dentre os quais se destacam:

- Automação industrial
- Urbanização
- Maior tempo de lazer
- Desejo de melhor qualidade de vida
- Mudanças do perfil demográfico
- Mudanças sócio-econômicas
- Aumento da sofisticação dos consumidores
- Mudanças tecnológicas
- Suporte à manufatura
- Como diferencial competitivo
- Como geradores de lucro

Os princípios e técnicas da gestão da qualidade, inicialmente utilizados nas atividades de manufatura, foram sendo paulatinamente estendidos e aplicados ao aprimoramento dos serviços. No entanto, para isso é necessário compreender as peculiaridades das atividades de serviços. De fato, a geração de serviços tem algumas características próprias que a distinguem da geração de produtos, que são:

94 Qualidade e Competência nas Decisões

- **Intangibilidade**: o serviço é imaterial, não tem existência física;

- **Instantaneidade**: como decorrência, o serviço não pode ser estocado, ocorre no instante de sua prestação;

- **Simultaneidade**: sua produção se dá, em geral, ao mesmo tempo que o seu consumo;

- **Participação do cliente**: em geral necessita da presença física ou virtual do cliente para a sua execução;

- **Heterogeneidade**: como decorrência, os serviços podem apresentar múltiplas formas para serem prestados eficazmente.

Entretanto, há uma interface considerável entre as gerações de produtos e serviços. Talvez por isso, Juran utilizava para ambas as coisas, indistintamente, a expressão "produto". De fato, quase sempre, na geração de serviços há produtos indissociáveis e vice-versa. A preocupação com a qualidade e as respectivas decisões devem, pois, contemplar ambos os aspectos. Sasser *et al.* (1978) apresentam um exemplo clássico, reproduzido por Gianesi & Correa (1994), que mostra diversas atividades em que as porcentagens de variação da participação dos produtos e serviços envolvidos variam reciprocamente de praticamente 0 a 100%. Assim, um serviço de transporte aéreo é inviável sem o produto avião e a venda de um automóvel não deve prescindir do serviço de assistência técnica.

Quanto à tipologia dos serviços, julgamos adequada a classificação proposta por Silvestro *et al.* (1992), que os subdivide em serviços de massa, lojas de serviços e serviços profissionais. Como exemplo de cada tipo, podemos ter a telefonia, os restaurantes e os consultórios médicos.

Outra característica interessante dos serviços é embutirem atividades de frente e retaguarda, ou palco e bastidores, numa analogia teatral, que serve também como exemplo típico. As atividades de frente são aquelas em que ocorrem os contatos com o cliente, responsáveis pelos "momentos da verdade", que determinarão a avaliação da qualidade pelo consumidor do serviço.

Parasuraman *et al.* (1990) propõem o seguinte conjunto de dimensões da qualidade dos serviços:

- **Aspectos tangíveis** – Aparência física de instalações, equipamentos, pessoas e materiais de comunicação;

- **Confiabilidade** – Capacidade de prestar o serviço prometido de forma confiável e precisa;

- **Responsabilidade** – Disposição para ajudar o cliente e proporcionar com presteza um serviço;

- **Competência** – Habilidades específicas para desempenhar um serviço;

- **Cortesia** – Fineza, respeito, consideração e amabilidade no contato pessoal;

6. Decisões na Gestão da Qualidade · 95

- **Credibilidade** – Confiança, honestidade e integridade transmitidas pelo prestador do serviço;

- **Segurança** – Ausência de risco, perigo ou dúvida;

- **Acesso** – Proximidade e facilidade de contato;

- **Comunicação** – Manter o cliente informado de forma compreensível e escutá-lo;

- **Conhecimento do cliente** – Esforço para conhecer e atender suas necessidades[*].

Estes autores também propuseram um interessante modelo que busca identificar os desvios (*gaps*) responsáveis pelo não-oferecimento do serviço conforme a expectativa do cliente, conforme mostrado na Figura 6.7.

Deve-se ainda a estes autores a criação de uma escala, denominada SERVQUAL, para medir a qualidade do serviço prestado com base nas pontuações dos usuários. Esse modelo subdivide as avaliações em cinco categorias:

- **Confiabilidade**: é a capacidade de prestar o serviço prometido com confiança e exatidão;

- **Responsabilidade**: é a disposição para auxiliar e servir os clientes e fornecer o serviço prontamente;

- **Segurança**: é o conhecimento dos funcionários, bem como sua capacidade de transmitir confiança e confidencialidade;

- **Empatia**: envolve cortesia, demonstração de interesse e atenção personalizada ao cliente;

- **Tangibilidade**: é a aparência das instalações físicas, equipamentos, pessoal e materiais para comunicação.

A escala SERVQUAL contempla 22 quesitos distribuídos nessas categorias, que são avaliados por uma categorização de Likert com 5 alternativas cada. Um exemplo de sua utilização pode ser visto em Montanaro (2004). Outros modelos para a avaliação e medição da qualidade em serviços podem ser vistos em levantamento feito por Miguel & Salomi (2004).

---

[*] Oliveira (2006) apresenta uma comparação entre esta relação e aquela proposta por Garvin, apresentada em 6.1, mostrando que são bastante interdependentes.

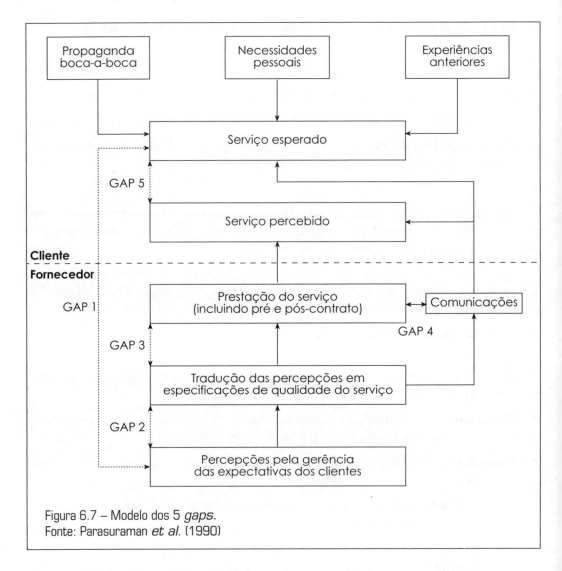

Figura 6.7 – Modelo dos 5 *gaps*.
Fonte: Parasuraman *et al.* (1990)

6.7 Sistemas de Gestão

A importância que modernamente se confere à questão da Qualidade e Produtividade como elemento básico da Competitividade coloca essa questão a nível da alta administração das empresas e organizações. A Gestão da Qualidade, que embute a problemática da Produtividade, embora esta componente da Competitividade seja menos explicitada, impõe-se, portanto, fortemente, na própria Gestão Organizacional.

O que pode diferir, em cada caso, é o sistema adotado para a Gestão da Qualidade. A decisão quanto ao sistema a ser implementado depende, em geral, do estágio de desenvolvimento da organização e da visão dos consultores ou colaboradores nisso envolvidos.

6. Decisões na Gestão da Qualidade   97

A questão da Gestão da Qualidade, evidentemente, já era preocupação, até em países emergentes como o Brasil, bem antes que sua importância estratégica fosse reconhecida, como em nossos tempos. Um bom exemplo disto é o caso da Metal Leve, indústria do ramo automobilístico que, na década de 50, não só produzia pistões e bronzinas de primeira qualidade para a nascente indústria automobilística brasileira, como exportava para vários outros países. Certamente, a visão de seu dono e notável empresário José Mindlin teve grande papel nesse êxito, cercando-se de profissionais categorizados capazes de criar as condições para a produção com qualidade excepcional.

Nos anos 80 para 90, o Programa Brasileiro da Qualidade e Produtividade – PBQP incentivou missões ao exterior e treinamentos intensivos no país, com o objetivo de ensinar e difundir os preceitos e técnicas para a obtenção da Qualidade e Produtividade pelas empresas e demais organizações aqui radicadas. O efeito multiplicador desse processo atingiu milhares de engenheiros, especialistas e técnicos, resultando no que podemos chamar de Movimento Brasileiro pela Qualidade e Produtividade. Essa iniciativa, que contou com o comprometimento de excelentes cabeças da inteligência brasileira, dentre as quais citamos Juarez Távora Veado e José Paulo Silveira, desencadeou um processo sem retorno que segue em andamento e é responsável pelo crescente desenvolvimento de ações pela Qualidade e Produtividade no país, colocando-o na posição de liderança quanto a esse aspecto na América Latina. Os principais frutos dessa iniciativa foram a disseminação do sistema japonês de Gestão pela Qualidade, o início da implementação das normas da série ISO 9000, o surgimento do Prêmio Nacional da Qualidade e o fortalecimento do Sistema Metrológico Brasileiro.

Como conseqüência do processo acima sumarizado, emergiram como principais formas de gestão da Qualidade e Produtividade no Brasil o sistema japonês, as normas da série ISO 9000 e os critérios do Prêmio Nacional da Qualidade, sistemas estes que abordamos na seqüência, visando subsidiar possíveis importantes decisões a respeito.

a) O Sistema Japonês

Este sistema, que os nipônicos batizaram TQC, de *Total Quality Control*, embora na verdade seja um sistema bastante integrado voltado à gestão, resulta do conjunto de práticas utilizadas naquele país que conduziram suas principais empresas à condição de paradigmas mundiais no tocante à Qualidade e Produtividade. Sem uma norma específica, o sistema se baseia em um conjunto de preceitos e práticas bemsucedidas no Japão. Elas se difundiram no Brasil principalmente graças à equipe de especialistas treinados naquele país, tendo à frente o Prof. Falconi Campos, que pertenciam à Fundação Christiano Ottoni, ligada à Universidade Federal de Minas Gerais, hoje substituída nesse trabalho pela Fundação do Desenvolvimento Gerencial.

Inspirada em boa parte nos ensinamentos de Kaoru Ishikawa e outros especialistas japoneses de renome, como Shigeo Shingo, Yoji Akao e Genichi Taguchi, passou

98 Qualidade e Competência nas Decisões

a ser utilizada uma série de preceitos básicos que constituem a essência do sistema japonês, tais como:

- **Comprometimento da administração**

  O termo "comprometimento" é essencial. Não é o mesmo que envolvimento, participação e outros. Comprometimento significa ter a questão da Qualidade como compromisso de vida, de responsabilidade total.

- **Decisões baseadas em fatos e dados**

  Nada de palpites, opiniões pessoais. Aqui muito ajudam o uso da Estatística, o ciclo PDCA e as ferramentas apresentadas em 6.5 para a resolução de problemas, intensamente utilizadas pelos trabalhadores japoneses.

- **Emprego vitalício**

  Este componente possivelmente foi um dos pilares do sucesso nipônico sem a adoção de normas formais para retenção do conhecimento.

- **Melhoria contínua (*kaizen*)**

  Preocupação permanente, objeto constante das atividades a seguir descritas, conforme pode ser visto em Imai (1986).

- **Produção *just-in-time* (JIT)**

  Filosofia de produção que procura fazer com que os itens e/ou produtos que circulam no processo produtivo estejam disponíveis no devido local no instante em que são necessários, evitando a formação de estoques, conforme pode ser visto em Ohno (1997) e Corrêa & Corrêa (1994).

- **Círculos de controle da qualidade – CCQ**

  Grupos formados por colaboradores de distintas funções visando resolver problemas específicos em reuniões de trabalho fora do expediente normal, usando as ferramentas de análise disponível. As atividades dos CCQ têm sido motivo de orgulho dos trabalhadores japoneses, sendo seus bons resultados divulgados e catalogados, em geral recompensados de alguma forma, mesmo que apenas moralmente.

- **Novas ferramentas**

  São as chamadas ferramentas gerenciais, tais como diagrama de afinidades, diagrama de inter-relacionamento, diagrama em árvore, matriz de prioridades, diagrama de atividades em rede, etc.

- **5 W e 1 H**

  É o questionamento baseado nas perguntas básicas apresentadas no Quadro 5.1.

- **5S**

  Os programas 5S visam colocar ordem e dar boas condições ao local de trabalho. São uma importante ferramenta para a produtividade do trabalho. Ilustra bem a sua finalidade o termo em inglês, *housekeeping*, pôr a casa em ordem.

Os 5S tradicionais são:

- **Seiri**, o senso de utilização, deixar no local de trabalho apenas os itens efetivamente necessários.

- **Seiton**, o senso de arrumação, os itens necessários devem estar corretamente posicionados conforme a sua freqüência de uso.

- **Seiso**, o senso de limpeza e higiene, inclusive deixando-se o posto de trabalho limpo e organizado para o trabalhador que se sucede no local.

- **Seiketsu**, o senso de saúde e higiene, inclusive mental, englobando também o clima e as relações de trabalho.

- **Shitsuke**, o senso de autodisciplina, de comportamento ético e de comprometimento com as diretrizes da empresa.

A esses 5S originais podem ser agregados outros, como apresenta Silva (2004), incluindo mais cinco, referentes a união, treinamento, economia, princípios morais e responsabilidade social.

- **Desdobramento da Função Qualidade**

  Em inglês, QFD – *Quality Function Deployment*, um sistema baseado em matrizes de entrada e saída que permite transformar os desejos dos clientes em requisitos de projeto, processo e produto, conforme pode ser visto em Cheng (1996). Empresas brasileiras têm implementado o QFD e outras estão buscando isso, mas é um processo lento e não trivial. Uma interessante aplicação prática encontra-se em Liphaus (2006).

- **Gerenciamento pelas Diretrizes**

  Conforme já comentado em 5.2.1.

As práticas aqui citadas e outras possíveis claramente não são exclusivas do sistema japonês e têm sido, individualmente ou em bloco, adotadas mesmo por organizações que priorizam outros sistemas de gestão.

b) As normas da série ISO 9000

Atualmente em sua versão no Brasil designada por NBR ISO 9001:2000, conforme ABNT (2001), esta norma contratual para efeito de implementação de um sistema de Gestão da Qualidade se insere em um conjunto maior de normas que se preocupam com a questão* e tem por finalidade fornecer às organiza-

---

* As normas ISO 9000:2000 (Fundamentos e vocabulário) e ISO 9004:2000 (Guia para a melhoria do desempenho).

100 Qualidade e Competência nas Decisões

ções interessadas os requisitos formais a cumprir visando a certificação do seu sistema. A certificação será feita mediante auditoria de algum OCC – Organismo Credenciado de Certificação acreditado pelo INMETRO – Instituto Nacional de Metrologia, Normalização e Qualidade Industrial. O certificado é válido por três anos, durante os quais são realizadas pelo menos duas outras auditorias, de verificação.

A presente versão da norma, a terceira, sucedendo as anteriores de 1988 e 1994, se baseia nos seguintes princípios de Gestão da Qualidade:

- Foco no cliente
- Liderança
- Envolvimento de pessoas
- Abordagem de processo
- Abordagem sistêmica
- Melhoria contínua
- Abordagem factual para tomada de decisão
- Benefícios mútuos nas relações com os fornecedores

Este conjunto de princípios representa um considerável avanço em relação à versão anterior da norma, em especial quanto ao primeiro, quarto e sexto pontos.

A norma NBR ISO 9001:2000 apresenta requisitos quanto aos seguintes tópicos, devidamente detalhados no texto da norma:

- **Sistema de gestão da qualidade**
  Registros gerais
  Requisitos de documentação
- **Responsabilidade da direção**
  Comprometimento da direção
  Foco no cliente
  Política da qualidade
  Planejamento
  Responsabilidade, autoridade e comunicação
  Análise crítica pela direção
- **Gestão de recursos**
  Provisão de recursos
  Recursos humanos
  Infraestrutura
  Ambiente de trabalho
- **Realização do produto**
  Planejamento da realização do produto
  Processos relacionados a clientes
  Projeto e desenvolvimento

Aquisição
Produção e fornecimento de serviço
Controle de dispositivos de medição e monitoramento

- **Medição, análise e melhoria**
Generalidades
Medição e monitoramento
Controle de produto não-conforme
Análise de dados
Melhorias

O item projeto e desenvolvimento, para efeito de certificação, não se aplica a empresas que não tenham essa atividade. O item Melhorias embute as ações corretivas e preventivas, obrigatórias quando da detecção de falhas ou não-conformidades.

Alguns acusam a norma ISO 9001 de burocratizante, mas isto só ocorrerá se houver exageros na sua implementação. Sem dúvida que a norma exige um certo nível de documentação, através de manuais, procedimentos e registros, necessários à devida conservação do conhecimento e da organização existentes, mas os procedimentos documentados a rigor exigidos pela norma são apenas seis: controle de documentos, controle de registros da qualidade, auditoria interna, controle de não-conformidades, ações corretivas e ações preventivas. Esta documentação é condição necessária, mas em geral não suficiente, para a implementação da norma.

Um dos requisitos importantes da norma diz respeito à exigência de auditorias internas periódicas, sem o que certamente não se poderia garantir que o sistema implementado não se deteriorasse paulatinamente.

Deve-se notar que a norma não é prescritiva, ou seja, ela coloca seus requisitos sem dizer como devem ser atendidos, ficando esta decisão por conta de quem a adota. Isto confere à norma um vasto campo de aplicabilidade, seja para manufaturas ou prestadores de serviço, seja para grandes, médias e pequenas empresas. Um aprofundamento desta e outras questões referentes à norma pode ser encontrado em Mello *et al.* (2001).

As normas da série ISO 9000 dão, indiscutivelmente, uma importante contribuição à melhoria da qualidade e produtividade praticada pelas empresas certificadas. Sua necessidade surgiu das exigências dos importadores, dos grandes compradores nacionais, de governo ou privados, das necessidades de *marketing* e da conscientização paulatina dos empresários. A norma, entretanto, não deve ser vista como uma garantia final de que não haverá produtos ou serviços não-conformes, mas como uma base para que a produção ocorra em boas condições. Sua adoção pode ser encarada como um passo importante e primeiro na escalada rumo a patamares de excelência.

Há também outras normas que complementam as conquistas proporcionadas pela implementação da ISO 9000, como a norma NBR 14.001, ABNT (2004), para a gestão ambiental, a OHSAS 18001, BSI (1999), em processo de chancelamento pela ISO,

102 Qualidade e Competência nas Decisões

referente à saúde e segurança no trabalho, a SA 8000, referente à responsabilidade social, questão de grande atualidade que pode também ser vista em Tachizawa (2002), bem como normas setoriais, como a QS 9000, IQA (1998), uma adaptação da norma ISO 9000 para a indústria automobilística promovida em conjunto pela Chrysler, Ford e General Motors. A gestão da qualidade em serviços é contemplada na norma ISO 9004-2.

c) Prêmios da Qualidade

Há hoje instituídos diversos prêmios nacionais ou de blocos econômicos destinados a distinguir entidades ou personalidades que se destacam sobremaneira na busca da qualidade e produtividade. No Japão, o Prêmio Deming existe desde 1951. Muito após, ao final da década de 80, começaram a surgir prêmios dessa natureza no Ocidente, como o Malcolm Baldrige americano, o prêmio europeu e o Prêmio Nacional da Qualidade, atribuído no Brasil desde 1992 às empresas e outras organizações concorrentes que primem pela excelência da sua gestão, com ênfase na qualidade e produtividade.

O Prêmio Nacional da Qualidade, cuja implementação do Brasil se deveu, entre outros, à dedicação incansável do saudoso Eng. Carlos de Mathias Martins, sob responsabilidade da hoje denominada Fundação Nacional da Qualidade, é importante sobretudo pelo oferecimento dos seus Critérios de Excelência, FNQ (2006), atualizados a cada ano, que procuram representar o estado de arte em gestão da qualidade, ou aquilo com que hoje se confunde, a excelência da gestão.

Sobre o processo de premiação em si e um histórico do prêmio, pode-se ver Costa Neto (2004). As ganhadoras do prêmio podem ser observadas em FNQ (2006). Quanto aos critérios de excelência propriamente, que interessam diretamente ser conhecidos pelo decisor preocupado com a questão, são apresentados, com os respectivos itens e pontuação máxima, no Quadro 6.1.

Os sete primeiros critérios, de enfoque e aplicação, têm estrutura compatível com o diagrama de gestão ilustrado na Figura 5.5, apresentada e comentada em 5.5.

Um amplo detalhamento de como os treinados examinadores da FNQ devem interpretar esses critérios e itens é dado no texto da publicação acima citada.

Quadro 6.1 – Critérios e itens do PNQ

Critérios e itens	Pontuação máxima
1. Liderança	**110**
1.1 Sistema de liderança	40
1.2 Cultura da excelência	40
1.3 Análise do desempenho da organização	30
2. Estratégia e planos	**60**
2.1 Formulação das estratégias	30
2.2 Implementação das estratégias	30
3. Clientes	**60**
3.1 Imagem e conhecimento de mercado	30
3.2 Relacionamento com clientes	30
4. Sociedade	**60**
4.1 Responsabilidade socioambiental	30
4.2 Ética e desenvolvimento social	30
5. Informações e conhecimento	**60**
5.1 Gestão das informações da organização	20
5.2 Gestão das informações comparativas	20
5.3 Gestão dos ativos intangíveis	20
6. Pessoas	**90**
6.1 Sistemas de trabalho	30
6.2 Capacitação e desenvolvimento	30
6.3 Qualidade de vida	30
7. Processos	**110**
7.1 Gestão de processos principais do negócio e dos processos de apoio	50
7.2 Gestão de relacionamento com os fornecedores	30
7.3 Gestão econômico-financeira	30
8. Resultados	**450**
8.1 Resultados econômico-financeiros	100
8.2 Resultados relativos aos clientes e ao mercado	100
8.3 Resultados relativos à sociedade	60
8.4 Resultados relativos às pessoas	60
8.5 Resultados dos processos principais do negócio e dos processos de apoio	100
8.6 Resultados relativos aos fornecedores	30
Total de pontos possíveis	1.000

Fonte: FNQ (2006)

Qualidade e Competência nas Decisões

Os critérios de excelência são construídos a partir do seguinte conjunto de fundamentos da excelência gerencial:

- Visão sistêmica
- Aprendizado organizacional
- Proatividade
- Inovação
- Liderança e constância de propósitos
- Visão de futuro
- Foco no cliente e no mercado
- Responsabilidade social
- Gestão baseada em fatos
- Valorização das pessoas
- Abordagem por processos
- Orientação para resultados

Este modelo de gestão, que contempla a excelência, fornece as orientações para as entidades que pretendam se aproximar daquelas consideradas "classe mundial". A busca deste caminho pode ser a seqüência natural de quem obteve, por exemplo, uma certificação ISO 9000.

Há, entretanto, etapas intermediárias nesse caminho, que a prudência recomenda. Uma versão simplificada dos critérios, com um total de 500 pontos possíveis, é não só disponibilizada pela FNQ como tem sido adotada pelos prêmios estaduais, dos quais o prêmio gaúcho é pioneiro no País. O PPQG – Prêmio Paulista de Qualidade da Gestão, IPEG (2005), está entre os que adotaram essa versão.

Há também uma série de prêmios setoriais e/ou promovidos por associações de classe, com maior ou menor valor em termos do que representam e da credibilidade que possuem. Entretanto, quanto ao PNQ e ao PPQG, podemos atestar a seriedade e cuidado com que são atribuídos, por ter militado nesses processos, por muitos anos, o autor deste capítulo.

Referências

- ABNT – Associação Brasileira de Normas Técnicas – NBR ISO 9001 – Sistemas de gestão da qualidade – Requisitos – Rio de Janeiro, 2001.
- ABNT – Associação Brasileira de Normas Técnicas – NBR ISO 14001 – Sistema de gestão ambiental – Especificação e diretrizes para uso – Rio de Janeiro, 2004.
- BSI – British Standards Institution – OHSAS 18.001 – Occupational Health and Safety Assessment Series – UK, 1999.

- CAMP, R. C. – Benchmarking dos Processos de Negócios: descobrindo e implementando as melhores práticas – Qualitymark, Rio de Janeiro, 1996.

- CAMPOS, V. Falconi – TQC: Controle da Qualidade Total no estilo japonês – FCO, Belo Horizonte, 1992.

- CARVALHO, M. M. & PALADINI, E. P. – Gestão da Qualidade – Teoria e Casos – Elsevier, 2006.

- CERQUINHO, F. – Ética e Qualidade nas Empresas – Dissertação de mestrado – Escola Politécnica da USP – Departamento de Produção – São Paulo, 1994.

- CHENG, L. C. *et al.* – QDF : Planejamento da Qualidade – FCO, Belo Horizonte, 1996.

- CONTADOR, J. C. – Modelo para Aumentar a Competitividade Industrial - A Transição para a Gestão Participativa – Blücher, São Paulo, 1996.

- CORRÊA, H. L. & CORRÊA, A. C. – Administração de Produção e Operações – Atlas, São Paulo, 2004

- COSTA, A. F. B., EPPRECHT, E. K. & CARPINETTI, L. C. R. – Controle Estatístico de Qualidade – Atlas, São Paulo, 2003.

- COSTA NETO, P. L. O. – O Prêmio Nacional da Qualidade como vetor competitivo das empresas brasileiras – in Fusco, J. P. A. (org.) – Tópicos Emergentes em Engenharia de Produção – vol. 2 – Arte & Ciência, São Paulo, 2004.

- COSTA NETO, P. L. O. – Estatística – Edgard Blücher, São Paulo, 2002 – 2ª ed.

- ECKES, G. A. – A Revolução Seis Sigma – Campus, Rio de Janeiro, 2001.

- FNQ – Fundação Nacional da Qualidade – Critérios de Excelência – São Paulo, 2006.

- GARVIN, D. A. – What Does " Product Quality" Really Mean – Sloan Management Review – Cambridge, USA, Fall 1984.

- GIANESI, I. G. N. & CORRÊA, H. L. – Administração Estratégica de Serviços – Atlas, São Paulo, 1994.

- IMAI, M – Kaizen: a estratégia para o sucesso competitivo – IMAN, São Paulo, 1986.

- IQA – Instituto de Qualidade Automotiva – QS 9000 – Requisitos do Sistema da Qualidade – São Paulo, 1988. – 3ª ed.

- IPEG – Instituto Paulista de Excelência da Gestão – Regulamento do PPQC 2005/2006 – São Paulo, 2005.

- LIPHAUS, E. E. – Desenvolvimento de Produto em Pequenas Empresas com a utilização do Método QFD – Universidade de Taubaté – Departamento de Engenharia Mecânica – Taubaté, São Paulo, 2006.

- MELLO, C. H. P. *et al.* – ISO 9001-2000 – Sistema de Gestão da Qualidade para Operações de Produção e Serviços – Atlas, São Paulo, 2001.

- MIGUEL, P. A. C. & SALOMI, G. E. – Uma revisão dos modelos para medição da qualidade em serviços – Revista Produção, v. 14, nº 1, 2004.

- MONTANARO, M. J. – Aspectos da Satisfação do Cliente dos Serviços de Assessoria Profissional – Dissertação de mestrado – Universidade Paulista – Programa de Mestrado em Engenharia de Produção – São Paulo, 1994.

- OHNO, T. – O Sistema Toyota de Produção – Bookman, Porto Alegre, 1997.

- OLIVEIRA, J. S. G – A qualidade do serviço logístico para produtos perecíveis – Dissertação de mestrado – Programa de Mestrado em Engenharia de Produção – Universidade Paulista – São Paulo, 2006.

- PARASURAMAN, A., ZEITHAML, V. A. & BERRY, L. L. – Delivering Service Quality: balancing customers perceptions and expectations – Free Press, New York, 1990.

- PORTER, M. E. – Estratégia Competitiva – Campus, Rio de Janeiro, 1989.

- ROTONDARO, R. G. (coord.) – Seis Sigma – Estratégia Gerencial para a Melhoria de Processos, Produtos e Serviços – Atlas, São Paulo, 2002.

- SANTOS, O. S. – Administração de Materiais como Elemento para a Qualidade e Produtividade – Dissertação de Mestrado – Universidade Paulista – Programa de Mestrado em Engenharia de Produção – São Paulo, 2006.

- SASSER, E. W., OLSEN, R. P. & CROFT, D. D. – Management of Service Operation – Allyn and Bacon, Boston, USA, 1978.

- SILVA, J. A. B. – Implementando o Programa 10S nas Empresas – Revista Falando de Qualidade – Editora Epse, São Paulo, 10/2004.

- SILVESTRO, R., FITZGERALD, L., JOHNSTON, R. & VOSS, C. – Towards a classification of service processes – International Journal of Service Industry Management, v.3, nº 3, 1992.

- TACHIZAWA, T. – Gestão Ambiental e Responsabilidade Social Corporativa – Atlas, São Paulo, 2002.

7 DECISÕES NA GESTÃO DE PROJETOS

Nilton Nunes Toledo

A definição de "projeto" encontrada no PMBOK (2003), que é o guia para a montagem de uma metodologia de gerenciamento de projetos, é: "esforço para atingir um objetivo, em um prazo e com custos pré-fixados".

Neste capítulo colocamos uma série de considerações baseadas na experiência, que devem ser ponderadas pelos interessados nas decisões envolvendo a gestão de projetos.

7.1 Decisões mais comuns

A primeira decisão a ser tomada é se vamos ou não elaborar o projeto e é claro que não se pode estabelecer critérios gerais para todos os casos. No entanto, é possível examinar os casos mais comuns:

a) Se nos encontramos em uma situação emergencial e o projeto é necessário para resolver esse problema, não há o que decidir, pois a sobrevivência da atividade depende da execução do projeto. Neste caso, a decisão é óbvia – o projeto deverá ser executado. Exemplos de projetos desse tipo: reforma de uma máquina; aumento da capacidade de produção, quando ocorre um aumento de demanda imprevisto; mudança de um processo de fabricação, quando há necessidade de redução de custos – o que pode evitar uma saída do mercado; reforma de uma unidade, após um desastre natural como uma enchente ou um incêndio; promulgação de uma lei nova, impondo mudanças para enquadramento nela; etc.

b) Se há um planejamento estratégico, que define uma série de projetos para a sua execução. Por exemplo: lançamento de produtos; ampliação de uma área de produção; criação de uma nova unidade de produção; etc. Neste caso, os projetos são propostos para atingir os objetivos do plano; eles fazem parte do plano qualitativo e ainda não se sabe quanto vai custar cada um. Conseqüentemente, ainda não se pode estabelecer o custo da execução do plano.

A quantificação dos custos dos projetos nos oferece o plano estratégico quantitativo e é esta a informação necessária para a tomada de decisão de quando o plano poderá ser executado: se não temos verba hoje, precisamos adiá-lo para a ocasião em que o recurso estiver disponível. A decisão aqui consiste apenas em definir quando cada projeto será realizado e qual deles será feito em primeiro lugar, pois a decisão de fazê-los já foi tomada quando se aprovou o plano estratégico.

108 Qualidade e Competência nas Decisões

c) Se a empresa é uma prestadora de serviços e recebe um pedido para realizar um projeto, cabe uma tomada de decisão: "Vamos aceitar o pedido ou não?". Se a empresa for bem organizada, ela já deverá ter estabelecido os critérios a serem aplicados para se decidir de maneira racional e alinhada com suas competências. Alguns exemplos de critérios para essa decisão: o serviço proposto estar de acordo com a tecnologia desenvolvida; a empresa ter os recursos disponíveis (máquinas, funcionários, materiais, etc); ser o cliente bom pagador; o serviço proporcionar lucros, ou ser estrategicamente importante; etc. Caso os critérios utilizados não deixem clara a conclusão, o problema deverá ser encaminhado para a instância superior, que tomará a decisão, caracterizada, nestes casos, como uma decisão política ou estratégica.

7.2 Aspectos relevantes

Tomada a decisão de realizar o projeto, é necessário decidir quem será o "gerente do projeto", também chamado "líder" ou "coordenador". Sabe-se que muitas empresas ainda não se conscientizaram de que um projeto só chegará a bom resultado se for designado um gerente que seja competente para levá-lo a cabo. A idéia de que "todos sabem da importância do projeto e, portanto, todos vão colaborar para a sua realização" hoje não é mais aceitável, pois onde todos são responsáveis, ninguém assume culpas ou comando!

Para a tomada de decisão a respeito da escolha do líder, é necessário conhecer todo o pessoal e ter um cadastro das capacidades disponíveis. Além disso, é necessário conhecer as características do comportamento de cada um, pois muitas vezes um bom técnico, conhecedor profundo de seu campo, não tem capacidade de comando, não sabe trabalhar em equipe, não é capaz de delegar e, às vezes, apenas não consegue liderar. O risco que se corre é perder o técnico e não conseguir o gerente pretendido! Os aspectos sobre liderança vistos em 5.4.3 certamente se aplicam à escolha de quem coordenará o projeto.

As características principais de um gerente de projetos são:

a) Conhecer o assunto relativo ao projeto – sem conhecimento técnico não é possível gerenciar, ser um líder, saber montar uma equipe e saber trabalhar com ela.

b) Saber delegar e cobrar, ser um apoiador dos membros da equipe, conhecer a metodologia de gerenciamento de projetos desenvolvida na empresa e assim conseguir cumprir: prazo, custos e qualidade e, a cada projeto: propor melhorias para essa metodologia catalogando lições apreendidas.

A decisão da nomeação do gerente deve considerar, acima de tudo, se o candidato tem tempo disponível, isto é, se não está alocado a outros projetos e se ele aceita a incumbência. A sua nomeação deve ser um ato solene e ele deve ser comunicado por escrito, até com um certificado onde estarão escritas as suas obrigações e responsabilidades.

Um projeto só pode ser iniciado se estiver plenamente aprovado. Essa aprovação deve ser solicitada pelo gerente do projeto, após exaustivo estudo para definir o escopo do projeto, ou seja, a definição do que se entende que deve ser feito e o que não será feito para cumprir o objetivo do projeto. A aprovação deve ser firmada em um documento que pode ter um nome, por exemplo: folha de projeto (*project chart*), ordem de serviço, folha de requisitos, etc. O importante é o ato da aprovação, quando o gerente do projeto pergunta ao requisitante "é isso mesmo que deve ser feito?" e se a resposta for positiva, completar: "então assine!" A aprovação vai facilitar as negociações das fatais solicitações de mudanças.

7.3 A realização do projeto

A decisão da data de início deve ser tomada conjuntamente pelo gerente e pelo requisitante do projeto, considerando que a equipe já deve estar preparada e que todos os interessados (*stakeholders*) tenham sido identificados e avaliados. Uma reunião deve ser convocada, a reunião de início do projeto (*kick-off meeting*), com a participação das pessoas-chave. Na agenda deve haver uma apresentação da equipe, uma explanação do que será o projeto e a base para o seu planejamento.

Para que a solução seja adequada, é fundamental que todos os participantes tenham conhecimento do problema que está sendo resolvido com a adoção do projeto. Assim sendo, o problema deve ser formulado com a descrição da situação atual – sem o projeto – e a descrição da situação desejada – após o projeto implementado.

Resolver o problema é, portanto, encontrar o caminho para sair da situação atual e chegar à situação futura. Como se sabe, todo problema tem infinitas soluções e o difícil é encontrá-las. Aqui começa a busca das possíveis soluções, que, quando encontradas, deverão ser descritas com todos os seus atributos. A seguir, é necessário **decidir** qual delas será a solução adotada. Será necessário estabelecer critérios para a escolha da solução, tais como: menor custo, menor investimento, menor prazo, tecnologia disponível, recursos disponíveis, solução ecologicamente correta.

É sempre conveniente separar os critérios qualitativos dos quantitativos, construindo para eles matrizes de decisão. Para os quantitativos, fica fácil atribuir valores, enquanto para os qualitativos será necessário dar uma nota que faça o papel do valor. A matriz de decisão deve conter pesos para cada critério, de maneira que se possa escolher com base na importância relativa de cada um. A soma do produto dos pesos pelo valor ou nota definirá a melhor solução, devendo-se então especificá-la com relatórios, desenhos, fotos, exemplos. O Quadro 7.1 ilustra a construção das matrizes de decisão.

A solução deve ser entendida, criticada, melhorada. Para que se possa ter essas contribuições, o projeto deve ser submetido a uma **análise crítica formal,** ocasião em que se homologa a solução escolhida. Isso deve ser feito em uma reunião seme-

110 Qualidade e Competência nas Decisões

lhante à inicial, com a participação de todos os interessados. Sempre que houver a necessidade de escolher uma nova solução em todo o andamento do projeto, recomenda-se o mesmo procedimento.

Quadro 7.1 – Matrizes de decisão

Critérios quantitativos				
Critério	Valor	Peso	Peso x Valor	Observações
A				
B				
C				
D				
E				
Totais				

Critérios qualitativos				
Critério	Nota	Peso	Peso x Valor	Observações
F				
G				
H				
I				
J				
Totais				

Estando definidos os objetivos, o escopo, a solução especificada, passa-se a fazer o planejamento: decidir que atividades serão necessárias para se cumprir o escopo; qual a seqüência lógica das atividades e qual a duração de cada uma, considerando o recurso disponível. Sendo decisões tipicamente técnicas e obtidas por raciocínio lógico, elas deverão ser tomadas por profissional da área responsável e o gerente do projeto, após consulta dos registros históricos da empresa sobre as soluções adotadas em projetos/problemas semelhantes realizados no passado. Essas decisões permitem a montagem do cronograma do projeto e o cálculo do seu custo. Os resultados dessas decisões deverão ser submetidos ao patrocinador do projeto.

O cronograma deve ser complementado com informações auxiliares, discutidas a seguir, sem as quais o projeto não se completa: estudo de viabilidade, qualidade, suprimento e contratações, contingência aos riscos, comunicações, controles.

7.3.1 Estudo de viabilidade

Este estudo deve ter três fases: viabilidade comercial, viabilidade técnica e viabilidade econômica. A viabilidade comercial deve obedecer aos critérios que a empresa normalmente estabelece, tais como volume de vendas estimado, tipo de canal de distribuição, margem de contribuição, se faz parte da linha de produtos definida pelo planejamento estratégico, se há equipe de vendas, etc.

A viabilidade técnica vai investigar se existe tecnologia disponível, se existem os materiais necessários, se há pessoal com o conhecimento necessário, se se dispõe dos equipamentos necessários, etc.

A viabilidade econômica depende de dados nem sempre disponíveis no início do projeto; é necessário estimar esses dados e sabe-se que eles em geral não terão a confiabilidade necessária, por isso se chama essa fase de "viabilidade econômica prévia", supondo que a viabilidade final deverá ser estabelecida quando os dados confiáveis forem disponíveis e antes da execução física do projeto. Embora pouco confiável, a viabilidade prévia é importante, pois, mesmo com dados estimados, ela é necessária para a continuidade do projeto. Ser viável ou não é uma decisão da alta administração, que também deve decidir quais índices serão usados e seus valores: rentabilidade sobre vendas, rentabilidade sobre investimentos, período de retorno do investimento, valor presente liquido, etc.

7.3.2 Qualidade

Qualidade é uma condição *sine qua non*: ou está de acordo com as especificações ou não pode ser entregue, é como se o produto não tivesse sido feito! Para isso, uma das atividades principais é o controle da qualidade do que está sendo projetado. Quanto a este aspecto, muito deverão ajudar o gerente do projeto, em suas decisões, as considerações apresentadas no Capítulo 6.

7.3.3 Suprimentos

Suprimentos, em alguns projetos, são responsáveis pela maior parte dos gastos, em outros não se consomem materiais mas, primordialmente, serviços. A programação deve informar o momento exato em que os materiais e os serviços devem ser entregues, pois em projetos não se admitem estoques, a não ser em casos especiais. Logo, os momentos das aquisições devem estar definidos no cronograma. De quem comprar deve ser uma rotina nas empresas, onde o gerente de projetos não deve

112 Qualidade e Competência nas Decisões

se envolver, a não ser em casos especiais. Quanto à qualidade das aquisições, elas devem estar de acordo com as especificações dos materiais e serviços definidas pela solução adotada.

7.3.4 Riscos

A gestão dos riscos deve ser uma prática rotineira nos projetos. Risco é uma variável do projeto que, dentro da distribuição de probabilidade de seus possíveis valores, pode assumir um valor que causa prejuízos até fatais ou benefícios excepcionais. Nela estão inseridas as incertezas metodológicas, além de diferentes graus de subjetividades. Ainda assim, ela é indispensável ao gerenciamento dos projetos e ao gerenciamento da operação dos produtos proveniente dos projetos, conforme Leonan (2005).

O roteiro da gestão de riscos engloba três fases: identificação dos riscos, quantificação dos riscos e planejamento da mitigação dos riscos.

a) Identificação dos riscos

Nesta fase, deve-se colocar em dúvida todas as decisões e parâmetros adotados para o projeto, do tipo: "A demanda prevista vai acontecer? E se for maior ou menor, o que fazer? Os materiais tiveram seus preços estimados em tanto, e se não conseguirmos esses preços? O prazo de fornecimento foi estimado e considerado adequado, e se falhar?"

Além dos questionamentos aqui recomendados, ainda será necessário considerar fenômenos externos, como acidentes, chuvas, terremotos, furacões, mortes de interessados, guerras, para assim ter uma varredura de tudo que possa acontecer durante o projeto, tomando o cuidado de não tratar as conseqüências e sim as causas. Por exemplo: no caso de parada de linha de produção por causa de uma greve na alfândega, não podemos atuar na alfândega e considerar sua greve a causa, a verdadeira causa-raiz é ter peça importada no produto.

b) Quantificação dos riscos

Esta se dá com a busca de duas informações: as probabilidades de ocorrerem os riscos e os danos que eles podem causar. Alguns fenômenos têm suas distribuições de probabilidade registradas historicamente, com média e desvio padrão aproximadamente conhecidos, como, por exemplo, a ocorrência de chuvas em uma região. Em outros casos, temos que nos valer da predição das pessoas experientes no assunto. Para tanto, pode-se eventualmente usar a metodologia apresentada em 27.2.

O dano pode ser avaliado pelo valor dos bens afetados e, quando não se tem forma de expressar a probabilidade nem o dano com números confiáveis, pode-se simplesmente avaliá-los por meio de indicadores como: "alto – médio – baixo". O que não se pode fazer é ignorar os riscos. Por exemplo, se pensarmos na questão apresentada no Quadro 7.2, a conclusão que poderemos tirar é que os riscos são semelhantes, nas duas localidades.

Quadro 7.2 – Probabilidades e danos

Local	Probabilidade de ocorrer um terremoto	Dano causado pelo terremoto
São Paulo	Baixa	Alto
Tóquio	Alta	Baixo

Para a avaliação da gravidade dos riscos, precisamos multiplicar a probabilidade de ocorrência do fenômeno, pelo dano por ele causado, sendo que este dano pode sempre ser expresso em valores monetários.

c) Planejamento da mitigação dos riscos

Pode-se evitar o risco fugindo dele com uma mudança do projeto, como, por exemplo, não ter peças importadas no produto, ou aceitar o risco e colocar um estoque de segurança, assim assumindo um custo de estoque.

Como decidir se se aceita correr o risco ou se foge dele, depende das políticas das empresas, umas são tímidas, conservadoras, e não assumem nenhum risco, outras, ao contrário, são aventureiras, especuladoras, e assumem certos riscos que, pela sua visão, podem ser benéficos. Sobre essa questão, veja-se também 11.2.

A política da empresa pode ser expressa com critérios quantitativos que deixem claro que riscos acima de tal valor não são aceitos mas, abaixo dele, o são, podendo-se montar um gráfico de decisão para expressar essa política. Como exemplo, seja a Tabela 7.1, segundo a qual aceitam-se os riscos na região branca, discutem-se com a administração na faixa cinza-claro e não se aceitam os riscos na região cinza. A política é não aceitar o risco se o dano e/ou a probabilidade forem altos, mesmo para iguais produtos $R = p \times d$.

Existem vários modelos para análise dos riscos com *softwares* que auxiliam a tomada de decisões, como, por exemplo, por simulação de Monte Carlo. A decisão aqui é: vai-se ou não correr o risco e, se se aceita corrê-lo, é necessário elaborar um plano de contingência.

Tabela 7.1 – Danos x probabilidades

Probabilidades	Danos			
0,10	100	110	120	130
0,30	080	090	100	110
0,50	060	070	080	090
0,70	040	050	060	070
0,90	020	030	040	050

7.3.5 Comunicações

As comunicações em projetos assumem uma importância capital, elas devem ser plenas, ou seja, todos devem saber tudo o que está acontecendo no projeto, que atividades iniciaram, quais as que já terminaram e o *status* de cada atividade. As decisões que devem ser tomadas se referem ao **tipo de comunicação** que seja adequado para cada participante do projeto e os interessados (*stakeholders*). É evidente que um relatório para a diretoria tem características diferentes daquele que vai para um membro da equipe, e completamente distintas do relatório para uma entidade governamental ou um interessado externo à empresa. Não significa que se queira esconder dados, e sim informar o que de fato interessa a cada um, aliviando-os da massa de dados completa, e é evidente que o gerente do projeto deve receber todos os dados disponíveis. Assim poderá tomar decisões com conhecimento de causa.

O sistema de comunicações deve ser um gerador de providências, logo deve ser atual, fidedigno, simples e oportuno. Além da comunicação escrita, deve-se ter um calendário de reuniões, cuja agenda objetiva coloca em discussão pontos polêmicos nos quais as decisões devem ser consensuais. A comunicação oral deve ser preparada em forma de multimídia, para que as apresentações sejam objetivas, focando os pontos agendados. Um banco de dados deve ser projetado para permitir o acesso às lições apreendidas com as atividades já finalizadas, criando assim um instrumento importante para a tomada de decisões.

7.3.6 Controles

Planejamento sem controles é inócuo, não serve para nada, conforme visto no Capitulo 5. Os controles são essenciais para as tomadas de decisões e a decisão mais importante baseada nos controles é continuar ou abortar o projeto. A decisão de abortar é a mais difícil, tem as características do fracasso, ninguém gosta de tomá-la, é necessário ser corajoso para isso. Entretanto, quando tudo indica que um projeto deve ser abandonado, fazê-lo está propiciando à empresa economias, considerando que a continuidade de um projeto que não vai dar em nada consumirá recursos importantes sem o esperado retorno.

7. Decisões na Gestão de Projetos   115

A cada momento, é necessário questionar se se deve continuar ou não. Para isso, é recomendado pelo PMBOK estabelecer portões que podem coincidir com o término de subconjuntos do projeto. Quando se atingem esses pontos, são necessárias tomadas de decisões. Se a decisão for de continuar, nem sempre se pode continuar sem mudanças. As mudanças são muito freqüentes na execução de projetos, portanto é necessário ter uma rotina para administração das mudanças. Estas podem afetar as próximas atividades, assim é preciso muito cuidado em termos de informações e apoio aos profissionais.

As mudanças podem ser de caráter técnico e determinadas pela necessidade de atender os objetivos do projeto. Por exemplo: se o material previsto para ser aplicado em uma atividade não foi encontrado, é necessário escolher outro material que substitua o faltante, sem alterar as especificações do produto. Essa mudança pode alterar os processos de fabricação e também os recursos a serem alocados.

Existem as mudanças solicitadas pelos contratantes; nesse caso, seu escopo deve ser consultado. Se a solicitação não se enquadra no escopo do projeto, ela deve ser discutida com o solicitante, pois será uma mudança que pode atrasar o projeto, acarretando aumento de custos, e a negociação deve ter o objetivo de se obter um "de acordo" do contratante, caso acarrete maiores custos e maiores prazos.

A cada portão de passagem, deve-se examinar o andamento total do programa do projeto, focando o que falta, e em geral sempre se faz necessário um replanejamento. O replanejamento nessa fase do projeto pode ser feito com dados obtidos da experiência vivida na realização das atividades e as distorções, corrigidas.

Se o ritmo do andamento de uma atividade indica que ela não vai cumprir o prazo nem o custo, o replanejamento deve resolver o problema. Decisões do tipo: mudar os recursos, simplificar as operações, subdividir a atividade em duas e alocar recurso em paralelo, são decisões tipicamente gerenciais, não existindo regras claras para elas, dependem de cada caso.

O controle dos projetos deve ser exercido em cima do cronograma, onde se acompanham os prazos e os custos. O acompanhamento deve usar como instrumentos índices de desempenho, recomendados pelo PMBOK, configurando a chamada Técnica do Valor Ganho (*earned value*). Chamamos "valor ganho" o que de fato foi verificado como realizado fisicamente, é o valor medido. Por exemplo: se o plano era ter a concretagem de uma laje, se a laje está já concretada na data da medição, o valor medido será o valor orçado no projeto.

No quadro 7.2 são apresentados conceitos importantes para as decisões referentes à gestão de projetos e o seu controle, conforme o PMBOK, com as suas traduções para o português. Dos conceitos nele apresentados, o BAC representa o quanto falta de fato e é o que mais interessa para o controle.

As variáveis representativas desses valores devem ser colocadas em um gráfico cumulativo, criando uma curva que é a característica do plano do projeto, chamada "Curva S", conforme ilustrado na Figura 7.1

Quadro 7.2 – Conceitos importantes

Sigla	PMBOK	Tradução
BCWS	Budget Cost of Work Schedule	Custo orçado planejado
BCWP	Bugest Cost of Work Performed (Earned Value)	Custo orçado, "valor ganho"
ACWP	Actual Cost of Work Performed	Custo real
BAC	Budget at Completion	Orçamento para completar o projeto
EAC	Estimate at Completion	Orçamento estimado ao término do projeto

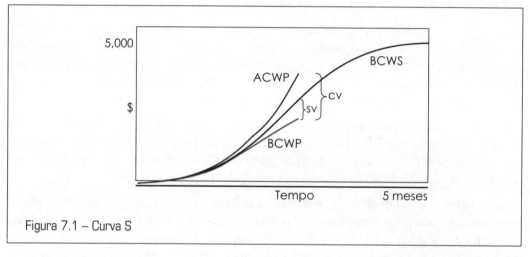

Figura 7.1 – Curva S

No Quadro 7.3 são apresentados os principais índices para o controle do desempenho do projeto.

Quadro 7.3 – Principais índices

Sigla	Definição	PMBOK	Tradução
SV	BCWP – BCWS	Schedule Variation	Variação do valor orçado
CV	BCWP – ACWP	Cost Variation	Variação do custo
SPI	$\dfrac{\text{Valor Ganho}}{\text{Valor Planejado}}$	Schedule Performance Index	Índice de desempenho de programação
CPI	$\dfrac{\text{Valor Ganho}}{\text{Custo Real}}$	Cost Performance Index	Índice de desempenho do custo
VAC		Variation at Completion	Variação total para completar o projeto

Os índices SV e CV indicam o quanto está variando o planejamento em relação ao programado, em termos de cronograma físico e financeiro.

SPI = 1 indica desempenho conforme o previsto, SPI < 1 é ruim, representa atraso no projeto e SPI > 1 é bom ou ótimo sinal. O mesmo vale para CPI.

Dependendo da política de controle da empresa, cada índice vai gerar decisões de providências, que podem ser: continuar ou abortar o projeto, trocar o gerente, etc.

7.4   Recomendações finais

Lembramos que, nos projetos, são comuns dois tipos de decisões: decisões estruturais e decisões operacionais.

As decisões estruturais são aquelas que definem pontos do projeto que não podem ser mudados no curto prazo e sem investimentos. Por exemplo:

- A localização de uma fábrica ou dos depósitos de distribuição física. Nestes casos, os custos de transporte estão fixados, os custos da infra-estrutura são definidos para cada região, etc.;

- O processo de fabricação, a partir do qual estão estabelecidos o custo do ferramental e da matéria-prima correspondente, bem como o volume de produção de que o processo é capaz, o consumo de energia e a mão-de-obra. Mudar é penoso e caro, muitas inovações não são implementadas por causa dos investimentos necessários para as mudanças.

As decisões operacionais são aquelas do dia-a-dia e, de fato, dependendo da conjuntura, podem e devem ser modificadas, como, por exemplo:

- O lote de compra de um item e seu estoque;
- O lote de fabricação e seus estoques;
- Novo fornecedor para um dos componentes do produto; etc.

Referências

- EVMIG – Earned Value Implementatio Guide – DOD: 1996.

- FLEMING, Q., KOPPELMAN, W. & JOEL M. – Earned Value Project Management, Second Edition. Project Management Institute: 2000. PA, USA.

- KERZNER, H. – Gestão de Projetos. As Melhores Práticas – Bookman, Porto Alegre, 2001.

- LEWIS, James P. – Project Planning, Scheduling & Control – Irwin Professional Publishing, Chicago, 1995.

- MERIDITH, Jack R. & MANTEL, Samuel Jr. – Project Management: A Managerial Aproach. – J. Wiley and Sons, N. York, 1999.

- MERIDITH, Jack R. & MANTEL, Samuel Jr. – Project Management In Pratice – J. Willey and Sons, New York, 2001.

- MERIDITH, Jack R. & MANTEL, Samuel Jr. Project – Management 3 – J. Willey and Sons, New York, 1997.

- PMBOK – Project Management Body of Knowledge – Project Management Institute, 2003

- VERZUH, Erich – MBA Fast Forward – J. Wiley & Sons, New York, 1999.

8 DECISÕES EM TECNOLOGIA

Oduvaldo Vendrametto

A condição humana tem como pressuposto a tomada de decisões. A decisão sábia não deve ser tomada no calor da emoção, sob pressão ou empolgação. Uma vasta bibliografia foi e continua sendo elaborada para orientar a decisão a ser tomada, fundamentada em análises matemáticas, teoremas, estatísticas, experiências e crenças.

Há decisões que são tomadas com relativas facilidades em função dos efeitos e conseqüências que podem produzir. Estas, normalmente, se circunscrevem a aspectos pessoais, os riscos de perdas ou prejuízos são relativos e não provocam interferências em outras pessoas ou no meio ambiente. Outras, entretanto, podem ser fatais. Um descuido, falta de percepção de algum detalhe ou negligência pode levar pessoas, empresas, governos ao fracasso.

Decisões que envolvem tecnologia nunca são pontuais. Por mais singelas que possam parecer, elas arrastam consigo conceitos, necessidades, aprendizado e interferências de diversas naturezas e de custos, quase sempre, significativos.

A primeira dificuldade que surge quando se trata de tecnologia é entender o seu conceito. A adoção de determinada tecnologia deve ser antecipada de um conjunto de requisitos que, se não for observado previamente, dificilmente trará os benefícios esperados.

O contexto deste capítulo foi dividido em duas sessões. Na primeira serão apresentados conceitos de tecnologia segundo uma visão acadêmica e uma comparação do histórico da política que orientou o desenvolvimento no Brasil e na Coréia do Sul, com objetivo de entender a dificuldade de estabelecer uma sistemática para o assunto. Na segunda sessão, pretende-se destacar, por meio de uma visão holística, os cuidados a serem tomados nas decisões sobre tecnologia.

8.1 O que é tecnologia?

O conceito de tecnologia não é de fácil entendimento. A preponderância dos efeitos e conseqüências provocados pela tecnologia obscurece o aspecto mais importante do conceito, que é o *conhecimento*. Aparentemente simples, esse vocábulo se constitui num verdadeiro divisor de águas entre os geradores e os usuários de tecnologia, *know how* e *know why*. Para os geradores, a palavra tecnologia está necessariamente associada a conhecimento. Conhecimento esse, não exclusivamente científico. Para grande parte dos usuários, tecnologia é uma máquina, um produto,

120 Qualidade e Competência nas Decisões

um processo. Esta visão parcial de tecnologia levará o usuário, no momento da escolha, a relevar certos aspectos do equipamento tecnológico como capacidade, robustez, precisão, e negligenciar outros que são tão fundamentais quanto aqueles, como adequação, recursos humanos qualificados, custos operacionais e de manutenção.

Grande parte da tecnologia conhecida teve sua origem ligada à ciência básica. O conhecimento da ciência básica antecede o conhecimento aplicado e há um variado intervalo de tempo entre esses dois eventos. O conhecimento aplicado, também chamado de *conhecimento de uso*, é o gerador de tecnologia e da inovação tecnológica.

Há controvérsias quanto a essa dependência do conhecimento aplicado, especialmente se a consideração for anterior ao século XVII e à Revolução Industrial. A propósito, Multhauf (1959) considera que, durante a maior parte da história da humanidade, as atividades práticas têm sido aperfeiçoadas por "melhoradores de tecnologia", os quais nada conheciam sobre ciência, "nem tampouco teriam obtido disso grande ajuda, caso conhecessem".

Esse panorama, entretanto, se modifica radicalmente com a "Segunda Revolução Industrial", no quarto final do século XIX, em que a física, a química e a biologia subsidiaram com conhecimentos o surgimento do gerador de energia elétrica, equipamentos e medicamentos, com melhorias significativas para o conforto e a saúde. Mesmo assim, deve-se reconhecer que, ao longo desse período até hoje, inúmeros desenvolvimentos tecnológicos ou inovações tecnológicas ocorreram sem uma participação decisiva da ciência. Os aperfeiçoamentos dos automóveis, bem como os aparelhos eletrônicos de consumo japoneses, evoluíram tecnologicamente por meio de pequenas mudanças incrementais no processo e no produto, em atendimento ao cliente e com objetivo de reduzir custos.

8.2 Ciência e tecnologia

O conflito entre ciência e tecnologia aparece de maneira mais explícita quando Franklin D. Roosevelt, em 1944, pressentindo o fim da Segunda Grande Guerra Mundial, pediu ao Diretor do Office of Scientific Research and Development – OSRD, Vannevar Bush, que estudasse o papel da ciência em tempo de paz e como garantir os investimentos em um tempo de paz diante dos questionamentos que iriam ocorrer (STOKES, 2005).

A erupção do conflito tinha como pano de fundo nos Estados Unidos os bilhões de dólares aplicados em pesquisas por conta da guerra que deveriam ter outra destinação com o seu término, caso não houvesse uma boa justificativa para a sua manutenção.

O relatório de Bush apresentava um conjunto de motivos, sendo o mais conhecido aquele que mais tarde foi chamado de *Guerra Fria*, caracterizado por um estado de permanente beligerância entre Estados Unidos e União Soviética. Para fundamentar

8. Decisões em Tecnologia   121

suas justificativas, Bush estabeleceu conceitos entre ciência e tecnologia, limites, dependências, que manteriam o país na liderança militar e econômica, em segurança, ao mesmo tempo em que criava produtos para o bem-estar social e a saúde. Embora o conceito não fosse plenamente aceito pela comunidade científica, seria por esta utilizado para nortear a busca de seus objetivos e recursos. São de Bush as afirmações, ainda hoje vistas no meio acadêmico como paradigmas: "*a pesquisa básica é realizada sem se pensar em fins práticos*" e "*a pesquisa aplicada invariavelmente expulsa a pesquisa pura se as duas forem misturadas*". Ele afirmava ainda que "*a pesquisa básica é precursora do progresso tecnológico*". Considerava que, se a pesquisa básica for mantida apropriadamente isolada de objetivos utilitários, ela prova ser poderosa geradora de progresso tecnológico, na medida em que descobertas da ciência básica forem, por meio da pesquisa aplicada, convertidos em inovações.

Constituem-se variações de nomenclatura para um mesmo tema ciência básica, pesquisa pura ou ainda pesquisa básica, e são entendidas como alicerce para uma pesquisa aplicada forte e consistente. A evidência desse fato é a preponderância da geração de tecnologias "difíceis" pelos países adiantados, decorrente da pesquisa básica de ponta que é por eles desenvolvida.

Os termos tecnologias "fáceis" e "difíceis" foram utilizados por Linsu Kim (2005) ao abordar a necessidade de aprendizado e aptidão para a inovação tecnológica em economias de industrialização recente. Para compreender a graduação entre tecnologias "fáceis" ou "difíceis", considere-se a comparação: tecnologias de construção de uma bicicleta, de um automóvel e de um avião. A do automóvel é mais "difícil" do que a da bicicleta e, por sua vez, a do avião mais "difícil" que a do automóvel. Esta comparação, apesar de simples, é um indicador de compctências que serve de parâmetro para separar países desenvolvidos daqueles em desenvolvimento. Enquanto os primeiros desenvolvem e exportam equipamentos de ressonância nuclear, sistemas coração-pulmão, robôs industriais ou medicinais, sistemas de comunicação e controle de alto desempenho, os segundos exportam produtos de baixíssimo valor agregado, utilizando-se de tecnologias "fáceis", as commodities. Portanto, a pesquisa básica forte é um dos requisitos para geração da pesquisa aplicada e converter conhecimentos em processos, produtos e informações "difíceis".

Os paradigmas de Bush tiveram extraordinário êxito conceitual; entretanto, sua proposta política não teve a mesma sorte. Mesmo assim, merecem menção as organizações que sucederam o OSRD, como a National Science Foundation – NSF, idealizada por Bush para promover a pesquisa básica e a pesquisa aplicada. A NSF não resistiu às pressões para a quebra de sua hegemonia e, em 1964, sofreu a primeira quebra da unidade, quando a responsabilidade pelas pesquisas nucleares se separou, sendo então criada a Comissão de Energia Atômica. Outras partes, por reivindicação do Departamento de Defesa, passaram para o Office of Naval Research; como pleito do antigo Comitê de Medicina da OSRD, transferiram-se os contratos de pesquisa da área de saúde para o National Institute of Health. Essas novas entidades, principalmente o Office of Naval Research, continuavam, por meio de convênios com as universidades, a apoiar intensivamente a pesquisa básica. A sobrevida da NSF,

122 Qualidade e Competência nas Decisões

seguidora dos paradigmas de Bush, veio, principalmente, de dois acontecimentos: a expectativa que a Guerra Fria pudesse se converter em conflito armado concreto, com as Guerras da Coréia e do Vietnã; e o sucesso do projeto russo Sputnik, que surpreendeu os americanos com a tecnologia de foguetes.

O golpe profundo aos paradigmas de Bush foi dado pelo Departamento de Estado quando propôs a Avaliação Retrospectiva de Projetos, constatando que "das várias centenas de eventos críticos no desenvolvimento de vinte sistemas de armamento, menos de 10% poderiam ser ligados à pesquisa de qualquer tipo, e menos de 1% a pesquisas básicas não dirigidas às necessidades de defesa" (STOKES, 2005).

Em favor da pesquisa pura dois acontecimentos eram então bastante visíveis. Um, havia inúmeras situações em que problemas da sociedade influenciavam a pesquisa básica, revelando assim não ser ela tão isenta da idéia de uso. Sobre a pesquisa pura são depositadas esperanças de obtenção de conhecimento que leve à cura do câncer, aids, etc., bem como fontes de alternativas de energia, redução do buraco na camada de ozônio e do efeito estufa. O outro consignado na crença popular de que a ciência pura pode trazer a solução para todos os problemas, desde que devidamente apoiada por recursos, conferiu à ciência ao longo do tempo um grande prestígio. O interessante é que esse comportamento da sociedade dos países avançados, em que há um volumoso aporte de recursos para a pesquisa pura, é também compartilhado pelos países pobres. Guardadas as devidas proporções, as reivindicações das universidades, locais em que se realizam tais pesquisas, são sempre apoiadas pela população sem exigência de qualquer contrapartida de resultados.

Sem que houvesse a estratificação dos conceitos que permitissem a fixação de fronteiras, outros arranjos surgiram nas últimas décadas ampliando a dificuldade de estabelecimento de um modelo que permitisse uma classificação da atividade de pesquisa com clareza.

Não sendo o foco deste trabalho atualizar a discussão filosófica que cerca o tema, mesmo com suas inúmeras influências nas definições de políticas e distribuição de recursos públicos, espera-se ter dado ao leitor a percepção das dificuldades de se estabelecer fronteiras entre esses conceitos.

Sintetizando, entre os inúmeros conceitos de tecnologia citem-se dois, que se complementam e consideramos adequados e ilustrativos. Um se deve ao Professor Waldimir Pirró e Longo que, já na década de 1970, preocupado com o desenvolvimento e a dependência tecnológica, produziu um trabalho sobre a transferência de tecnologia, formulando, na primeira parte, um verdadeiro glossário, com definições bastante pragmáticas de termos próprios do tema, como se vê a seguir:

Tecnologia é o conhecimento ordenado de todos os conhecimentos científicos, empíricos ou intuitivos, empregados na produção e comercialização de bens e serviços.

Ciência é o conjunto organizado dos conhecimentos relativos ao universo objetivo, envolvendo seus fenômenos naturais, ambientais e comportamentais.

8. Decisões em Tecnologia   123

Pesquisa fundamental *(pura, básica) é a pesquisa feita com objetivo de aumentar os conhecimentos científicos, sem qualquer aplicação prática em vista.*

Pesquisa aplicada *é a busca de novos conhecimentos científicos ou não, que ofereçam soluções a problemas objetivos, previamente definidos (LONGO, 1975).*

O outro conceito se deve a Sábato e Mackenzie, também na década de 1970, que estudaram a tecnologia sobre diversos focos, como dependência, transferência, pacote, geração e aplicação na estrutura produtiva. Considerada a dificuldade de um conceito completo, sintético, estes autores, o fazem na forma de características da tecnologia.

*A tecnologia não é uma máquina, ou um diagrama, ou uma receita, ou um programa de computador, ou uma fórmula, ou uma patente, ou um desenho. É muito mais que isto. Incorporada como em uma fábrica completa, desmembrada, como em um grupo de projetos (ou em uma combinação conveniente dos dois tipos), tecnologia é um pacote de conhecimentos organizados de diferentes tipos (científico, empírico, etc.) provenientes de várias fontes (descobertas científicas, outras tecnologias, patentes, livros, manuais, etc.), através de diferentes métodos (pesquisa, desenvolvimento, adaptação, reprodução, espionagem, especialistas, etc.). (*SABATO & MACKENZIE, 1979)

8.3   Inovação tecnológica

A discussão, até certo ponto escolástica, que se faz na busca da conceituação de tecnologia vem sendo superada por arranjos produtivos com amplos resultados econômicos, aos quais se atribui o sucesso à inovação tecnológica.

Em pesquisa realizada pelo IBGE para levantar índices de inovação tecnológica nas empresas brasileiras, denominado PINTEC – Pesquisa Industrial – Inovação Tecnológica 2000, destacam-se alguns conceitos de inovação tecnológica:

*A **inovação tecnológica** é definida na PINTEC, seguindo a recomendação internacional, pela implementação de produtos (bens ou serviços) ou processos tecnologicamente novos ou substancialmente aprimorados. A implementação da inovação ocorre quando o produto é introduzido no mercado ou o processo passa a ser operado pela empresa. A inovação tecnológica refere-se a **produto** e/ou **processo** novo (ou substancialmente aprimorado) para a empresa, não sendo, necessariamente, novo para o mercado/setor de atuação, podendo ter sido desenvolvida pela empresa ou por outra empresa/instituição.*

Produto tecnologicamente novo *é aquele cujas características fundamentais (especificações técnicas, usos pretendidos, software ou outro componente imaterial incorporado) diferem significativamente de todos os produtos previamente produzidos pela empresa. A **inovação de produto** também pode ser progressiva, através de um significativo aperfeiçoamento tecnológico de produto previamente existente, cujo desempenho foi substancialmente aumentado ou aprimorado. Um produto simples pode ser aperfeiçoado (no sentido de obter um melhor desempenho ou um menor custo) através da utilização de matérias-primas ou componentes de maior rendimento. Um produto complexo, com vários componentes ou subsistemas integrados, pode ser aperfeiçoado via mudanças parciais em um dos seus componentes ou subsistemas.*

Inovação tecnológica de processo *refere-se a processo tecnologicamente novo ou substancialmente aprimorado, que envolve a introdução de tecnologia de produção nova ou significativamente aperfeiçoada, assim como de métodos novos ou substancialmente aprimorados de manuseio e entrega de produtos (acondicionamento e preservação). Estes novos métodos podem envolver mudanças nas máquinas e equipamentos e/ou na organização produtiva (desde que acompanhada de mudanças no processo técnico de transformação do produto). O resultado da adoção de processo tecnologicamente novo ou substancialmente aprimorado deve ser significativo em termos do nível e da qualidade do produto ou dos custos de produção e entrega.*

Em relação à diversidade de opiniões, elas são caracterizadas por visões idiossincrásicas, de filósofos, economistas, empresários, acadêmicos, políticos, algumas até românticas. PLONSKI (2005), de maneira pragmática, faz algumas críticas a essas visões e destaca a inovação do processo:

O entendimento mais abrangente da inovação é como processo. O foco deixa de recair sobre as façanhas e seus efeitos, passando a privilegiar atitudes, comportamentos e políticas que ensejam à empresa, organização, região, segmento da sociedade ou nação uma capacidade dinâmica de mudança que melhora sua capacidade de responder criativamente a desafios e alcançar seus objetivos estratégicos.

Olhando a inovação tecnológica por outro prisma, como resultado, encontram-se comportamentos e procedimentos que propiciaram um alto desenvolvimento tecnológico, principalmente nos países orientais. O interessante é que, em um período extremamente curto, transcorreu uma revolução em que o sucesso contrariou diversos paradigmas. Tratava-se de países, que, na década de 1950, ostentavam alto índice de analfabetos, sem tradições, política e social conflitantes. É inegável o apoio que os Estados Unidos deram a esses países em decorrência da Guerra Fria, como o Plano Marshal para o Japão, o apoio à Coréia do Sul após a guerra entre as duas Coréias em que o país ficou dividido após a Grande Guerra, e a Taiwan, ameaçada de incorporação pela China continental. Facilitado o aspecto referente ao investimento, restava superar o anacronismo da infra-estrutura, da formação educacional, gerar competências para mudar de uma economia basicamente rural para a industrial. O assombroso dessa revolução que se operou em três e quatro décadas foi a simulta-neidade com que os processos evoluíram. Cumpriu-se um programa de formação de recursos humanos, com a quase eliminação do analfabetismo, ao mesmo tempo em que se criou um importante sistema de aprendizado para o desenvolvimento e inova-ção tecnológicos. Os procedimentos para a formação dessa base de conhecimentos orientados para o desenvolvimento tecnológico industrial recebem diversas conota-ções pelos estudiosos, como aprendizado, imitação, cópia, "clonagem", engenharia reversa, entre outras, muitas delas questionáveis devido a aspectos éticos e desres-peitos a direitos de descoberta ou invenção (patentes). Entretanto, enquanto per-manece a dúvida ou discussão sobre direitos e responsabilidades, observe o Quadro 8.1, onde se faz uma comparação entre a Coréia do Sul e o Brasil. Essa comparação se torna interessante ao mostrar que as condições de partida, na década de 1950, são bastante parecidas. A identificação pelos coreanos dos pilares que sustentariam um desenvolvimento autônomo, como a educação de base qualificada e o privilégio para a formação de técnicos e engenheiros, favoreceu o aprendizado do desenvolvi-mento tecnológico a partir da engenharia reversa e a gestão dos negócios. A adoção de uma política industrial em favor de grandes conglomerados nacionais ao invés de favorecer o ingresso de grandes empresas multinacionais, como fez o Brasil, foi outro diferencial importante na caminhada dos dois países. Ao longo desses 50 anos de comparação, houve também semelhanças quanto ao regime político de exceção, gol-pes, pelo menos até 1980, repressão a trabalhadores, acusações de corrupção institu-cionalizada. Os indicadores mostram que a Coréia do Sul foi muito mais eficiente.

Quadro 8.1 – Comparação Coréia do Sul e Brasil – PIB e exportações – 1960 e 2004

Valores em bilhões de dólares			
Ano	Indicador	Coréia do Sul	Brasil
1960	PIB	1,9	17,1
	Exportações	0,033	1,3
2004	PIB	925,1	604,0
	Exportações	250,6	96,5

Fonte: MDIC/SECEX.

O ponto realmente forte do processo que levou a Coréia do Sul ao longo surto de desenvolvimento foi o aprendizado. Do provável processo inicial, fundamentado na

126 Qualidade e Competência nas Decisões

cópia ou mesmo clonagem de produtos, evoluiu para a inovação, geração de novos produtos, com todos os requintes de modernidade e exigências do mercado. Outras comparações entre Brasil e Coréia do Sul são apresentadas em 8.9.4.

8.4 Um pouco da nossa história

8.4.1 A tecnologia nos países emergentes

Após a Segunda Grande Guerra, a diferença entre as economias do Leste Asiático e da América Latina não era grande, com certa vantagem para as do Ocidente, que não tiveram marcas tão profundas do conflito mundial. Tratava-se de economias de base agrícola e bastante dependentes dos manufaturados importados dos países centrais, com profundos déficits de infra-estrutura e educação.

Na América Latina, Brasil, Argentina e México adotaram políticas assemelhadas para promover o desenvolvimento industrial. No Brasil tornou-se conhecida a *política industrial de substituição de importações*. Essa política, que tinha como principal objeto gerar competências nacionais propunha que o Estado atendesse a criação de infra-estrutura, como a geração de energia elétrica, sistemas de comunicação e transportes, abastecimento de água e a produção de ferro e aço. O ferro e aço, tidos como fundamentais e propulsores do desenvolvimento, haviam levado à implantação da CSN – Companhia Siderúrgica Nacional, em 1948, após uma promessa de Vargas em 1931, que afirmara em um discurso em Belo Horizonte: "... *o problema máximo, pode dizer-se, básico de nossa economia, é o siderúrgico. Para o Brasil a idade do ferro marcará o período de sua opulência econômica*". (AZEVEDO & ZAGO, 1989). Entretanto, para se consumar esse importante aporte de infra-estrutura, teve-se que vencer enormes percalços pela falta de tecnologia e capital indispensável para o empreendimento. Negociações com a Krupp alemã e com a United Steel americana, o início da Segunda Grande Guerra Mundial e pressões políticas levaram à opção pela United. Esta, por sua vez, com o conflito mundial em pleno andamento, usou de toda má vontade para cumprir os contratos com o Brasil, atrasando as exportações, que só possibilitaram a inauguração da CSN em 1948. Este foi um primeiro passo, que facilitaria o caminho para a política de substituição de importações, mas ao mesmo tempo um indicador para dificuldades que deveriam ser superadas naquilo que dependesse de insumos dos países centrais para compor a infra-estrutura tecnológica. A iniciativa privada, por sua vez, deveria, com empresários empreendedores e com apoios financeiros e legais, desenvolver um aprendizado que possibilitasse criar produtos e serviços que satisfizessem a demanda interna da sociedade. Dessa forma, reduzir-se-ia a dependência de importações e se facilitaria o surgimento duma classe de empresários que promovesse o desenvolvimento industrial e, com ele, o crescimento econômico. Operavam-se na América Latina pressupostos de cooperação ao desenvolvimento diferentes daqueles do Leste Asiático. Lá, a destruição causada pela guerra e as motivações da Guerra Fria apresentavam interesse estratégico ao sistema bipolar

8. Decisões em Tecnologia   127

de poder da época. Na América Latina, firmara-se o conceito de tratar-se de economia primária, baseada na extração mineral e produção agrícola. Isto em função da abundância de terras, clima favorável e disponibilidade de minérios, principalmente metais.

A história do Brasil-colônia, com a cana-de-açúcar e o algodão, a borracha e o café, no Império e na República, criou uma sólida elite agrícola, adepta intransigente da permanência do país na economia primária. Essa elite oligarca, formada muito antes da Segunda Grande Guerra, com poderes político e econômico, beneficiava-se dos avanços técnicos e tecnológicos por meio de importações. Extremamente hábil e poderosa, essa oligarquia aparentemente cedia diante das pressões populares e manipulava para que as mudanças propostas deixassem tudo da mesma forma e o seu *statu quo* ficasse mantido. Assim, permitiu que Irineu Evangelista de Souza, Barão de Mauá, incursionasse numa proposta de industrialização e, quando seu crescimento passou a ser ameaça, foi devidamente golpeado por leis aprovadas pelo Parlamento que abriam concessões dos serviços que ele prestava, além de criar formas de onerar a produção de suas indústrias. Aceitou a substituição do Império pela República e manteve o poder, tolerou a proclamação da liberdade ao negro sem nenhuma compensação, fazendo com que, de fato, sua situação de escravo se mantivesse. A substituição da mão-de-obra na agricultura do negro pelo italiano, no final do século XIX, facilitou a perpetuação do domínio da classe agrícola. O efeito dessa política agrária, aliada a outras, iria protelar o desenvolvimento industrial, e o Brasil passou a fazer parte do grupo chamado de *"países tardiamente industrializados"*, ou, usando um eufemismo elegante, *"economias de industrialização recente"*. Este atraso de ingresso na economia industrial trazia consequências de difícil superação, como qualificação e aprendizado tecnológico para atividades de transformação, competência para compra de tecnologia adequada ou apropriada, dependência e submissão.

Nesta época, final do século XIX, o mundo fervilhava em plena segunda revolução industrial, com os geradores de energia elétrica, o uso intensivo do ferro e do aço, os avanços da química em aplicações industriais e para fabricação de medicamento. Máquinas e produtos tornavam a vida mais confortável e saudável. Surgiram o automóvel e a aspirina.

Timidamente, no Brasil, são dados tardiamente os primeiros passos rumo à industrialização. Esse processo era totalmente dependente de equipamentos e de tecnologias externas: teares, sistemas de esmagamento de grãos, embalagens, etc. Inicia-se então, no começo do século XX e com relativo atraso, um processo de produção industrial pouquíssimo exigente em termos de conhecimento para operação. Enraizado na economia agrícola e de extração, não houve uma política de geração de competências para que se reduzisse a defasagem ou dependência dos países industrializados. Não houve uma preocupação com a aprendizagem, apenas com a operação e, assim mesmo, deficiente.

128 Qualidade e Competência nas Decisões

8.4.2 Paralelo 38

Recentemente, a literatura econômica decidiu prestigiar o termo *países emergentes*. São classificados assim países que evoluíram para a economia secundária, apresentando uma produção industrial com participação no mercado mundial, e tiveram um crescimento no seu PIB. Anteriormente eram chamados de paises *em desenvolvimento*. Essa classificação, embora não seja motivo de orgulho, é sem dúvida uma posição melhor que a de *país do terceiro mundo* ou *subdesenvolvido*. Em contrapartida, encontram-se os *paises centrais* ou *do primeiro mundo* ou *desenvolvidos*. São países ricos, de economia e poder político estáveis, detentores e desenvolvedores de tecnologias avançadas.

Ao terminar a Segunda Grande Mundial, Brasil e Coréia eram classificados como países de terceiro mundo. O Brasil, fornecedor de produtos primários, ostentava índices significativos de analfabetismo e miséria. A Coréia, sob domínio do Japão, conseguira sua liberdade graças à derrota daquele país na Guerra. Ainda sem que se conseguisse eliminar as chagas do domínio colonial, surge a Guerra Fria, disputa de poder entre Estados Unidos e União Soviética, que promove a divisão do país em dois: Coréia do Norte e Coréia do Sul, tendo como fronteira de separação entre os dois países o Paralelo 38. Em 1950, eclode a guerra fratricida entre as duas Coréias, tendo como patrocinadores os dois centros de poder mundial: Estados Unidos e União Soviética. Esta guerra terminaria só em 1953, tendo produzido cicatrizes profundas no orgulho nacional coreano com a morte de mais de um milhão de soldados e lesões na economia e infra-estrutura do país.

8.4.3 Coréia do Sul, a vencedora

Como foi que a Coréia e as empresas coreanas conseguiram alcançar tal crescimento no setor industrial em apenas três décadas? Quais fatores que a levaram a isso? Por que a maioria dos países em desenvolvimento não fizeram grandes progressos nas suas tentativas de industrialização?

A sofrida Coréia parece ter enxergado com profundidade que o vetor para promover o desenvolvimento estava na aprendizagem tecnológica. Estabeleceu como vontade nacional e necessidade para um país, arrasado por um domínio colonial, uma guerra intestina e um território dividido, sem estrutura agrária e com subsolo pobre, que, para sobreviver e avançar, só dispunha de uma porta – a do porto. A única alternativa estava em ter uma indústria pujante, que possibilitasse transformar matérias-primas em produtos competitivos e exportá-los. Para isso, entretanto, era preciso vencer uma longa e complexa caminhada. Os fatores para orientar os esforços nesse sentido eram os mais adversos possíveis. Para uma proposta de desenvolvimento baseada na produção competitiva, em que o conhecimento é fundamental, em 1953, com o término da guerra, a Coréia do Sul apresentava um quadro desalentador. 78% dos 21,5 milhões de habitantes eram analfabetos, e havia necessidade de reconstruir o país, devido aos efeitos da guerra, embora sem capital para investimentos.

8.4.4 O incrível paralelo

Neste ponto, tendo como marco o início da década de 50, é interessante estabelecer um outro paralelo entre a forma como o Brasil e Coréia do Sul procuraram desenvolver-se tecnológica e economicamente. Há um paralelismo histórico incrível, que chamou a atenção durante a pesquisa, e por isso será compartilhado com o leitor, conforme mostrado no Quadro 8.2. Este quadro foi inspirado em Masiero (2000), que, em artigo específico, apresenta longo e detalhado estudo com as diversas características da Coréia do Sul, quanto a índole do povo, religião, nacionalismo patriótico, propostas de políticas industriais e de desenvolvimento, acompanhado de tabelas que, em seqüência histórica, mostram sob diversos aspectos a evolução referente à política, economia, tecnologia, desenvolvimento humano, entre outros.

Quadro 8.2 – Comparação entre Brasil e Coréia do Sul

Brasil	Coréia do Sul
1951 - Posse de Getúlio Vargas, presidente da república. Promove acordos com a Comissão Mista Brasil Estados Unidos, com financiamento pelo Eximbank Americano e Banco Mundial de 500 milhões de dólares para infra-estrutura (energia, portos, estradas). Eisenhower, eleito em 1952, muda a prioridade para o combate ao comunismo, e cessa o fluxo de financiamento. A crise leva Getúlio a replanejar o governo para uma política desenvolvimentista autônoma. Cria a Petrobrás, BNDE e INCRA. 1954 – Getúlio Vargas suicida-se, não resistindo a protestos da oposição, pressão pelos atrasos ao pagamento dos financiamentos e acusações de corrupção. **% de analfabetos : 50,50% (1950)** **PIB: 15 bilhões de dólares** 1955 – Depois de muitas dúvidas, toma posse da Presidência da República Juscelino Kubstschek, garantido pelo comandante do Exército Gal. Lott. Retoma, então, a política de desenvolvimento baseado em financiamentos externos, promovendo o início do endividamento e a industrialização exógena com a instalação de grandes empresas multinacionais.	1948 - A Coréia do Sul é transformada em país independente e assume a presidência o líder nacionalista Syngman Rhee. 1950 - Início da Guerra Coreana, com a invasão pela Coréia do Norte ultrapassando o Paralelo 38. 1953 – Termina a Guerra da Coréia e Rhee é mantido no poder até 1960, quando renuncia em meio a protestos e acusações de corrupção. No contexto do pós-guerra a Coréia estava completamente debilitada. Seu sistema produtivo fora substantivamente destruído, a população abatida e desmotivada amargava as dores da quantidade de mortos provocados pela guerra. Rhee não conseguiu unificar o país, instaurou um regime autoritário e policial e, graças ao apoio dos Estados Unidos, criou os fundamentos do espetacular desenvolvimento econômico da Coréia do Sul. Houve um empenho a favor da alfabetização, mesmo de qualidade duvidosa, que reduziu nesse curto período em mais de 50% os índices de analfabetos. Nesse período, a Coréia do Sul recebeu inestimável aprendizado dos militares americanos, quanto a organização, tecnologia e administração industrial.

Brasil	Coréia do Sul
Não houve uma política efetiva de transferência de tecnologia e nem de formar competências. A reboque dessas empresas, cresceu marginalmente um setor de autopeças, ajudado em parte, pela política de substituição de importações. Entretanto, este setor só foi ganhar notoriedade na década de oitenta, pelo fato de ter se aproveitado de reserva de mercado e com esse apoio institucional, ser competitiva. Utilizou para seu desenvolvimento do expediente de licenciamentos ou simplesmente da cópia de produtos estrangeiros. Não desenvolveu a pesquisa e o aprendizado para evoluir para produtos inovados e autônomos. Juscelino deixa para o seu sucessor o vencimento de uma dívida externa difícil de ser honrada. 1961 – Posse e renúncia de Jânio Quadros depois de 8 meses sob intensa crise econômica e com o Parlamento. Depois de um período conturbado, é dada posse ao vice-presidente João Goulart, que é derrubado por um golpe militar em 1964. 1964 – Os militares impõem a ditadura, dissolvendo os partidos políticos, e estabelecem uma Junta Militar de Governo, encabeçada pelo General Castelo Branco. A ditadura que se implantou com objetivo de impedir os avanços da esquerda, retomou os planos da Comissão Mista e procurou financiamentos externos para promover o desenvolvimento. Não havia efetivamente uma proposta política de longo prazo. A falta ou opção pelo desenvolvimento dependente de capital e tecnologia exógenos não induziu o aprendizado e nem a geração de empresas brasileiras, em diversos setores, principal-mente a automobilística que seria no futuro o carro-chefe da economia. **% de analfabetos: 39,7% (1960)** **Exportações: 1,43 bilhões de dólares (1964)** **PIB 17,2 bilhões de dólares (1960)**	Muitos funcionários e universitários tiveram treinamento no exterior, principalmente nos EUA. Tal qual os países subdesenvolvidos, Rhee, acusado de corrupção, foi destituído do poder por meio de golpe militar. As crises de Estado observadas no Brasil, só se diferenciarão das coreanas na forma, mas guardaram semelhanças nas ocorrências. A vantagem da Coréia parece ter sido o estabelecimento de uma política de desenvolvimento, baseada na educação (aprendizado tecnológico) e industrial, mantida nas diversas sucessões de governo. **% de analfabetos: 78% (1953)** **PIB: 1,4 bilhões de dólares** 1961 – Sucessor de Rhee, Chang Myon é derrubado em maio de 1961, em um golpe militar liderado pelo general Park Chung Hee. Após um período conturbado no poder, é confirmado no cargo por eleições sob acusação de fraude. O sucesso econômico do país se deve a um sistema de laços íntimos desenvolvidos entre o governo e a iniciativa privada, que inclui crédito facilitado, restrição a importações, subsídios a determinados setores e incentivo ao trabalho. Em 1968, a Hyunday formou contrato com a Ford, em que ela se responsabilizava pela montagem de um modelo. A Ford transferiu para a Hyunday pacotes de tecnologia com plantas, especificações técnicas e manuais de produção, além de treinamento de engenheiros e conhecimentos de planejamento, compras, engenharia de produção, engenharia de processos, administração, soldagem, pintura, etc. O governo praticou reformas econômicas com ênfase na exportação e desenvolvimento de indústrias leves. Promoveu um processo intensivo de educação. **% de analfabetos: 27,9% (1960)** **PIB: 1,9 bilhões de dólares**

8. Decisões em Tecnologia   131

Brasil	Coréia do Sul
1968 – O sucessor de Castelo Branco, General Costa e Silva, baixa o ato institucional AI 5, fecha o Congresso e reduz os direitos civis. O país aproveita a grande liquidez econômica internacional para obter recursos financeiros, fazendo com que o crescimento econômico fosse significativo, dando um aparente estado de bem-estar. Os governos militares se sucedem, investem em infra-estrutura, como hidrelétricas, comunicação, siderurgia, estra-das, sem buscar um desenvolvimento autô-nomo para criar produtos, gerar conhecimentos e reduzir a dependência. Os fundamentos do desenvolvimento estavam baseados no financiamento externo e dependência tecnológica. A política de substituição de importações, mal controlada, possibilitou o aparecimento de fabricantes nacionais de componentes, como fornecedores de empresas estrangeiras, com baixo aprendizado e muita imitação. Essa política levou empresários nacionais a enriquecerem velozmente, amparados pela proteção de mercado e como fornecedores de empresas estrangeiras, sem nenhum outro compromisso de aprendizado e desenvolvimento de novos e melhores produtos. Embora houvesse dentro das empresas montadoras desenvolvimentos de competências, até mesmo para projeto de veículos, de peças e componentes, os direitos de descoberta e patentes eram registrados na sede das empresas estrangeiras, sendo sua produção autorizada aqui mediante pagamento de royalties. Assim, não houve o desenvolvimento de nenhuma indústria montadora de automóveis brasileira. Duas tentativas, a Presidente e a Gurgel, não sobreviveram. **% de analfabetos: 33,6% (1970)** **Exportações: 2,74 bilhões de dólares** **PIB 42,3 bilhões de dólares (1970)**	1972 – Hee instaura a ditadura militar, fecha o Parlamento e dissolve os partidos de oposição. O país experimenta expressivo crescimento econômico e começa a destinar recursos para as indústrias pesadas, químicas, eletrônicas e de automóveis. Embora obtivesse financiamento externo, promove um desenvolvimento autônomo baseado na competência de seus recursos humanos, que passavam por uma verdadeira revolução educacional. Promove eficazmente o aprendizado tecnológico para dar suporte ao desenvolvimento com a capacidade de gerar produtos novos e competitivos. Em 1973, o governo determinou à Hyunday, Kia e Daewoo que desenvolvesse um veículo nacional, dando-lhes algumas especificações e que estivesse no mercado em 1975. A Hyunday e Kia propuseram a criação do Pony e do Brisa, respectivamente. Receberam por parte do Governo todo tipo de apoio, desde financiamento, facilidades de treinamento e aprendizagem, com a ida de engenheiros para o exterior e a contratação de empresas que pudessem apoiar pontos fracos que inviabilizariam o cumprimento da meta. Note-se que todas as empresas eram coreanas. O histórico da Hyunday, que, de montadora de veículos com peças e componentes estrangeiros, havia estabelecido planos de nacionalização desses insumos, com a redução paulatina de importações, propôs o Pony com 90% de nacionalização. A Daewoo, que havia feito contratos e joint ventures com a GM diferentes daqueles feitos entre a Ford e Hyunday, teve dificuldades para desenvolver o produto solicitado pelo governo. **% de analfabetos: 10,6% (1970)** **PIB: 8,1 bilhões de dólares**

132 Qualidade e Competência nas Decisões

Brasil	Coréia do Sul
1979 – Diante de uma crise econômica brutal, inicia-se o último governo militar para a transição do poder aos civis. Neste governo, que vai até 1985, o país consegue pagar as dívidas externas, as importações de petróleo são proibidas e o PIB passa a ser negativo. O poder é devolvido aos civis, diante de uma violenta crise econômica, com endividamento externo "impagável" e com um parque industrial exógeno, tecnologicamente defasado e sem capital humano preparado para o enfrentamento altamente competitivo de mercado. Neste período, algumas empresas multinacionais, entre elas as automobilísticas, se tornaram tão poderosas quanto o governo, desafiando movimentos econômicos que tinham como propósito o controle de inflação por meio de tabelamento de produtos. 1985 – O poder é devolvido aos civis e toma posse José Sarney, que havia apoiado a ditadura. A crise econômica assume proporções de descontrole e em 1987 é decretada a moratória ao pagamento das dívidas externas. **% de analfabetos: 25,5% (1980)** **Exportações: 20,13 bilhões de dólares** **PIB 237,3 bilhões de dólares (1980)**	1980 - A agitação civil domina a política, até que os protestos tiveram sucesso em derrubar a ditadura e instalar uma forma de governo mais democrática. Nesta década e na seguinte, a Coréia do Sul continua sua expansão industrial, assombrando o mundo com produtos altamente competitivos, com uma população escolarizada e com excepcional capacidade de aprendizado e bem estar. A política industrial de privilegiar e promover os grandes conglomerados nacionais, muito questionados, não levou ao descuido quanto á distribuição de renda. Ainda de acordo com Song (1997), enquanto na Coréia do Sul os 20% de menor e os 20% de maior renda consumiam respectivamente 7,5% e 39,2%, no Brasil, os respectivos valores eram de 2,1% e 67,3%. Enquanto a Coréia do Sul, ao longo de seu processo de industrialização, ampliou as igualdades de renda, sendo um dos países de melhor distribuição de renda do mundo, o Brasil, ao contrário, tem não só ampliado essas diferenças ao longo de seu processo de industrialização como também mantido taxas de crescimento populacional mais elevadas. **% de analfabetos: inferior a 1%** **PIB: 60,6 bilhões de dólares**

Fontes: IBGE. Censos Demográficos e Contagem da População 1996. PNAD 1997.

Observe-se que, em 2004, o PIB do Brasil era 640,0 e o da Coréia do Sul, 925,1 milhões de dólares, como mostrado no Quadro 8.1.

De maneira geral, o brasileiro não foi preparado para desenvolver tecnologia. O conjunto de requisitos exigidos, que começa pela escolaridade de qualidade e estímulo para a formação na área das engenharias, não se constituiu em preocupação dos responsáveis pela educação nacional. As diversas políticas industriais formuladas não incluíram o aprendizado tecnológico, como fizeram Japão e Coréia a partir da engenharia reversa. A grande oportunidade de aprendizado oferecida pela política de substituição de importações não foi apresentada para inovar e criar. Limitou-se a habilitar técnicos para reproduzir produtos. Os raros centros de desenvolvimento tecnológico da década de oitenta conseguiram alguns avanços e chegaram a ter produtos internacionalmente reconhecidos. Entretanto, a política de economia de mercado globalizada possibilitou que quase todas as empresas do setor metal-mecânico fossem adquiridas por estrangeiros, que imediatamente desativaram esses centros de pesquisa. A falta de políticas industriais consistentes está transformando o país em base para reprodução de produtos mundiais, com projetos e tecnologias estrangeiras.

8.5   Pressupostos para a tomada de decisão

Há uma máxima que diz: "Quem não desenvolve tecnologia não sabe comprar tecnologia".

Nos países adiantados, que desenvolvem e exportam tecnologias, a apropriação dos conhecimentos de novas tecnologias ocorre em um período muito menor do que nos países emergentes. Os novos produtos e inovações tecnológicas chegam rapidamente às escolas, laboratórios, escritórios e fábricas. Essa difusão rápida da tecnologia e a absorção cultural ocorrem de maneira cíclica, de forma que o próximo ciclo se inicia num estágio mais elevado que o anterior. O tempo demandado para um novo ciclo possibilita que essa tecnologia seja absorvida e aculturada. Este estado permanente de *up grade* propicia um aprendizado e um conhecimento que embasa e facilita as decisões sobre novas tecnologias ou inovações tecnológicas.

O histórico tímido de desenvolvimento tecnológico brasileiro, que, de maneira geral, tem colocado o país como consumidor, e mesmo assim, para uma pequena parcela da população e das empresas, não facilitou o aprendizado. Também não gerou mecanismos de apoio, instrumentalizados em parcerias com universidades e institutos de pesquisa que pudessem manter um acervo sólido de pesquisa para inovação tecnológica. Os antigos centros de desenvolvimento tecnológico das empresas, reduto de conhecimento e atualização, pelo menos em seus nichos de atuação, que se constituíam em fonte de orientação, foram desativados pela forte aquisição das empresas que os mantinham por empresas estrangeiras. Portanto, a decisão para atualização, inovação e mesmo mudança tecnológica fica na disposição e conhecimento do interessado em consultar catálogos, consultores independentes, visitar feiras. Excluem-se, é evidente, desse grupo empresas, nacionais e estrangeiras, que dispõem de planejamento, estruturas e relacionamentos com fornecedores e programas e que tomam decisões de longo prazo.

As decisões em tecnologia, normalmente implicam alto custo e, por isso, requerem extraordinários cuidados para redução de riscos. Além dos equipamentos que exigem altos investimentos, quase sempre trazem a reboque necessidades de mudança nas instalações, treinamento ou mesmo substituição do pessoal de operação, alteração do arranjo da produção, troca de fornecedores, entre outras adaptações.

A tomada de decisão em tecnologia deve ser precedida de um conjunto de acontecimentos. Os ambientes em que as decisões são tomadas são os mais diversos.

134 Qualidade e Competência nas Decisões

Naqueles de caráter pessoal, em que o indivíduo conhece suas necessidades, seus recursos e disponibilidades financeiras, mas não a tecnologia que melhor pode atendê-lo, deve-se seguir um ritual de pesquisa, para reduzir o risco de sua iniciativa. O acerto na decisão de adquirir ou implementar determinada tecnologia poderá atender parcial ou plenamente suas necessidades. O sucesso ou fracasso da decisão terá repercussão dentro dos contornos da individualidade, portanto, restrito e limitado. Entretanto, no caso de empresas que possuem muitas instalações, empregados, clientes, fornecedores e outros relacionamentos, a decisão é ainda mais complexa e muitas variáveis precisam ser analisadas. Neste caso, aspectos de longo prazo, aderentes à filosofia e cultura da empresa, precisam ser sopesados *a priori*, antes de uma decisão. Há tecnologias que, quando adotadas, engessam e submetem a empresa a seus fornecedores, dos quais se torna cativa. O erro de uma decisão pode trazer conseqüências desde a acumulação de uma sucata nobre ocupando espaço até o endividamento, perda de capacidade e competências.

A compra de tecnologia, neste caso, peca pela infidelidade ao conceito. O usuário está adquirindo efetivamente um produto tecnológico. Na imensa maioria dos casos, o único conhecimento que o comprador recebe do fornecedor de "tecnologia" é um manual de operação. Portanto, essa visão de tecnologia como produto dá ao adquirente a liberdade de investigar entre as ofertas aquela que melhor atende suas necessidades e objetivos. O primeiro e fundamental exercício é ter com total clareza a dimensão da necessidade. Só depois de tipificada, qualificada e quantificada, é que o processo de busca deve ser iniciado, por meio de catálogos, nunca por consulta direta a fornecedores. Mesmo assim, esse trabalho é árduo e sujeito a riscos.

Para diminuir os riscos de uma decisão comprometedora, sugere-se um conjunto de ações paradigmáticas que podem melhorar as condições de escolha, conforme apresentado a seguir.

8.6 Paradigmas para decisão em tecnologia

1) Identificar a necessidade com muita clareza

A necessidade nem sempre é objetiva, como se espera e se deseja. Aspectos de natureza emocional como gosto, orgulho, otimismo e outros não podem ser desprezados num processo de opções. Veja-se o caso de um vendedor de varejo que necessita de uma calculadora para realizar as quatro operações básicas. Por falta de orientação, é influenciado pelas técnicas de venda e de marketing e convencido por um vendedor a levar uma calculadora que dispõe de funções trigonométricas, hiperbólicas, logarítmicas, juros compostos, etc. Não só teve um dispêndio financeiro muito acima do que precisava, como irá ter dificuldades de operação para aquilo que habitualmente usa. O não-cumprimento do paradigma em tela pode ter conseqüências cruéis quando a decisão é tomada de maneira precipitada e implica investimentos de porte em relação à empresa.

Outro exemplo, que conhecemos, é o de um empresário médio do setor agrícola que dispunha de uma colheitadeira, com a qual fazia o serviço de sua propriedade e prestava serviço aos vizinhos. O pagamento pelo serviço era uma fração do produto colhido. Com isso expandia seu agronegócio para o setor comercial como fornecedor de cereais. Tendo recebido a oferta para comprar uma colheitadeira nova, de um programa feito por um banco junto com um fabricante, esse proprietário sentiu-se atraído pela proposta e comprou a nova máquina, com uma carência de dois anos para início de pagamento. Como garantia da compra deu sua propriedade. A nova máquina tinha um custo operacional muito superior à anterior e sua capacidade de trabalho só se justificava para volumes significativos. Poucos eram os produtores da região onde ele atuava que tinham a densidade de colheita que permitia o uso do novo equipamento. Além do mais, o histórico dos produtores agrícolas da região mostrava grande rotatividade em função das oportunidades de mercado. Dificilmente o mesmo produto era plantado nas mesmas proporções por anos seguidos. Era comum um plantio de soja ser mudado para arroz e, em seguida, ser transformado em pasto. Alguns anos depois, sem conseguir pagar as parcelas normais, acrescidas de juros e outras taxas, esse empresário perdeu para o agente financeiro a colheitadeira e parte da sua propriedade. Hoje, decorridos pouco mais de dez anos, esse empresário arrenda sua pequena propriedade para uma empresa sucro-alcooleira plantar cana.

2) Analisar com muita isenção o benefício/custo

A adoção de uma nova tecnologia, ou mesmo uma inovação, não pode ser vista apenas do lado do benefício que os catálogos e vendedores costumam afirmar. A nova tecnologia sempre vem acompanhada da exigência de configurações que podem ter custo razoável, alem da própria tecnologia. Dependendo da mudança tecnológica, é necessário adaptar ou construir espaços físicos, com reforço de estrutura, controle de temperatura e umidade, reforço de energia elétrica e água, treinamento e qualificação de pessoal especializado (com salários acima da média), serviço de manutenção, etc.

As grandes empresas, quando fazem mudanças radicais de tecnologia ou inovação, adotam as recomendações de Schumpeter (1988), que se refere à inovação como independente da estrutura antiga e, se colocada ao lado desta, altera de tal modo as condições do ambiente que acaba por eliminá-la. Ou seja, a mudança é paulatina. A nova tecnologia vai substituindo a antiga por etapas, na medida em que vai sendo aplicada, testada e verificada a segurança de seu funcionamento. No caso de empresas estrangeiras, muitas vezes a mudança tecnológica a ser implementada aqui já foi devidamente consolidada no país de origem.

É preciso reconhecer que o ambiente da produção apresenta um cenário de mudanças rápidas e constantes. A atualização tecnológica passa a ser compulsória para as empresas que pretendem permanecer no mercado altamente competitivo, para que seus produtos não fiquem defasados em termos de custos e qualidade. Entre-

136 Qualidade e Competência nas Decisões

tanto, é preciso estimar com pessimismo os benefícios e com o otimismo os custos da mudança. Se mesmo assim os benefícios se mostrarem vantajosos e não comprometerem a saúde financeira da empresa, o investimento nas mudanças é recomendável.

3) Buscar referências concretas com usuários

Fontes efetivas e independentes são indispensáveis para compor o arco de informações que devem orientar uma decisão em tecnologia. Além das informações de catálogos e de vendedores, é imprescindível, se for possível, ouvir quem já se vale, como usuário do equipamento tecnológico que se pretende adquirir. O custo de instalação, os insumos necessários, a operacionalidade, facilidades e dificuldades de uso, possibilidades de aprendizado e *up grade*, índices de falhas, defeitos e quebras, efetivo aumento da produção, facilidade de manutenção e atendimento de assistência técnica, estão entre interesses que podem ser mais bem esclarecidos.

4) Ter capacidade financeira assegurada e riscos bem dimensionados

O equipamento que traz embutido o conhecimento tecnológico é habitualmente caro para todos e ainda mais naqueles países que são dependentes pelo fato de não desenvolverem pesquisa. Embutidos no preço do produto tecnológico estão os custos de pesquisa, desenvolvimento, protótipos, testes e lucro do criador ou fabricante, além de taxas e impostos. Por isso, a aquisição de tecnologia quase sempre requer financiamento. Fato este, que no Brasil, devido ao custo do dinheiro, encarece ainda mais o produto a ser adquirido, exigindo cuidados especiais relativos à dívida a ser assumida. Lembre-se do relato feito no primeiro item.

5) Cercar-se de garantias de funcionamento e desempenho

O contrato de compra de tecnologia deve ser explícito quanto a garantias. De preferência, dependendo do tipo de tecnologia que está sendo adquirida, é fundamental que o vendedor se comprometa não apenas com a entrega do equipamento, mas com sua instalação e funcionamento. O ato de compra só deverá ser consumado quando o equipamento comprado e em funcionamento atingir os níveis de desempenho prometidos. As garantias quanto a peças e componentes, decorrentes de prazos ou de uso, devem ser rigorosamente detalhadas, com atribuições das responsabilidades. Quem é o responsável pela troca ou conserto do componente, pela instalação, prazo de atendimento após a comunicação do evento, ressarcimentos por cessamento de operações, são elementos indispensáveis em cláusulas contratuais. Os vendedores de equipamentos com tecnologias especiais e sofisticadas costumam se cercar de expedientes legais e coercitivos que impeçam ao comprador ter o conhecimento efetivo da tecnologia que está comprando. Isto é feito com base em direitos autorais, de patentes e outros registros feitos pelos desenvolvedores de tecnologia. Entretanto, a absoluta falta de controle vem possibilitando a reprodução de tecnologias de forma clandestina, vulgarmente chamada de "pirataria".

Conforme amplamente discutido na primeira seção deste capítulo, a terminologia usada neste tema é profundamente inadequada. Os termos "compra" ou "aquisição" de tecnologia representam na verdade compra ou aquisição de equipamentos que possuem determinadas tecnologias embutidas, que lhe dão capacidade de realizar atividades com mais rapidez, precisão, controles, qualidade, entre outros atributos. O conhecimento, que é a base da tecnologia, não é efetivamente transferido. Muitas das aquisições tecnológicas impedem, por contrato, que o comprador tenha acesso a determinados componentes que integram o equipamento. O comprador é exclusivamente usuário, sendo-lhe impedida qualquer forma de aprendizado sobre a tecnologia que possa resultar em uma efetiva transferência dessa tecnologia. Para facilitar o entendimento e por ser a linguagem usual no meio empresarial, é comum ser usado, embora inadequado, o termo tecnologia como sendo equipamento.

8.7 Mais segurança para a sua decisão

O modelo SERVQUAL, para avaliar a qualidade em serviço em função da percepção e expectativa do cliente, desenvolvido por Parasuraman *et al.* (1990), conforme citado em 6.6, foi adaptado para efeito de uso neste capítulo. Fez-se um exercício de adaptação desse modelo, visando contribuir qualitativamente com informações e indicadores importantes para a tomada de decisão em tecnologia. Essa adaptação está no Quadro 8.3.

A aplicação desse "modelo adaptado" é feita por meio de respostas de atores que estejam envolvidos direta ou indiretamente com o problema, não necessariamente clientes ou usuários da tecnologia em discussão. As respostas são qualitativas e a elas são atribuídos graus de relevância que vão de 1 a 5, sendo que o 1 significa baixa ou nenhuma relevância e, numa escala crescente, o 5 representa a maior relevância possível do quesito. Cada quesito é composto de um dado número de questões. Alguns dos quesitos foram apresentados anteriormente ao longo do texto. Em situações específicas, outros quesitos podem ser acrescentados para melhorar a qualidade das informações.

138 Qualidade e Competência nas Decisões

Quadro 8.3 – Modelo **SERVQUAL** adaptado à Tomada de decisões em tecnologia

1º. Quesito – Sobre a necessidade da nova tecnologia					
1	Em razão da demanda é preciso aumentar a capacidade de produção	1	2	3	4	5
2	A tecnologia atual impede melhorar a qualidade do produto	1	2	3	4	5
3	Está havendo perda de mercado devido ao atraso tecnológico	1	2	3	4	5
4	A nova tecnologia possibilitará baixar o custo de produção	1	2	3	4	5
5	A tecnologia atual está muito defasada e tem altos custos de manutenção	1	2	3	4	5
6	O ciclo do(s) produto(s) que usarão a nova tecnologia é de longa duração	1	2	3	4	5
		1	2	3	4	5
		1	2	3	4	5
2º. Quesito – Desempenho, confiabilidade e mudanças					
1	A tecnologia a ser adquirida está consolidada	1	2	3	4	5
2	A tecnologia está sendo usada por diversas empresas	1	2	3	4	5
3	Os usuários da nova tecnologia estão satisfeitos	1	2	3	4	5
4	Os usuários consideram que o custo de manutenção é baixo	1	2	3	4	5
5	A tecnologia a ser adquirida já não está superada por outras	1	2	3	4	5
7	A nova tecnologia, para ser instalada, não exigirá reformas e adaptações de área física, reforço de estrutura, mudança da rede elétrica	1	2	3	4	5
8	Não serão necessários longos períodos de treinamento para qualificar o pessoal operacional	1	2	3	4	5
9	Estima-se que a tecnologia a ser adquirida não estará superada em médio prazo (dependendo do setor, 2, 4, 6 ou mais anos)	1	2	3	4	5
10	A nova tecnologia permite atualizações	1	2	3	4	5
11	O fornecedor da tecnologia é confiável	1	2	3	4	5
12	O fornecedor garante assistência técnica em prazos razoáveis	1	2	3	4	5
		1	2	3	4	5
		1	2	3	4	5
3º. Quesito – Custos com a nova tecnologia					
1	A nova tecnologia pode ser financiada (total ou parcialmente)	1	2	3	4	5
2	A aquisição não comprometerá a saúde financeira da empresa	1	2	3	4	5
3	As amortizações desse investimento estão dentro da capacidade de pagamento da empresa	1	2	3	4	5
4	Os custos operacionais (ferramentas, manutenção preventiva, lubrificantes, reposição de peças de consumo, tinta, ...) serão inferiores aos atuais	1	2	3	4	5
5	O custo com mão-de-obra será reduzido significativamente	1	2	3	4	5
		1	2	3	4	5
		1	2	3	4	5

Sendo **n** o número total de questões incluídas no quadro, a pontuação máxima possível é 5n. O subsídio à decisão virá da comparação do total verificado com esse máximo. Não há, na verdade, uma regra absoluta para essa decisão. Entretanto, vale sempre o tradicional e funcional critério do bom senso, com grande possibilidade de acerto. Por exemplo, estabeleça-se uma distribuição percentual e considere de 90% a 100% como ótima probabilidade de decisão acertada, entre 75% e 90% como boa probabilidade, de 50% a 75% como razoável probabilidade de acerto. Esses limites podem variar conforme o conhecimento que o responsável tenha do grupo de consultados.

Caso haja interesse por parte do leitor em se aprofundar neste assunto, os subsídios teóricos e os procedimentos e critérios do Servqual poderão ser consultados em Parasuraman *et al.* (1990).

Referências

- AZEVEDO, C & ZAGO, G. *"Do tear ao computador. As lutas pela industrialização no Brasil"* – Edição Exclusiva Cobra, São Paulo, 1989.

- KIM, L., "Da imitação à inovação – A dinâmica do aprendizado tecnológico da Coréia", Editora Unicamp, Campinas, 2005. ISBN 85-268-0711-0.

- KIM, L. & NELSON R. R., "Tecnologia, aprendizado e inovação: As experiências econômicas de industrialização recente", Editora Unicamp, Campinas, 2005. ISBN 85-268-0701-3

- LONGO, W. P., *"Tecnologia e Transferência de Tecnologia"*, 1975, Código 2955, nº. de chamada: A-937 001.9 – Biblioteca do INMETRO.

- MASIERO, Gilmar; Professor e Pesquisador da Universidade Estadual de Maringá. Texto apresentado no Seminário sobre Brasil e Coréia do Sul organizado pelo IPRI do Ministério das Relações Exteriores do Brasil, em 05 e 06 de outubro de 2000, Rio de Janeiro.

- MULTHAUF, R. P., "The Scientist and the Improver of Technology"; Technology and Culture, v.1, p.38-47, Winter, 1959.

- PARASURAMAN, A.; ZEITHAML, V. A. & BERRY, L. L. – Delivering Quality Service – Balancing Customer Perceptions and Expectations – The Free Press Division of Macmillan Inc, New York, 1990.

- PLONSKI, G. A., "Bases para um movimento pela inovação tecnológica no Brasil"; São Paulo em Perspectiva V.19 Nº1 Jan/Mar/2005-São Paulo-Fundação Seade.

- SABATO, J. & MACKENZIE, M.:" *Tecnología y Estructura Productiva"*, México (DF): ILET, Editorial Nueva Imagen, 1979.

- SCHUMPETER J. A., *"A teoria do desenvolvimento econômico: uma investigação sobre lucros, capital, crédito, juro e o ciclo econômico"*. Nova Cultura, São Paulo, 1988.

140 Qualidade e Competência nas Decisões

- SONG, Byung-Nak. *"The Rise of the Korean Economy"*, New York: Oxford University Press, 1997.

- SOON, Cho, *"The Dynamics of the Korean Economy"*, Washington: Institute for International Economics, 1994.

- STOKES, D. E., *"O Quadrante de Pasteur: a ciência básica e a inovação tecnológica"*, Editora da Unicamp, Campinas, 2005. ISBN 85-268-0702-1.

9 DECISÕES LÓGICAS E ARGUMENTAÇÃO

Antonio Roberto Pereira Leite de Albuquerque

9.1 Argumentação na tomada de decisão

9.1.1 O que é tomada de decisão? Por que é difícil?

É o processo pelo qual são escolhidas algumas ou apenas uma entre muitas alternativas para as ações a serem realizadas. Neste processo de escolha podem surgir conflitos originados da necessidade de priorizar entre alternativas consideradas inconciliáveis por parte da pessoa ou de grupos. Estas incompatibilidades originam-se, na maioria dos casos, de condições subjetivas, muitas vezes de difícil percepção ou não conscientes.

Considerando que o conceito fundamental dos vários modelos de tomada de decisão é o da racionalidade, os indivíduos ou organizações devem então seguir critérios objetivos de julgamento. Dentre os diversos métodos utilizados para a escolha racional de alternativas, focaliza-se neste capítulo o da argumentação lógica.

Embora se apresentem outras visões de utilização da argumentação para proporcionar ao leitor uma visão mais abrangente do assunto, o foco será o de apresentar a vertente na qual a argumentação só tem sentido enquanto meio de garantir que o pensamento do decisor ocorra corretamente, a fim de chegar a conhecimentos objetivos.

9.2.2 O que é e para que serve argumentar?

Algumas pessoas pensam que argumentar é a arte de discutir de modo a vencer por meios lícitos ou ilícitos. É por isso que muita gente considera que argumentar é inútil, confundindo discutir (aferrar-se à razão, insistir teimosamente em ter razão quando não se tem) com argumentar (ter razão realmente, estar com a verdade).

Neste texto, ter razão significa estar do lado certo ou mais provável, estar com a verdade, independentemente de vencer ou perder uma polêmica. O que é muito diferente do significado leigo, que é o de apenas vencer o debate, independentemente de fazê-lo com razão ou sem ela. Portanto, no contexto deste capítulo, argumentar não é sustentar certos pontos de vista com ou sem razões. **Argumentar** é uma linha lógica de raciocínio utilizada para colocar idéias à prova.

142 Qualidade e Competência nas Decisões

Sobre a argumentação se pode dizer que:

a) Discutir para persuadir não é argumentar

Vários teóricos da argumentação propõem que a finalidade fundamental da argumentação é simplesmente persuadir (retórica ou dialética erística). É possível ter razão objetivamente no que diz respeito a uma afirmação, e não tê-la sob o ponto de vista dos antagonistas. Por conseguinte, a nossa verdade e sua validade na aprovação dos colegas e ouvintes são duas coisas distintas. É ao estudo desta ambigüidade que a retórica ou dialética erística se refere.

Donde provém isso? Segundo Schopenhauer[1] (1997), da perversidade natural do gênero humano. Se esta não existisse, se no nosso fundo fôssemos honestos, em todo debate tentaríamos fazer a verdade aparecer, sem preocupar-nos com que ela estivesse conforme à opinião que sustentávamos no começo ou com a do outro; isto seria indiferente ou, em todo caso, de importância muito secundária. No entanto, é isto o que se torna o principal. Nossa vaidade congênita, especialmente suscetível em tudo o que diz respeito à capacidade intelectual, não quer aceitar que aquilo que, num primeiro momento, sustentávamos como verdadeiro se mostre falso, e verdadeiro aquilo que o adversário sustentava.

Portanto, cada um deveria preocupar-se unicamente em formular juízos verdadeiros. Para isto, deveria pensar primeiro e falar depois. Mas, na maioria das pessoas, à vaidade inata associam-se a verborragia e uma inata deslealdade. Falam antes de ter pensado, e quando, depois, se dão conta de que sua afirmativa era falsa e não tinham razão, pretendem que pareça como se fosse ao contrário. O interesse pela verdade, que na maior parte dos casos deveria ser o único motivo para sustentar o que foi afirmado como verdade, cede por completo o passo ao interesse da vaidade. O verdadeiro tem de parecer falso e o falso, verdadeiro.

b) Discutir para conhecer a verdade é argumentar (lógica dedutiva)

Lógica é o estudo de argumentos. Um argumento é uma seqüência de enunciados, na qual um dos enunciados é a conclusão e os demais são premissas, as quais servem para provar ou, pelo menos, fornecer alguma evidência para a conclusão.

A Lógica é uma ciência de índole matemática e fortemente ligada à Filosofia. Já que o pensamento é a manifestação do conhecimento, e que o conhecimento busca a verdade, é preciso estabelecer algumas regras para que essa meta possa ser atingida. Assim, a lógica é o ramo da filosofia que cuida das regras do bem pensar, ou do pensar correto, sendo, portanto, um instrumento do pensar.

---

[1] Schopenhauer, Arthur, 1788-1860.

A aprendizagem da lógica não constitui um fim em si. Ela só tem sentido enquanto meio de garantir que nosso pensamento proceda corretamente, a fim de chegar a conhecimentos verdadeiros.

Tradicionalmente, lógica é também a designação para o estudo de sistemas prescritivos de raciocínio, ou seja, sistemas que definem como se "deveria" realmente pensar para não errar, usando a razão, dedutiva e indutivamente.

c) Discutir para ampliar o conhecimento é argumentar (lógica indutiva)

Embora a utilização da persuasão seja certamente importante, Navega (2005) prefere utilizar a argumentação para fazer as idéias interagirem, colocando-as em contato, defendendo a proposta de que a argumentação é uma tática que serve para ampliar o conhecimento de todos, não importando muito quem ganha ou quem perde o debate. Este é um jeito de abordar a argumentação como forma de enfatizar a competição de idéias, e não das pessoas que estão por trás delas.

Para alguns, esse processo de "colocar as idéias à prova" pode ser um martírio. Afinal, não é muito fácil aceitar que devamos expor nossos pensamentos justamente para que sejam contraditos ou criticados pelos outros. Contudo, esse é um processo que efetivamente conduz rapidamente a um vantajoso aprendizado, na maioria das vezes por ambas as partes.

Navega ressalta ainda que é necessário usar uma certa estratégia para que isso dê certo. É preciso aceitar um mínimo código de conduta, além de um adequado respeito e compreensão emocional entre as partes, de forma a propiciar um debate proveitoso para todos.

Este autor também propõe que o objetivo principal não é o de "vencer", como fazem os que desejam a argumentação retórica, mas sim "conhecer". Portanto, uma das importantes finalidades da argumentação é chegar mais perto de pontos de vista razoáveis, da "verdade" como diriam os filósofos, através da troca de exposições e críticas mútuas. Afinal, partimos do princípio de que ninguém é o "dono da verdade", todos os pensamentos podem ser submetidos a uma análise crítica e muitas vezes, ao fazermos isso, conseguimos uma vantagem dramática em nosso entendimento do problema.

Este ponto de vista está mais próximo do uso da argumentação dentro da comunidade científica. Em ciência, não é ou não deveria ser importante quem está falando, mas sim o que se está falando. Galileu Galilei já disse: "Em questões de ciência, a autoridade de mil não vale tanto quanto o argumento humilde de um simples cidadão".

144 Qualidade e Competência nas Decisões

9.2 Lógica e argumentação

A ciência que trata dos argumentos é a Lógica. Lógica é a ciência formal que estuda as leis necessárias à construção do raciocínio que utilizamos para obtermos conclusões através da apresentação de evidências que as sustentam. Um sistema lógico é um conjunto de axiomas e regras de inferência que visam representar formalmente o raciocínio válido. Por "raciocínio", entende-se a operação intelectual discursiva, pela qual, da asserção de uma ou mais proposições, é inferida outra. A forma como as pessoas realmente raciocinam é estudada noutras áreas, como na Psicologia Cognitiva.

Tradicionalmente, lógica é também a designação para o estudo de sistemas prescritivos de raciocínio, ou seja, sistemas que definem como se "deveria" realmente pensar para não errar, usando a razão, dedutiva e indutivamente.

Diferentes sistemas de lógica formal foram construídos ao longo do tempo, quer no âmbito estrito da Lógica Teórica, quer em aplicações práticas na computação e em Inteligência Artificial.

A lógica pode ser estudada de dois pontos de vista: a formal e a informal.

9.2.1 Lógica formal ou simbólica

É o estudo das formas de argumento, modelos abstratos comuns a muitos argumentos distintos. Uma forma de argumento é, algumas vezes, mais do que a estrutura exibida por um diagrama de argumento, pois ela codifica a composição interna das premissas e da conclusão.

No exemplo abaixo, as letras 'P' e 'Q' são variáveis que representam proposições (enunciados). Essas duas variáveis podem ser substituídas por qualquer par de sentenças declarativas para produzir um argumento específico. Por exemplo, a sentença "Se chove, molha" pode ser simbolicamente representada por $P \rightarrow Q$, onde P é a sentença declarativa "chove", Q é a sentença declarativa "molha" e $\rightarrow$ ou $\vdash$ é o operador implica (se... então...).

Tem-se, pois uma forma típica de argumento:

$$P \rightarrow Q \text{ ou } P \vdash Q.$$

Esta é uma forma de uma só etapa do raciocínio, com uma premissa, um operador lógico e uma conclusão. (Os outros operadores lógicos são: e, ou, não, se e somente se, conforme 9.6.2-d) Como o número de pares de sentenças declarativas é infinito, a forma representa infinitos argumentos diferentes, todos tendo a mesma estrutura. Estudar a estrutura em si, em vez dos argumentos específicos que a representam, nos permite fazer importantes generalizações, que são o objeto de estudo da lógica formal.

9.2.2 Lógica informal

É o estudo de argumentos particulares em linguagem natural e do contexto no qual eles ocorrem, sendo utilizada para identificar, analisar e avaliar argumentos utilizados nas discussões do dia-a-dia. Estas discussões incluem conversas entre amigos, discussões políticas, publicidade, propaganda religiosa ou debates públicos, com algum grau de formalidade.

A idéia do "informal" é para salientar o fato de que os argumentos não são expostos numa linguagem técnica, mas na linguagem corriqueira, levando ao estudo dos aspectos lógicos da argumentação que não dependem exclusivamente da forma lógica, contrastando assim com a lógica formal.

9.2.3 Lógica formal x lógica informal

Os aspectos lógicos da argumentação são os que contribuem para a validade e a força da argumentação, distinguindo-se dos aspectos psicológicos, históricos, sociológicos ou outros. A argumentação é um encadeamento; enquanto a lógica formal realça generalidade e teoria, a lógica informal se concentra numa análise prática de argumentos. Os dois enfoques não são opostos, mas complementares.

9.3 O que é argumento

Um argumento é uma seqüência de enunciados, na qual um deles é a conclusão e os demais são premissas, cuja razão de ser é persuadir alguém (incluindo nós mesmos). Quando esta seqüência de enunciados é regida por um raciocínio ou inferência, podemos provar (lógica dedutiva) ou, pelo menos, fornecer alguma evidência (lógica indutiva) para a conclusão.

Um dos argumentos mais conhecidos é:

Todos os homens são mortais.
Sócrates é homem.
Portanto, Sócrates é mortal.

Os dois primeiros enunciados são premissas que servem para provar a conclusão: "Sócrates é mortal".

As premissas e a conclusão de um argumento são sempre enunciados ou proposições, isto é, significados ou idéias expressáveis por sentenças declarativas em oposição a interrogações, comandos ou exclamações. Os enunciados ou proposições representam idéias verdadeiras ou falsas. Os não-enunciados, tais como interrogações, comandos ou exclamações, não são verdadeiros nem falsos. Algumas vezes, podem sugerir premissas ou conclusões, mas eles mesmos não são premissas ou conclusões.

9.3.1 Identificando as premissas, indicadores de inferência e de conclusão

Um argumento ocorre somente quando se pretende sustentar ou provar uma conclusão, a partir de um conjunto de premissas. Esse propósito é freqüentemente expresso pelo uso de indicadores de inferência. Indicadores de inferência são palavras ou frases utilizadas para assinalar a presença de um argumento. Eles são de duas espécies: indicadores de premissa e indicadores de conclusão. No quadro 9.1 são listados alguns exemplos típicos de indicadores (podendo existir outros, não mencionados aqui).

Quadro 9.1. – Indicadores de premissa e conclusão

Indicadores de premissa	Indicadores de conclusão
desde que	portanto
como	por conseguinte
porque	assim
assumindo que	dessa maneira
visto que	neste caso
admitindo que	logo
isto é verdade porque	de modo que
a razão é que	então
em vista de	conseqüentemente
como conseqüência de	assim sendo
como mostrado pelo fato de que	segue-se que
dado que	o(a) qual implica que
sabendo-se que	do(da) qual inferimos que
supondo que	podemos deduzir que

Os indicadores de premissa e conclusão são os principais indícios para se identificar argumentos e para se analisar sua estrutura.

9.3.2 Argumentos complexos

Alguns argumentos se originam por etapas. Uma conclusão é inferida de um conjunto de premissas; então, essa conclusão (talvez em conjunção com alguns outros enunciados) é usada como uma premissa para inferir uma conclusão adicional, a qual, por sua vez, pode funcionar como uma premissa para

uma outra conclusão, e assim por diante. Uma tal estrutura chama-se argumento complexo. As premissas que servem como conclusões de premissas anteriores chamam-se premissas não básicas ou conclusões intermediárias (os dois nomes refletem o dual como conclusões de uma etapa e premissas do próximo). As premissas que não são conclusões de premissas prévias chamam-se premissas básicas ou suposições ou crenças.

O seguinte argumento é complexo:

Todos os números racionais podem ser expressos como quociente de dois inteiros. Contudo, π não pode ser expresso como quociente de dois inteiros. Portanto, π não é um número racional. Evidentemente, π é um número, logo, existe pelo menos um número não-racional.

Para melhor entendermos este argumento, vamos enumerar cada enunciado:

1. *Todos os números racionais podem ser expressos como quocientes de dois inteiros.*

2. *π não pode ser expresso como quociente de dois inteiros.*

3. *π não é um número racional.*

4. *π é um número.*

5. *Existe pelo menos um número não-racional.*

As etapas do raciocínio que formam um argumento complexo são, em si, argumentos. O argumento complexo acima consiste em duas etapas, conforme mostrado na Figura 9.1. Os três primeiros enunciados formam a primeira etapa, e os três últimos formam a segunda etapa. O terceiro enunciado é um componente das duas etapas, funcionando como a conclusão da primeira e como uma premissa da segunda. Entretanto, em relação ao argumento complexo como um todo, ele é visto como uma premissa (não-básica).

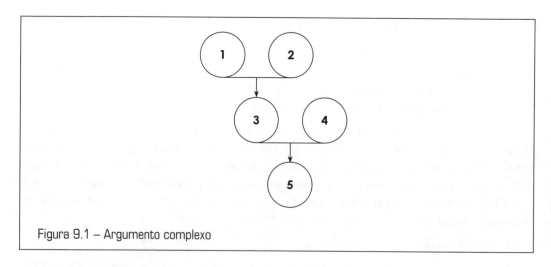

Figura 9.1 – Argumento complexo

9.3.3 Diagrama dos argumentos

Os diagramas de argumentos são convenientes para representar as estruturas inferenciais. Para diagramar um argumento, circulamos os indicadores de inferência, colocamos colchetes e enumeramos cada enunciado. Se várias premissas funcionam numa etapa do raciocínio, escrevemos seus números numa fila horizontal, unidos pelo sinal e traçamos uma linha horizontal sob essa fila de números. Se uma etapa do raciocínio tiver somente uma premissa, escrevemos simplesmente o seu número. Em qualquer caso, desenhamos uma seta para baixo a partir do(s) número(s) que representa(m) uma premissa (ou premissas) para o número que representa a conclusão da etapa. Repetimos esse procedimento se o argumento contiver mais de uma etapa.

Vejamos um outro exemplo, ilustrado na Figura 9.2, no qual as declarações foram colocadas entre colchetes, em que o diagrama ajuda a estabelecer a ordenação correta das proposituras:

Hoje é terça-feira ou quarta-feira. Mas não pode ser quarta-feira, pois o consultório do médico estava aberto esta manhã, e aquele consultório está sempre fechado às quartas. Portanto, hoje deve ser terça-feira.

     (1) [Hoje é terça-feira ou quarta-feira.]
    mas (2) [não pode ser quarta-feira]
    pois (3) [o consultório do médico estava aberto, esta manhã],
     e (4) [aquele consultório está sempre fechado às quartas].
  Portanto,(5) [hoje deve ser terça-feira].

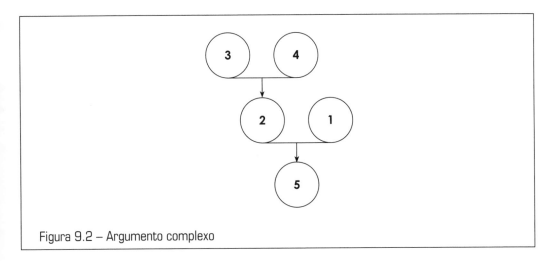

Figura 9.2 – Argumento complexo

9.3.4 Argumentos convergentes

O argumento que contém várias etapas de raciocínio, que sustentam a mesma conclusão (final ou intermediária), chama-se convergente. Os diagramas de argumentos convergentes contêm pelo menos um número com mais de uma seta apontando em sua direção.

Exemplo:

Os Silva devem estar em casa. A porta da frente está aberta, o carro está na entrada da garagem e a televisão está ligada, pois eu posso ver a sua luminosidade através da janela.

      (1)   [Os Silva devem estar em casa.]

      (2)   [A porta da frente está aberta]

      3)   [o carro está na entrada da garagem]

      (4)   [a televisão está ligada]

pois (5)   [eu posso ver a sua luminosidade através da janela].

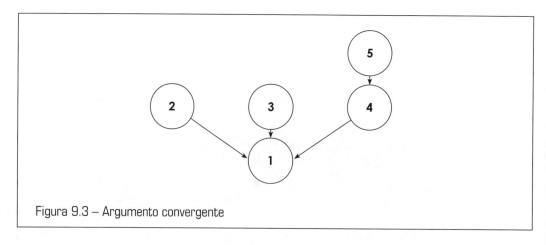

Figura 9.3 – Argumento convergente

9.3.5 Enunciados implícitos

É útil observar que certos enunciados estão expressos de modo incompleto, não manifestamente declarados, mas subentendidos, tácitos. Também existem casos nos quais está claro que o autor espera que os leitores percebam uma conclusão não-estabelecida.

Premissas ou conclusões implícitas devem ser manifestamente declaradas em um argumento somente se elas completarem o pensamento do argumentador. Nenhum enunciado deve ser acrescentado, a menos que seja aceito pelo argumentador, pois, ao se analisar um argumento, é o pensamento do argumentador que tentamos entender.

Exemplo de argumento incompleto (Figura 9.4):

O líquido que está vazando do seu motor é água. Existem somente três tipos de líquidos no motor: água, óleo e gasolina. O líquido que está vazando não é óleo, porque ele não é viscoso, e não é gasolina, por que ele não tem odor.

        (1) [O líquido que está vazando do seu motor é água]

        (2) [Existem somente três tipos de líquidos no motor água, óleo e gasolina].

        (3) [O líquido que está vazando não é óleo]

porque (4) [ele não é viscoso]

        (5) [não é gasolina]

porque (6) [não tem odor]

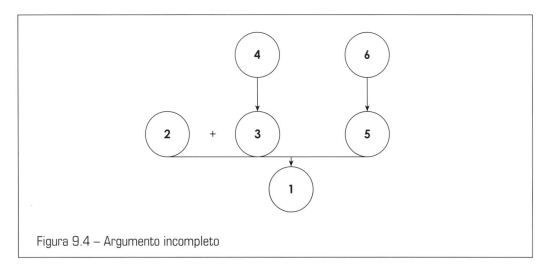

Figura 9.4 – Argumento incompleto

Para torná-lo completo, devemos incluir três premissas (Figura 9.5):

(7) [O óleo é viscoso]

(8) [A gasolina tem odor]

(9) [Existe um líquido vazando]

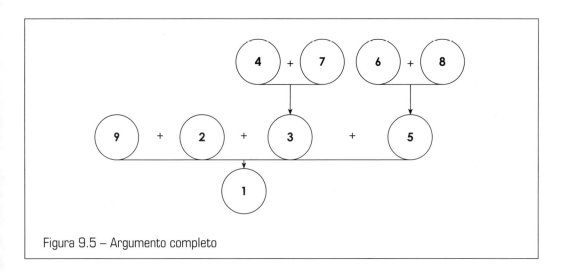

Figura 9.5 – Argumento completo

9.4 Avaliação de um argumento

Embora um argumento possa ter muitos objetivos, o seu principal propósito é demonstrar que uma conclusão é provável ou verdadeira. Assim, os argumentos podem ser melhores ou piores, na medida em que eles realizam ou falham ao executar esse propósito. Neste item, são examinados quatro critérios:

152 Qualidade e Competência nas Decisões

a) se todas as premissas são verdadeiras;

b) se a inferência é válida , isto é , dada a verdade das premissas, a conclusão é ao menos provável;

c) se as premissas são relevantes para a conclusão;

d) se o argumento é indutivo, não havendo evidência subentendida, isto é, implícita.

Nem todos os quatro critérios são aplicáveis a quaisquer argumentos. Se, por exemplo, um argumento só pretende mostrar que certa conclusão segue de um conjunto de premissas, sendo ou não essas premissas verdadeiras, então o critério A é inaplicável; e, dependendo do caso, os critérios C e D também podem ser inaplicáveis. Aqui, entretanto, preocupar-nos-emos com o caso mais típico, no qual o propósito de um argumento é estabelecer que a sua conclusão é verdadeira ou é provavelmente verdadeira.

9.4.1 Verdade das premissas

Se uma das premissas de um argumento for falsa, então não se pode estabelecer, *a priori,* a veracidade de sua conclusão, não importando quão bons sejam os motivos.

Exemplo:

Visto que todos os políticos brasileiros são corruptos, o Brasil jamais se tornará um país desenvolvido.

A premissa "todos os políticos brasileiros são corruptos" é, certamente, falsa; logo, o argumento não estabelece que o Brasil fracasse em se tornar um país desenvolvido. Isso não significa que a conclusão é falsa, mas somente que o argumento não é útil para determinar a sua veracidade ou a sua falsidade. Um modo para produzir um argumento melhor é fazer um estudo cuidadoso das principais forças que impedem o Brasil de se tornar um país desenvolvido e, daí, traçar conclusões esclarecedoras.

Muitas vezes, a veracidade ou a falsidade de uma ou mais premissas são desconhecidas; assim, pelo que sabemos, o argumento falha ao estabelecer a sua conclusão. Em tais casos, necessitamos de mais informações para aplicar este critério, e devemos suspender o julgamento até que informações adicionais sejam fornecidas.

9.4.2 Veracidade da conclusão

A operação lógica por meio da qual se afirma a verdade de uma proposição em decorrência de sua ligação com outras já reconhecidas como verdadeiras chama-se inferência. Dependendo de se a conclusão é verdadeira ou, ao menos, provável ao se seguirem ou não suas premissas básicas, os argumentos podem ser classificados nas duas categorias apresentadas a seguir

a) Argumento dedutivo

Um argumento dedutivo é um argumento cuja conclusão é verdadeira se suas premissas básicas (suposições) e inferências (raciocínio) forem verdadeiras. De modo equivalente, um argumento é dedutivo se é impossível que a sua conclusão seja falsa enquanto suas premissas básicas forem verdadeiras. Em outras palavras, se as premissas forem completas, relevantes e verdadeiras, e regidas por um raciocínio correto, a conclusão será obrigatoriamente verdadeira.

Argumentos dedutivos válidos são aqueles genuinamente dedutivos no sentido definido acima (isto é, suas conclusões não podem ser falsas se suas premissas básicas são verdadeiras).

Argumentos dedutivos inválidos são argumentos que dão a entender que são dedutivos, mas que, de fato, não o são, pois sua conclusão não é 100% verdade.

b) Argumento indutivo

Argumento indutivo é aquele cuja conclusão é provável, dadas suas premissas básicas. As conclusões de argumentos indutivos são mais ou menos prováveis em relação a suas premissas.

A probabilidade de uma conclusão, dado um conjunto de premissas, chama-se probabilidade indutiva. A probabilidade indutiva de um argumento dedutivo é máxima (isto é, igual a 1). A probabilidade indutiva de um argumento indutivo é, ao contrário, menor do que 1. Ver, a propósito, 27.5.

Dois aspectos devem ser considerados neste ítem:

c) Raciocínios indutivos forte e fraco

Não há linha bem delineada entre os raciocínios indutivos forte e fraco, pois o que se considera como forte para algum fim pode não ser forte suficientemente para um outro. Se, por exemplo, a conclusão de que certa válvula não funcionará mais de 5 anos tem probabilidade 0,9, dadas certas premissas, então podemos considerar esse raciocínio como forte. Mas se a válvula faz parte de uma aparelhagem nuclear e as vidas de milhares de pessoas dependem de seu funcionamento correto, então 0,9 não deve ser suficientemente forte para nos satisfazer. Assim, não há resposta à pergunta "Qual é a probabilidade indutiva que um argumento deve ter para que o argumento seja classificado como forte?".

154 Qualidade e Competência nas Decisões

Como a informação contida nas premissas e na conclusão de argumentos indutivos nem sempre é numericamente quantificável; não é possível dar um número preciso para a probabilidade indutiva de um dado argumento. (Esta dúvida não se aplica aos argumentos dedutivos, pois as suas probabilidades indutivas são precisamente 1).

d) Indução em argumentos complexos

Até aqui, os nossos exemplos têm-se referido somente a argumentos simples, consistindo em uma só etapa de raciocínio. Agora, consideremos as probabilidades indutivas para argumentos complexos, convergentes ou não, com duas ou mais etapas caracterizadas por suas premissas não-básicas (conclusões intermediárias) que são, fundamentalmente, concessões para as limitações da mente humana. Não podemos compreender argumentos complexos numa só etapa; assim, os desmembramos em etapas menores, cada uma sendo suficientemente simples para ser inteligível.

No entanto, cada uma das etapas que compõem um argumento complexo é um argumento e tem a sua própria probabilidade indutiva. Podemos considerar, então, que há um conjunto de regras simples de probabilidades indutivas das etapas componentes para a probabilidade indutiva de todo o argumento complexo. A relação entre a probabilidade indutiva de um argumento complexo e as probabilidades indutivas de suas etapas componentes é, em geral, um assunto controverso. Entretanto, existem algumas regras úteis:

1. Quanto aos *argumentos complexos convergentes,* se uma ou mais etapas forem fracas, então, geralmente, a probabilidade indutiva do argumento como um todo será baixa.

2. Se todas as etapas de um *argumento complexo não-convergente* forem dedutivas ou fortemente indutivas, então a probabilidade indutiva do argumento todo será, geralmente, alta.

3. A probabilidade indutiva de um argumento convergente é, geralmente, mais baixa que a probabilidade indutiva de sua etapa mais fraca.

4. Se todas as etapas de um argumento complexo forem dedutivas, então o argumento todo será, também, dedutivo.

9.4.3 Relevância das premissas

Nem todo argumento com premissas verdadeiras e probabilidade alta é um bom argumento, mesmo que todas as suas etapas componentes tenham probabilidades indutivas altas. Uma conclusão pode ser provável ou indiscutível, dado um conjunto de premissas, ainda que as premissas sejam irrelevantes para a conclusão. A relevância e a probabilidade indutiva nem sempre variam juntas. Alguns argumentos exibem probabilidade indutiva alta com baixa relevância, ou probabilidade indutiva baixa com alta relevância.

9. Decisões Lógicas e Argumentação 155

Talvez os casos mais simples de probabilidade indutiva alta com baixa relevância ocorram entre os argumentos cujas conclusões são logicamente necessárias (tautologia). Um enunciado logicamente necessário é um enunciado cuja falsidade não é logicamente possível. Os seguintes enunciados são tautologias; "*ser ou não ser*", "*algo existe ou nada existe*" e "*um fumante e um não-fumante*". Os enunciados logicamente necessários têm a peculiar propriedade de que, se um deles ocorre como a conclusão de um argumento, então o argumento é automaticamente dedutivo, sem levar em conta a natureza das premissas que podem ser não relevantes para a conclusão, embora seu raciocínio seja válido e suas premissas verdadeiras.

9.4.4 Exigência da total relevância

Um ponto crucial, no qual os argumentos indutivos diferem dos argumentos dedutivos, está na sua vulnerabilidade à nova evidência. Um argumento dedutivo permanece dedutivo se novas premissas são acrescidas (sem levar em conta a natureza das premissas). Um argumento indutivo, ao contrário, pode ser fortalecido ou enfraquecido pelo acréscimo de novas premissas. Conseqüentemente, a probabilidade de uma conclusão inferida indutivamente de premissas verdadeiras pode alterar-se pela aquisição de nova evidência, porém a certeza de uma conclusão inferida dedutivamente de premissas verdadeiras permanece inalterada..

9.5 Falácias

Uma falácia é um argumento inválido ou que falhe, de outro modo, no suporte eficiente do que pretende provar. Argumentos que se destinam à persuasão podem parecer convincentes para grande parte do público, apesar de conterem falácias, mas não deixam de ser falsos por causa disso. Reconhecer as falácias é por vezes difícil.

É importante conhecer os tipos de falácia para evitar armadilhas lógicas na própria argumentação e para analisar a argumentação alheia. Falácias podem levar a se vencer um debate sem ter razão.

9.5.1 Tipos e exemplos de falácias

Como se disse, é importante conhecer os tipos de falácia para evitar armadilhas lógicas na própria argumentação e para analisar argumentação alheia, já que a presença de apenas uma falácia pode invalidar toda a argumentação, levando a uma conclusão falsa.

Vejam-se os casos seguintes:

- **Argumentum ad hominem (ataque ao argumentador)**:
  Em vez de o argumentador provar a falsidade do enunciado, ele ataca a pessoa que fez o enunciado.
  Ex: "A crença de Joãozinho é ruim, pois é praticada por ladrões e assassinos."

156 Qualidade e Competência nas Decisões

- ***Argumentum ad ignorantiam* (argumento da ignorância):**
  Ocorre quando algo é considerado verdadeiro simplesmente por não ter sido provado falso (ou provar que algo é falso por não ter provas de que seja verdade). Note-se que é diferente do princípio científico, de se considerar falso até que seja provado que é verdadeiro.
  Ex: "Joãozinho diz a verdade, pois ninguém pode provar o contrário."

- ***Non sequitur* (não segue):**
  Tipo de falácia na qual a conclusão não segue das premissas.
  Ex: "Joãozinho é pobre e pouco estudado, logo, não poderá ser feliz."

- ***Argumentum ad baculum* (apelo à força):**
  Utilização de algum tipo de privilégio, força, poder ou ameaça para impor a conclusão.
  Ex: "Aqueles que se recusarem a aceitar o Joãozinho serão ignorados por ele."

- ***Argumentum ad populum* (apelo ao povo):**
  É a tentativa de ganhar a causa por apelar a uma grande quantidade de pessoas.
  Ex: "Joãozinho está doente porque o povo diz."

- ***Argumentum ad numerum* (apelo ao número):**
  Semelhante ao "ad populum". Afirma que quanto mais pessoas acreditam em uma proposição, mais provavel é a proposição ser verdadeira.
  Ex: "Joãozinho só pode dizer a verdade, pois muitas pessoas sabem que ele diz a verdade. Não podem estar todos enganados."

- ***Argumentum ad verecundiam* (apelo à autoridade)**
  Argumentação baseada no apelo a alguma autoridade reconhecida para comprovar a premissa .
  Ex:"Se Aristóteles disse isto, é verdade " ou "Se a Bíblia diz isto, isto necessariamente é a verdade ".

- ***Dicto simpliciter (regra geral):***
  Ocorre quando uma regra geral é aplicada a um caso particular em que não deveria ser aplicada.
  Ex: "A palavra 'Cafú' não tem acento porque é oxítona terminada em 'u'" (neste caso, o nome é próprio e a regra geral não se aplica).

- **Generalização apressada:**
  É o oposto do *dicto simpliciter*. Ocorre quando uma regra específica é atribuída ao caso genérico.
  Ex: "Todo Joãozinho é feliz."

- **Falácia de composição:**
  É o fato de concluir que uma propriedade das partes deve ser aplicada ao todo.
  Ex: "Este caminhão é composto apenas por componentes leves, logo ele é leve também."

9. Decisões Lógicas e Argumentação   157

- **Falácia da divisão:**
  Oposto da falácia de composição. Assume que uma propriedade do todo é aplicada a cada parte.
  Ex: "Você deve ser rico, pois estuda em um colégio de ricos." ou "Formigas destroem árvores. Logo, esta formiga pode destruir uma árvore."

- ***Cum hoc ergo propter hoc* (juntos, então isso)*:***
  Afirma que apenas porque dois eventos ocorreram juntos, eles estão relacionados.
  Ex: "O Guarani vai ganhar o jogo porque até hoje ele ganhou toda quinta-feira."

- ***Post hoc ergo propter hoc* (antes disso, então por causa disso):**
  Consiste em dizer que, pelo simples fato de um evento ter ocorrido logo após o outro, eles têm uma relação de causa e efeito.
  Ex: "O Japão rendeu-se logo após a utilização das bombas atômicas por parte dos EUA. Portanto, a paz foi alcançada devido à utilização das armas nucleares."

- ***Petitio principii* (petição de princípio):**
  Ocorre quando as premissas são tão questionáveis quanto a conclusão alcançada.

- ***Circulus in demonstrando* (demonstrando em círculo):**
  Ocorre quando alguém assume como premissa a conclusão a que se quer chegar.
  Ex: "Sabemos que Joãozinho diz a verdade, pois muitas pessoas dizem isso. E sabemos que Joãozinho diz a verdade pois nós o conhecemos ."

- **Falácia da pressuposição:**
  Questiona um fato assumindo um pressuposto verdadeiro.
  Ex: "Quando você vai parar de bater na sua esposa?" ou "Onde você escondeu o dinheiro roubado?"

- ***Ignoratio elenchi* (conclusão irrelevante)**
  Consiste em utilizar argumentos validos para chegar a uma conclusão que não tem relação alguma com os argumentos utilizados.

- **Anfibologia:**
  Ocorre quando as premissas usadas no argumento são ambíguas, devido à má elaboração gramatical.

- **Acentuação:**
  É uma forma de falácia devida à mudança de significado pela tonalização. O significado é mudado dependendo da ênfase das palavras.
  Ex: compare: "Não devemos falar MAL dos nossos amigos." com: "Não devemos falar mal dos nossos AMIGOS".

- **Falácias tipo "A" baseado em "B":**
  Ocorrem dois fatos. São colocados como similares por serem derivados ou similares a um terceiro fato.
  Ex: "O Islamismo é baseado na fé."
  "O Cristianismo é baseado na fé."
  "Logo o Islamismo é similar ao Cristianismo."

158 Qualidade e Competência nas Decisões

- **Falácia da afirmação do conseqüente:**
  Esta falácia ocorre quando se tenta construir um argumento condicional que não está nem no *modus ponens* (afirmação do antecedente) nem no *modus tollens* (negação do conseqüente). A sua forma categórica é:
  Se A então B. Logo, se B então A.
  Ex: "Se há carros, então há poluição. Há poluição. Logo, há carros."

- **Falácia da negação do antecedente:**
  Esta falácia ocorre quando se tenta construir um argumento condicional que não está nem no *modus ponens* nem no *modus tollens*. A sua forma categórica é:
  Se A então B. Não A. Então não B.
  Ex: "Se há carros, então há poluição. Não há carros. Logo, não há poluição."

- **Bifurcação (falsa dicotomia):**
  Também conhecida como "falácia do branco e preto". Ocorre quando alguém apresenta uma situação com apenas duas alternativas, quando de fato outras alternativas existem ou podem existir.
  Ex: "Se você não está a favor de mim, então está contra mim"

- ***Argumentum ad crumenam* (baseado na riqueza):**
  Esta falácia é a de acreditar que dinheiro é fator de estar correto. Aqueles mais ricos são os que provavelmente estão certos.
  Ex: "Se o Barão diz isso, é porque é verdade."

- ***Argumentum ad Lazarum* (baseado na pobreza):**
  Oposto ao "ad crumenam". Esta é a falácia de assumir que, apenas porque alguém é mais pobre, então é mais virtuoso e verdadeiro.
  Ex: "A voz dos pobres é a voz da verdade."

- ***Argumentum ad nauseam* (por exaustão):**
  É a aplicação da repetição constante e a crença incorreta de que quanto mais se diz algo, mais correto está.
  Ex: "Se fulano diz tanto que sua bicicleta é azul, então ela é."

- ***Plurium interrogationum* (muitas perguntas):**
  Ocorre quando se exige uma resposta simples a uma questão complexa.
  Ex: "Que força devemos empregar aqui? Forte ou fraco?"

- ***Red herring* (conclusão irrelevante):**
  Falácia cometida quando material irrelevante é introduzido no assunto discutido para desviar a atenção e chegar a uma conclusão diferente.
  Ex: "Será que o palhaço Joãozinho é o assassino? No ano passado, um palhaço matou uma criança."

- **Retificação:**
  Ocorre quando um conceito abstrato é tratado como coisa concreta.
  Ex: "A tristeza de Joãozinho é a culpada por tudo."

9. Decisões Lógicas e Argumentação   159

- **Tu quoque (você também):**
  Ocorre quando uma ação se torna aceitável, pois outra pessoa também a come-
  teu.
  Ex: "Você está sendo abusivo."; "E daí? Você também está."

9.6   Análise de um argumento

Como já foi visto, argumento é uma seqüência de enunciados na qual um dos enunciados é a conclusão e os demais são premissas, as quais servem para provar ou, pelo menos, fornecer alguma evidência para a conclusão.

As premissas e a conclusão de um argumento são sempre enunciados ou propo-sições, isto é, significados ou idéias expressáveis por sentenças declarativas — em oposição a interrogações, comandos ou exclamações. Os enunciados são espécies de idéias verdadeiras ou falsas. Os não-enunciados, tais como interrogações, comandos ou exclamações, não são verdadeiros nem falsos.

No presente item, são apresentadas sugestões para a análise dos argumentos, vi-sando a não-incorrência em falsas conclusões. Um primeiro passo é, evidentemente, o estudo dos enunciados e seus relacionamentos, para verificar se estão expressos com clareza. Seguem outras sugestões.

9.6.1   Construa a árvore do argumento

A árvore de argumentação e o diagrama causa-efeito, visto em 6.5, são muito se-melhantes, já que, em ambos, há orientação exterior, das causas para o efeito, poden-do os relacionamentos serem lógicos ou não. Seu principal benefício é o do distinguir a conclusão e as premissas básicas das demais premissas e conclusões parciais. São seus elementos:

a) As folhas (enunciados primitivos)

Cada folha será um enunciado e alimentará um galho (relações lógicas causais). Relações lógicas causais são as relações do tipo causa – efeito, antecedente – conse-qüente, implica, infere, deduz, etc.

b) A estrutura (raciocínio)

As premissas básicas, que podem ser axiomas ou crenças, são enunciados irre-dutíveis representados em geral por letras sentenciais, como se verá no próximo item. Os galhos (relações lógicas causais) devem se originar nas folhas (premissas básicas) e convergirem para outras folhas no mesmo ramo (premissas secundárias ou conclusões parciais) e sua espessura deve ser proporcional à força indutiva. Estes

160 Qualidade e Competência nas Decisões

galhos convergem para troncos (fórmula sentencial ou forma de argumentos), que convergem para o tronco da raiz (conclusão).

c) A conclusão (tronco da raiz)

A raiz (conclusão) é sustentada pela convergência de vários troncos (linhas de argumentação) que deverão provar ou, pelo menos, fornecer alguma evidência para a conclusão.

Uma argumentação dedutiva terá um único ramo que poderá ser sustentado por outros ramos ou galhos. Sua conclusão será obrigatoriamente verdadeira desde que as folhas (premissas) e os galhos (raciocínio) sejam verdadeiros e válidos. Uma argumentação indutiva tem diversos ramos e sua força será no máximo igual à força do ramo mais fraco.

9.6.2 Formalização

Os seguintes elementos de formalização devem ser considerados:

a) Cálculo proposicional

O cálculo proposicional fornece um modo de provar a validade para qualquer forma de argumento, composto somente de letras sentenciais (proposições) e dos cinco operadores lógicos básicos:

- e (conjunção, símbolo &)
- não (negação, símbolo ~)
- ou (disjunção, símbolo V)
- se... então... (condicionamento, símbolo →)
- se e somente se (bicondicionamento, símbolo ↔)

O cálculo proposicional, entretanto, não fornece métodos para determinar o aceitamento das premissas, os graus de probabilidade indutiva ou relevância, ou a presença de evidências contrárias. Estes outros aspectos da avaliação do argumento devem ser tratados por outros meios, sendo objeto da lógica informal.

b) Regras de inferência

O cálculo proposicional fornece um sistema de regras de inferência que são capazes de gerar todas as formas de argumento válidas expressáveis na linguagem. As regras de inferência se apóiam nos cinco operadores básicos vistos acima. Estes operadores podem ser usados para efeito de introdução ou eliminação de proposições, levando a um conjunto de dez regras de inferência canônicas. Para maiores esclarecimentos, ver Nolt & Rohatyn (1991).

9.7 Conclusão

Mais se poderia adentrar no terreno da formalização dos processos de argumentação, como forma de se evitar conclusões precipitadas e errôneas, mas acreditamos que isso extrapole o escopo do presente trabalho.

O importante é que o leitor, ao avaliar informações para melhor conduzir os seus processos decisórios, saiba concatenar corretamente essas informações e julgar a qualidade das conclusões a que elas levam, evitando ser iludido por falácias e por relacionamentos inadequados que possa estabelecer entre as proposições que interessam à sua decisão.

Referências

- NAVEGA S. – Pensamento Crítico e Argumentação Sólida – Publicações Intelliwise, São Paulo, 2005

- NOLT, J e ROHATYN, D. – Lógica – Makron Books do Brasil, 1991

- SCHOPENHAUER, A. – Como vencer um debate sem precisar ter razão: em 38 estratagemas (dialética erística) – Topbooks, Rio de Janeiro, 1997 (trad.)

162   Qualidade e Competência nas Decisões

10 DECISÕES MULTICRITÉRIO

Roberto Camanho
Edmilson Alves de Moraes

Como visto nos capítulos anteriores, a tomada de decisão é a atitude mais importante e com maior capacidade de transformação das nossas vidas. Muitos executivos ainda pensam que não é necessária uma abordagem lógica e estruturada para a tomada de decisão, porém pesquisas conduzidas nos últimos vinte anos sobre os processos de tomada de decisão mostram que a melhoria na qualidade das decisões pode ser alcançada através de treinamento e utilização de técnicas e metodologias estruturadas.

Os bons treinadores de um esporte reconhecem que um atleta sem treinamento tende a cometer erros característicos. Da mesma forma, os trabalhos realizados por pesquisadores sobre o processo de tomada de decisão mostram que tomadores de decisão não treinados apresentam alguns erros característicos, como, por exemplo, definir o problema com base na solução que sabe implementar ou deixar de coletar informações factuais importantes por excesso de confiança nas suas avaliações sobre o problema.

Da mesma forma que os treinadores esportivos desenvolvem técnicas para corrigir os erros mais freqüentes de seus atletas, os pesquisadores em tomada de decisão têm desenvolvido e aprimorado técnicas que permitem aos gestores atingir melhores resultados em suas decisões.

Janis (1989) destaca que "um processo de tomada de decisão que utiliza estratégias simplistas (regras afiliativas, regras emotivas, falta de estrutura organizacional no agrupamento das informações, ênfase na intuição, etc.) tem maior probabilidade de conduzir a resultados indesejáveis do que um processo decisório de alta qualidade".

Indubitavelmente, o processo de tomada de decisão é a tarefa mais difícil e essencial a ser realizada por um executivo. O próprio Napoleão Bonaparte, em suas Máximas de 1804, dizia: "Nada é mais difícil, portanto mais precioso, do que ser capaz de decidir".

10.1 As dificuldades para decidir

Herbert Simon, agraciado em 1978 com o Prêmio Nobel de Economia, cujas idéias já foram objeto de estudo no Capítulo 4, propôs as seguintes fases para o processo de decisão (SIMON, 1960): inteligência, concepção e escolha.

164   Qualidade e Competência nas Decisões

A fase da inteligência envolve a identificação do problema ou oportunidade. A fase da concepção refere-se à fase de definição ou identificação de alternativas que solucionam o problema ou oportunidade. A fase de escolha refere-se à seleção de uma alternativa ou combinação de várias alternativas.

Até recentemente, a fase de escolha era quase sempre feita intuitivamente e/ou também apoiada na análise de prós e contras das alternativas em consideração. Como a análise de prós e contras envolve fatores tangíveis e intangíveis, há a necessidade de se definir critérios de mensuração e uma metodologia para a priorização das alternativas em questão.

As decisões que dirigentes de governo ou de corporações enfrentam normalmente envolvem múltiplos critérios ou objetivos, com uma grande variedade de propósitos ou funções, muitos dos quais intangíveis ou que representam algum risco. Exemplos de critérios ou objetivos com que os gestores lidam são: maximizar lucro, superar a demanda do cliente, atender a satisfação dos funcionários, satisfazer os acionistas, minimizar custos de produção, cumprir as regulamentações do governo, minimizar os encargos, maximizar os bônus, etc.

Nestes casos, as decisões tornam-se difíceis, pois envolvem objetivos que competem entre si (por exemplo, satisfazer as regulamentações do governo "versus" minimizar os encargos) e quanto maior for o número de objetivos mais complexa será a decisão. Essas decisões requerem a execução de trocas compensadas (*trade-off*) para poder escolher a melhor opção dentre todas as possíveis. A execução de trocas compensadas entre os objetivos de uma decisão é um aspecto difícil e pouco compreendido na tomada de decisão, reforçando a necessidade da utilização de metodologias e técnicas estruturadas que permitam uma análise ampla sobre as opções disponíveis. Freqüentemente, várias pessoas estão envolvidas nestes processos de julgamento e elas normalmente não concordam plenamente.

Neste cenário algumas questões surgem, como: Quão suscetível é o resultado de uma diversidade de opiniões? Como especialistas deveriam tomar decisão? Como poderia ser tomada uma decisão através da interação, debate e consenso dos participantes, se não há especialistas reconhecidos?

As metodologias de análise multicritério permitem aos decisores compararem diversas alternativas analisando conjuntamente seus aspectos tangíveis, intangíveis, subjetivos e objetivos. Este tipo de análise permite a priorização das alternativas de forma transparente, levando em conta as preferências do tomador ou tomadores de decisão, facilitando o compartilhamento dos aspectos que conduziram à escolha de determinada alternativa e permitindo ao gestor explicar o processo que o levou a tal decisão.

Existem diversas metodologias multicritério, como AHP, Multi-attribute Utility Theory (MAUT), Multiple Criteria Decision Aiding (MCDA), Promethée, Macbeth, porém, nosso foco será o AHP, que é uma das metodologias mais difundidas mundialmente. O AHP (Analytic Hierarchy Process) ou Processo de Análise Hierárquica, desenvolvido por Thomas Saaty (1990), utiliza um modelo de decisão hierárquica com sólida base matemática. Esta metodologia oferece uma sistemática onde se pode colocar os elementos de um problema em forma hierárquica e, com base na utilização de julgamentos e preferências, estabelecer prioridades para tomada de ação.

A decisão dos gestores pode envolver fatores econômicos, políticos, técnicos, entre outros, e para se capturar toda a complexidade de tais decisões é imprescindível que haja, na fase de construção do modelo, o envolvimento e participação da equipe responsável pela tomada de decisão. A metodologia AHP foi desenvolvida justamente para fazer frente a estes desafios.

10.2 Histórico do AHP

O Analytic Hierarchy Process (AHP) foi desenvolvido nos Estados Unidos na Wharton School of Business, pelo Prof. Dr. Thomas Saaty, que assim descreve o histórico da metodologia: "Esta teoria tem suas origens no outono de 1971, quando eu estava trabalhando no planejamento para o Departamento de Defesa. Sua adolescência ocorreu em 1972, num estudo para o racionamento de energia para indústrias. As origens da escala, que relaciona opiniões a números, remonta aos graves acontecimentos de junho/julho de 1972, no Cairo, enquanto eu analisava os efeitos do 'Sem Paz, Sem Guerra' sobre a situação econômica, política e militar do Egito".

A maturidade aplicativa da teoria surgiu com o Estudo dos Transportes do Sudão, em 1973, que ele dirigia. Seu enriquecimento teórico veio ocorrendo durante um longo caminho, intensificando-se entre 1974 e 1978. Suas aplicações até agora foram variadas e bem-sucedidas.

Atualmente a metodologia está estruturada em *software* (Decision Lens®) e é aplicada em: TQM, alocação de recursos, avaliação de funcionários, estratégia de marketing, decisões em grupo, gestão de conflitos, análise custo/benefício, formulação e avaliação de políticas, seleção de fornecedores, análise de crédito, entre outras áreas. São usuários desta metodologia órgãos empresariais e governamentais no Brasil e no exterior.

O método foi utilizado com grande sucesso pela IBM no Projeto Application System/400 (AS/400), pois, segundo descrição realizada no livro "The Silverlake Project", o uso da AHP auxiliou a empresa a ganhar o "Malcolm Baldrige Quality Award". Outras aplicações de destaque são: engenharia avançada da GM, pesquisa e desenvolvimento da Xerox, planejamento estratégico na 3M, diagnósticos e tratamentos no Rochester General Hospital, etc.

No Brasil, existem inúmeras empresas que utilizam esta metodologia, dentre as quais podemos destacar a Embratel, onde o método foi introduzido em 1986, sendo empregado no julgamento de licitações e no planejamento estratégico.

10.3 Processo de análise hierárquica

Segundo Saaty (1991), esta teoria reflete o que parece ser um método natural de funcionamento da mente humana. Ao defrontar-se com um grande número de elementos, controláveis ou não, que abrangem uma situação complexa, ela os agrega em grupos. Este modelo procura mimetizar a função cerebral humana, que, através da repetição desse processo, agrupa elementos segundo suas propriedades comuns, criando um novo elemento em um nível superior de agregação. Esses elementos, por sua vez, podem ser agrupados segundo um outro conjunto de propriedades, gerando os elementos de outro nível "mais elevado", até se atingir um único elemento "máximo", que muitas vezes pode ser identificado como o objetivo ou meta do processo decisório.

O processo que acabou de ser descrito é em geral denominado hierarquia, isto é, um sistema de níveis estratificados, cada um constituído de diversos elementos ou fatores. A Figura 10.1 apresenta a estrutura básica de um processo hierárquico de decisão.

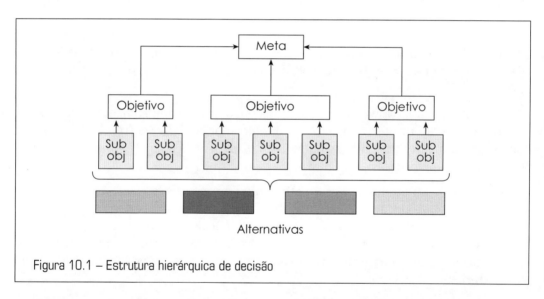

Figura 10.1 – Estrutura hierárquica de decisão

Esta estrutura apresenta um objetivo ou meta que pode ser alcançado através da adoção de distintas alternativas. A seleção da melhor alternativa para se atingir o objetivo pode ser bastante complexa, principalmente quando se tem um grande número de alternativas ou quando temos objetivos conflitantes, como por exemplo, quando quero comprar o carro usado em melhor estado de conservação pagando o menor preço possível. Neste caso deve ser feita uma análise comparativa, tanto das alternativas (carros) como dos critérios (importância relativa do preço e estado de conservação).

O Processo de Análise Hierárquica (AHP) auxilia o tomador de decisão em dois processos básicos e importantes, primeiramente no entendimento de suas preferências e como estas levaram a uma determinada escolha. Em segundo lugar, na documentação do processo de escolha, permitindo-se justificar a seleção de determinada alternativa. Este procedimento é bastante útil quando se necessita justificar determinada decisão para níveis hierárquicos superiores e essencial em licitações públicas, onde determinadas escolhas, se contestadas, precisam ser justificadas diante de órgãos de regulação.

Um dos pontos fortes deste processo é, então, permitir a documentação e sistematização do processo de escolha, permitindo-se justificar a adoção de uma determinada alternativa através da explicitação dos critérios considerados e do processo de escolha.

Verificamos na Figura 10.1 que, para atingir a meta, alguns critérios serão avaliados e estes, por sua vez, podem ser formados por subcritérios. Por exemplo, tendo como meta uma carreira de sucesso e buscando novas oportunidades, podemos nos encontrar em uma situação onde teremos que considerar duas propostas de emprego (alternativas). A escolha poderá ser feita pela sua comparação com base em critérios que consideramos importantes, como, por exemplo, solidez da empresa, plano de carreira e nível de crescimento da empresa.

No contexto deste tipo de problema, a questão central, em termos da hierarquia, é determinar com que peso os fatores individuais do nível mais baixo da hierarquia influenciam o objetivo geral. No nosso exemplo, qual o peso que cada critério como solidez, plano de carreira e nível de crescimento influenciam no desenvolvimento de uma carreira de sucesso.

Como esta influência não é necessariamente uniforme em relação aos fatores, o método permite explicitar-se suas intensidades ou prioridades. Assim, o processo de tomada de decisão refletirá as preferências do tomador de decisão ou do grupo envolvido na decisão, pois explicita suas preferências particulares em relação ao contexto da decisão.

Imaginemos duas pessoas que tenham recebido semelhantes propostas de emprego. Supondo que trabalhem em uma empresa sólida com bons benefícios e previsibilidade de carreira. A oportunidade é para trabalhar em uma empresa menor, com um salário menor, porém em rápido crescimento e com possibilidades de rápida ascensão na carreira e ganhos futuros consideráveis. Ao avaliar o risco desta troca, diferentes profissionais tomariam decisões diferentes, por exemplo, um jovem profissional em início de carreira e ambicioso poderia aceitar imediatamente o desafio, enquanto outro profissional com muitos anos de carreira, divorciado (tem que pagar pensão para a ex) e com filhos na faculdade, pode encarar esta mudança como demasiadamente arriscada. Assim, diferentes tomadores de decisão valorizam critérios de forma distinta e o mesmo tomador de decisão em diferentes situações também valorizará critérios de forma distinta. O poder deste tipo de metodologia se mostra na explicitação das preferências do tomador de decisão, permitindo-lhe escolher a alternativa que melhor atenda aos objetivos no contexto em que está tomando a decisão. O que seria uma boa escolha no passado pode atualmente não o ser, devido à mudança de contexto ou das preferências do tomador de decisão.

A determinação das prioridades dos fatores mais baixos, com relação ao objetivo, pode reduzir-se a uma seqüência de problemas de prioridade, um para cada nível, sendo que cada um desses problemas de prioridade pode ser resolvido através de uma seqüência de comparações por pares. Essas comparações representam o ingrediente central da metodologia AHP.

Os usuários da metodologia consideram que o processo capta a sua compreensão intuitiva de um problema. Além disso, os limites psicológicos parecem estar em consonância com as condições para a estabilidade matemática dos resultados.

Para ilustrar este processo, vamos utilizar o exemplo da escolha de compra de um carro. Estão sendo consideradas quatro opções: Xsara, Corolla, Vectra e Honda. Digamos que para a escolha do carro o tomador de decisão utilizará os seguintes critérios: preço, qualidade, prestígio e manutenção.

Enquanto o preço é um critério objetivo que é obtido diretamente do mercado, a qualidade precisa ser explicitada. Por exemplo, nosso tomador de decisão pode estar considerando como qualidade a freqüência de quebra, a segurança, o desempenho, o design e o conforto. O prestígio é um critério intrínseco ao tomador de decisão, em que explicitará sua percepção de prestígio de cada uma das marcas em seu contexto social. O critério manutenção ou custos de manutenção será avaliado com base nas condições de garantia, economia de combustível e nos serviços representados pelo tempo de reparo e manutenção.

A estrutura hierárquica poderia ser representada como mostrado na Figura 10.2.

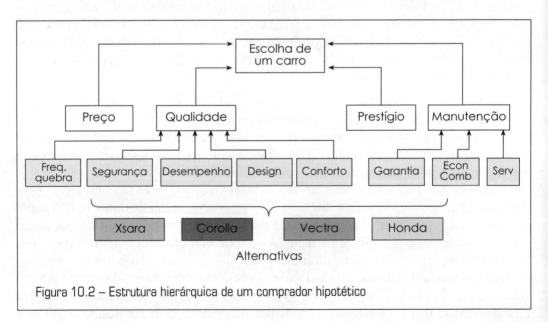

Figura 10.2 – Estrutura hierárquica de um comprador hipotético

Para se fazer a escolha, é preciso desenvolver a noção de prioridade e medidas necessárias para se representar o grau de importância de cada objetivo e de cada subobjetivo em relação ao objetivo a que está subordinado. Para tal, é feita uma comparação dos critérios dois a dois, procurando explicitar suas importâncias relativas. O método de comparação em pares deriva de julgamento, baseado no fato de que, enquanto é difícil justificar pesos arbitrariamente atribuídos, é relativamente fácil justificar julgamentos e a base (dados, conhecimento, experiência) para esses julgamentos.

Tomando como exemplo o critério qualidade, faz-se necessário julgar quais são as prioridades dos subcritérios deste critério para se poder explicitar as intensidades. Para este julgamento, utiliza-se uma escala de intensidades desenvolvida por Saaty, projetada para representar a intensidade da preferência ao se julgar alternativas e da importância ao se julgar critérios e subcritérios. Essa escala é apresentada na Tabela 10.1.

Tabela 10.1 – Escala de intensidades de Saaty

ESCALA NUMÉRICA	ESCALA VERBAL
1	Mesma importância
3	Importância moderada de um sobre o outro
5	Importância essencial ou forte
7	Importância muito forte
9	Importância extrema
2,4,6,8	Valores intermediários

Com a escala verbal, pode-se comparar dois a dois os subcritérios de um determinado critério e, a partir desse julgamento verbal, transformar as intensidades verbais em uma escala numérica, criando uma matriz de comparação dois a dois que é a base para o cálculo de priorização pelo método AHP.

Vamos supor que nosso tomador de decisão fosse comparar os quatro critérios principais: preço, qualidade, prestígio e manutenção. Digamos que para ele o preço seja fortemente mais importante que qualidade. Segundo nossa escala de intensidades, Tabela 10.1, teríamos que a relação entre preço e qualidade seria da ordem de 5 para 1 ou 5:1. A Tabela 10.2 apresenta o resultado das comparações feitas por nosso tomador de decisão hipotético.

Verificamos que o preço é fortemente mais importante que a qualidade, que a qualidade é moderadamente mais importante que o prestígio e assim sucessivamente.

Os julgamentos de subcritérios iguais não são necessários, pois seu valor é um, o que significa igual, implicando que a diagonal da matriz seja sempre um. Uma vez realizado o julgamento dos pares indicados na parte superior da matriz, os demais julgamentos na parte inferior não serão necessários, pois consideram-se os inversos dos valores votados. Por exemplo, para qualidade × preço, o resultado será 1:5, que é o inverso de preço × qualidade.

Tabela 10.2 – Julgamentos do comprador do carro

	Preço	Qualidade	Prestígio	Manutenção
Preço	1:1	5:1	4:1	4:1
Qualidade		1:1	3:1	3:1
Prestígio			1:1	4:1
Manutenção				1:1

Com base na votação apresentada na Tabela 10.2, o método permite a determinação das importâncias relativas dos critérios. Por exemplo, utilizando o *software* Decision Lens® (www.decisionlens.com), podemos obter as importâncias relativas, para o tomador de decisão, dos quatro critérios avaliados. A Figura 10.3 apresenta estes resultados. Para maiores informações sobre como são feitos estes cálculos, consulte Saaty (1991).

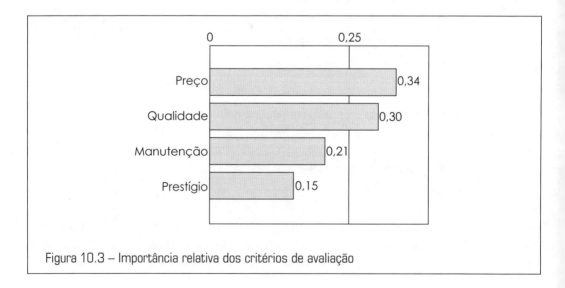

Figura 10.3 – Importância relativa dos critérios de avaliação

Temos, assim, uma escala de importâncias relativas para os quatro principais critérios considerados. Verificamos que preço é o mais importante para o nosso tomador de decisão, apresentando uma intensidade de 0,34, qualidade é o segundo critério mais importante e assim por diante.

9. Decisões Multicritério   171

Feita esta avaliação dos critérios de nível mais alto, passa-se para a avaliação dos subcritérios que porventura venham a compor estes critérios. Em nosso exemplo, analisaremos o critério qualidade, que é composto por cinco sub-critérios, a saber: segurança, freqüência de quebra, desempenho, design e conforto.

Digamos que nosso tomador de decisão, quando comparasse os critérios segurança e freqüência de quebra, dissesse que segurança é fortemente mais importante que a freqüência de quebra. Continuando o processo, ele poderia comparar os critérios segurança e desempenho e que neste caso ele julgasse que o desempenho é moderadamente mais importante que a segurança. Como feito com os critérios principais, podemos transformar o julgamento qualitativo do tomador de decisão em uma escala de intensidade, assumindo que a relação entre segurança e freqüência de quebra é de 5:1 e que a de segurança e desempenho é de 1:3. Os julgamentos do comprador do carro poderiam ser conforme mostrado na Tabela 10.3.

Tabela 10.3 – Julgamento dos subcritérios de qualidade

	Segurança	Freq. Quebra	Desempenho	Design	Conforto
Segurança	1:1	5:1	1:3	5:1	5:1
Freq. Quebra		1:1	1:5	3:1	3:1
Desempenho			1:1	5:1	5:1
Design				1:1	1:1
Conforto					1:1

Com base nesta tabela e com os mesmos procedimentos usados para os critérios de nível mais alto, é possível calcular a importância relativa de cada um destes subcritérios para o tomador de decisão. Os resultados são apresentados na Figura 10.4

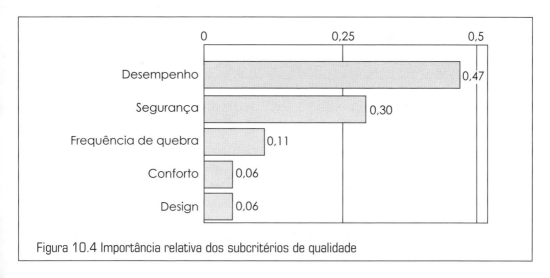

Figura 10.4 Importância relativa dos subcritérios de qualidade

Em nosso exemplo, temos que o desempenho representa 47% do critério qualidade, enquanto a segurança representa 30% e assim por diante.

Tendo sido feito este processo de explicitação das importâncias relativas dos critérios de escolha para todos os subcritérios existentes, passa-se para a segunda etapa, em que é feita a avaliação de quanto cada uma das alternativas atende aos critérios considerados. Esta avaliação pode ser feita comparando duas a duas as alternativas frente a cada um dos critérios ou utilizando uma escala de *ratings*.

A comparação dois a dois é feita de forma semelhante àquela utilizada na comparação dos critérios. Por exemplo, nosso tomador de decisão poderia comparar o Honda e o Xsara quanto ao critério estilo e dizer que o Honda é fortemente melhor que o Xsara. Procedendo-se assim, teríamos uma matriz de comparação com estrutura semelhante àquela apresentada anteriormente na comparação dos critérios.

O procedimento alternativo e que utilizaremos aqui será a criação de uma escala de *ratings*. Para fins didáticos, criaremos escalas iguais para todos os critérios avaliados com iguais intensidades relativas. Teremos, então, para cada critério, uma avaliação correspondente a quatro níveis: excelente, bom, regular e ruim. Associaremos peso 1 para excelente (atende plenamente ao critério), peso 0,8 para bom (atende 80% do critério), 0,5 para regular e 0,2 para ruim, conforme apresentado na Figura 10.5. O método de *ratings* permite associar cada nível de avaliação a um valor especificado pelo tomador de decisão.

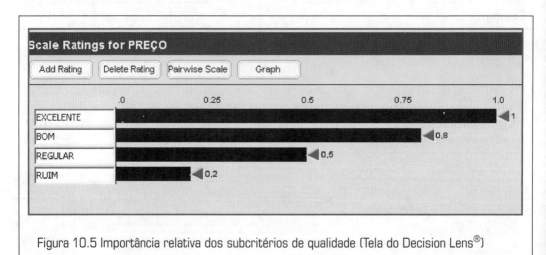

Figura 10.5 Importância relativa dos subcritérios de qualidade (Tela do Decision Lens®)

Criada a escala, passa-se à avaliação de quanto cada uma das alternativas atende a cada um dos critérios sob avaliação. Por exemplo, nosso tomador de decisão, avaliando o critério Preço, poderia atribuir o *rating* de excelente ao Xsara, por ser o mais barato, e regular para o Honda, que é o mais caro. Da mesma forma, poderia avaliar o critério Prestígio e atribuir excelente para o Honda e regular para o Xsara. A Tabela 10.4 apresenta o que poderia ser a avaliação feita pelo nosso tomador de decisão hipotético.

Tabela 10.4 – Quanto as alternativas atendem a cada critério – Escala verbal

	Critério	Preço	Segurança	Freq.quebra	Desempenho	Design	Conforto	Prestígio	Garantia	Economia	Serviço
	Peso	0,34	0,09	0,03	0,14	0,02	0,02	0,15	0,09	0,07	0,05
Alternativa	XSARA	Excelente	Regular	Bom	Ruim	Bom	Bom	Regular	Regular	Bom	Regular
	HONDA	Regular	Excelente	Bom	Excelente	Excelente	Excelente	Excelente	Excelente	Excelente	Excelente
	VECTRA	Regular	Bom	Bom	Bom	Regular	Bom	Bom	Bom	Regular	Regular
	COROLLA	Bom	Excelente	Excelente	Excelente	Bom	Excelente	Bom	Excelente	Excelente	Excelente

Perceba-se que a cada critério está associado um peso. Para os critérios de nível mais alto, Preço e Prestígio, estes valores são 0,34 e 0,15 respectivamente. Estes valores são os mesmos apresentados na Figura 10.3 e representam sua importância relativa frente aos demais critérios. O cálculo para os subcritérios se faz multiplicando seu peso pelo peso do critério de nível superior do qual faz parte. Por exemplo, para calcularmos o peso do subcritério Desempenho, multiplicamos seu peso (0,47) pelo peso do critério Qualidade (0,30), do qual faz parte, resultando 0,14, ou seja, ele representa 47% de um critério que tem peso de 30%.

Utilizando a escala de *ratings* criada pelo tomador de decisão, é possível atribuir valores aos critérios de intensidade explicitados na Tabela 10.4. Estes valores são apresentados na Tabela 10.5.

Tabela 10.5 – Quanto as alternativas atendem a cada critério – Escala numérica

	Critério	Preço	Segurança	Freq.quebra	Desempenho	Design	Conforto	Prestígio	Garantia	Economia	Serviço
	Peso	0,34	0,09	0,03	0,14	0,02	0,02	0,15	0,09	0,07	0,05
Alternativa	XSARA	1,0	0,5	0,8	0,2	0,8	0,8	0,5	0,5	0,5	0,8
	HONDA	0,5	1,0	0,8	1,0	1,0	1,0	1,0	1,0	1,0	1,0
	VECTRA	0,5	0,8	0,8	0,8	0,5	0,8	0,8	0,8	0,8	0,5
	COROLLA	0,8	1,0	1,0	1,0	0,8	1,0	0,8	1,0	1,0	1,0

Com base nesta tabela, é possível calcular o escore de cada uma das alternativas, permitindo priorizá-las. O *escore* é calculado como a média dos *ratings* atribuídos a cada critério, ponderados pelo peso dos critérios. Assim, o *escore* do Xsara é calculado como:

$$e_x = 1,0 * 0,34 + 0,5 * 0,09 + 0,8 * 0,03 + 0,2 * 0,14 + 0,8 * 0,02 + 0,8 * 0,02 + 0,5 *$$
$$0,15 + 0,5 * 0,09 + 0,5 * 0,07 + 0,8 * 0,05$$
$$e_x = 0,67$$

A Figura 10.6 apresenta o escore de todas as alternativas.

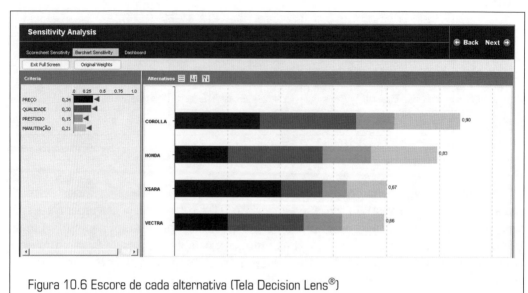

Figura 10.6 Escore de cada alternativa (Tela Decision Lens®)

Pela Figura 10.6 verificamos que, na concepção do nosso tomador de decisão, o Xsara é o que mais atende o critério Preço, porém é o que menos atende aos critérios Qualidade e Prestígio.

Agregando estas informações temos a priorização das alternativas. Assim, com base nos critérios estabelecidos pelo tomador de decisão, nos pesos relativos dos critérios fornecidos por ele e nas suas percepções sobre o quanto cada alternativa atende a cada critério, podemos dizer que para ele a melhor escolha seria o Corolla, a segunda melhor o Honda, a terceira o Xsara e a última o Vectra.

Portanto, a metodologia permitiu ao nosso tomador de decisão priorizar as alternativas com base em suas preferências, permitindo-lhe explicitá-las e explicar o processo de escolha que levou a determinada alternativa.

10.4 Caso: Gestão do portfólio de projetos

Cada vez mais, mensurar o alinhamento do *portfólio* de projetos com relação à estratégia corporativa é uma atividade crítica para as empresas. Seja no caso de avaliação de um *portfólio* de P&D (Pesquisa e Desenvolvimento), de Tecnologia de Informação, ou referente a outros tipos de *portfólio* de projetos.

Assim, a Gestão de *Portfólio* assume um papel importante na estratégia competitiva e, conseqüentemente, apresenta-se como fator impactante no resultado de longo prazo da empresa (COOPER; EDGETT; KLEINSCHMIDT, 2001). Na Gestão de *Portfólio*, um aspecto crítico é avaliar qual é o conjunto de projetos que maximiza a realização dos objetivos estratégicos.

A Gestão de *Portfólio* é um processo de decisão dinâmico através do qual uma carteira de novos projetos é constantemente atualizada. Este processo engloba a avaliação, seleção e priorização de novos projetos, bem como a revisão da prioridade, desaceleração ou eliminação de projetos em andamento (COOPER; EDGETT; KLEINSCHMIDT, 1998).

As dificuldades da implementação da Gestão de *Portfólio* estão ligadas às incertezas apresentadas pelas turbulências do mercado, pelas rápidas mudanças tecnológicas e pela utilização de recursos escassos compartilhados entre diversas áreas da empresa (EISENHARDT; MARTIN, 2000, EISENHARDT; BROWN, 1998). Para validar a exeqüibilidade do *portfólio,* alguns aspectos quanto à sua complexidade devem ser avaliados, como verificar se há disponibilidade de recursos humanos e infra-estrutura física para realização dos projetos. Também é necessário analisar os riscos envolvidos no *portfólio*, sendo que os de maior destaque são aqueles relativos à *performance* (conseguir o retorno esperado), ao custo (desvios nos custos do projeto), ao *schedule* (planejamento do tempo) e à cultura (quando a cultura da empresa pode gerar incertezas para a obtenção de resultados do projeto).

Há diversas metodologias para a Gestão de *Portfólio* e as mais apropriadas, como o AHP, pressupõem atividade de seleção periódica das propostas de projetos disponíveis e reavaliação dos projetos existentes e em fase de execução. Isso possibilita o atendimento dos objetivos estratégicos da empresa sem exceder os recursos disponíveis ou violar outras restrições do negócio, atendendo aos requisitos mínimos da organização de acordo com diferentes critérios (ARCHER; GHASEMZADEH, 1999). São exemplos desses requisitos: lucratividade potencial, aceitabilidade potencial, montante de investimentos e outros.

10.4.1 Demanda da área de TI da empresa

A seguir, é apresentado o caso ilustrativo sobre a utilização do AHP na Gestão de *Portfólio* do departamento de Tecnologia da Informação de uma empresa do setor alimentício. Esta empresa enviou as demandas de atividades ao seu departamento de Tecnologia da Informação, solicitando a composição de uma carteira de novos sistemas a serem desenvolvidos.

O foco de análise, a carteira de sistemas (novos desenvolvimentos), passará a ser denominado Projetos de TI. A priorização se faz necessária, uma vez que as demandas superam as capacidades de execução, tanto no que se refere aos recursos financeiros como aos recursos humanos.

Diante destas necessidades, foi adotada a metodologia AHP para a priorização da carteira de projetos, que foram avaliados em relação a seis critérios definidos como importantes pela área de Tecnologia da Informação. São eles:

- **Infra-estrutura** – Nível de necessidades de infra-estrutura tecnológica

- **Recursos Humanos** – Necessidade de especialização das pessoas que participarão no projeto

- **Complexidade da Solução** – Condições para conclusão do projeto
- **Alinhamento com as Diretrizes de TI** – Como o projeto ou seu produto final está alinhado com a estratégia da área de TI da empresa
- **Abrangência da Solução** – Número de departamentos a serem atendidos pelo projeto
- **Premência do Projeto** – Urgência da área solicitante em relação ao resultado do projeto

A avaliação da efetividade de cada projeto foi realizada através da aplicação da metodologia AHP operacionalizada através do *software* Decision Lens® (www.decisionlens.com). A estrutura é apresentada na Figura 10.7

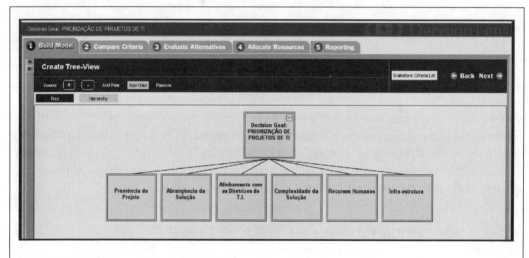

Figura 10.7 Estrutura hierárquica (Tela do *software* Decision Lens®)

Considerando um cenário de dois anos, definido pela empresa, estes critérios foram comparados aos pares, como no caso da escolha do carro, descrito em 10.3. A questão colocada aos decisores foi: "Qual critério é mais importante considerando um período de dois anos e qual a intensidade de sua importância?" A intensidade da importância é dada aplicando-se a escala verbal descrita na Tabela 10.1.

O resultado dos pesos relativos dos critérios votado pelo grupo decisor é apresentado na Figura 10.8.

A metodologia AHP oferece outro produto que é o índice de inconsistência dos pesos dados aos critérios, apresentado na Figura 10.8, como *Current inconsistency*. A inconsistência pode ser exemplificada como: se o critério "A" é considerado 2 vezes mais importante que o critério "B" e o critério "B" duas vezes mais importante que o critério "C", então o critério "A" deve ser 4 vezes mais importante que o critério "C". Se isso não ocorrer, houve uma inconsistência na avaliação feita pelos decisores. É usual se aceitar uma inconsistência de até 10%. No caso acima, a inconsistência foi de 0,078 ou 7,8%, o que é aceitável. Para maiores detalhes sobre os procedimentos metodológicos para o cálculo da inconsistência, vide Saaty (1991, p. 60-71).

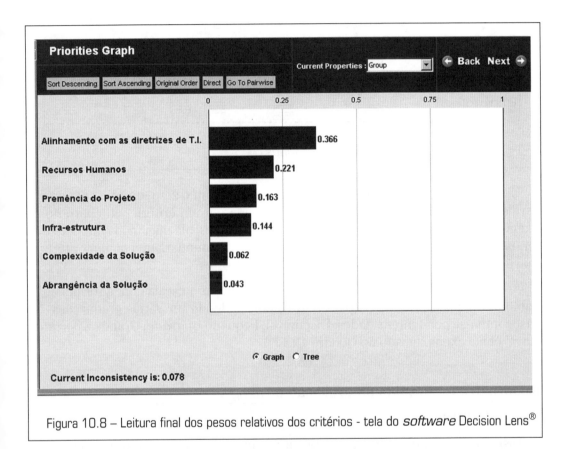

Figura 10.8 – Leitura final dos pesos relativos dos critérios - tela do *software* Decision Lens®

Na prática, a inconsistência serve como um sinalizador do nível de entendimento e alinhamento dos decisores. Se o resultado final dos pesos relativos dos critérios representa a visão dos decisores e a inconsistência não ultrapassa demasiadamente os 10%, o resultado pode ser considerado aceito.

Ao se comparar os critérios dois a dois, os decisores puderam enxergar claramente os pesos relativos dos critérios. A comparação aos pares apresentou o critério "Alinhamento com as diretrizes de TI" como um fator muito importante para a realização dos projetos, elevando assim o seu peso relativo.

Definidos os pesos relativos dos critérios e subcritérios, é importante a definição das escalas de cada um deles, conhecidas como *ratings*; elas irão estabelecer o quanto cada projeto está atendendo cada critério ou subcritério. As escalas devem ser simples de usar e bem definidas. A Figura 10.9 apresenta esquematicamente esta estrutura.

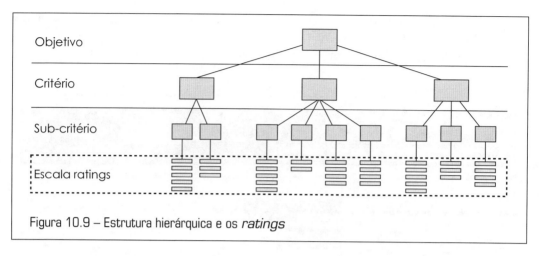

Figura 10.9 – Estrutura hierárquica e os *ratings*

Optou-se por criar escalas de *ratings* que continham o zero, ou seja, foi possível verificar que há projetos que não impactam nada em um critério, ao contrário do exemplo de compra do carro. Caso se utilizasse uma escala iniciando com outro valor, não seria possível verificar quantos projetos não atenderiam a algum critério, o que é importante para a gestão de *portfólio* de projetos.

Ao se definir uma escala de *ratings*, deve-se aplicar a escala com a terminologia habitual e a mais confortável para o avaliador, podendo ter várias graduações. No caso, optou-se por 4 intensidades: Disponível, Pequeno *upgrade*, Grande *upgrade* e Nova, como exemplificado no Quadro 10.1.

Quadro 10.1 – Escalas de avaliação e *rating*

Escala de ratings
• Disponível – A infra-estrutura necessária já existe e não requer alterações • Pequeno *upgrade* – A infra-estrutura requer um pequeno *upgrade* para atender às necessidades do projeto • Grande *upgrade* – A infra-estrutura deve sofrer um grande *upgrade* para atender às necessidades do projeto • Nova – A infra-estrutura tecnológica deve ser desenvolvida e implementada, para ser possível executar o projeto.

O valor de cada intensidade foi definido comparando-se as intensidades duas a duas. Isto é, questionou-se quanto uma infra-estrutura disponível é mais importante que uma infra-estrutura que precisa de pequeno *upgrade*. Este processo foi repetido até se comparar todas as intensidades entre si.

O *software* Decision Lens® forneceu os valores mostrados na Figura 10.10.

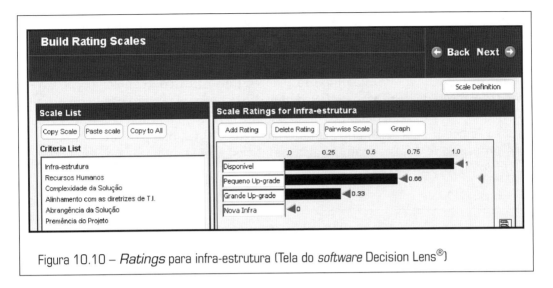

Figura 10.10 – *Ratings* para infra-estrutura (Tela do *software* Decision Lens®)

Nestas condições, sendo a Infra-estrutura um critério com o peso de 14,4% em relação aos outros critérios, conforme indicado na Figura 10.8, um projeto que necessite de um Pequeno *upgrade* receberá uma intensidade de 0,66, que, multiplicada por 14,4%, dará ao projeto avaliado um total de 9,504% (resultado de 14,4% * 0,66).

Ao se compor os resultados das avaliações de todos os projetos, obteve-se o valor da "Efetividade de cada projeto", representando o quanto cada projeto está atendendo a cada critério ou subcritério, conforme mostra a Figura 10.11, que apresenta uma primeira análise global do *portfólio* e sua contribuição para cada critério.

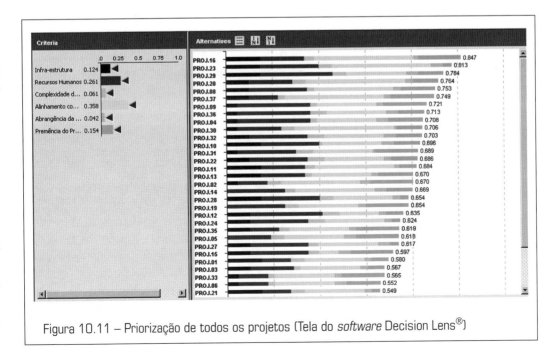

Figura 10.11 – Priorização de todos os projetos (Tela do *software* Decision Lens®)

Outra análise interessante a ser feita é a avaliação da dimensão de risco da carteira de projetos, a qual chamamos de Chance de Sucesso (dimensão risco) dos projetos.

Construímos uma árvore composta pelos critérios: Risco Tecnológico, Risco de *Schedule*; Risco de RH; Risco de *Performance* (o risco do projeto não gerar o retorno esperado). Feito isso, pudemos obter o gráfico analítico da Efetividade do Projeto versus Chance de Sucesso, apresentado na Figura 10.12, que permite analisar com mais propriedade quais seriam as ações efetivas para se otimizar os resultados do *portfólio* de projetos.

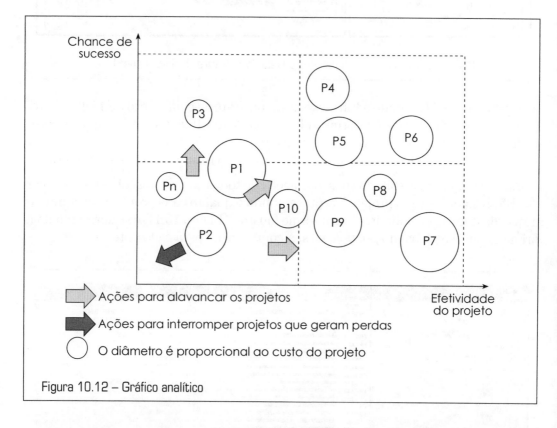

Figura 10.12 – Gráfico analítico

Neste gráfico, podemos identificar o posicionamento global dos projetos, permitindo analisar o volume dos recursos financeiros alocados em projetos de alta efetividade e alta chance de sucesso, bem como a mesma análise referente aos recursos alocados em projetos com baixa efetividade e pouca chance de sucesso. Neste segundo caso, por exemplo, o projeto P2 no gráfico acima deverá ser alavancado para uma posição melhor de efetividade ou chance de sucesso; isto será feito através da redefinição de seu escopo ou de seu cronograma. Após esta alavancagem, devemos verificar se ele se aloca em uma posição mais favorável ou deverá ser descontinuado.

10.5 Conclusão

Nas empresas que aplicam a metodologia AHP, começa a ser criado um conceito de qualidade do processo decisório, viabilizando a implementação de um ciclo PDCA, conforme visto em 6.3, ou ciclo de Deming, no processo decisório.

Invariavelmente, os ganhos vivenciados pelos usuários da metodologia AHP têm sido:

- Definir de forma quantificada a priorização dos projetos em função das complexidades, urgências, benefícios, oportunidades, custos e riscos;

- Avaliar de forma justificável as necessidades de recursos;

- Realizar otimização com modelos de programação linear para otimizar a alocação de recursos (humano e capital) em função dos objetivos estratégicos;

- Simular em tempo real as estratégias alternativas;

- Eliminar, de forma justificável, projetos não-produtivos, antes que eles esgotem recursos valiosos;

- Repetir o processo decisório, criando-se um processo estável;

- Reduzir considerável tempo – viabiliza obter resultados em poucas semanas.

Aplicando esta metodologia na gestão de *portfólio* de projetos, na seleção de fornecedores ou na análise de investimentos para bancos, indústrias e instituições governamentais, verificamos que os decisores sentem maior confiabilidade na decisão realizada pelo grupo.

O julgamento para a definição de pesos ou prioridades dos subcritérios permite a documentação do processo, bem como a justificativa da escolha de determinada alternativa. A possibilidade de estruturar e documentar o modelo mental aplicado pelo grupo envolvido na decisão facilita a comunicação da importância dos critérios e homogeneíza o entendimento do problema.

Referências

- ARCHER, N. P.; GHASEMZADEH, M. An integrated framework for project management portfolio selection. *International Journal of Project Management*, v. 17, n. 4, p. 207-216, 1999.

- BAUER, Roy A., *et all. The Silverlake Project: Transformation at IBM*. NY: Oxford, 1992.

- COOPER, Robert G.; EDGETT, Scott J.; KLEINSCHMIDT, Elko J. *Portfolio managent for new products*. NY: Perseus Books, 1998.

182 Qualidade e Competência nas Decisões

- _____. Portifolio management for new product development: results of an industry. *R&D Management*, v. 31, n. 4, p. 361-380, 2001.

- EISENHARDT, Kathleen M.; BROWN, Shona L. Time pacing: competing in markets that won't stand still. *Harvard Business Review*, p. 59-69, March-April, 1998.

- EISENHARDT, Kathleen M.; MARTIN, Jeffrey A. Dynamic capabilities: what are they? *Strategic Management Journal*, v. 21, n. 10-11, p. 1105-1121, 2000.

- JANIS, Irving L. *Crucial decisions*. NY: Free Press, 1989.

- SAATY, Thomas L. *Multicriteria decision making: the analytic hierarchy process*. 2. ed. NY: RWS Publications, 1990.

- _____. *Método de análise hierárquica*. São Paulo: MacGraw-Hill, 1991.

- SIMON, Herbert A. *The new science of management decision*. NY: Prentice Hall, 1960.

11 DECISÕES SOB INCERTEZA

Pedro Luiz de Oliveira Costa Neto

Neste capítulo serão discutidas situações em que a decisão deve ser tomada quando há incerteza quanto à realidade do cenário em que a decisão ocorre. Existe uma natureza da realidade que pode corresponder a duas ou mais possibilidades e o decisor não tem certeza quanto a qual dessas possibilidades de fato é verdadeira. Admitir-se-á que, quando muito, ele possa representar essa sua incerteza através de atribuições de probabilidades às possíveis realidades, ou possíveis "estados da natureza".

Nessas condições, será apresentado um modelo de decisão baseado em uma ferramenta eminentemente prática, denominada "árvore de decisão", adotando-se a metodologia apresentada e aprofundada em Bekman & Costa Neto (1980), na qual também podem ser encontrados os fundamentos probabilísticos em que o modelo se embasa. Entretanto, considera-se que o desenvolvimento baseado nas árvores de decisão é suficientemente claro para se tornar inteligível por si só. Os conceitos e operações relacionados com o método apresentado serão desenvolvidos juntamente com a apresentação do exemplo ilustrativo que segue.

11.1 O problema decisório

Seja a situação representada na Tabela 11.1, em que um decisor deve optar por uma dentre quatro ações a_1, a_2, a_3 e a_4 que podem levar aos resultados (em princípio financeiros, em alguma unidade monetária) representados na tabela em função de dois possíveis estados da natureza: F = favorável e D = desfavorável. Mediante avaliações previa-mente feitas, o decisor atribui a essas duas possíveis realidades probabilidades respectivamente 0,6 e 0,4 de serem verdadeiras[*].

Tabela 11.1 – O problema decisório

Probabilidade	Ação				Probabilidade
	a_1	a_2	a_3	a_4	
F	800	500	–50	780	0,6
D	–400	–80	150	–420	0,4

[*]Imagina-se que essas probabilidades possam ter sido atribuídas subjetivamente ou como um consenso, em que se busca reduzir o grau de subjetividade.

184 Qualidade e Competência nas Decisões

a) Qual a ação que maximiza o ganho esperado?

b) Qual o valor esperado da informação perfeita – VEIP? Como interpretar esse valor?

c) Como fazer no caso de haver experimentação?

d) Como fazer quando há considerações de risco?

Passemos a responder a essas questões.

a) O ganho esperado é calculado com base no conceito de média, ou valor médio, ou valor esperado, ou expectância de uma variável discreta[*], conforme

$$E(x) = \sum x_i P(x_i) \qquad (11.1)$$

No caso, basta multiplicar, para cada ação, os valores possíveis pelas suas probabilidades e somar, conforme mostrado na Tabela 11.2. Nessa tabela, a ação a_4 foi desconsiderada por dominância, conforme apresentado em 2.3, por ser claramente inferior a a_1, podendo, portanto, ser descartada. Vê-se que a ação que maximiza o ganho esperado é a_1 e esse ganho esperado máximo é 320.

Tabela 11.2 – Valores esperados

Realidade	Ação			Probabilidade
	a_1	a_2	a_3	
F	800	500	– 50	0,6
D	– 400	– 80	150	0,4
E_i	320	268	30	

É importante notar que este é um valor médio, servindo, no caso, como base para a decisão. Na verdade, com a ação a_1 ou se ganharão 800 ou se perderão 400, dependendo de qual venha a se revelar a realidade.

O critério da maximização do valor esperado é um dentre outros possíveis critérios de decisão, mas é com freqüência adotado por sua racionalidade.

Ao invés de representar o problema conforme feito na Tabela 11.1, poderíamos fazê-lo na árvore de decisão apresentada na Figura 11.1. Esta representação será útil na seqüência da solução. Trata-se de uma ferramenta bastante apropriada para analisar situações em que há mais de um estágio possível de ocorrer. Na árvore de decisão, há nós de probabilidade (o), onde o acaso intervém, e nós de decisão ( ), onde o decisor opta pela melhor alternativa.

---

[*]Para maiores informações, ver, por exemplo, Costa Neto & Cymbalista (2005).

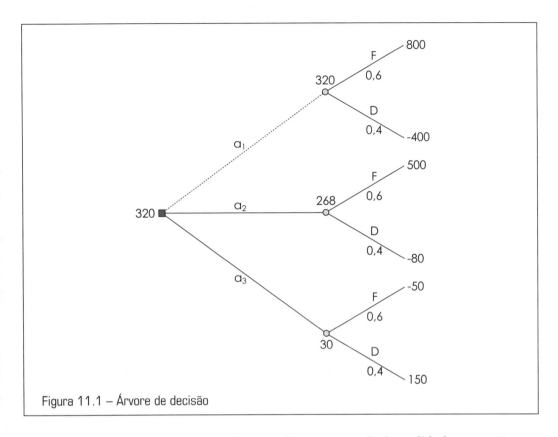

Figura 11.1 – Árvore de decisão

Nessa árvore, estão representados os valores, as possíveis realidades, as ações e a ação ótima. "Resolver" uma árvore de decisão consiste em analisá-la da direita para a esquerda: a cada nó de probabilidade, se calcula o valor esperado e se atribui a esse nó; a cada nó de decisão, se opta pela melhor alternativa[*], transferindo o seu valor para esse nó.

b) O conceito de valor esperado da informação perfeita – VEIP pressupõe que essa clarividência, em existindo, tenha um valor que representa a diferença dos ganhos esperados com e sem essa vantagem. Ter a clarividência significa saber a realidade antes de tomar uma decisão.

Como seria a árvore nessa condição? Para efeito de chegarmos ao VEIP, devemos imaginar a situação em que o decisor saiba que dispõe da clarividência, mas ainda não tem acesso a ela, conforme mostrado na Figura 11.2.

---

[*]Identificada nas figuras por linhas pontilhadas.

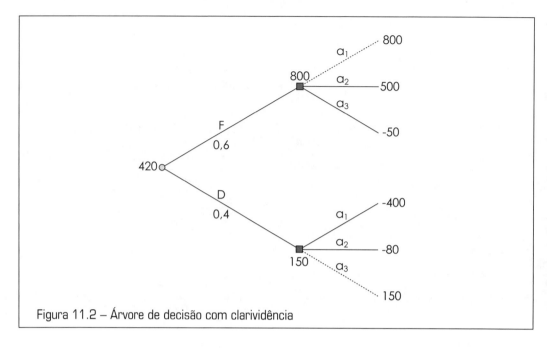

Figura 11.2 – Árvore de decisão com clarividência

Logo, o ganho esperado sabendo que se contará com a clarividência (ou informação perfeita) é 420 e

$$VEIP = 420 - 320 = 100$$

Este valor pode ser interpretado como o limite máximo para o que se possa pensar em pagar por qualquer tipo de informação que venha a subsidiar a decisão. Como informação perfeita é, na verdade, uma utopia, vamos ver a seguir como fica o problema usando uma experimentação sujeita a erros.

c) Suponhamos um experimento com as características mostradas na Tabela 11.3, onde "F" significa indicação favorável à realidade pelo experimento e "D" significa indicação desfavorável. A tabela dá as probabilidades das respostas do experimento condicionadas às possíveis realidades.

Tabela 11.3 – Probabilidades condicionadas

Realidade	Resposta	
	"F"	"D"
F	0,75	0,25
D	0,15	0,85

Se multiplicarmos as linhas dessa tabela pelas respectivas probabilidades de ocorrência de F e D (0,6 e 0,4), chegamos à distribuição bidimensional das possíveis combinações de respostas e realidades, mostrada na Tabela 11.4.

Tabela 11.4 – Distribuição bidimensional

Realidade	Resposta		
	"F"	"D"	Total
F	0,45	0,15	0,60
D	0,06	0,34	0,40
Total	0,51	0,49	1

A coluna vertical de totais reconstitui as probabilidades atribuídas a F e D e, na linha horizontal de totais, aparecem as probabilidades incondicionais, ou probabilidades totais[*], independentes de qual sejam os resultados "F" e "D".

Ora, a Tabela 11.3 dá as probabilidades dos resultados do experi-mento condicionadas às possíveis realidades, como, por exemplo, usando a simbologia usual das probabilidades condicionadas, P ("F" l D) = 0,15. Para poder construir a árvore de decisão do problema com o experimento, precisamos ter as chamadas proba-bilidades das causas, ou seja, as probabilidades das possíveis realidades condicionadas aos resultados do experimento. Isto é feito simplesmente por meio da Tabela 11.4, dividindo as probabilidades bidimensionais pelos respectivos totais referentes aos resultados[**]:

$$P(F \mid "F") = \frac{0,45}{0,51} = 0,882 \qquad P(F \mid "F") = \frac{0,15}{0,49} = 0,306$$

$$P(D \mid "F") = \frac{0,06}{0,51} = 0,118 \qquad P(D \mid "F") = \frac{0,34}{0,49} = 0,694$$

Podemos agora construir a árvore de decisão com o experimento, mostrada na Figura 11.3. obedecendo à ordem cronológica em que os fatos se revelam para o decisor.

Da árvore resolvida, tiramos que a estratégia ótima com este experimento é:

$$Se \ "F" \rightarrow a_1$$
$$Se \ "D" \rightarrow a_2$$

e o valor do experimento é:

$$VE = 383,6 - 320 = 63,6,$$

ou seja, se o decisor puder realizar esse experimento por um custo inferior a 63,6, ele será, em princípio, interessante.

---

[*] O que foi feito equivale a aplicar o chamado Teorema da Probabilidade Total, do Cálculo de Probabilidades.

[**] Isto equivale a aplicar o Teorema de Bayes, ou Teorema das Probabilidades das Causas, do Cálculo de Probabilidades.

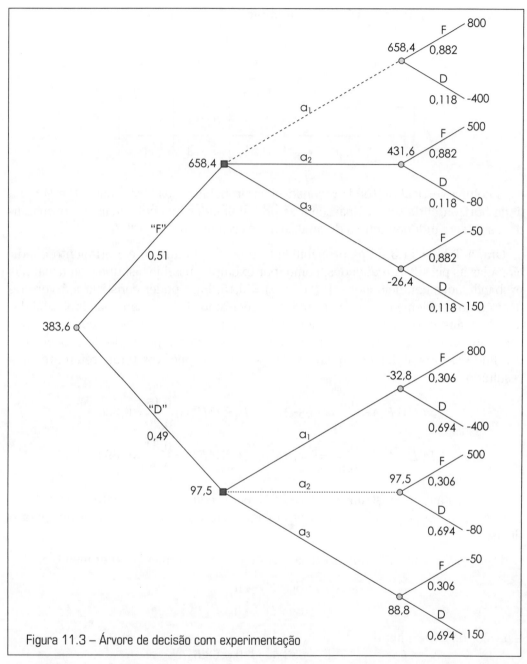

Figura 11.3 – Árvore de decisão com experimentação

d) O critério de maximização do valor esperado não entra em considerações de risco. O risco, entretanto, está quase sempre entre as preocupações dos decisores, seja como indivíduos, seja como gestores empresariais.

No presente problema, a opção pela ação a_1 foi recomendada pelo critério adotado, mas ela embute o risco considerável de uma perda de 400. Já na ação a_2, embora com possível ganho menor, o risco envolvido é bastante menor, perder 80, o que poderia sensibilizar um decisor com essa preocupação.

Um decisor pode ser averso, indiferente ou propenso ao risco, sendo a primeira dessas atitudes a mais freqüentemente encontrada. Quando fazemos o seguro do nosso carro, estamos decidindo pela ação menos adequada à luz do critério do valor esperado, pois este nos será certamente negativo, já que deve ser positivo para a seguradora, que retira daí suas receitas. Logo, pelo critério do valor esperado, a melhor decisão seria não fazer o seguro e assumir o risco, mas, na verdade, queremos nos livrar da possibilidade de perder o carro e ficar a ver navios, a pé. Nossa aversão ao risco nos leva a transferi-lo à seguradora mediante um pagamento fixo.

O decisor indiferente ao risco, este sim, pode confiar suas decisões, sem mais, ao critério de maximização do valor esperado. Já o propenso ao risco é o típico jogador, que acredita na sorte. Estão aí os freqüentadores de cassinos, bingos, loterias e jogo do bicho, quase todos dos quais se dão estatisticamente mal. Um decisor desses seria capaz de, no presente problema, escolher a_1 não porque maximiza o valor esperado, mas porque acena com o melhor prêmio.

Na seqüência, veremos uma forma racional de lidar com a atitude perante o risco. Para maior detalhamento, sugerimos Bekman & Costa Neto (1980).

11.2 Teoria de Utilidade

Com esta teoria se procura modelar a questão das possíveis atitudes dos decisores perante o risco. Note-se que essa atitude é subjetiva, o que pode ser expandido para empresas e organizações, podendo ser influenciada por motivações personalísticas ou episódicas.

O que se fará é substituir os ganhos (ou perdas) quantitativos ou qualitativos por valores chamados utilidades que expressem a real preferência do decisor por esses resultados.

Será usada a seguinte simbologia:

A > B: A é preferível a B
A ~ B: A é equivalente a B
A < B: B é preferível a A

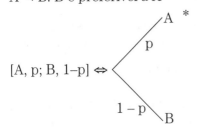

* Uma situação aleatória como esta será chamada genericamente de "loteria".

Devem ser válidos os seguintes axiomas, caso contrário o decisor seria inconsistente com a Teoria de Utilidade e esta não poderia ser aplicada à sua decisão:

- **Ordenabilidade**: A > B ou A ~ B ou A < B
- **Transitividade**: A > B, B > C → A > C
- **Continuidade**: Se A > B > C, então existe p, o < p < 1, tal que B ~ [A, p; C, 1 – p]
- **Substituibilidade**: Se A ~ B, então [A, p; C, 1 – p] ~ [B, p; C, 1 – p]
- **Redutibilidade**: [[A, p; B, 1 – p], q; B, 1 – q] ~ [A, pq; B, 1 – pq]
- **Monotonicidade**: Se A > B, então [A, p; B, 1 – p] > [A, q; B, 1 – q] se e somente se p > q

O axioma da redutibilidade pode ser mais facilmente entendido através da ilustração dada na Figura 11.4.

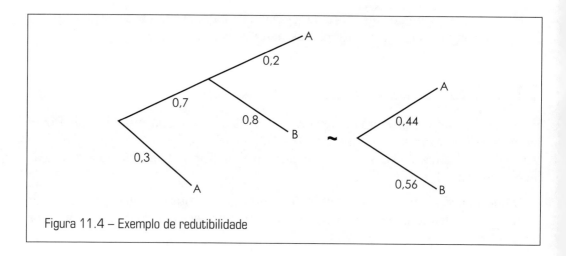

Figura 11.4 – Exemplo de redutibilidade

Define-se também o equivalente certo (EC) como sendo o valor fixo que é para o decisor equivalente a uma dada condição aleatória, ou seja,

$$[A, p; B, 1 – p] \sim EC$$

O passo seguinte é levantar a função de utilidade do decisor, através da qual os resultados do seu problema decisório serão substituídos pelas respectivas utilidades.

Vamos fazer isso no nosso exemplo contemplando a faixa de valores que nos interessa, de -400 a 800. Para tanto, associemos utilidade 1 ao valor 800 e utilidade 0 ao valor -400. A seguir, suponha-se que o decisor foi compelido a declarar qual o equivalente certo que o deixa indiferente quanto a uma loteria L_1 equiparável entre esses valores extremos, chegando-se à declaração de que esse valor é 0, ou seja,

$$L_1: [800, 0,5; –400, 0,5] \sim 0$$

$$\therefore (L_1) = u(0) = 0,5 \cdot u(800) + 0,5 \cdot u(–400) = 0,5 \cdot 1 + 0,5 \cdot 0 = 0,5$$

Já temos, agora, $u(0) = 0,5$. Suponha-se que, a seguir, o decisor manifeste a seguinte nova indiferença:

$$L_2 : [800, 0,5; 0, 0,5] \sim 320$$

$$\therefore u(L_2) = u(320) = 0,5 \cdot u(800) + 0,5 \cdot u(0) = 0,5 \cdot 1 + 0,5 \cdot 0,5 = 0,75$$

Temos agora $u(320) = 0,75$. Suponha-se que também se obteve:

$$L_3 : [0, 0,5; -400, 0,5] \sim -240$$

$$\therefore u(L_3) = u(-240) = 0,5 \cdot u(0) + 0,5 \cdot u(-400) = 0,5 \cdot 0,5 + 0,5 \cdot 0 = 0,25$$

Sabemos também que $u(-240) = 0,25$.

Com os cinco pontos que temos, já se pode traçar o gráfico da função de utilidade desse decisor, apresentado na Figura 11.5. O aspecto de curva obtida é típico da aversão ao risco. A indiferença ao risco corresponderia a uma reta e a propensão, a uma curva cuja derivada primeira seria crescente com x.

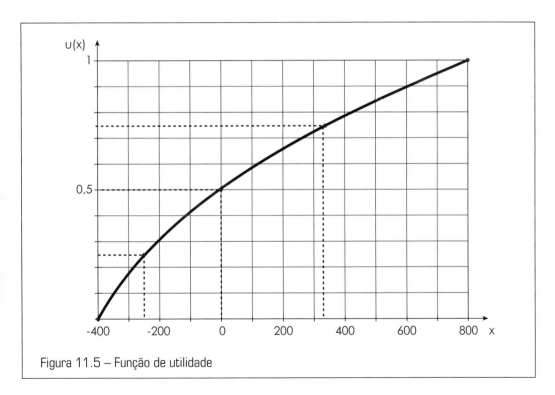

Figura 11.5 – Função de utilidade

Podemos agora construir a árvore de decisão do problema com utilidades ao invés de com valores monetários e resolvê-la, conforme mostrado na Figura 11.6.

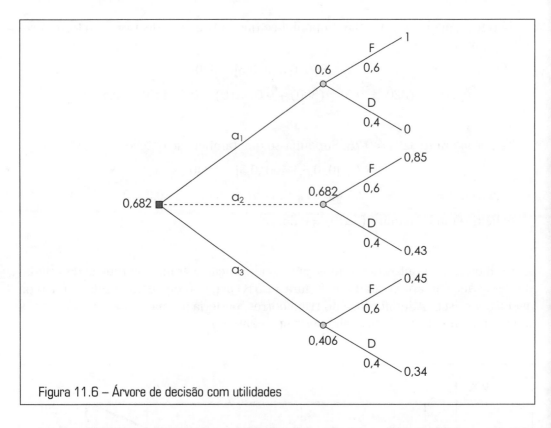

Figura 11.6 – Árvore de decisão com utilidades

Logo, a decisão que maximiza a utilidade esperada é a_2, evitando o risco embutido em a_1, e o equivalente certo desse problema decisório é

$$EC = u^{-1}(0{,}682) = 220$$

11.3 Exercícios propostos

1. Em um problema decisório, em que $P(R_1) = 0{,}7$, temos a seguinte matriz de ganhos:

Realidade	Ações					
	a_1	a_2	a_3	a_4	a_5	a_6
R_1	0	20	30	50	70	30
R_2	80	80	60	40	10	40

a) Eliminar as opções inadmissíveis por dominância.
b) Qual a ação que maximiza o ganho esperado?

c) Qual o valor esperado da informação perfeita?
d) Qual a solução com um experimento que acerta R_1 com 90% de certeza e acerta R_2 com 70% de certeza? Quanto vale esse experimento?

2. Utilizando a Figura 11.5, determine o equivalente certo da árvore da Figura 11.7.

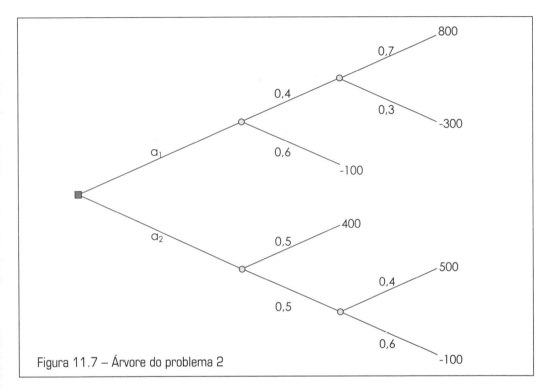

Figura 11.7 – Árvore do problema 2

3. Seja o problema decisório abaixo

Realidade	Ações			Probabilidades
	a_1	a_2	a_3	
R_1	–400	280	500	0,2
R_2	160	–160	400	0,5
R_3	800	480	–200	0,3

a) Qual a decisão que maximiza o valor esperado?
b) Qual o valor esperado da informação perfeita?
c) Dispondo-se do experimento com as características a seguir, qual a estratégia ótima e qual o valor desse experimento?

Realidade	Observações		
	O_1	O_2	O_3
R_1	0	0,3	0,7
R_2	0,3	0,4	0,3
R_3	0,8	0,2	0

d) Sem experimentação, mas com utilidades determinadas a partir da Figura 11.5, qual a melhor decisão?

4. Pode haver experimento com valor nulo? Caso afirmativo, por qual razão?

Referências

- COSTA NETO, P. L. O. & CYMBALISTA, M. – Probabilidades – Edgard Blücher, São Paulo, 2005 – 2ª ed.

- BEKMAN, O. R. & COSTA NETO, P. L. O. – Análise Estatística da Decisão – Edgard Blücher, São Paulo, 1980.

12 DECISÕES ECONÔMICAS

Pedro Luiz de Oliveira Costa Neto

Neste capitulo são apresentados os fundamentos para a tomada de decisão entre alternativas de investimento sob o ponto de vista da melhor opção econômica, objetivo da chamada Engenharia Econômica, sem a pretensão de um aprofundamento em todas as sutilezas que a questão pode suscitar. Para tanto, são apresentados inicialmente os conceitos básicos de Matemática Financeira, que é a ferramenta necessária a esse mister. Para um maior aprofundamento nessa problemática, sugere-se, dentre outros, Torres (2006).

12.1 Fundamentos de Matemática Financeira

Este é o ramo da Matemática que trata da equivalência de capitais no tempo. O estudo dessa equivalência se justifica devido ao fato de que um mesmo montante, disponível em instantes distintos, tem distintos reais valores para o seu usufruidor. De fato, dispor de R$ 1.000,00 hoje não é a mesma coisa que a promessa ou certeza de que se disporá de R$ 1.000,00 dentro de um ano. Isto se deve a alguns fatores claros, como a possibilidade ou não do uso imediato do dinheiro, e o risco de a promessa de pagamento não ser honrada. Há, portanto, a necessidade de se instituir um índice temporal para caracterizar os instantes em que diferentes montantes são considerados. Consideramos, pois, os valores monetários associados a um índice representativo do instante em que se realizam no tempo, X_t.

Com base no exposto, imagine-se que se vá emprestar R$ 1.000,00 hoje para ter o dinheiro de volta dentro de um ano. Para que haja eqüidade, esse retorno deverá ser acrescido de uma parcela, chamada juro, como ilustrado na Figura 12.1, em cujo exemplo se configura uma taxa de juro de 10% a.a. (ao ano).

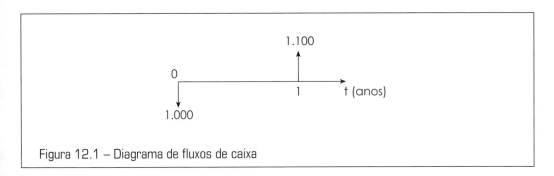

Figura 12.1 – Diagrama de fluxos de caixa

Nos diagramas de fluxo de caixa, os desembolsos são representados por flechas para baixo e os reembolsos, por flechas para cima, do ponto de vista de quem analisa o problema.

Da Figura 12.1 tem-se que

$$1.000 = \frac{1.100}{1,1} = \frac{1.100}{1+0,1},$$

onde 0,1 = 10% é a taxa de juro embutida na transação.

Genericamente:

$$X_0 = \frac{X_1}{1+i},$$

onde i é a taxa de juro no período. Supondo agora que o empréstimo abranja n períodos, conforme mostrado na Figura 12.2, tem-se:

$$X_{n-1} = \frac{X_n}{1+i}$$

$$X_{n-2} = \frac{X_{n-1}}{1+i}$$

$$\vdots$$

$$X_0 = \frac{X_1}{1+i}$$

Multiplicando essas igualdades:

$$X_0 = \frac{X_n}{(1+i)^n}, \quad (12.2)$$

equação fundamental da Matemática Financeira*.

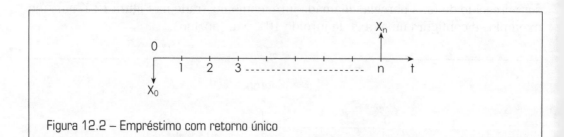

Figura 12.2 – Empréstimo com retorno único

---

* Notar que a taxa de juro incide a cada período sobre o montante anterior, configurando os chamados juros compostos. Juros simples (sem interesse na nossa análise) teriam a cada período incidência apenas sobre o principal X_0.

Suponha-se agora uma série de pagamentos uniformes, conforme mostrado na Figura 12.3.

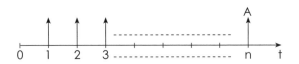

Figura 12.3 – Série de pagamentos uniformes

Se quisermos saber qual o valor único no instante 0, denominado valor presente, equivalente a essa série uniforme à taxa de juro i, temos:

$$X_0 = \frac{A}{1+i} + \frac{A}{(1+i)^2} + \cdots + \frac{A}{(1+i)^n} =$$

$$= A \cdot \sum_{k=1}^{n} \frac{1}{(1+i)^k} = \cdots = A \cdot \frac{(1+i)^n - 1}{i(1+i)^n} \quad (12.3)$$

Os fatores dados nas expressões (12.2) e (12.3), comumente designados respectivamente "fatores de valor presente de operação única" e "fator de valor presente de operações múltiplas (ou de série uniforme)", são suficientes para resolver a maior parte dos problemas de Matemática Financeira e são tabelados, para valores selecionados, no Apêndice I. Seus inversos resolveriam os problemas inversos e também costumam ser designados por "fator de valor futuro de operação única" e "fator de fundo de amortização". Este último é o que aparece na denominada Tabela Price.

Usaremos a seguinte simbologia:

$$\text{FVP}_U(i,n) = \frac{1}{(1+i)^n} \quad (12.4)$$

$$\text{FVP}_M(i,n) = \frac{(1+i)^n - 1}{i(1+i)^n} \quad (12.5)$$

Exemplo 1: De quanto se disporá após 10 meses se se aplicar em um fundo, ao final de cada mês, a importância de R$ 1.000,00, capitalizada à taxa de juro de 2% ao mês?

Solução: O investimento único X_0 equivalente à série uniforme de aplicações é dado por:

$$X_0 = 1.000 \cdot \text{FVP}_M(0,02;\ 10) = 1.000 \cdot 8,983 = 8.983$$

e o resgate único que lhe seria equivalente no instante 10 é calculado por:

$$X_{10} = 8.983 \cdot (1+0,02)^{10} = \frac{8.983}{\mathrm{FVP}_U(0,02;\ 10)} = \frac{8.983}{0,82035} = 10.950,$$

tendo sido os fatores usados lidos nas tabelas do Anexo I.

Note-se que os fatores apresentados obedecem à "convenção de fim de período", ou seja, se aplicam para fluxos de caixa ocorrendo ao final do período considerado (mês, trimestre, ano, ...). Frise-se também que qualquer problema de Matemática Financeira pode, a rigor, ser resolvido com o uso da teoria já vista, desde que se represente convenientemente o problema através do correto diagrama de fluxos de caixa correspondente.

Exemplo 2: Qual a renda mensal que equivaleria a um único pagamento agora de R\$ 10.000,00, à taxa de juro de 1% ao mês:

a) Durante 24 meses?
b) Durante 48 meses?
c) Perpetuamente?

Solução:

a) $X_0 = A \cdot \mathrm{FVP}_M(0,01;\ 24)$

$$\therefore A = \frac{X_0}{\mathrm{FVP}_M(0,01;\ 24)} = \frac{10.000}{21,246} = 470,67$$

b) Como nossa tabela só vai até 25 períodos, vamos usar um artifício, conforme ilustrado a seguir:

$$\therefore X_0 = C + C \cdot \mathrm{FVP}_U(0,01;\ 24) = C(1+0,78757) = 1,78757C$$

$$\therefore C = \frac{X_0}{1,78757} = \frac{10.000}{1,78757} \cong 5.594,19$$

$$\therefore B = \frac{C}{\mathrm{FVP}_M(0,01;\ 24)} = \frac{5.594,19}{21,246} \cong 263,31$$

c) Aqui devemos usar

$$\text{FVP}_M(i; \infty) = \lim_{n \to \infty} \frac{(1+i)^n - 1}{i(1+i)^n} = \cdots = \frac{1}{i}$$

$$\therefore A = \frac{10.000}{\text{FVP}_M(0,01; \infty)} = \frac{10.000}{\dfrac{1}{0,01}} = 100,$$

que é o que renderia o pagamento único se aplicado indefinidamente à taxa de juro de 1% ao mês.

12.2 Outros conceitos

12.2.1 Investimentos e empréstimos

As situações mostradas nas Figura 12.1 e 12.2 podem ser consideradas casos de investimentos muito simples, em que primeiro se aplicou capital, e, após, se teve um retorno desse capital acrescido de juro. A situação inversa, em que ocorre primeiro o embolso, caracteriza um empréstimo tomado. Na seqüência, analisaremos os problemas do primeiro ponto de vista, mas a análise também vale, *mutatis mutandis*, para o segundo.

Em 12.3 serão vistos critérios para decidir racionalmente entre alternativas econômicas de investimento, que podem também ser usados para empréstimos.

12.2.2 Amortização e juros

Seja um empréstimo de R$ 10.000,00, a ser pago em quatro parce-las trimestrais à taxa de juro de 6% ao trimestre (a.t.), conforme ilustrado na Figura 12.4.

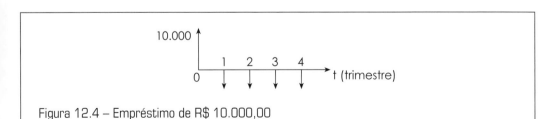

Figura 12.4 – Empréstimo de R$ 10.000,00

Temos: $10.000 = A \cdot \text{FVP}_M(0,06; 4) = A \cdot 3.4651$

$$\therefore A = \frac{10.000}{3,465} = 2.885,00$$

200 Qualidade e Competência nas Decisões

A cada parcela paga, amortizou-se uma parte da dívida e se pagou juros sobre o montante ainda não amortizado, conforme calculado na Tabela 12.1, na qual

$$\text{Amortização} = \text{R\$ } 2.885,92 - \text{Juro pago}$$

Tabela 12.1 – Amortização e juros

Instante	Juro pago	Amortização	Saldo devedor após
0	–	–	10.000,00
1	600,00	2.285,92	7.714,08
2	462,84	2.433,08	5.291,00
3	317,46	2.568,46	2.722,55
4	163,55	2.722,55	0

Outro sistema passível de utilização seria o SAC – Sistema de Amortização Constante (ver exercício 3).

12.2.3 Taxas equivalentes

Seria um erro considerar, por exemplo, que a taxa de juro de 12% ao ano equivale à de 1% ao mês. Na verdade, um montante capitalizado por 12 meses à taxa de 1% a.m. será multiplicado por

$$(1+0,01)^{12} = (1,01)^{12} = 1,1268 = 1+0,1268$$

Logo, a taxa mensal de 1% ao mês é, na verdade, equivalente a 12,68% ao ano. Ou seja:

$$i_a = (1+i_m)^{12} - 1$$
$$i_m = (1+i_a)^{1/12} - 1$$

e assim para outras conversões possíveis.

12.2.4 Taxas nominal e real

Muitas vezes, a taxa de juro nominal, ou seja, aquela que é citada em um documento, não corresponde à taxa realmente aplicada. Isto pode ocorrer devido à inserção de taxas de cadastro, comissões, pagamentos antecipados e outras distorções que tornam a taxa realmente paga ou cobrada distinta da mencionada. Seja qual for o caso, entretanto, a taxa real poderá ser calculada conforme será visto na seqüência.

12.2.5 Taxa real, intrínseca ou interna de retorno (TIR)

Nos exemplos até agora considerados, era dada a taxa de juro de equivalência de capitais no tempo e resultava alguma característica do problema a ser determinada. Dado, entretanto, um investimento (ou empréstimo) qualquer, desde que os desembolsos ocorram antes (depois) e os embolsos ocorram depois (antes), pode-se determinar a taxa real, intrínseca ou interna de retorno caracterizada de forma única por esse investimento (empréstimo), como sendo aquela que promove a equivalência entre os embolsos e desembolsos. Essa taxa ??????? por r. Isto equivale a determinar a taxa da equivalência para a qual o valor presente do investimento (empréstimo) se anula.

Seja, por exemplo, o investimento mostrado na Figura 12.5.

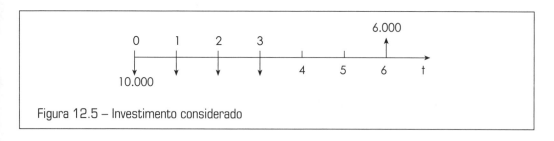

Figura 12.5 – Investimento considerado

Tem-se, para o seu valor presente,

$$V_0(i) = -1.000 - 1.000 \cdot \text{FVP}_M(i;\ 3) + 6.000 \cdot \text{FVP}_U(i;\ 6) =$$
$$= 6.000 \cdot \text{FVP}_U(i;\ 6) - 1.000 \left[1 + \text{FVP}_M(i;\ 3)\right]$$

O valor contábil do investimento, sem considerar a incidência de juros (taxa 0) é 6.000 – 4.000 = 2.000. Aumentando a taxa de equivalência, o valor presente diminuirá e será 0 para a taxa real, intrínseca ou interna de retorno desse investimento, conforme mostrado na Figura 12.6, construída a partir da Tabela 12.2.

Tabela 12.2 – Valores de $V_0(i)$

i (%)	$V_0(i)$
0	2.000,00
3	1.196,28
6	556,76
9	46,32
10	–99,98

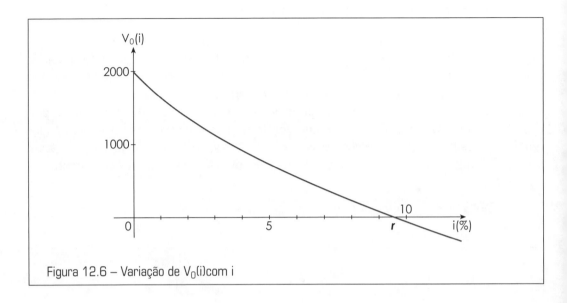

Figura 12.6 – Variação de $V_0(i)$ com i

Interpolando linearmente entre os valores $i = 9$ e $i = 10$, chega-se a que a taxa interna de retorno desse investimento é muito aproximadamente $r = 9{,}32\%$.

12.3 Decisão entre as alternativas

12.3.1 Interpretação da taxa de equivalência

Se a taxa interna de retorno de um investimento é objetiva, uma característica do investimento matematicamente calculada, como foi visto, a taxa de equivalência i usada para analisar o investimento (ou empréstimo) por um decisor é subjetiva e depende da posição econômica desse investidor. O valor que será atribuído a essa taxa de equivalência será importante para alguns dos critérios para seleção entre alternativas abordadas a seguir, daí nos determos sobre essa questão.

A taxa de equivalência i é em geral denominada **taxa mínima atrativa de retorno**, ou **taxa de custo de oportunidade do capital**. Ela seria, pois, em princípio, a taxa de retorno que o decisor consegue corriqueiramente em suas aplicações financeiras. É raciocinando com esta taxa de equivalência que ele, salvo algum motivo especial, irá calcular suas equivalências de capitais no tempo para efeito da tomada de decisão.

Visto de outra forma, um novo investimento que lhe seja proposto somente será interessante se lhe oferecer uma taxa de retorno maior que aquela de que corriqueiramente já dispõe em suas aplicações. Essa é uma das razões básicas pelas quais os bancos aceitam dinheiro de correntistas pagando baixas taxas e emprestam o dinheiro a empresas a taxas mais elevadas, e estas aceitam o empréstimo, pois têm a perspectiva de, com seus investimentos, obterem retornos ainda mais elevados. Está considerado neste raciocínio que o decisor que vai investir capital em algum projeto deve retirá-lo de alguma aplicação que já lhe rende uma taxa de retorno i, logo quer que o investimento proporcione $i + \Delta$, $\Delta > 0$.

12.3.2 Critérios de decisão

Há diversos critérios para a decisão entre alternativas econômicas de investimento, dos quais destacamos quatro:

a) Critério da taxa interna de retorno

É essencialmente objetivo, independendo da avaliação financeira do decisor. Logo, recomenda-se quando este não tenha condições de avaliar adequadamente qual a taxa mínima atrativa de retorno aplicável às suas análises de investimento. Pode também ser interessante quando haja uma carteira de possíveis aplicações, caso em que o investidor priorizará decrescentemente aquelas com maiores taxas internas de retorno.

Caso este critério esteja sendo usado por um decisor que raciocina com uma taxa mínima atrativa de retorno i conhecida, uma condição mínima para que algum novo investimento com taxa interna de retorno i lhe seja cogitável é que $r > i$.

b) Critério do valor presente líquido

Possivelmente o mais utilizado, consiste em optar pela alternativa que apresenta o maior valor presente líquido, à taxa mínima de retorno considerada pelo decisor. A rigor, só deve ser usado quando os horizontes temporais das alternativas sejam iguais ou, pelo menos, bastante próximos, caso contrário poderá levar a distorções.

c) Critério do equivalente uniforme

Tem a vantagem de não exigir horizontes temporais iguais, sendo, portanto, mais geral que o anterior. Define-se equivalente uniforme (anual, mensal, etc.) – EU como o valor constante em cada período de vigência dos fluxos de caixa que formaria uma série uniforme de pagamentos equivalente ao investimento como um todo, calculada à taxa mínima atrativa de retorno usada pelo decisor. O critério consiste em optar pela alternativa que maximiza o EU.

Calculemos, como ilustração, o EU anual do investimento mostrado na Figura 12.7, à taxa de equivalência de 12% a.a.

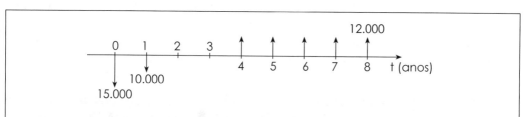

Figura.12.7 – Investimento considerado

204 Qualidade e Competência nas Decisões

$$V_0(12\%) = -15.000 - \frac{12.000}{1,12} + 12.000 \cdot \text{FVP}_M(0,12;\ 5) \cdot \text{FVP}_U(0,12;\ 3) =$$

$$= -15.000 - 8.928,57 + 12.000 \cdot 3,605 \cdot 0,71178 = 6.863,03$$

$$EU(12\%) = \frac{6.863,03}{\text{FVP}_M(0,12;\ 8)} = \frac{8.863,03}{4,968} = 1.281,45.$$

Neste exemplo e a essa taxa de equivalência, é interessante notar que, se as parcelas de retorno de capital fossem inferiores a R\$ 9.325,36, o valor presente e o EU seriam negativos, tornando o investimento, de início, descartável.

d) Critério da relação benefício sobre custo (B/C)

Bastante usado em investimentos públicos, este critério se baseia no quociente B/C, onde B representa o total dos benefícios proporcionados pelos investimentos, calculado por equivalência em um instante t, e C representa os custos incorridos, calculados também no mesmo instante t. Os melhores investimentos são aqueles que apresentam as maiores relações B/C e, em princípio, um investimento é vantajoso se B/C > 1.

12.3.3 Incompatibilidade entre os critérios

Pode haver situações em que a aplicação de distintos critérios leve a distintos resultados, podendo provocar dúvidas no decisor. Uma solução esclarecedora, neste caso, pode ser dada pela utilização de uma análise incremental, conforme mostrada em Ehrlich & Moraes (2005).

12.4 Exercícios propostos

1. Um título de valor nominal R\$ 1.000,00 com vencimento em 15 anos, que rende 5% ao ano, foi comprado por R\$ 920,00 e vendido por R\$ 1.040,00 logo após o recebimento do sexto paga-mento de juro. Qual a taxa real de retorno que foi proporcionada por esse investimento?

2. Para perfazer uma determinada tarefa, temos dois tipos de equipamentos com desempenho técnico igualmente bom. O equipamento A custa 150.000 dólares e dura 8 anos antes de precisar de uma reforma, que custa 50.000 dólares, o que lhe permite durar mais 4 anos, ou ser vendido como sucata por 15.000 dólares. O equipamento **B** dura vinte anos e não precisa de reforma alguma. Sendo o custo de oportunidade do capital de 12% ao ano, qual o preço máximo que conviria pagar pelo equipamento **B**?

3. O sistema SAC de amortização de débitos adota amortização constante da dívida em cada pagamento. Como ficaria a Tabela 12.1 se esse sistema fosse adotado?

4. Desejo aplicar uma quantia trimestral à taxa de 4% a.t. para custear a faculdade do meu filho, que custa R$ 1.800,00 ao trimestre durante 5 anos e cujo primeiro pagamento começa dentro de 6 anos. Qual deve ser a aplicação mensal, que cessará um trimestre antes de começar a faculdade?

Referências

- EHRLICH, P. J. & MORAES, E. A. – Engenharia Econômica: Avaliação e Seleção de Projetos de Investimentos – Atlas, São Paulo, 2005 – 6ª ed.

- TORRES, O. FADIGAS F. – Fundamentos da Engenharia Econômica e da Análise Econômica de Projetos – Thomson, São Paulo, 2006.

206   Qualidade e Competência nas Decisões

13 DECISÕES FINANCEIRAS: AVALIAÇÃO DE INVESTIMENTOS

Israel Brunstein

13.1 Introdução

A função financeira tem uma participação importante no *planejamento estratégico* da empresa, por este envolver fluxos de capital decorrentes de benefícios e custos que precisam ser avaliados ao longo do tempo.

A aquisição de bens físicos e o treinamento de pessoal para sua operação, para a consecução dos objetivos de longo prazo, constituem um processo denominado *orçamento de capital*. A unidade principal do orçamento de capital é o *projeto de investimento*, cuja proposta necessita ser avaliada, seguida da decisão para sua adoção e implementação.

Os *investimentos* constituem uma área crítica da Administração Empresarial. A empresa que não investe suficientemente, e bem, corre sério risco de se tornar obsoleta em curto espaço de tempo. As decisões de investimento podem refletir estratégias de comprometimentos substantivos, a implementação de tecnologias de amplo envolvimento da empresa, a simples troca de equipamentos por equivalentes, o treinamento de pessoas para assumirem posições-chaves no futuro, a melhoria da qualidade ou redução de custos em produtos ou serviços, ou mesmo a compra de materiais para futuros ciclos de produção com caráter especulativo. Esta ampla gama de tipos e classes de investimentos requer uma visão clara de gestão de investimentos, com procedimentos definidos e critérios bem estabelecidos para análise e seleção de cada proposta. Igualmente importante é não perder de vista que não basta uma seleção adequada de uma proposta, mas igualmente sua implementação e seu gerenciamento.

Os procedimentos para análise e seleção de projetos de investimentos e a tomada da decisão de implementá-los podem ser extremamente sofisticados e formais, com elaboração de orçamentos de capital por setores e unidades, ou resultarem de simples reuniões de diretoria e gerência. Em qualquer caso, estão em jogo as características de que a empresa deve estar dotada para enfrentar os períodos futuros, com seus riscos associados, e a manutenção ou não dos seus padrões de lucratividade.

Diversos aspectos da tomada de decisão para aceitação de uma proposta e sua implementação serão abordados neste capítulo, buscando-se trazer as discussões pertinentes.

13.2 Definição e classificações de investimentos

Uma definição sugestiva de investimento é uma combinação de uma visão da Contabilidade de Custos e outra da Economia: *Investimentos são desembolsos cujos efeitos serão observados em períodos futuros e cujos objetivos são aumentar ou manter os lucros da empresa.*

A primeira parte da definição, a da Contabilidade de Custos, caracteriza o investimento pela projeção de seus efeitos em períodos futuros. Se uma empresa compra matéria-prima para ciclos futuros de produção, este desembolso é um investimento, enquanto a compra para o ciclo corrente é um custo. Um treinamento para o período corrente, que não terá validade para períodos futuros, é uma despesa; se tiver utilidade em períodos futuros, será considerado também um investimento. O mesmo pode-se dizer para promoções de vendas ou compras de embalagens. Desembolsos em bens duráveis de produção, como máquinas e equipamentos, são investimentos, de forma inquestionável.

Os esforços competitivos da empresa, a longo prazo, são direcionados para aquisição de tecnologias e capacitações que permitam enfrentar a concorrência em condições satisfatórias. Para isto são necessários desembolsos em períodos prévios para permitir a incorporação destas características, cuja adequação vai se refletir em variações nos seus lucros ou mesmo na manutenção dos padrões atuais. Em qualquer caso, serão conseqüências de investimentos passados, que foram implementados exatamente com este objetivo. Esta é a visão da Economia.

Gerencialmente, os investimentos podem ser classificados pelos *montantes envolvidos no projeto*, elaborando-se uma curva ABC clássica de Pareto, conforme apresentada em 17.1. A classe A, e mesmo a B, merecem atenção especial e seus projetos serão avaliados e selecionados, dando lugar a decisões de implementação tomadas pela alta direção da empresa. A classe C, e mesmo alguns projetos da classe B, podem ser delegados para a gerência, com sinalizações claras sobre como deverão ser analisados.

As propostas também devem ser consideradas por *tipos,* conforme representem um projeto individual de porte suficiente para ter um impacto significativo sobre o retorno global da empresa; seja projeto de um portfólio de projetos individuais interagindo mutuamente; ou sejam projetos de pequeno porte independentes de outros investimentos, com pequeno efeito sobre os retornos e posições de lucro da empresa. Em cada caso, deverá ser considerado o grau de alinhamento do projeto com a estratégia global da empresa, os riscos associados e o comprometimento da empresa com sua execução e seu tempo de maturação.

Outras considerações dizem respeito ao *potencial de rentabilidade* de cada projeto em face do montante envolvido em sua execução, bem como aos efeitos *qualitativos* que poderão trazer em benefício aos projetos atualmente existentes na empresa.

13.3 O processo de avaliação

O processo de avaliação de propostas de investimentos comumente envolve três categorias de considerações:

- Como a proposta está alinhada com a estratégia global ou parcial à qual está relacionada;

- Qual a medida do potencial de ganhos que podem ser gerados com sua execução e em quanto tempo os recursos aplicados em sua implementação retornarão ao caixa da empresa;

- Que efeitos benéficos de natureza qualitativa poderão ser gerados e incorporados à empresa.

Uma matriz de avaliação denominada Modelo de Decisão por Múltiplos Atributos, **MDMA,** proposta por Peter Chalos (1992), reproduzida na Tabela 13.1, é um bom exemplo para ilustrar sua aplicação a uma proposta de investimento em equipamentos de alta tecnologia para uma empresa. Trata-se de um procedimento que incorpora conceitualmente os métodos utilizados na análise de investimentos em projetos de relevância. O modelo também é suficientemente abrangente para dar uma visão geral de todos os fatores envolvidos na análise de viabilidade de propostas.

Tabela 13.1 – Exemplo de aplicação de um modelo de pontuação para avaliação de projetos. Fonte: Chalos (1992)

Atributo	Peso	Valor	Confiança (probabilidade)	Produto
1. Estratégico				
a) Reputação tecnológica	12	4	1,0	48
b) Participação de mercado	10	2	0,8	16
c) Posição competitiva	14	3	0,7	29
d) Inovação de produtos	8	4	1,0	32
2. Quantitativo				
a) Valor presente líquido	30	4	0,9	108
b) Prazo de retorno	10	2	0,8	16
3. Qualitativo				
a) Diversidade de produtos	4	4	1,0	16
b) Confiança do produto	3	4	1,0	12
c) Tempo de resposta	3	1	1,0	3
d) Número de partes	4	0	0,8	0
e) Medidas em tempo real	2	5	0,9	9
Total	100			289

210 Qualidade e Competência nas Decisões

O modelo é constituído pela divisão em atributos das categorias que representam a consideração dos aspectos estratégicos, da consideração dos aspectos quantitativos envolvidos e dos aspectos qualitativos da proposta. Para cada categoria, são elencados os atributos relevantes à sua avaliação. Em seguida, são atribuídos pesos para destacar a importância relativa de cada atributo, cuja soma total é igual a 100 pontos. Esta atribuição deve ser feita por uma equipe de administradores envolvidos, podendo ser ouvidos especialistas.

Cada atributo é avaliado, para uma proposta de investimento em análise, com uma escala de 0 a 5 pontos, sendo desejáveis os valores maiores. A cada atributo e para cada valor atribuído o avaliador associa um grau de confiança na proposta. O produto das colunas 2, 3 e 4 é colocado na coluna 5. Faz-se a soma dos valores, chegando-se ao total para a proposta em questão.

As propostas alternativas poderão ter seus valores comparados. Os valores atribuídos por administradores diferentes e especialistas em cada proposta devem ser analisados por alguma técnica que identifique o pensamento do grupo como um todo; uma destas técnicas, que se tem mostrado valiosa neste caso, é a da Lógica Paraconsistente Anotada, apresentada no Capítulo 24.

Como se observa, o modelo é abrangente, rico e permite ampla discussão dos vários aspectos da avaliação de investimentos, sendo indicado para situações onde o comprometimento da empresa com a proposta é substantivo.

Para efeito de uma utilização em todas as avaliações, de forma geral, a empresa poderá listar uma gama de itens comuns a todas as situações, refletindo, de forma ampla, seu direcionamento estratégico. Estes itens irão constituir seus *códigos de prioridade*, como exemplificado no Quadro 13.1, comentado a seguir.

Quadro 13.1 – Exemplo de Critérios de Prioridade

Códigos de prioridade

1. Necessidades legais e de segurança
2. Saúde e segurança dos empregados
3. Novos produtos ou processos
4. Aperfeiçoamento de produtos ou processos
5. Redução de custos
6. Reposição de equipamentos

No início da década de 80, os japoneses surpreenderam os americanos com a entrada em seu mercado de produtos de alta qualidade e preços relativamente baixos. Qualidade e custo (ou preço) eram considerados fatores antagônicos na condução

13. Decisões Financeiras: Avaliação de Investimentos   211

das atividades de operações. O Quadro 13.1 reflete o resultado de uma pesquisa feita em empresas americanas pelos autores de um livro sobre Contabilidade de Custos. Como o livro saiu no início dos anos 80, depreende-se que a pesquisa tenha sido conduzida ao final dos anos 70. De sua observação, pode-se constatar que:

- As preocupações com o ambiente externo estavam em relevância, provavelmente em razão de acidentes como o da usina da Union Carbide na Índia, que havia matado pelo menos uma dezena de milhar de pessoas com o escape de gases tóxicos, e mesmo o do vazamento de radioatividade nas usinas nucleares de Three Miles Island nos Estados Unidos;

- A preocupação com o ambiente externo conduz a uma reflexão sobre as condições internas das operações da empresa, o que explica o item seguinte;

- A concorrência entre as empresas estava associada ao lançamento de novos produtos e à busca de novos processos de operações;

- Para reforçar os aspectos concorrenciais, eram consideradas como bem-vindas *melhorias* nos produtos e processos atuais;

- A redução de custos estava sendo considerada como procedimento válido e desejável, mas não prioritário;

- A reposição de equipamentos seria indicada quando extremamente necessária, desde que não estivesse concorrendo com recursos para alguma das prioridades anteriores.

Evidentemente, as empresas americanas que adotavam este código de prioridade tiveram que se adaptar rapidamente aos novos fatos. Nos anos seguintes, novos critérios de prioridade foram elencados, principalmente contemplando qualidade e custos. O método de custeio ABC – Activity Based Costing veio logo após. Uma revisão das práticas administrativas, uma melhor consideração da relevância das estratégias empresariais, o fenômeno da globalização, entre outros, vieram em conseqüência destas mudanças no comportamento da concorrência internacional, que prosseguem até os dias de hoje.

Estas considerações foram trazidas para ilustrar a relevância da adoção de códigos de prioridade, como reflexo do ambiente que cerca a empresa, e como estes afetam as decisões e sua repercussão para os períodos futuros.

Os aspectos qualitativos adquirem maior relevância quando envolvem questões sobre obtenção de capacitações que irão refletir em competências atinentes às características da empresa em suas operações. Podem refletir também orientações para comportamentos que serão refletidos nos custos, como no caso de número de peças de um conjunto e sua padronização. Quando as empresas adotaram o CAD – Computer Aided Design em seus departamentos de projetos, verificaram que os maiores benefícios não estavam em fatores quantitativos, como economia de materiais e tempo de elaboração e reprodução de cópias, mas sim no aumento da capacidade criativa de seus projetistas.

13.3.1 Aspectos quantitativos na avaliação de investimentos

Os aspectos quantitativos constituem um ponto-chave na análise de propostas e, como se tem observado no dia-a-dia das empresas e na própria literatura, as análises se dão por dois tipos de métodos: os que não utilizam uma taxa de juros e os que são caracterizados pela sua presença.

Entre os do primeiro tipo está o método do período de retorno, e entre os do segundo tipo estão os denominados métodos de fluxo de caixa descontado, discutidos no Capítulo 12. Os métodos relacionados no Quadro 13.2 são os de uso consagrado.

Quadro 13.2 – Métodos de uso consagrado

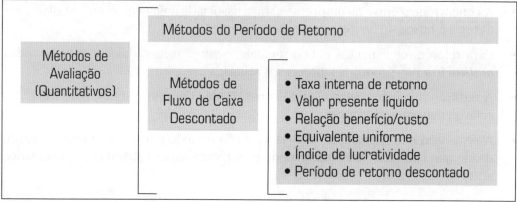

No quadro 13.3, é apresentada uma ilustração do uso do Método do Período de Retorno.

Quadro 13.3 – Ilustração com fluxo de caixa uniforme

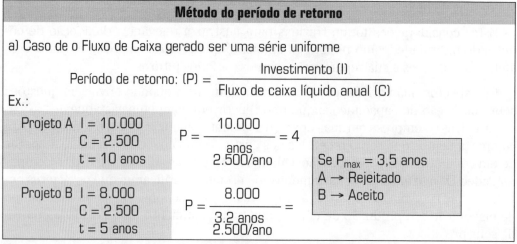

13. Decisões Financeiras: Avaliação de Investimentos 213

O Método do Período de Retorno, mais conhecido como *payback*, mede o tempo que o capital aplicado no projeto leva para retornar ao caixa da empresa. Foi, no passado, o método utilizado por excelência para avaliar propostas. Com o tempo, outros métodos, utilizando taxas de juros, começaram a ser utilizados em maior extensão, principalmente da Taxa Interna de Retorno e o do Valor Presente Líquido.

A explicação do Método do Período de Retorno em si é muito simples, como se observa do Quadro 13.3, para situações onde o fluxo de caixa gerado pela proposta é uniforme. O método, embora seja quase uma unanimidade entre empresas de qualquer porte, é criticado em especial por dois aspectos. O primeiro diz respeito a não considerar o que ocorre com a proposta após o período de recuperação do capital. No exemplo dado, o projeto A apresenta uma taxa interna de retorno de 21,4% ao ano, e o projeto B, uma taxa de 17,0% ao ano. O método pode rejeitar projetos de boa rentabilidade por não considerar o que ocorre após o retorno do montante investido.

Outra crítica diz respeito a um dos pilares da Matemática Financeira, o valor do dinheiro no tempo. Observa-se que os valores considerados para recuperação do capital em cada ano são simplesmente somados, sem considerar seu valor ao longo do tempo. Assim, no caso do projeto A, os 2.500 do final do primeiro ano são iguais aos 2.500 do final do quarto ano. Para contornar esta deficiência, foi desenvolvido o Método do Período de Retorno Descontado, apresentado em 13.3.4.

Apesar destas deficiências, o método continua em uso generalizado. Uma das razões para isto pode ser porque ele envolve uma percepção de risco, e porque, independentemente da sua rentabilidade, a empresa deseja recuperar o capital aplicado em períodos curtos. Quanto mais à frente os valores estiverem no horizonte, maiores as incertezas e os riscos envolvidos. Outra questão é que a real rentabilidade do projeto só será efetivamente conhecida ao fim do seu ciclo de vida, quando muito tempo já terá decorrido e a informação servirá apenas para fins estatísticos e de auditoria de projetos. Desta forma, tão logo a empresa recuperar o montante investido, ela pode pensar em fazer um novo investimento de porte equivalente, independentemente do que o primeiro possa continuar a render.

Uma terceira colocação pode ser a preocupação com a recuperação dos valores "ancorados" ou "afundados" no projeto. Caso o projeto venha a ser descontinuado ou substituído por outro de melhor desempenho ou tecnologia, uma porção dos valores nele aplicados poderá não ser recuperada. Esta situação é conhecida como a ocorrência de **sunk cost**, ou seja, em uma decisão envolvendo opções relativas ao futuro, os valores anteriormente aplicados e não recuperados não devem afetar a decisão sobre o que é melhor para os períodos vindouros, por mais que isto possa constranger os decisores sentimentais.

Observando o conjunto dos investimentos, a empresa vai sempre estar preocupada com a "rentabilidade" dos mesmos, pois isto diz respeito direto à sua geração de lucros. Mas, por outro lado, não poderá deixar de acompanhar a sua capacidade de manter seu fluxo de valores investidos, e, para isto, a "liquidez" dos atuais, medida pelo *payback*, é fundamental.

214 Qualidade e Competência nas Decisões

Quando o fluxo de caixa gerado pela proposta não for uma série uniforme, pode-se elaborar uma planilha como a do Quadro 13.4, para se obter o valor do *payback*.

Quadro 13.4 – Ilustração do fluxo de caixa não uniforme

Método do período de retorno

b) Caso de o Fluxo de Caixa ferado não ser uma série uniforme
   Projeto C → I = $18.000

Ano	Fluxo de caixa gerado
1	6.000
2	5.000
3	5.000
4	4.000
5	3.000
6	2.000

Planiha de solução

Ano	F/C	Anos de retorno
1	6.000	1,0
2	5.000	1,0
3	5.000	1,0
4	2.000 (A)	0,5 (B)
Total	18.000	3,5

(A) 18.000 – 16.000 (6.000 + 5.000 + 5.000) = 2.000
(B) 2.000 ÷ 4.000 = 0,5

Para se chegar ao valor do *payback* quando o período não é um número inteiro, utiliza-se a expressão

Período de Retorno = *Ano antes da recuperação total + {Montante não recuperado no início do ano/Fluxo de caixa durante o ano}.*

Esta expressão admite que a entrada ao longo do ano em que a recuperação for complementada se dará em série ***uniforme.***

13.3.2 Relações entre o período de retorno e a taxa interna de retorno

Entre uma série uniforme e o seu valor presente existe a relação tradicionalmente conhecida como **FVA** – *Fator de Valor Atual de uma série uniforme*, ou $\text{FVP}_M\,(i, n)$ – Fator de Valor Presente de operações múltiplas, conforme apresentada em 12.1 pela expressão (12.5).

Quando o fluxo de caixa gerado pelo projeto for dado exclusivamente por uma série uniforme, pode-se estabelecer uma relação entre o período de retorno e a taxa interna de retorno. Neste caso, a taxa de ***juros*** que promove a equivalência entre o valor investido e os retornos uniformes é a própria taxa interna de retorno do investimento ***r***, seguindo-se que

$$I = C \cdot \left[\frac{(1+r)^n - 1}{r(1+r)^n} \right]$$

$$\frac{I}{C} = \frac{1}{r}\left[\frac{(1+r)^n}{(1+r)^n} - \frac{1}{(1+r)^n} \right] \tag{13.1}$$

$$P = \frac{1}{r}\left[1 - \frac{1}{(1+r)^n} \right]$$

onde:

I = investimento feito, considerado no instante 0
C = valor anual do fluxo de caixa gerado
n = número de períodos (anos) de duração do projeto
r = taxa interna de retorno do investimento

$P = \dfrac{I}{C}$ = período de retorno do investimento conforme o Método do Período de Retorno

A parcela $\dfrac{1}{(1+r)^n}$ em (13.1), quando r e n forem suficientemente grandes, tende a um valor pouco expressivo, podendo, para efeito práticos, ser desprezada. Logo, para r e n suficientemente grandes,

$$P \cong \frac{1}{r} \quad \text{e} \quad r \cong \frac{1}{P},$$

o que em geral se considera quando $n \geq 2{,}5$ a 3 vezes P.

Ou seja, quando a duração do projeto atingir um número de períodos maior do que 2,5 ou 3 vezes o valor do período de retorno, essas relações aproximadas são verificadas. Assim, a taxa interna de retorno a ser obtida com aquela proposta será, no máximo, o inverso de P, e deverá, em termos práticos, estar próxima deste valor

216 Qualidade e Competência nas Decisões

quando a duração do projeto for de, no mínimo, 2,5 vezes a 3 vezes o período P. Isto conduz a uma sugestão de se examinar a taxa interna de retorno da proposta ano a ano (período a período), após ser atingido o período de retorno.

O Quadro 13.5 mostra uma situação real de uma empresa que atua no Brasil. Os gerentes de uma de suas linhas de produtos tinham de respeitar um *payback* de 2,5 anos no lançamento de novos produtos. Isto significava que, de cada US$ 100 investidos, gerando uma série uniforme de entradas, estas deveriam, no mínimo, ser iguais a US$ 40 por ano. Os valores eram expressos em dólares americanos porque, na época, o Brasil experimentava taxas elevadas de inflação e, em situações como essa, o *payback* tem de ser expresso em moeda forte.

Quadro 13.5 – Exemplo real

P_{max} = 2,5 anos em Dólar			
	$I = 100$ $C = 40$	← Valores de referência	
	n (anos)	*r* (% ao ano)	
	2,5	0	
	3,0	9,7	
	4,0	21,86	
	5,0	28,65	
22,5 x 2,5 = 6,25 ————————→	6,0	32,66	A vantagem deste método é a visibi-lidade da taxa de retorno período a período
	7,0	35,14	
3 x 2,5 = 7,5 ————————→	8,0	36,72	
	9,0	37,76	
	10,0	38,45	

Tem-se:

$$r \cong 1/P = 1/2,5 = 0,40,$$

ou seja, a taxa máxima de retorno a ser obtida no projeto será de 40% a.a., desde que o projeto tenha uma vida suficientemente longa. Valores de duração próximos de 2,5 a 3 vezes o período de retorno, neste caso de 6,25 a 7,5 anos de duração, conduzirão a retornos próximos, em termos práticos, ao máximo que poderia ser propiciado pelo projeto.

Como regra geral, os valores informados nas propostas de investimentos são o do *payback* e o da taxa interna de retorno para a vida prevista do projeto. Com isto, perdem-se informações relevantes sobre o que ocorre após decorrido o período de retorno. Uma tabela como a do Quadro 13.5 traz relevantes informações sobre a rentabilidade do projeto em face da sua duração período a período, contribuindo para uma visão ampliada da proposta, ao combinar, ao mesmo tempo, o período de retorno e a taxa interna de retorno.

13.3.3 Método do Índice de Lucratividade

Preocupemo-nos agora com os métodos que se baseiam no fluxo de caixa descontado, ou seja, que consideram as diferenças dos valores de capital no tempo. Alguns desses métodos já foram apresentados no Capítulo 12 e não serão reproduzidos aqui.

O método do Índice de Lucratividade é uma decorrência do método do Valor Presente Líquido, e deve ser aplicado em conjunto com ele. O índice de lucratividade é definido por

$$I L = (I + \text{VPL})/I, \tag{13.2}$$

sendo calculado a partir da soma do investimento com o valor presente líquido dividida pelo investimento. Seu valor numérico expressa o quanto se espera recuperar, em valores na data zero, da proposta em questão, por 1 R$ de investimento. Com este índice, as propostas podem ser comparadas e a empresa pode construir ao longo do tempo padrões históricos a serem utilizados nas avaliações.

13.3.4 Método do Período de Retorno Descontado

Este método, apresentado no Quadro 13.6, que usa o mesmo exemplo do Quadro 13.4, constitui a forma de contornar o problema da não-consideração do valor do dinheiro no tempo pelo Método do Período de Retorno. Este método é muito utilizado na aquisição de empresas, considerando-se os lucros futuros como benefícios do investimento realizado e, adotando-se uma taxa de juros de equivalência, tal qual no método do VPL, calcula-se o tempo para a sua recuperação.

Quadro 13.6 – Método do Período de Retorno Descontado

Método do Período de Retorno Descontado			
I = 18.000			
Ano	c	VP (I*)	Anos de retorno
1	6.000	5.454	1
2	5.000	4.132	1
3	5.000	3.756	1
4	4.000	2.733	1
5	3.000	1.863	1
6	2.000 (B)	62 (A)	0,055
		18.000	5,055

(A) 18.000 – (5.454 + 4.132 + 3.766 + 2.733 + 1.863) = 62
(B) Este valor trazido a valor presente vale 1.129
(C) 62 ÷ 1.129 = 0,055
i* = taxa adotada para obtenção do VPL
No presente caso i* = 10% a.a

218 Qualidade e Competência nas Decisões

Adotando-se uma taxa de retorno tal como no Método do Valor Presente Líquido, as entradas de cada ano são trazidas a valor presente. Estes valores vão sendo somados até que se perceba que a complementação para o retorno completo do investimento em termos de valor presente será obtida no próximo período. Adota-se o mesmo procedimento que no caso do período de retorno sem juros para a obtenção do tempo restante que falta para completar o *payback*. Para isto, deve-se traduzir em valor presente o que se espera receber no ano em que o *payback* será completado. Em seguida, divide-se o que falta para sua complementação por este valor.

13.4 Considerações da incerteza

A essência dos projetos de investimento é que eles produzirão seus efeitos em períodos futuros. No longo prazo, poderão ocorrer situações capazes de produzir efeitos positivos ou negativos sobre os resultados dos projetos. Todas as empresas, mesmo as maiores e mais tradicionais, como a GM ou a Coca-Cola, já experimentaram situações de resultados não aguardados e de relevância para seus negócios. Para o lado do lucro ou para o lado do prejuízo, para benefícios ou custos.

O futuro traz a possibilidade de ocorrência de situações sobre as quais não se tem controle, que constituem ***incertezas***. A incerteza em si é uma essência do futuro, até que possamos desenvolver uma bola de cristal. O fator incerteza pode trazer surpresas agradáveis ou desagradáveis, algumas de impacto significativo para o resultado dos projetos. Como a incerteza pode trazer impactos significativos para o resultado de projetos, como decorrência, cria, a condição de ***risco***.

O risco pode e deve ser administrado, sempre à luz dos conhecimentos e informações disponíveis, quando a decisão de como administrá-lo é tomada. Uma dessas possibilidades foi vista em 11.2. O futuro poderá trazer uma situação favorável, configurando sorte, ou desfavorável, quando então nossa decisão antecipada de administração do risco pode ser avaliada.

Os administradores podem aceitar ou não condições de exposição ao risco em maior ou menor grau. Alguns têm aversão ao risco e suas preferências sempre serão as de menor exposição. Outros podem admitir a presença de riscos maiores, aceitando esta condição para concorrer a maiores ganhos e retornos em seus projetos.

Em relação aos projetos de investimento, o processo de administração do risco é uma sistemática de análise que envolve pelo menos alguns pontos: identificação do risco, sua avaliação, seleção de técnicas de administração do risco, sua implementação e constante revisão.

Voltando ao nosso estudo de avaliação de projetos de investimento, é necessário considerar algumas fontes importantes que geram incerteza e, consequentemente, riscos, como as que estão relacionadas no Quadro 13.7.

13. Decisões Financeiras: Avaliação de Investimentos 219

Quadro 13.7 – *Fontes importantes* de incerteza

- **Imprecisão em estimativas de fluxos de caixa**
- **Relação entre a natureza do projeto e a saúde futura da economia**
- **Tipo do equipamento ou do processo físico envolvido**
- **Extensão do período de estudo**

A imprecisão em estimativas de fluxos de caixa gerados pelos projetos pode decorrer de previsões mal elaboradas, cenários mal definidos, fatores exógenos, como ações governamentais e da concorrência, mudanças no comportamento dos consumidores, comportamento dos custos. O projeto pode ser de natureza tal que dependa significativamente de um comportamento favorável do estado da economia como um todo, ou então pode, até certo ponto, ter seus resultados independentes da saúde da economia no todo ou em parte do seu ciclo de vida. O processo físico e os equipamentos envolvidos poderão ser de uso específico, direcionados a uma dada finalidade, ou genéricos e de múltiplas aplicações. Quanto mais específico for o projeto em sua caracterização física, maiores os riscos envolvidos em situações desfavoráveis. Quanto maior o ciclo de vida de uma proposta de investimento, maiores as incertezas associadas

Uma forma de se lidar com incertezas razoáveis é vista a seguir.

13.4.1 Análise de sensibilidade

Uma análise de sensibilidade dos resultados do projeto com relação a alterações nos valores dos fatores, admitidas razoáveis em certa extensão, torna-se um procedimento indispensável. Esta análise é fundamental para estabelecer as modificações no resultado do projeto devido a incertezas previstas em certo grau nos fatores que influem na medida de desempenho adotada.

Define-se sensibilidade como o grau em que uma medida de desempenho (como, por exemplo, VPL, TIR, etc.) mudará como resultado de alterações em um ou mais dos valores dos fatores em estudo.

A sensibilidade do projeto de investimento deve ser analisada em função da medida de desempenho adotada para avaliar seus resultados. Por exemplo, caso a medida de desempenho adotada tenha sido o valor presente líquido, os fatores relevantes poderão ser aqueles apontados no Quadro 13.8, ou seja, o montante do investimento, o fluxo de caixa anual gerado, o valor residual do projeto decorrido o seu ciclo de vida e a própria duração do projeto.

Quadro 13.8 – Dados para análise de sensibilidade

EXEMPLO

Investigar o VPL no intervalo de modificações de ±40% nas estimativas de:

a. Investimento de capital	I = 11.500
b. Fluxo de caixa líquido anual	C = 3.000 por ano
c. Valor residual	VR = 1.000
d. Vida útil	n = 6 anos

A expressão matemática do valor presente líquido correspondente será

$$\text{VPL} = -I + C \cdot \frac{(1+i)^n - 1}{i(1+i)^n} + \text{VR} \cdot \frac{1}{(1+i)^n}$$

A taxa de juros i adotada para o cálculo do VPL para este projeto é de 10% a.a. Substituindo os valores dados na expressão do VPL, temos:

$$\text{VPL} = -11.500 + 3.000 \cdot 4{,}355 + 1.000 \cdot 0{,}56447 \cong 2.130$$

Admitindo-se uma variação de 40%, para mais e para menos, nos valores do investimento, do fluxo de caixa gerado, do valor residual e da vida do projeto, cada um por sua vez, pode-se construir um gráfico da sensibilidade, conforme mostrado na Figura 13.1.

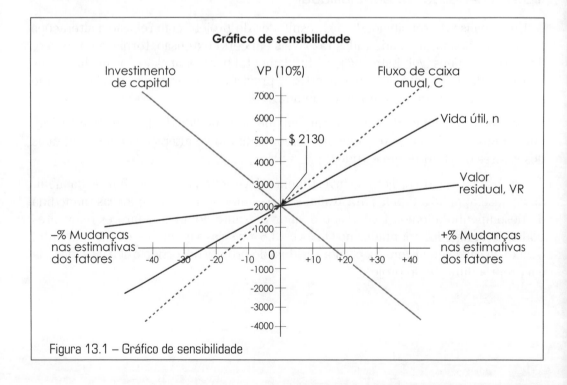

Figura 13.1 – Gráfico de sensibilidade

13. Decisões Financeiras: Avaliação de Investimentos 221

Em cada situação, deve ser utilizado um intervalo adequado à expectativa dos avaliadores. O gráfico propicia uma boa visualização dos efeitos das variações nos fatores para uma ampla escala.

Para cada fator, a reta correspondente mostra como o VPL varia com a variação nos valores do próprio fator. Quanto mais inclinada for a reta correspondente a um fator, maior a sensibilidade do VPL em relação às suas variações. O investimento é o que gera a maior sensibilidade, de tal forma que, se o seu valor aumentar em aproximadamente 13%, o VPL do projeto ficará reduzido a zero, o resultado do projeto fica completamente prejudicado. Para variações acima desta porcentagem, o resultado será negativo. O fluxo de caixa é o segundo fator mais significativo, pois uma redução em 15% do seu valor esperado reduz o VPL a zero e, para valores de variação negativos além deste valor, o VPL passa a ser negativo. A vida útil reduziria o VPL a zero para uma redução de 25%, mas o VPL é praticamente insensível a variações no valor residual, mesmo para grandes variações em sua expressão numérica.

Logo, neste exemplo, verificou-se que:

- O valor presente líquido é **insensível** quanto ao valor residual
- O valor presente líquido é **sensível** a **I**, **c** e **n**.

Referências

- Abdel-Kader, Magdy G.; Dugdale, David; Taylor, Peter. *Investment Decisions in Advanced Manufacturing Technology - A fuzzy set theory approach*. Suffolk, GB, Ashgate Publishing Ltd, 1998.

- Brigham, Eugene F.; Gapenski, Louis C. e Ehrhardt, Michael C.*Administração Financeira-Teoria e Prática*. São Paulo, Editora Atlas, 2001

- Bodie, Zvi ; Merton, Robert C.. *Finanças*. Porto Alegre, Bookman, 1999.

- Brunstein, Israel. *Economia de Empresas-Gestão Econômica de Negócios*. São Paulo, Atlas, 2005.

- Brunstein, Israel. *Notas de aulas da disciplina Economia de Empresas*. São Paulo, Escola Politécnica da USP, 2006.

- Chalos, Peter. *Managing Costs in Todays Manufacturing Environment*. New Jersey, NY, Prentice Hall, 1992.

- Klammer, Thomas. *Managing Strategic and Capital Investment Decisions*. Burr Ridge, IL, Irwin, 1994.

- Romeu, Fábio R.; Brunstein, Israel; Abe, Jair Minoru. *Decision Making based on Paraconsistent Annotated Logic in Advances in Logic Based Intelligent Systems* IOS Press, Amsterdam, 2005.

222 Qualidade e Competência nas Decisões

14 DECISÕES SOBRE SISTEMA DE CUSTEIO: UMA PROPOSTA

José Roberto Lopes
Flavio Cesar Faria Fernandes
Moacir Godinho Filho

14.1 Introdução

A teoria que fundamenta a Contabilidade de Custos considera como sistema de custeio o conjunto de teorias que abordam uma forma de apurar e informar os custos dos produtos e como técnicas de rateio dos custos aos produtos o conjunto de teorias que tratam dos procedimentos adotados para realizar tais rateios. O que se quer destacar é que há uma confusão semântica quanto ao que hoje são denominados sistemas de custeio. Ou seja, essa confusão foi gerada quando se denominou a técnica de ratear os custos aos produtos tomando-se como base os departamentos ou centros de custos como "sistema tradicional" e se proclamou a técnica de distribuição de custos baseada nas atividades das empresas como sendo o "sistema de custeio ABC", apresentado em 17.1.6.

O sistema de gestão denominado tradicional rateia todos os custos indiretos aos produtos tomando como base os departamentos ou centros de custos. Já as medidas usadas para rateio dos custos são baseadas, por exemplo, no total dos custos da mão-de-obra direta, o que é impróprio atualmente, devido ao alto grau de automação dos processos de produção. O que se quer dizer é que os custos indiretos de fabricação vêm crescendo em relação aos custos de mão-de-obra, tendo como explicação o aumento de investimentos em equipamentos e tecnologias necessários para os sistemas de produção dos dias atuais.

Já o sistema de gestão de custos baseado em atividades (sistema ABC), de acordo com Martins (2003a), é uma metodologia que procura reduzir as distorções provocadas pelo rateio dos custos indiretos e pode ser aplicada aos custos diretos, principalmente à mão-de-obra, mas sem que haja diferenças em relação aos chamados sistemas tradicionais, porque a diferença está no tratamento dado aos custos indiretos. O autor considera, também, ser aplicável em empresas onde os custos indiretos estão crescendo significativamente, de forma a superar os custos diretos, e em empresas que possuam grande diversidade de produtos e modelos fabricados na mesma planta.

Outro aspecto importante que deve ser relembrado é que os sistemas tradicionais foram concebidos para apurar custos de produtos fabricados em plantas que manufaturavam poucos produtos em poucas linhas de produção, as do começo do século passado, e os sistemas que consideram as atividades foram desenvolvidos em uma

224 Qualidade e Competência nas Decisões

época em que, além de não haver problemas com processamento de informações, as organizações gerenciam várias plantas que processam incontáveis produtos em várias linhas de produção. A necessidade de geração de informações financeiras e quantitativas precisas e atualizadas, que auxiliem o processo de tomada de decisão, é resultado da melhoria da performance dos sistemas de produção, entre elas: a flexibilização, a melhoria da qualidade dos produtos, a exigência de prazos menores, de menores custos, etc.

É exatamente dentro deste contexto que este capítulo se insere, uma vez que objetiva apresentar uma proposta de processo decisório para escolha do sistema de custeio mais adequado a determinada empresa/sistema de produção. Basicamente, esse processo decisório sugere que a escolha de um sistema de custeio para determinada empresa se dê em função de três variáveis:

i) **processo decisório**: como considerado no capítulo 4, processo decisório é a capacidade de decidir, de tomar decisões, de escolher, selecionar ou optar entre várias alternativas de ação que possibilitem ir adiante, suceder ou mudar o estado atual da situação. Na verdade o relacionamento entre o processo decisório e a escolha de um sistema de custeio é um caminho de mão dupla. Os cinco paradigmas comportamentais dos indivíduos que tomam decisões nas empresas identificados em Fernandes *et al.* (capítulo 4 deste livro) impactam o processo decisório de escolher o sistema de custeio mais adequado. Por outro lado, as informações advindas do sistema de custeio (sejam elas genéricas ou específicas) alimentam o processo decisório.

ii)**grau de complexidade do sistema de produção da empresa**: MacCarthy & Fernandes (2000) definem sistema de produção como o conjunto de elementos (humanos, físicos ou procedimentos gerenciais) inter-relacionados que são projetados para gerar produtos finais, cujo valor supere o total dos custos incorridos para obtê-los. Em outras palavras: "Sistema de produção é tudo aquilo que transforma *input* em *output* com valor inerente", SIPPER & BULFIN (1997). Neste trabalho, para analisar o grau de complexidade dos sistemas de produção, utilizamos o método de classificação de sistemas de produção proposto por MacCarthy & Fernandes (2000). Este método classifica os sistemas de produção em sete tipos, de acordo com uma variável denominada nível de repetitividade, a qual fornece o grau de complexidade do sistema de produção: sistemas contínuos, semicontínuos, em massa, repetitivos, semi-repetitivos, não-repetitivos e grande projeto.

iii) **estratégia competitiva da empresa**: neste trabalho entendemos estratégia competitiva ou empresarial como a entendeu Pires (1995); para este autor estratégia no meio empresarial está relacionada a padrões de ações necessárias para se atingir certos objetivos preestabelecidos. Portanto, os valores e a percepção da alta direção em conjunto com as necessidades do mercado definem as estratégias da empresa, as quais impactam na escolha do sistema de custeio.

Na Figura 14.1 vemos estes três conjuntos de variáveis impactando na escolha do sistema de custeio mais adequado. Observação: entende-se como controle da produção a atividade gerencial que regula o fluxo de materiais por meio de informações e decisões. Entre as mais importantes dessas decisões podem ser citadas: a programação da produção, as regras de controle, as regras de seqüenciamento e as decisões emergenciais decorridas do *feedback* (realimentação de informações) proveniente do monitoramento e conseqüente comparação entre o real e o programado ou entre o real e o esperado.

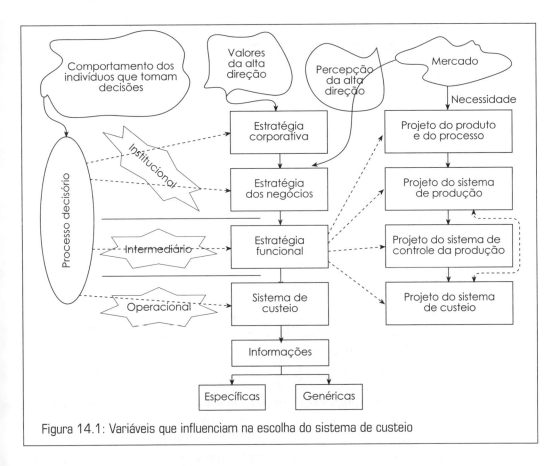

Figura 14.1: Variáveis que influenciam na escolha do sistema de custeio

Neste capítulo também são apresentados, de forma sucinta, sete estudos de caso em grandes empresas, líderes em seus respectivos segmentos, com o objetivo de ilustrar e realizar a verificação empírica da proposta. Os estudos de caso foram escolhidos de forma intencional. De acordo com Patton (1990), a amostragem proposital ou intencional é aquela na qual o propósito é selecionar casos ricos em informações para estudos em profundidade. A escolha dos casos baseou-se exatamente na variável nível de repetitividade; portanto, foi escolhida uma empresa dentro de cada um dos sete tipos de sistemas de produção propostos por MacCarthy & Fernandes (2000).

A estrutura deste capítulo é a seguinte: nas seções 2, 3 e 4 são mostrados relacionamentos entre sistemas de custeio e as três variáveis citadas acima que serão determinantes no método. Na seção 2, o relacionamento entre o processo decisório

226 Qualidade e Competência nas Decisões

e os sistemas de custeio; na seção 3 é discutido o relacionamento entre características dos sistemas de produção e os sistemas de custeio; na seção 4 é discutido o relacionamento entre estratégia competitiva e os sistemas de custeio. Na seção 5 é apresentado o processo decisório proposto; na seção 6 são mostrados os estudos de caso e na seção 7 são tecidas algumas conclusões.

14.2 O relacionamento entre o processo decisório e os sistemas de custeio

Conforme já mencionado anteriormente, acreditamos que o relacionamento entre o processo decisório e a escolha de um sistema de custeio é um caminho de mão dupla. Portanto, nesta seção o que se pretende é discutir como o processo decisório influencia a escolha do sistema de custeio (por meio de um relacionamento entre paradigmas comportamentais dos indivíduos que tomam decisões e escolha de um sistema de custeio), bem como também verificar como as informações vindas do sistema de custeio escolhido alimentam o processo decisório.

Com relação aos paradigmas comportamentais dos indivíduos que tomam decisões nas empresas, temos que estes são cinco, a saber: o paradigma racional, o paradigma organizacional, o paradigma racional limitado, o paradigma *garbage can* e o paradigma político. Estes paradigmas foram definidos e discutidos no Capítulo 4. Dentre estes cinco paradigmas, dois deles são tratados neste capítulo. O primeiro deles é o racional limitado. É exatamente a partir deste paradigma que é elaborado o que denominamos modelo (1) para escolha do sistema de custeio para determinada empresa (este modelo será apresentado na seção 5). Dentro deste paradigma, as variáveis escolhidas e que estão disponíveis para a decisão são: grau de complexidade do sistema de produção da empresa e estratégia da empresa. Portanto, a escolha dentro deste paradigma se dará por meio de um processo racional, dentro das limitações de informações disponíveis. Porém, apesar de ser o mais coerente, este não é o único meio pelo qual o processo de escolha de um sistema de custeio pode se dar em uma empresa. Na verdade, o sistema de custeio resultante do modelo (1) que propomos nem sempre estará de acordo com o sistema de custeio adotado pelas empresas. Isto porque acreditamos que esta empresa em seu processo decisório para escolha do sistema de custeio utilizou basicamente o paradigma político e não o racional limitado. Para isto também apresentamos na seção 5 o que denominamos de modelo (2). A Figura 14.2 ilustra estes comentários.

Após discutir como os paradigmas comportamentais dos indivíduos que tomam decisões impactam na escolha, vamos abordar a influência do sistema de custeio sobre o processo decisório, uma vez que este utiliza as informações geradas no sistema de custeio para fundamentar suas decisões.

Dessa forma, olhando o lado esquerdo da Figura 14.1, é possível visualizar o seguinte: que o processo decisório é resultante dos paradigmas comportamentais dos indivíduos que tomam decisões; que as informações geradas nos sistemas de custeio dão base para as decisões tomadas; e que ele está presente em todos os níveis organizacionais a partir do momento em que o tomador de decisão faz as escolhas. Está presente no nível institucional, ao se definir as estratégias para a organização; no nível intermediário, das decisões administrativas, ao se escolher os recursos que serão utilizados para se obter os resultados estabelecidos nas estratégias; no nível operacional, das decisões técnicas, quando se opta, por exemplo, entre sistemas de custeio que oferecem a possibilidade de prover o próprio processo decisório com informações necessárias, genéricas ou específicas, quando o caso requerer.

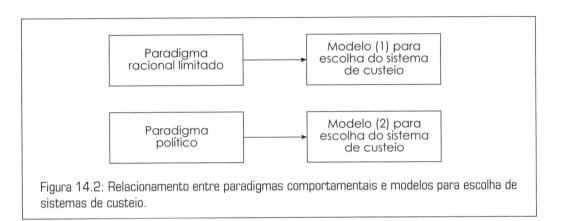

Figura 14.2: Relacionamento entre paradigmas comportamentais e modelos para escolha de sistemas de custeio.

Ainda com relação à divisão das informações em genéricas e específicas conforme consta na Figura 14.1, tem-se o seguinte argumento: estas informações estão relacionadas aos sistemas de custeio que as elaboram e, por isso, é necessário aplicar a elas o mesmo tratamento dado aos sistemas de custeio, no tocante à sua separação em sistemas genéricos e sistemas específicos. Assim, se as informações são caracterizadas pelos termos genérico e específico, pode-se dizer que as informações fornecidas pela contabilidade de custos aos tomadores de decisão são informações genéricas quando, considerando-se o custo e o benefício de sua obtenção, mais as características do sistema de custeio que as processam, são suficientes para fundamentar a decisão a ser tomada; e são informações específicas quando, considerando-se as características do sistema de custeio que as processam, são detalhadas e minuciosas em nível de precisão e adequação.

O que se quer dizer é que, quando o fato é rotineiro e já existem métodos para tratar do assunto, as informações oriundas do sistema de custeio que dão fundamento ao processo de escolha das alternativas podem ser informações genéricas e, assim, também o sistema de custeio ser genérico. Quando o fato é complexo e tem alta importância e não há um procedimento já determinado para tratar do assunto, as informações a serem elaboradas pelo sistema de custeio devem ser específicas, com a precisão e adequação que o caso requer. São, portanto, informações genéricas as elaboradas por sistemas de custeio genérico e informações específicas as elaboradas por sistemas de custeio específico. Portanto, a partir dessa discussão estamos na

228 Qualidade e Competência nas Decisões

verdade propondo uma nova terminologia para os sistemas de custeio. Esta terminologia será de fundamental importância em nossa proposta a ser vista na seção 14.5.

A presente proposta de nomenclatura baseia-se nos argumentos já apresentados e considera os seguintes fundamentos:

- quando a organização, devido ao processo de tomada de decisão simplificado e à simplicidade da estrutura do processo de produção, não necessitar de informações detalhadas e precisas, isto é, necessitar apenas de informações genéricas, os sistemas de custeio que apuram custos com base nos departamentos e centros de custos, por atender tais necessidades, passam a ser denominados **genéricos**.

- quando o processo decisório estabelece que as informações devem ser detalhadas e precisas, com um grau de detalhamento e confiabilidade nas informações geradas na maior profundidade possível, devido à opção estratégica que requer uma estrutura do processo de produção complexa, isto é, os sistemas necessitam fornecer e receber informações específicas, os sistemas de custeio que apuram custos com base em um grande número de indicadores, tais como as atividades, por atender a tais necessidades, passam a ser denominados **específicos**.

Com a separação dos sistemas de custeio em genéricos e específicos, os conceitos propostos para cada um são:

- sistemas de custeio genéricos são aqueles que têm por objetivo determinar o trabalho individual, os rendimentos das máquinas e os gastos nos centros de lucros utilizando bases de alocação como horas-máquina, horas-homem, unidades produzidas ou volume de vendas, alocando os custos para os departamentos ou centros de responsabilidades. São os sistemas cujas teorias consideram o volume de produção como base para suas proposições;

- sistemas de custeio específicos são aqueles voltados para as atividades, processos de negócios, produtos e clientes, utilizando como parâmetro para alocar custos as atividades da organização. São os sistemas cujas teorias consideram as atividades e o processo produtivo como base para suas proposições.

Fatores considerados importantes levaram à proposição da terminologia e sua conceituação elaborada acima, entre eles:

- a alocação de custos aos centros de custos ou departamentos acumula os custos com o trabalho de produção ou montagem e os custos dos departamentos de apoio, o que faz com que seja distorcido o custo do produto quando este utiliza muitos departamentos;

- a alocação de custos por atividade acumula somente os custos dos processos dos quais os produtos se utilizaram durante a fase de produção ou montagem;

- os desembolsos são classificados, pelo sistema que apura custos com base no volume de produção, como despesas de *marketing* e vendas, administração e distribuição, pesquisa e desenvolvimento, despesas administrativas e despesas gerais ou diversas;

- no sistema que apura custos com base nas atividades e no processo, os desembolsos são classificados como custos relacionados a atividades, processos, produtos, serviços, clientes e unidades organizacionais.

Se os sistemas estão classificados em genéricos e específicos, quais, então, são as técnicas de rateio dos custos indiretos de fabricação a serem utilizadas por cada um? Portanto, para finalizar, faz-se necessário relacionar as técnicas de rateio de custos aos sistemas genéricos e sistemas específicos propostos. Tal relação é apresentada na Figura 14.3.

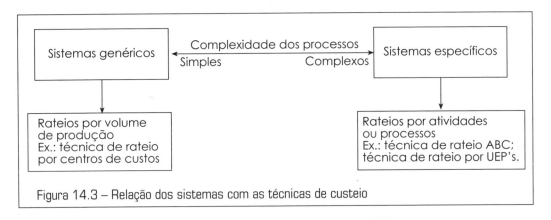

Figura 14.3 – Relação dos sistemas com as técnicas de custeio

Definida a forma como o processo decisório sofre influência do sistema de custeio, ao usar suas informações, e também considerando-se os tipos de decisões que utilizam informações de custos, ou seja, decisões programadas (não críticas) e decisões não programadas (críticas), é possível propor a Figura 14.4. Vale a pena definir estes tipos de decisões. O aspecto diferencial entre as decisões programadas e decisões não programadas é a freqüência com que ocorrem os fatos que necessitam de uma tomada de decisão. Há também a possibilidade de se classificar os tipos de decisões em função do grau de importância; por exemplo, se a decisão tem inseridas em seu contexto questões que colocam em risco a sobrevivência da organização, podem ser denominadas de decisões críticas e são as já classificadas como decisões não-programadas. Por outro lado, se a decisão tem em seu contexto questões que a organização, em algum momento, já as resolveu, podem ser denominadas de decisões não-críticas, classificadas anteriormente como decisões programadas.

Após estas discussões a respeito das duas vias pelas quais existem relacionamentos entre o processo decisório e a escolha do sistema de custeio, é interessante que mostremos a Figura 14.5. Esta figura mostra que: os tomadores de decisão, instalados na cúpula administrativa, decidem as estratégias corporativas e de negócios da organização; nessas estratégias estão contempladas as estratégias em nível intermediário e em nível operacional por resultarem dessas definições e, conseqüentemente, qual o sistema de custeio que deve ser adotado; esse sistema de custeio irá gerar informações que irão alimentar o processo decisório. Dessa forma, o processo torna-se cíclico e, a cada reavaliação das estratégias, é necessário reavaliar-se o sistema de custeio adotado.

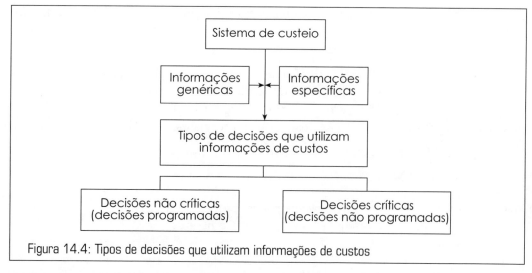

Figura 14.4: Tipos de decisões que utilizam informações de custos

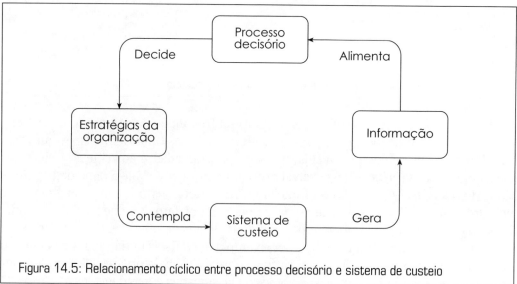

Figura 14.5: Relacionamento cíclico entre processo decisório e sistema de custeio

14.3 O relacionamento entre o grau de complexidade dos sistemas de produção e os sistemas de custeio

Para começarmos a traçar uma relação entre grau de complexidade de um sistema de produção e sistemas de custeio vamos levantar dois questionamentos:

1. O aumento da complexidade dos sistemas de produção aumenta os custos indiretos fixos?

2. O crescimento dos custos indiretos fixos causa a necessidade de melhorar o sistema de custeio?

14. Decisões sobre Sistema de Custeio: uma Proposta

Para responder a estas questões vamos analisar o que pensam renomados autores nacionais da área. O professor Bornia (2003) responde positivamente à primeira questão e complementa que "em ambientes modernos, os sistemas produtivos tornam-se mais complexos e, com isto, os custos indiretos de fabricação acabam crescendo em função da complexidade (com isso, as bases de distribuição relacionadas com volume acabam distorcendo os custos relacionados com os produtos)", e quanto à segunda questão cita que esta está inserida na primeira questão pelo fato de que "a principio, o tratamento dado aos custos indiretos de fabricação é mais complexo do que aos custos diretos. Por esse motivo, o sistema deve ser mais detalhado", BORNIA (2003).

Martins (2003a, p. 87) apresenta a resposta à primeira questão quando aborda o assunto citando que "com o avanço tecnológico e a crescente complexidade dos sistemas de produção, em muitas indústrias os custos indiretos vêm aumentando continuamente, tanto em valores absolutos quanto em termos relativos, comparativamente aos custos diretos". Quanto à segunda questão, Martins (2003b) argumenta que, como conseqüência, torna-se muitas vezes necessário aperfeiçoar os sistemas e métodos de tratamento desses custos indiretos, para melhor alocá-los aos produtos, processos, áreas, etc.

O professor Leone (2003) faz o seguinte arrazoado para demonstrar o porquê do aumento dos custos fixos quando há um aumento da complexidade dos sistemas de produção:

"...quando os sistemas de produção são mais complexos, me vem logo à cabeça, que você está se referindo a sistemas automatizados, quando os custos fixos e indiretos crescem muito. Em primeiro lugar, porque a mão-de-obra direta (que sempre foi um custo variável) diminui muito, os operários passam a ser mais qualificados, passam a ganhar mais e os salários mais encargos passam a ser fixos e indiretos. O montante dos custos indiretos e fixos passa a ser bem maior. Tais operários não trabalham apenas para um processo ou produção, daí serem considerados como indiretos. Temos vários exemplos claros: veja os bancos que estão sendo automatizados, o desemprego tecnológico foi e está sendo grande; os salários maiores dos que ficam são considerados indiretos e fixos; veja nos navios, tudo ficou automatizado, os custos fixos aumentam consideravelmente, um navio cargueiro de grande porte que era operado por mais de sessenta marinheiros passaram a ser operados por 6 ou oito marinheiros de alta qualificação que fazem vários serviços ao mesmo tempo; veja as empresas de fabricação e distribuição de energia elétrica. Você já viu quantos funcionários estão nas operações, tirando as operações de segurança e manutenção? Numa mega-livraria, a gente entra, não existe quase nenhum funcionário para lhe ajudar, existem isso sim, terminais onde você mesmo verifica se tem o livro que procura e onde está localizado, com todas as coordenadas principais; o custo desse equipamento que substitui o operário direto é muito alto e é considerado indireto e fixo."

232 Qualidade e Competência nas Decisões

Quanto à segunda questão, Leone (2003) complementa com a seguinte frase: "uma vez que os custos indiretos e fixos se tornaram muito mais altos, é preciso procurar sistemas e técnicas que possam resolver o problema de alocação desses custos aos processos e aos produtos individualmente".

Portanto entendemos que devemos responder positivamente às duas questões propostas anteriormente. Isto indica que há uma relação entre grau de complexidade do sistema de produção o sistema de custeio a ser escolhido por uma empresa. Diante disso, resta-mos escolher uma forma de categorizar o grau de complexidade dos sistemas de produção. Para isso vamos utilizar uma classificação de sistemas de produção proposta por MacCarthy & Fernandes (2000). Na verdade este sistema de classificação objetiva a escolha dos chamados sistemas de controle da produção (sistemas que se propõem a realizar uma ou mais atividades do Controle da Produção) por meio de um maior conhecimento do sistema de classificação, via classificação.

O sistema de classificação de MacCarthy & Fernandes (2000) é baseado em quatro grupos de características, as quais englobam doze variáveis. As características são: caracterização geral do sistema de produção, caracterização do produto, caracterização do processo produtivo e caracterização da montagem. As variáveis dentro destas quatro características são: tamanho da empresa, tempo de resposta, nível de repetitividade, nível de automação, estrutura dos produtos, nível de customização, número de produtos, tipos de estoque de segurança, tipos de *layout*, tipos de fluxo, tipos de montagem e tipos de organização do trabalho. A partir da classificação os sistemas de produção são divididos em sete classes, as quais estão relacionadas com o grau de complexidade. Dos sistemas de mais simples para os mais complexos temos: sistemas contínuos, semi-contínuos, em massa, repetitivos, semi-repetitivos, não-repetitivos e grande projeto. Dentre as variáveis propostas notadamente a variável mais importante para esta classificação é o nível de repetitividade. MacCarthy & Fernandes (2000) definem um item como sendo repetitivo se ele consome uma porcentagem significante do tempo total disponível da unidade produtiva (pelo menos 5%). Um sistema de produção é definido como sendo repetitivo se apresentar pelo menos 75% dos itens de produção repetitivos. Um sistema de produção não-repetitivo é aquele no qual pelo menos 75% dos itens são não repetitivos. Já semi-repetitivo é o sistema de produção com pelo menos 25% dos itens repetitivos e pelo menos 25% não-repetitivos. Portanto, vemos que a variável nível de repetitividade está na verdade relacionada à real variedade de produtos distintos produzidas pelo sistema de produção e aos seus volumes de produção. Portanto, nos sistemas mais simples (sistemas contínuos, semicontínuos em massa e repetitivos) temos uma variedade de itens baixa. A partir dos sistemas semi-repetitivos a variedade começa a aumentar e também a complexidade do sistema de produção.

O Quadro 14.1 mostra em resumo o sistema de classificação de MacCarthy e Fernandes (2000). Vemos que este sistema mostra, nas colunas, a classificação dos sistemas de produção seguindo a ordem crescente em termos de complexidade, ou seja, de um processo contínuo puro até um processo de grandes projetos. Nas linhas estão as outras variáveis que auxiliam na caracterização dos sistemas de produção.

14. Decisões sobre Sistema de Custeio: uma Proposta — 233

Na última linha do Quadro 14.1, então, os autores propõem, de acordo com os sistemas de produção já caracterizados e classificados, os sistemas de controle da produção que são possíveis de serem escolhidos para controlar tais processos. Vemos que, assim como a complexidade dos sistemas de produção, também a complexidade dos sistemas de controle da produção aumenta da esquerda para a direita no Quadro 14.1 (desde uma simples planilha para controlar a taxa de produção até sistemas complexos como, por exemplo, o MRP).

A partir deste método proposto por MacCarthy e Fernandes (2000), bem como da proposta de nova terminologia para tratamento dos sistemas de custeio (visto na seção anterior), o trabalho apresenta, como complemento ao Quadro 14.1, uma proposta que relaciona a nova terminologia para sistemas de custeio da produção com a complexidade do sistema de produção (dado pela classificação vista).

Quadro 14.1 – Resumo do Sistema de Classificação Multidimensional (MDCS)

Outras variáveis	Nível de repetitividade do sistema de produção						
	Contínuo puro	Semi-contínuo	Produção em massa	Repetitivo	Semi-repetitivo	Não-repetitivo	Grandes projetos
Tamanho do negócio	Para todos os níveis de repetitividade, quanto maior o tamanho da empresa maior a complexidade das atividades de planejamento e controle da produção (PCP)						
Tempo de resposta.	DL (a – P%)	DL (a – P%)	DL (a – P%)	DL (a – P%) ou PL + DL	PL + DL	PL + DL ou SL + PL + DL	SL + PL + DL
Nível de automação	Rígido	Rígido	Rígido	Normal ou flexível	Normal ou flexível	Normal ou flexível	Normal
Estrutura do produto	Para todos os níveis de repetitividade, as atividades de PCP para produtos com múltiplos níveis são muito mais complexas do que para produtos de nível simples						
Nível de customização	Produtos padronizados	Produtos padronizados ou Customização em Cogumelo	Produtos padronizados ou Customização em Cogumelo	Produtos padronizados ou Customização em Cogumelo	Produtos semi-customizados ou Customização em Cogumelo	Produtos semi-customizados ou produtos customizados	Produtos customizados
Número de produtos	Para todos os níveis de repetitividade, as atividades de PCP para múltiplos produtos são muito mais complexas que para produto único						
Tipo de *layout*	*layout* por produto	*layout* por produto	*layout* por produto	*layout* de grupo	*layout* de grupo	*layout* funcional	*layout* de posição fixa
Tipo de buffer	(i) e (iii)	(i), (ii) e (iii)	(i), (ii) e (iii)	(i), (ii) e (iii)	(i), (ii) ou (i)	(i), (ii) ou (i)	Sem buffers
Tipo de fluxo	A complexidade das atividades de PCP aumentam de (F1) em direção à (F12)						
Tipo de montagem	(A1) ou desmonte	(A1) ou desmonte	(A5) ou (A6) ou (A7) ou sem montagem	(A5) ou (A6) ou (A7) ou sem montagem	(A7) ou (A8) ou (A9) ou sem montagem	(A3) ou (A4) ou sem montagem	(A2)
Tipo de organização do trabalho	Se há montagem, o tipo de organização do trabalho tem um impacto direto na forma como irá ser balanceado o trabalho na montagem						
Sistema de controle da produção possível de se escolher	Uma planilha eletrônica para controlar a taxa do fluxo	Uma planilha eletrônica para programar o trabalho	*Kanban*	*Kanban* ou PBC	PBC ou OPT	MRP	PERT/CPM

Fonte: MacCarthy e Fernandes (2000, p. 491).

As doze variáveis do sistema de produção, consideradas na proposta de MacCarthy e Fernandes (2000), afetam a escolha do sistema de controle da produção, bem como o detalhamento e a complexidade dos sistemas. Essas doze variáveis afetam, também, a escolha do sistema de custeio da produção e o seu detalhamento e complexidade. Portanto, ao ser incluído o sistema de custeio da produção, aumenta o número de variáveis a serem observadas quando da escolha ou projeto do sistema de custeio. A Figura 14.6 mostra o detalhamento e complexidade dos sistemas mencionados contrapostos com a estrutura do processo de produção, ou seja, se em um extremo tem-se um processo simples, apresenta-se na estrutura organizacional um nível de repetitividade de fluxo contínuo, um sistema de controle da produção baseado em planilhas eletrônicas e um sistema de custeio genérico, o contrário se aplica ao outro extremo.

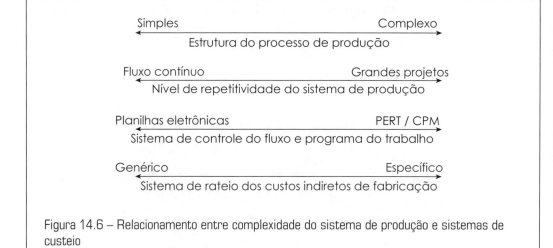

Figura 14.6 – Relacionamento entre complexidade do sistema de produção e sistemas de custeio

A figura deixa evidente o inter-relacionamento dos sistemas, e a lógica desta ligação é o que deve ser apresentado.

O que é defendido na literatura é que os sistemas de custeio tradicionais são aplicados a organizações que tenham linhas de produtos relativamente estreitas. Ou seja, na mesma instalação fabricam-se produtos padronizados com baixa variedade, cujos processos são dependentes da mão-de-obra direta, isto é, têm um grau de automação normal.

Quando a questão é onde utilizar sistemas de custeio baseado na atividade (ABC), deve-se observar e identificar as áreas associadas às maiores despesas com recursos indiretos e suporte, especialmente nos casos em que essas despesas são crescentes e onde há uma grande diversidade de produtos e operações. Não há necessidade de sistemas ABC quando a maioria das despesas corresponde à mão-de-obra direta e materiais diretos, e pode ser associada diretamente a cada produto pelos sistemas de custeio tradicional, e ele se faz necessário onde há grande diversidade, quando

14. Decisões sobre Sistema de Custeio: uma Proposta 235

exista uma ampla variedade de produtos, clientes ou processos, conforme (Kaplan & Cooper, 1998, p. 113-114).

Os autores citam como exemplos de organizações que necessitam de sistemas de custeio baseado na atividade (ABC) "uma instalação que fabrica produtos maduros e recém-lançados, produtos padrão e sob encomenda, produtos de alto e baixo volume" e "uma organização de marketing e vendas que possui clientes que compram produtos padrão de alto volume com demandas especiais reduzidas e clientes que compram pequenos volumes e volumes especiais, além de necessitar de grande quantidade de suporte técnico pré e pós-venda", KAPLAN e COOPER (1998, p. 114).

Um fator considerado determinante para os tomadores de decisão quando devem decidir por um sistema de custeio é o grau de detalhamento das informações, ou seja, quanto mais específica e detalhada a necessidade de informação de suporte ao processo de decisão, e quanto maior a necessidade de informação sobre o controle da produção, maior será a probabilidade de escolha de um sistema de custeio específico para as necessidades da organização.

O grau de detalhamento das informações também é um fator decisivo para a escolha de um sistema de controle da produção, visto que estes são escolhidos considerando-se a complexidade das atividades de planejamento e controle da produção. Portanto, o inter-relacionamento entre o sistema de controle da produção e o sistema de custeio ocorre, justamente, pelo grau de detalhamento das informações que se deseja obter da produção. Quanto mais informações específicas e detalhadas sobre todo o processo, mais específico deve ser o sistema de custeio e vice-versa.

A lógica do inter-relacionamento dos sistemas de produção com os sistemas de controle da produção e com os sistemas de custeio da produção é identificada a partir do momento em que coloca em confronto o nível de "repetitividade" dos sistemas de produção, juntamente com a complexidade das atividades de controle da produção, com o objetivo de custear produtos para avaliação dos estoques.

Cabe aqui outra conclusão: quando da escolha de um sistema de custeio, toda empresa deve utilizar o método de custeio integral, para atender à legislação ou para fins gerenciais, e pode, se desejar, utilizar também o método de custeio direto para fins gerenciais. O que diferencia, portanto, os sistemas genéricos dos sistemas específicos são as técnicas de rateio dos custos indiretos de fabricação aos produtos e processos.

Quanto às técnicas de rateio dos custos, deve-se destacar que a técnica de rateio por centro de custos é pioneira na forma de alocação dos custos indiretos aos produtos e, portanto, considerada a base do chamado sistema de custeio tradicional ou, como está sendo chamado neste trabalho, sistema genérico. Com os avanços tecnológicos na forma de processamento das informações, surgiram outras técnicas de rateio, aqui denominadas de sistema específico, que são nada mais que aperfeiçoamentos da técnica tradicional, ou seja, com a capacidade de processar informações aumentada, foi possível detalhar as informações em nível de processos e atividades do sistema de produção.

236 Qualidade e Competência nas Decisões

Outra conclusão possível é: quanto maior o grau desejado de detalhamento das informações e quanto maior for a variedade de processos e produtos, maior a necessidade de uma técnica de rateio dos custos indiretos de fabricação específica que pode ser um "sistema ABC" ou "sistema UEP (Unidade de Esforço de Produção)". É importante considerar que a ligação entre o sistema de controle da produção com o sistema de custeio se dá pela troca de informações, pois o primeiro é fonte geradora de informações para o segundo e este, após o processamento das informações, fonte realimentadora para correções de rumos para o primeiro e também para o processo decisório.

14.4 O relacionamento entre estratégia competitiva e os sistemas de custeio

Nesta seção pretendemos relacionar opções estratégicas à escolha de sistemas de custeio. Neste trabalho adotamos a definição de estratégia empresarial de Pires (1995), para o qual a estratégia no meio empresarial está relacionada a padrões de ações necessárias para se atingir certos objetivos preestabelecidos. Complementando esta definição temos a definição de Porter (1986), para o qual a estratégia é "o desenvolvimento de uma fórmula ampla para o modo como uma empresa irá competir, quais devem ser suas metas e quais as políticas necessárias para levar-se a cabo estas metas".

Dentro da literatura a respeito de estratégia empresarial existe uma hierarquia formalizada por Wheelwright (1984). Esta hierarquia classifica as estratégias empresariais em três níveis hierárquicos:

a) **Estratégia corporativa**: A estratégia corporativa é a estratégia que se refere à corporação. Para Slack *et al.* (2002), as principais decisões estratégicas neste nível estão relacionadas a questões como: i) em quais negócios a corporação deve estar? (quão diversificada deve ser a corporação?); ii) quais negócios adquirir e de quais desfazer-se?; iii) como alocar o capital para os diferentes negócios?; entre outras.

b) **Estratégia da unidade de negócios** (estratégia de mercado nas palavras de Contador (1998)). Para Pires (1995), uma unidade de negócios costuma ser representada por uma divisão, por uma empresa, por uma unidade fabril ou por uma linha de produtos dentro de uma corporação. Para Contador (1998), os negócios são definidos como a conjunção (o par) das famílias de produtos e serviços com os segmentos de mercado nos quais eles são comercializados. De acordo com Pires (1995), a maior parte do que se tem escrito sobre estratégia da unidade de negócios é baseada ou influenciada por Porter (1986, 1987). Estes trabalhos baseiam-se na competitividade industrial, identificando 5 forças competitivas que dirigem a concorrência na indústria. São elas: i) ameaça de novos competidores; ii) rivalidade entre os concorrentes existentes; iii) ameaça de produtos substitutos; iv) poder de barganha dos compradores; v) poder de barganha dos compradores.

Ainda de acordo com Porter (1986), existem basicamente três estratégias competitivas para as unidades de negócios que podem ser utilizadas para a empresa superar suas concorrentes em uma indústria. São elas: i) estratégia de liderança no custo total; ii) estratégia de diferenciação e iii) estratégia do enfoque.

c) **Estratégias funcionais**: o terceiro nível estratégico é representado pelas estratégias funcionais (finanças, marketing, produção, entre outras)

Neste trabalho o foco é na estratégia da unidade de negócios; portanto, as opções estratégicas são: estratégia de liderança no custo total, estratégia de diferenciação e estratégia do enfoque.

Acreditamos que a estratégia de diferenciação requeira um sistema de produção mais complexo (e, portanto também um sistema de custeio específico). Por outro lado, uma estratégia de liderança em custo requer uma estrutura do sistema de produção simples e, conseqüentemente, um sistema de custeio genérico será mais adequado. Portanto, a Figura 6 pode ser ampliada para também levar em consideração as opções estratégicas aqui discutidas. Disso resulta a Figura 14.7.

Em nosso modelo (1), proposto na próxima seção, dividimos um pouco mais estas opções estratégicas (considerando também o enfoque em custo e o enfoque em diferenciação).

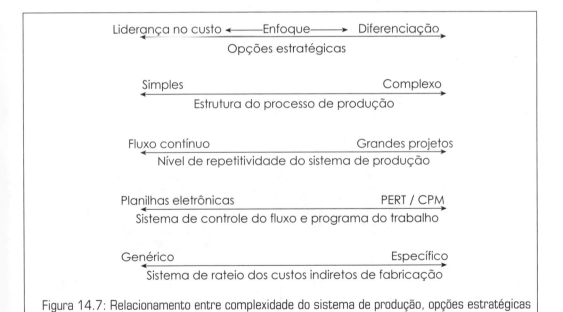

Figura 14.7: Relacionamento entre complexidade do sistema de produção, opções estratégicas para a unidade de negócios e sistemas de custeio

14.5 O processo decisório proposto

Para elaborar o modelo (1) (Quadro 14.2), parte-se da premissa (já justificada em seções anteriores) de que as variáveis que influenciam a escolha do sistema de custeio são:

i) a complexidade do sistema de produção; e,

ii) opção estratégica da unidade de negócios da empresa.

Quadro 14.2 – Modelo (1) proposto para escolha do sistema de custeio

n.º Linha	Variáveis que influenciam a escolha		Sistema de custeio a ser escolhido
	Opção estratégica	Complexidade do processo de produção	
1	Liderança no custo	Simples	Genérico
2	Liderança no custo	Complexa	Genérico
3	Enfoque no custo	Simples	Genérico
4	Enfoque no custo	Complexa	Genérico ou específico
5	Enfoque na diferenciação	Simples	Genérico ou específico
6	Enfoque na diferenciação	Complexa	Específico
7	Diferenciação	Simples	Específico
8	Diferenciação	Complexa	Específico

Relacionando-se os quadros 14.1 e 14.2, obtém-se o Quadro 14.3.

Quadro 14.3 – Possibilidades de escolha de sistema de custeio com base na opção estratégica e na complexidade do processo de produção – modelo (1)

Opções estratégicas	A opção estratégica enfoque, com as variações enfoque no custo e enfoque na diferenciação, está presente em qualquer possibilidade						
	Liderança no custo	Liderança no custo	Liderança no custo	Liderança no custo	Diferenciação	Diferenciação	Diferenciação
Complexidade do processo de produção	Complexidade do processo de produção						
	Simples	Simples	Simples	Simples	Complexa	Complexa	Complexa
Sistemas de produção	Nível de repetitividade do sistema de produção						
	Contínuo puro	Semi-contínuo	Produção em massa	Repetitivo	Semi-repetitivo	Não-repetitivo	Grandes projetos
Sistemas de controle da produção possíveis de se escolher	Sistema de controle do fluxo e programa do trabalho						
	Uma planilha eletrônica para controlar a taxa do fluxo	Uma planilha eletrônica para programar o trabalho	*Kanban*	*Kanban* ou PBC	PBC ou OPT	MRP	PERT/CPM
Sistemas de custeio da produção possíveis de se escolher	Sistema de rateio dos custos indiretos de fabricação						
	Genérico	Genérico	Genérico	Genérico ou específico	Genérico ou específico	Específico	Específico

14. Decisões sobre Sistema de Custeio: uma Proposta   239

É necessário observar que em organizações onde existam sistemas híbridos em seus processos de produção, dois ou mais níveis de repetitividade, a classificação de seus processos deve ser feita considerando-a dividida em unidades de produção. Assim, para cada unidade de produção deve ser avaliada a possibilidade de adoção de sistemas de produção e de controle da produção, bem como do sistema de custeio. Quando tal possibilidade ocorrer, o decisor deve ser precavido e adotar para todas as unidades, se possível, o sistema necessário para atender o nível de exigência da unidade mais complexa.

A proposição do modelo (2) é necessária para enquadrar os casos em que a escolha do sistema de custeio não possa ser justificada pelo modelo (1). Em outras palavras, acreditamos que nos casos onde não for utilizado um paradigma racional limitado, prevalecerá o modelo (2), o qual se baseia inteiramente em um paradigma político. Assim, é pressuposto que as organizações que tenham sistemas de custeio que não estão coerentes com o enquadramento proposto no modelo (1) os tenham devido a influências na escolha do sistema ocorridas no processo decisório. Portanto, o modelo (2) busca justificar o comportamento dos tomadores de decisão que os levaram a fazer uma opção diferente daquelas defendidas como adequadas.

Na verdade, o modelo (2) engloba o modelo (1), uma vez que apresenta também as decisões racionais limitadas. A explicação lógica para as variações propostas para o modelo (2) parte do pressuposto de que o decisor pode adotar a postura simplista por motivos tais como restrições orçamentárias; falta de incentivos pessoais e profissionais; incerteza quanto ao sucesso da implantação de sistemas de custeio complexos; medo de mudanças em rotinas já estabelecidas, entre outros motivos. Além disso, o decisor pode adotar a postura política, ao considerar que um sistema de custeio específico pode lhe dar poder, quando tem um maior número de subordinados, *status*, estabilidade no emprego, maior remuneração diante de suas funções complexas, etc. O modelo (2) é mostrado no Quadro 14.4.

Quadro 14.4 – Modelo (2) proposto para escolha do sistema de custeio

n.º Linha	Variáveis que influenciam a decisão racional		Sistema de custeio a ser escolhido	
	Opção estratégica	Complexidade do processo de produção	Segundo o paradigma racional limitado	Segundo o paradigma político
1	Liderança no custo	Simples	Genérico	Específico
2	Liderança no custo	Complexa	Genérico	Específico
3	Enfoque no custo	Simples	Genérico	Específico
4	Enfoque no custo	Complexa	Genérico ou específico	Específico
5	Enfoque na diferenciação	Simples	Genérico ou específico	Específico
6	Enfoque na diferenciação	Complexa	Específico	Específico
7	Diferenciação	Simples	Específico	Específico
8	Diferenciação	Complexa	Específico	Específico

Para finalizar esta seção, apresentamos, na Figura 14.8, a proposta do processo decisório para escolha do sistema de custeio propriamente dito. Veja que este processo decisório é uma combinação dos modelos (1) e (2) propostos.

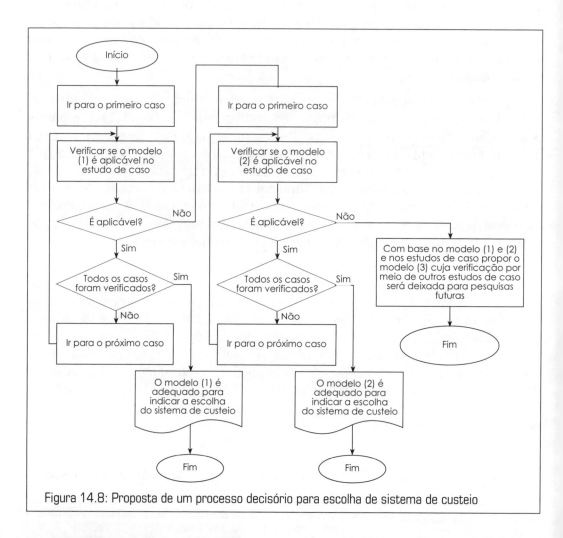

Figura 14.8: Proposta de um processo decisório para escolha de sistema de custeio

14.6 Estudos de caso

Para validar o processo decisório proposto foram realizados 7 estudos de caso. Estes estudos de caso foram escolhidos de forma intencional, ou seja, sete empresas líderes em seus segmentos, cada uma classificada como tendo um nível de repetitividade diferente, ou seja: 1) produção contínua; 2) produção semicontínua; 3) produção em massa; 4) produção repetitiva; 5) produção semi-repetitiva; 6) produção não-repetitiva; e 7) grande projeto.

As empresas constantes desse estudo serão identificadas de acordo com a variável repetitibilidade, independentemente da seqüência com que foram objeto de estudo.

14. Decisões sobre Sistema de Custeio: uma Proposta 241

Assim, as empresas relatadas são denominadas caso; assim, a primeira é C1 (caso 1) com repetitibilidade produção contínua, a segunda C2 (caso 2) com repetitibilidade semicontínua, e assim sucessivamente até C7 (caso 7) com repetitibilidade grande projeto. Os segmentos de atuação são: C1 (setor sucroalcoleiro, indústria de álcool e açúcar), C2 (setor têxtil, indústria de fios de algodão), C3 (setor de metalurgia, produção de eletrodomésticos da linha branca), C4 (setor de calçados, indústria de calçado infantil), C5 (setor de papel e celulose, indústria de papel), C6 (setor de escrita, desenho e pintura, unidade de produção de embalagens), C7 (setor de bens de capital, produz equipamentos pesados para geração de energia, hidromecânicos, movimentação de materiais, metroviários. Produz também subestações e compensação reativa, equipamentos de processo e atua na prestação de serviços).

A análise e os resultados intercasos são apresentados no Quadro 14.5, onde se consolidam todas as informações obtidas em cada um dos casos. As colunas representam os casos estudados e as linhas mostram cada uma das variáveis observadas nas empresas.

As colunas do Quadro 14.5 apresentam as informações obtidas nas empresas e servem para mostrar como cada uma das empresas está estruturada, bem como, comparar suas particularidades. Ainda nas colunas, há informações sobre o sistema de controle da produção, sobre o sistema de custeio da produção e sobre a estratégia de negócios adotados nas empresas.

As informações do Quadro 14.5 propiciam avaliar se é válida a escolha do sistema de custeio da produção em cada um dos sete estudos de caso. A verificação da escolha mostrou ser adequada ao paradigma racional limitado e, portanto, ao modelo (1), em seis dos sete casos, falhando no caso C1. A avaliação do sistema de custeio, considerando sua especificidade desnecessária em função da simplicidade do processo produtivo, leva a concluir que a escolha não foi adequada às necessidades da empresa. A empresa possui duas atividades muito diferentes entre si (atividade agrícola e atividade de transformação) e a escolha do sistema de custeio deu-se em função da atividade que possui maior complexidade em suas operações. Deve-se salientar que o estudo não contemplou as duas áreas, sendo necessário avaliar o outro processo produtivo (o de produção agrícola) com relação às suas necessidades para então emitir um juízo sobre o sistema adequado para a empresa como um todo.

Quatro das sete empresas (C1, C2, C3 e C4), ou seja, a maioria das empresas, têm seus processos de produção relativamente simples e, portanto, têm também estruturas simples de coleta de dados e apuração dos custos. Uma questão que fica evidente na leitura do Quadro 14.5 é que há uma correlação entre estratégias de negócios das empresas em liderança no custo e processos de produção simples.

Outra conclusão que se extrai da leitura dos estudos de caso é que, salvo algumas pequenas divergências, os sistemas de produção e os sistemas de controle da produção das empresas estão em conformidade com a proposta de classificação multidimensional, de MacCarthy e Fernandes (2000).

242 Qualidade e Competência nas Decisões

Quadro 14.5 – Consolidação das informações dos estudos de caso

Variáveis Observadas	C1	C2	C3	C4	C5	C6	C7
Tamanho do negócio	Grande porte	Grande porte	Grande porte	Grande porte	Grande porte	Grande porte	Grande porte
Tempo de resposta.	DL (a - P%)	DL (a - P%)	DL (a - P%)	PL + DL	PL + DL	PL + DL	SL + PL + DL
Nível de repetitividade	Contínuo	Semi-contínuo	Massa	Repetitivo	Semi-repetitivo	Não-repetitivo	Grandes projetos
Nível de automação	Rígido	Rígido	N	N	F	N	Normal
Estrutura do produto	SL	SL	ML	ML	ML	ML	ML
Nível de customização	4 (padronizado)	4 (padronizado)	4 (padronizado)	4 (padronizado)	3 (*mushroom*)	1 (customizado)	1 (customizado)
Número de produtos	S	M	S	M	M	M	M
Tipo de *layout*	Por produto	Por produto	Produto	Grupo	Grupo	Grupo	Posição fixa
Tipo de buffer	1_3	1_2_3	1_2_3	1_2	1_2_3	1_2_3	sem *buffers*
Tipo de fluxo	F4	F4	F6	F6	F9	F8	F12
Tipo de montagem	sem montagem	sem montagem	A6	A6	A9	A4	A2
Tipo de organização do trabalho	Ia	Ia	Ia	Ia	Ia	Ia	G
Sistema de controle da produção	Software ERP controla a taxa do fluxo	Planilha eletrônica para programar o trabalho	Informal seguindo a lógica do *kanban*	PBC	MRP	MRP	PERT / CPM
Sistema de custeio da produção	Específico	Genérico	Genérico	Genérico	Específico	Específico	Específico
Estratégia de negócios	Liderança no custo	Liderança no custo	Liderança no custo	Liderança no custo	Enfoque no custo	Diferenciação	Diferenciação

14.7 Considerações Finais

A proposta de terminologia para os sistemas de custeio e o relacionamento entre a complexidade dos sistemas de produção e os custos indiretos fixos, baseou-se em argumentação lógica decorrente do estudo da teoria da contabilidade de custo e de estudos de caso onde se identificaram os sistemas de produção, os sistemas de controle da produção e os sistemas de custeio da produção. Ficou evidenciado que, à medida que a complexidade dos sistemas de produção aumenta, aumenta a necessidade de sistemas de controle da produção mais complexos e, conseqüentemente, sistemas de custeio da produção que forneçam informações mais detalhadas sobre o processo de produção. Fica como sugestão o estudo para definir a fronteira entre os sistemas de custeio genéricos e os sistemas de custeio específicos.

Finalmente, cabe considerar que, ao se mudar o foco e passar a olhar o sistema de custeio não mais como de responsabilidade exclusiva da função administrativa, mas

14. Decisões sobre Sistema de Custeio: uma Proposta

também como responsabilidade da função produção, abre-se um leque enorme de questões de pesquisas para serem discutidas em trabalhos futuros, entre elas: qual o menor grau de detalhamento das informações geradas por um sistema de custeio para que este possa ser considerado um sistema específico e, ao contrário, até que grau de detalhamento das informações geradas um sistema ainda pode ser considerado genérico?

Referências

- BORNIA, Antônio Cezar. **Publicação Eletrônica** [mensagem pessoal]. Mensagem eletrônica recebida pelo primeiro autor deste capítulo em 12 mai. 2003.

- CONTADOR, J.C. (coordenador) **Gestão de Operações**. Ed. Edgard Blücher, 2ª Edição, 1998.

- KAPLAN, Robert S.; COOPER, Robin. **Custo e Desempenho**: Administre seus custos para ser mais competitivo. São Paulo: Futura, 1998.

- LEONE, George S. Guerra. **Publicação Eletrônica** [mensagem pessoal]. Mensagem eletrônica recebida pelo primeiro autor deste capítulo em 12 mai. 2003.

- MACCARTHY, B.L.; FERNANDES, F.C. A multidimensional classification of production systems for the design and selection of production planning and control systems. **Production Planning & Control Journal**, v. 11, n. 5, p. 481-496, August 2000.

- MARTINS, Eliseu. **Contabilidade de Custos.** 9ª ed. São Paulo: Atlas, 2003a.

- MARTINS, Eliseu. **Publicação Eletrônica** [mensagem pessoal]. Mensagem eletrônica recebida pelo primeiro autor deste capítulo em 16 mai. 2003b.

- NAKAGAWA, Masyuki. **Gestão estratégica de custos**: conceito, sistemas e implementação JIT/TQC. São Paulo: Atlas, 2000.

- PATTON, M.Q. **Qualitative Evaluation and Research Methods**. Newbury Park, 1990.

- PIRES, S. **Gestão Estratégica da Produção**. Editora UNIMEP, 1995.

- PORTER, M. **Estratégia Competitiva**. Ed. Campus, 24ª Edição, 1986.

- PORTER, M. From Competitive Advantage to Corporate Strategy. **Harvard Business Review**. May-June, pp. 43-59, 1987.

- PORTER, Keith; LITTLE, David; PECK, Matthew; ROLLINS, Ralph Manufacturing classifications: relationships with production control systems. **Integrated Manufacturing Systems**, v. 10, n. 4, p. 189-198, 1999.

- SIPPER, D. & BULFIN JR.; R.L. **Production: Planning, Control and Integration**, New York: Mc Graw Hill, 1997.

244 Qualidade e Competência nas Decisões

- SLACK, N.; CHAMBERS, S.; JOHNSTON, R. **Administração da Produção** (2ª. ed.). São Paulo: Atlas, 2002.

- WHEELWRIGHT, S.C. Manufacturing Strategy: defining the missing link. **Strategic Management Journal**, vol. 5, pp. 77-91, 1984.

15 DECISÕES NO PLANEJA-MENTO E CONTROLE DA PRODUÇÃO

José Benedito Sacomano

1.5 Introdução

Neste capítulo propõe-se uma análise e reflexão sobre os fatores que influem ou influíram no processo de decisão para a operação do Planejamento e Controle da Produção nas empresas industriais. O autor acumula um acervo de 184 indústrias estudadas desde 1982 até 2006, além, evidentemente, do acompanhamento da evolução teórica e prática dos princípios do PCP - Planejamento e Controle da Produção, assim como da mudança dos cenários socioeconômicos, nos quais as empresas estavam inseridas ao longo do período mencionado. É importante relatar, no início destas reflexões, que no Brasil tanto as práticas do PCP quanto a respectiva teoria mantêm uma defasagem razoável em relação às economias centrais, no que diz respeito à chegada do aparato teórico e também à aplicação das técnicas complementares às respectivas modalidades de abordagem da manufatura.

Para ilustrar tal afirmação, é necessário citar que John Orlick publicou o livro Material Requirements Planning em 1975, como funcionário da IBM, que na verdade relatava o primeiro sistema MRP aplicado em empresas, o APICS. O sistema Toyota de produção, que teve seu auge em 1977, já se constituía em modalidade teórica a partir de 1974, com Yaoshiro Monden. Apesar desses antecedentes, no Brasil, os primeiros sintomas das novas formas de abordagem da manufatura ocorreram timidamente a partir de 1985, conforme longo relatório elaborado por Alberto von Ellenrieder para o Ministério da Indústria e Comércio, publicado em 1988. O autor deste texto, no final da década de 80, acompanhou a implementação dos sistemas MRP (Material Requeriments Planning) e JIT (Just-In-Time) em quatro empresas no Brasil, duas multinacionais e duas de capital nacional, todas de grande porte, pois as pequenas e médias empresas não possuíam nenhuma condição técnico-financeira para a adoção de novas técnicas de gestão da produção (SACOMANO, 1983).

Neste ponto, é importante compreender a razão pela qual o Brasil, nas primeiras tentativas de alterar o processo decisório do Planejamento e Controle da Produção baseadas na necessidade de adoção das novas técnicas em vigor, colheu muito mais fracassos do que sucessos, durante o período de boa parte dos anos 90. As técnicas, oriundas de países desenvolvidos, necessitavam de um ambiente propício para sua instalação que exigia, em primeiro lugar, uma cultura organizacional e uma cultura técnica muito maiores do que as encontradas em ambientes de empresas brasileiras.

A implementação das novas técnicas encontrou resistências internas às mudanças propostas, por modificar, com razoável profundidade, a hierarquia funcional das empresas. As novas técnicas de condução do Planejamento e Controle da Produção nas multinacionais eram impostas pelas matrizes, como estratégia corporativa, e as filiais ou subsidiárias ficavam à mercê de práticas que elas não conheciam bem e nem haviam participado da decisão de sua implementação. O empresariado não conseguiu enxergar com clareza os fenômenos de globalização e competição acirrada entre as empresas que buscavam novos mercados e novas modalidades da divisão internacional da produção. Por outro lado, a Universidade, de maneira geral, não se relacionava com as empresas e vice-versa, pois ambas viviam os valores de seus universos particulares.

Assim sendo, e para concluir esta introdução, no Brasil do ano 2000 as conseqüências da defasagem mencionada são sentidas até hoje, em um número significativo de empresas, embora muitas tenham conseguido superar as dificuldades regionais, para se posicionarem como empresas globais.

15.2 Introdução ao processo de decisão no PCP

A Figura 15.1 ilustra a evolução do pensamento administrativo e propõe duas fases distintas nesta evolução.

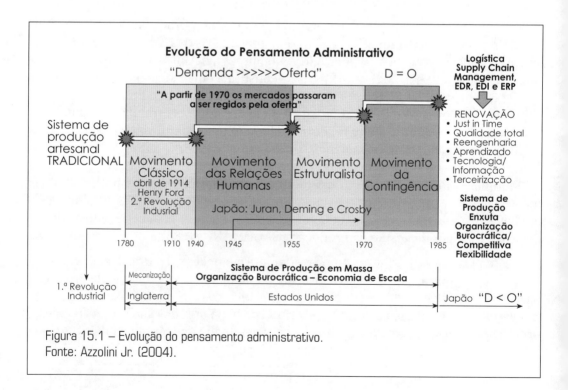

Figura 15.1 – Evolução do pensamento administrativo.
Fonte: Azzolini Jr. (2004).

15. Decisões no Planejamento e Controle da Produção   247

A primeira fase, que vai até o Movimento da Contingência, contempla o Sistema de Produção em Massa ou Organização Racional Legal. Uma segunda fase pós-Contingência, chamada Era da Renovação ou Produção Racional Competitiva, contempla os novos paradigmas produtivos e novas formas de organização do trabalho.

Os novos paradigmas produtivos surgem diante de dois fatores fundamentais:

a. a inversão da relação oferta-demanda, quando a produção passa a ser regida pela oferta, e
b. o grande avanço tecnológico baseado na microeletrônica embarcada nas máquinas e equipamentos, e o avanço da TI (Tecnologia da Informação).

Esses dois fatores impulsionaram fortemente a competição entre as empresas e deram uma nova dimensão ao processo decisório anterior a 1985. Como interpretar então o processo decisório no Planejamento e Controle da Produção à luz da evolução do pensamento administrativo?

Quase toda a literatura anterior a Monden (1974) e Orlick (1975), que tratam particularmente do JIT (Just-In-Time) e MRP (Material Requeriment Planning), referia-se ao Planejamento e Controle da Produção como um conjunto de funções inter-relacionadas, que comandavam e coordenavam o processo produtivo e o relacionava com os demais setores administrativos da empresa.

Os níveis do processo decisório do PCP nesta fase podem ser observados na Figura 15.2.

Essa abordagem resulta da análise de autores clássicos em Planejamento e Controle da Produção, tais como Zaccarelli (1967), Buffa (1972, 1975 e 1977) e Burbidge (1983). Embora haja uma possibilidade de visão sistêmica na Figura 15.2, na prática o processo decisório no Planejamento e Controle da Produção estava contido no fluxo primário de informações, conforme a Figura 15.3, proposta por Zaccarelli (1967).

Conforme ainda pode ser observado na Figura 15.2, nos níveis do processo decisório do PCP, suas funções estão hierarquicamente abaixo dos Planos Estratégicos, iniciando-se pela Previsão de Demanda, em consonância com a Figura 15.3. Para corroborar essa afirmação, Pires (1995) classifica o PCP como uma estratégia de manufatura que está abaixo da Estratégia Corporativa, abaixo da Estratégia das Unidades de Negócio, e se coloca como a parte da estratégia operacional de natureza infra-estrutural e como área de decisão operacional, conforme a Figura 15.4. Esta consideração está de acordo com o que é discutido no Capítulo 3.

Essa fase do Planejamento e Controle da Produção é usualmente chamada de Planejamento e Controle da Produção Convencional ou PCP do "ponto de reencomenda". Todo o processo decisório está vinculado à variação da demanda do produto ou mix de produtos, conforme a Figura 15.3, e sempre irá desembocar na reposição dos estoques de matéria-prima ou componentes.

248 Qualidade e Competência nas Decisões

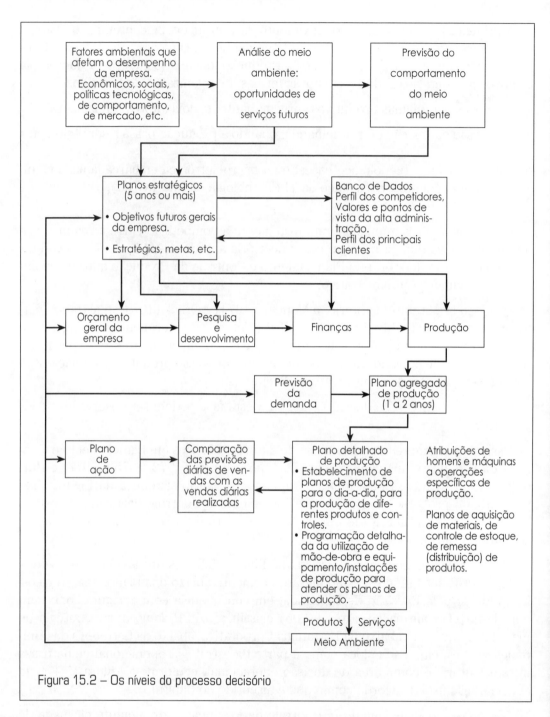

Figura 15.2 – Os níveis do processo decisório

15. Decisões no Planejamento e Controle da Produção 249

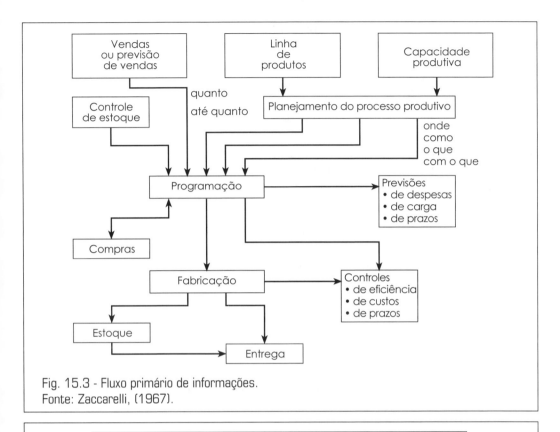

Fig. 15.3 - Fluxo primário de informações.
Fonte: Zaccarelli, (1967).

ESTRATÉGIA CORPORATIVA

ESTRATÉGIA COMPETITIVA
- Liderança em custo
- Diferenciação
- Enfoque

PRIORIDADES COMPETITIVAS
- Qualidade
- Custos
- Flexibilidade
- Desempenho das entregas
- Confiança

ÁREAS DE DECISÃO

ESTRUTURAIS
- Instalações
- Industriais
- Capacidade
- Tecnologia
- Integridade vertical

INFRA-ESTRUTURAIS
- Recursos humanos
- Gestão da qualidade
- Organização
- PCP

Figura 15.4 Estratégia Corporativa e Competitiva (PIRES, 1995)

250 Qualidade e Competência nas Decisões

A Teoria do Lote Econômico, apresentado em 17.3, foi preponderante para o "ponto de reencomenda", pois determinava qual o nível mínimo de estoque a partir do qual se emitia a Ordem de Compra ou Ordem de Fabricação. A decisão da determinação das capacidades, ou carga-máquina, também era resultante de Vendas ou Previsão de Vendas, assim como toda a programação da fábrica. Na prática, a elaboração do Planejamento e Controle da Produção se constituía de reprogramação permanente das Ordens de Serviço e da reprogramação das máquinas. A atividade de reprogramação se constituía, portanto, das decisões mais difíceis no cotidiano do chão de fábrica. Os controles de Custos, Prazos e Qualidade eram então funções colaterais ao eixo central do Sistema de Informações, conforme a Figura 15.3.

Pode-se afirmar, com convicção, que o processo decisório do Planejamento e Controle da Produção estava centrado no controle de estoques, com ênfase permanente na reprogramação e no "ponto de reencomenda". Assim sendo, o processo de Planejamento e Controle da Produção consistia num Sistema de Emissão de Ordens, a partir da Previsão de Vendas, que controlava o Sistema de Estoques, a Programação de Fábrica, as Ordens de Compra, as Ordens de Fabricação e, a partir daí, todos os controles que podem ser visualizados na Figura 15.3. Esta é a fase em que predominam os estoques de segurança e os estoques intermediários. Na fase seguinte ao PCP convencional, surge a necessidade de mudanças nas novas formas de organização da produção, para atender a um mercado competitivo e a uma oferta que pudesse diminuir sensivelmente os custos de produção, aumentar a qualidade do produto, aumentar a flexibilidade do processo de fabricação e garantir os prazos de entrega a este novo mercado.

15.3 Os novos paradigmas produtivos

Conforme já mencionado, a fase pós-Contingência vai expor a produção ao novo cenário mundial, onde cresce vertiginosamente a tecnologia e o mercado passa a ser regido pela oferta e não mais pela demanda, pois o somatório da oferta mundial de produtos supera em muito a demanda nominal. Foi necessário, pois, um estímulo à demanda por produtos diferenciados, em relação aos que eram ofertados. Inicia-se então a fase de competição baseada nos critérios competitivos, principalmente aqueles relativos a custo, qualidade, flexibilidade e prazo de entrega. Todas as estratégias estão agora voltadas para esse novo ambiente empresarial, moldado pela internacionalização da economia, abertura de novos mercados e pela busca de novos produtos e serviços, independentemente de sua nacionalidade. Aqui tem início uma verdadeira revolução na concepção e realização de produtos, caracterizando então uma forte modificação nas estratégias da oferta. A manufatura passa a sofrer grandes transformações, tanto no processo produtivo quanto na gestão da produção. A título de ilustração de mudanças paradigmáticas, tome-se como exemplo, de forma sucinta, o processo JIT (Just-In-Time), na época também chamado de Manufatura Enxuta, surgida no Japão, bem como uma introdução ao ERP (Enterprise Resources Planning).

15. Decisões no Planejamento e Controle da Produção 251

15.3.1 Manufatura Enxuta (*Just-In-Time*)

No auge da produção em massa, após o término da Segunda Guerra Mundial, o Japão dá inicio ao programa de reconstrução nacional, o qual conduz a importantes mudanças no âmbito da produção, reconhecidas somente a partir da década de 70, em um mundo até então focado nos princípios da fabricação em massa, com base nos preceitos da Administração Científica. O novo movimento japonês passa a ser conhecido como Manufatura Enxuta. Essas mudanças foram proporcionadas por dois visionários da Toyota - Eiiji Toyota e Taiichi Ohno. Eles constataram que a produção em massa jamais funcionaria no Japão por diversos motivos, dentre os quais:

1. O mercado interno do Japão apresentava sérias restrições de demanda, implicando uma vasta gama de veículos com pequeno volume de produção;

2. As diferenças culturais entre a força de trabalho do Japão e a ocidental implicavam principalmente que os operários japoneses não eram propensos a serem tratados como custo variável ou peça intercambiável, como predominava nas empresas ocidentais;

3. Trabalhadores temporários, dispostos a enfrentar as condições precárias de trabalho em troca de remuneração compensadora, inexistiam no Japão. Porém, a maior parte dos trabalhadores temporários constituía o grosso da força de trabalho ocidental e, conseqüentemente, estavam presentes na maioria das companhias de produção em massa;

4. Ao término da Segunda Guerra Mundial, a economia do Japão encontrava-se devastada.

A partir dessas considerações, Eiiji Toyota e Taiichi Ohno desenvolveram e aprimoraram uma sistemática própria para gerenciar as empresas japonesas, a qual deu origem ao JIT (*Just-In-Time*) ou Manufatura Enxuta. Womack & Jones (1998) definem Manufatura Enxuta como sendo uma nova abordagem, segundo a qual existe uma forma melhor de gerenciar os relacionamentos de uma empresa com os clientes, cadeia de fornecimento, desenvolvimento de produtos e operações de produção. O JIT basicamente altera as seguintes condições no âmbito da produção:

- O *layout* deixa de ser funcional e é redesenhado como *layout* celular, onde famílias de peças são produzidas em um conjunto de máquinas compatíveis e dispostas em forma de U;

- No *layout* celular não existe um operador para cada máquina, conforme necessário no *layout* funcional, passando o operário a possuir habilidades multifuncionais, ou seja, ele é capaz de operar mais de uma máquina ao mesmo tempo;

- Conforme os princípios do JIT, para os quais o desperdício era combatido radicalmente, a troca de ferramentas passou por um processo revolucionário chamado de Troca Rápida de Ferramenta, com dispositivos criados dentro da própria fábrica, diminuindo sensivelmente o tempo de troca;

252 Qualidade e Competência nas Decisões

- A qualidade deixa de ser um departamento da empresa, para se instalar em todo o processo de fabricação, com a denominação de Qualidade Total, em que o processo de fabricação é controlado estatisticamente, diminuindo dessa forma as perdas e desperdícios de peças e materiais, assim como o tempo de retrabalho;

- O Sistema Kanban gerencia o fluxo de materiais com cartões emitidos no final da linha de montagem, dando ao sistema a característica de produção puxada. Dentro dessa abordagem, tenta-se fazer cada vez mais com menos recursos (menos equipamento, menos esforço humano, menos tempo, menos estoque, menos capital, etc.), de acordo com a característica do mercado japonês.

Schonberger (1987) afirma que a idéia do sistema JIT é simples: fabricar e entregar os produtos no momento exato de serem vendidos, fazer as submontagens no momento exato da montagem final do produto acabado, fazer as peças no momento exato de serem montadas e, finalmente, adquirir materiais no momento exato de serem transformados em peças fabricadas. O JIT foi chamado de filosofia, pois pregava também o respeito à condição humana do operário, assim como o compromisso coletivo com os objetivos da empresa.

15.3.2 Do MRP ao ERP

Na década de 70, administradores de empresas, reunidos na APICS – American Production and Inventory Control Society, focaram seus esforços no desenvolvimento de um sistema de planejamento com o objetivo de sistematizar os procedimentos de planejamento e controle de materiais na fase de suprimentos do fluxo de produção. Este sistema hoje é simbolizado pela sigla MRP – Material Requeriments Planning.

A principal diferença do MRP para os sistemas de reabastecimento tradicionais é que os últimos utilizam algumas regras de decisão para a tomada de providências de suprimentos, através do aprazamento e da quantidade dos ítens a serem adquiridos, determinados sob a suposição de demanda estatisticamente independente. Desse modo, examinam-se vários atributos de itens individuais, tais como custo, *lead time*, consumo passado e outros, mas não se considera a natureza da demanda como uma importante característica.

Contudo, baseando-se na natureza ou fonte de demanda, pode-se selecionar a melhor técnica para o controle de estoques. O princípio fundamental que serve como guia para a análise da escolha é o conceito de demandas dependente e independente. Determinado item é de demanda independente quando não está relacionado com a demanda de outros ítens. Com base nesse conceito de demanda dependente, e demanda independente é que os membros da APICS desenvolveram a lógica do MRP.

Segundo Norman (1983), a essência do MRP é que se trabalha com a demanda (o cliente) para determinar os materiais e outras exigências. À medida que a tecnologia de computação avançou, o potencial crescente de aplicação desse conceito de planejamento amplo foi aparecendo, passando do MRP para o MRP II e posteriormente, nos anos 90, para o ERP – Enterprise Resources Planning, que configura a era dos sistemas gerenciais integrados.

Contudo, é importante salientar que, na década de 80, houve uma reformulação da estrutura funcional do Planejamento e Controle da Produção, em decorrência da introdução das técnicas do MRP (Material Requirements Planning) e do JIT (Just-In-Time) no Ocidente. Em princípio, numa divisão por fases, constata-se que, na primeira fase, o MRP trata do aspecto técnico do sistema, na segunda, o MRP II trata do aspecto funcional e, na terceira fase, o ERP cuida do aspecto do processo, de forma integrada.

É possível admitir-se que os proponentes do sistema MRP superestimaram as possibilidades do computador em alguns aspectos do Planejamento e Controle da Produção, fato que hoje obriga a uma correção de rumos para a solução de alguns problemas, principalmente em relação ao acompanhamento das tarefas no âmbito do chão de fabrica, que é uma atividade complexa, se comparada, por exemplo, com a montagem do Plano Geral de Produção. A Figura 15.5 ilustra a evolução dos sistemas MRP até o sistema ERP.

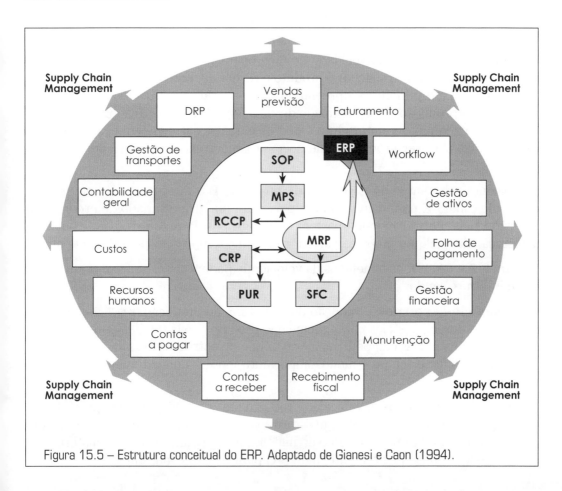

Figura 15.5 – Estrutura conceitual do ERP. Adaptado de Gianesi e Caon (1994).

254 Qualidade e Competência nas Decisões

15.3.3 Manufatura Responsiva

O conceito de Responsividade – competitividade baseada no tempo – foi inicialmente proposto por Stalk (1988). Para Handfield (1995), essa ênfase na redução de tempo não é crítica, se pensada como um fim em si mesma, pois são os benefícios dessa redução que tornam atraente o conceito de Responsividade. Dentre esses benefícios, pode-se citar: menos estoque, maior rapidez no atendimento ao cliente e na inovação, melhores fluxos de caixa e maiores lucros. De acordo com Slack (2002), em manufatura, tempo é mais do que dinheiro, tempo é valor. Ele tanto poupa custos para a operação como concede benefícios para o consumidor. Assim de acordo com esses autores, entende-se que o termo Responsividade significa foco na dimensão tempo, que é formada pelos objetivos: rapidez, pontualidade e flexibilidade, discutidos a seguir.

a) **Rapidez –** Mover as informações e materiais mais rapidamente dentro da operação torna-a mais enxuta e mais produtiva. As gerências, por sua vez, não atribuem a devida importância ao aspecto velocidade. Segundo Stalk (1998), como o tempo é uma variável básica de desempenho de negócio, a gerência raramente o monitora explicitamente, quase nunca com a mesma precisão dedicada a vendas e custos. Entretanto, o tempo é um padrão de medida de competição, mais crítico do que as medições financeiras tradicionais.

O cliente externo vê a velocidade de uma operação como um período total que ele tem de esperar entre solicitar o produto e recebê-lo. Esse período é denominado "entrega" (E), e o período compreendido entre o primeiro processo e o último (o ciclo total de produção), é denominado de "produção" (P). A relação $E < P$ é a mais crítica. Por exemplo: se um produto é pedido para ser entregue em cinco dias, mas leva oito dias para ser produzido, ele necessariamente não será entregue no prazo desejado.

A redução do tempo do ciclo total de produção **P** terá efeitos variáveis sobre o tempo de espera **E** para o consumidor, pois, para um grupo variado de produtos, **P** e **E** são iguais. Por outro lado, existem outros grupos de produtos, para os quais a aceleração de qualquer etapa da parte P reduzirá o tempo de espera E do cliente.

Para Slack (2002), os benefícios da velocidade podem ser classificados em externos e internos, sendo:

- **Benefícios externos**: a redução do ciclo total de produção traz benefícios aos consumidores, pois eles conseguem seus produtos mais rapidamente. Em algumas circunstâncias competitivas, ter o tempo de entrega reduzido pode ser vital. Em outras, esse tempo é menos importante, porém nunca totalmente sem importância.

- **Benefícios internos**: a velocidade reduz o material em processo, portanto reduz custo, permite melhores e mais prováveis previsões e reduz o tempo do lote ou do pedido na operação. Fluxos mais rápidos significam menos material em processo e, conseqüentemente, menos capital de giro comprometido.

15. Decisões no Planejamento e Controle da Produção   255

Os atributos para se ter rapidez foram assim classificados:

1. Eliminação das etapas do processo que não agregam valor e não são necessárias;
2. Simplificação do processo de tomada de decisão, ou seja, torná-lo mais rápido;
3. Redução da distância percorrida pelos materiais e informações;
4. Diminuição do tamanho dos lotes;
5. A adoção da troca rápida de ferramenta.

b) **Pontualidade** – Significa cumprir as promessas de entrega, honrando os contratos de entrega ao cliente. As empresas são tentadas a prometer entregas rápidas para aumentar suas possibilidades de "ganhar" o pedido do cliente. Essa prática tem condenado empresas à falência. Fazer pontualmente as entregas acordadas pode se tornar uma importante vantagem competitiva.

A pontualidade é um conceito simples: diferença entre a data devida e a data real da entrega ao cliente. Entretanto, em alguma situações é complicado para as empresas definirem o que são datas devidas e datas reais. De acordo com Slack (2002), as respostas para todas essas dúvidas dependem das circunstâncias do contrato ou pedido, de normas do setor e de quais as informações disponíveis para que um tempo de entrega mais conveniente para o fornecedor seja usado no contrato. A organização deve definir esse tempo de tal modo que corresponda à melhor expectativa do cliente.

Λ pontualidade é um valor de relevada importância para o cliente. As empresas podem ganhar mais negócios por serem confiáveis. O cliente valoriza a confiabilidade da entrega, porque sua própria confiabilidade o requer. No ambiente interno, a pontualidade dá mais estabilidade à produção. Quando a manufatura atinge um certo grau de confiabilidade, outros aspectos do desempenho operacional podem ser melhorados.

Os atributos para obter a pontualidade foram assim classificados:

6. Produtos isentos de defeitos;
7. Programação de produção não sobrecarregada;
8. Estabelecimento da manutenção preventiva;
9. Monitoramento das datas de entregas internas;
10. Arranjo físico da produção.

c) **Flexibilidade** – A flexibilidade tornou-se uma virtude na manufatura moderna. Azzolini Jr. (2004) relata, em sua pesquisa, que uma tendência emergente é a ênfase que as empresas de manufaturas avançadas colocam no incremento de sua flexibilidade. Segundo Slack (2002), os mercados turbulentos, os concorrentes ágeis e os rápidos desenvolvimentos em tecnologia forçaram a administração da manufatura

256 Qualidade e Competência nas Decisões

a reavaliar sua habilidade de modificar o que faz e como faz. Godinho Filho (2004) define flexibilidade como a capacidade de mudar a forma de produzir.

Uma manufatura flexível melhora o seu desempenho mesmo em ambientes incertos, onde se observa grande variedade nas condições do ambiente de negócios. Entretanto, é importante observar que a flexibilidade em si traz poucos méritos. As organizações vendem o que a manufatura flexível pode conceder: maior pontualidade, menores custos e maior velocidade, pois são esses requisitos que agregam valor ao produto.

Para Slack (2002), a pontualidade é melhorada porque a operação flexível ajuda a lidar com interrupções inesperadas de fornecimento. Os custos são otimizados com a melhor utilização das tecnologias de processo, mão-de-obra e recursos materiais. A velocidade, significando entrega rápida, rápido desenvolvimento de novos produtos ou rápida adaptação de novos produtos, pode ser melhorada por uma operação flexível.

Para a finalidade deste trabalho, a flexibilidade foi dividida em: flexibilidade de curto prazo e flexibilidade de longo prazo. A flexibilidade de curto prazo está relacionada ao tempo dos principais processos: compras, desenvolvimento, troca rápida de ferramenta, produção (mix de produtos e volume), troca de máquinas. A flexibilidade de longo prazo está relacionada com a capacidade de seus processos e de seus recursos humanos. Esta flexibilidade permite que a operação trabalhe com uma variedade maior que a de curto prazo.

Os atributos para obter flexibilidade foram assim classificados:

11. Troca rápida de ferramenta;
12. Fornecer variedade de produto;
13. Transferibilidade de mão-de-obra;
14. Tempo de compra;
15. Velocidade com a qual o processo pode ser focalizado em uma determinada faixa de produtos.

15.3.4 Manufatura Ágil

Em 1991, em função de uma solicitação do Congresso norte-americano, o Iacocca Institute desenvolveu um estudo para definir as bases da indústria do próximo século. Surgiu então o termo Manufatura Ágil, que, no entender do autor do presente trabalho, representa um aprimoramento dos preceitos da Manufatura Enxuta. Esse termo também representa mais uma adequação do processo evolucionário da gestão da produção, através agora desse paradigma. A pesquisa deveria definir como as empresas americanas poderiam ser competitivas internacionalmente, fazendo frente às novas potências industriais e, principalmente, ao Japão. Um grupo de pesquisa constituído de quinze executivos, quatro pesquisadores e um representante do governo se encarregaram da tarefa.

15. Decisões no Planejamento e Controle da Produção   257

O resultado desse esforço foi apresentado em um relatório dividido em dois volumes, denominado 21st Century Manufacturing Strategy. A partir de então, os termos Manufatura Ágil e agilidade se difundiram, e vários movimentos de estruturação da rede ágil americana começaram a se tornar correntes. O termo Manufatura Ágil (MA) foi popularizado a partir de 1991, após a publicação de relatório por Goldman (1991), o qual mostrava que um novo ambiente de manufatura estava surgindo na época. Este novo ambiente foi caracterizado pela incerteza e por mudanças constantes.

Para Bunce & Gould (1996), os negócios do século XXI terão que superar os desafios dos consumidores, buscando produtos de alta qualidade e baixo custo, além de resposta rápida às suas necessidades específicas, em constante transformação. De acordo com Gunasekaran (1999), a Manufatura Ágil está exatamente relacionada à nova maneira de gerenciar as empresas, para enfrentar tais desafios.

A partir da definição de diversos autores, dentre outros Sharifi & Zhang (1999) e De Vor et al. (1997), entendemos que a Manufatura Ágil é aquela que possui como objetivos principais responder a mudanças inesperadas, de maneira correta e no tempo devido, e saber explorá-las, entendendo-as como uma oportunidade e um meio de obter lucros.

De acordo com Kidd (1994), a Manufatura Ágil pode ser considerada como a integração da organização de pessoas altamente capacitadas e tecnologias avançadas, para obter cooperação e inovação, em resposta à necessidade do fornecimento aos clientes de produtos customizados e de alta qualidade. Essa definição parece ir de encontro às necessidades do novo ambiente de mercado apresentado anteriormente. A Manufatura Ágil é exatamente adequada a ambientes de mudanças rápidas e com alta incerteza. O mesmo autor apresenta uma estrutura conceitual genérica para a Manufatura Ágil. Obviamente, como qualquer outra estrutura genérica, seus elementos devem ser adaptados aos casos específicos. Conforme Kidd (1994), o empreendimento da Manufatura Ágil deve ser elaborado tendo-se em mente cinco princípios básicos, sem ordem de importância, podendo ser definidos como:

1. mudança contínua;

2. resposta rápida;

3. melhoria da qualidade;

4. responsabilidade social;

5. foco total no cliente.

Esses princípios básicos são uma síntese do que algumas empresas vêm buscando atualmente, porém de forma isolada.

15.4 O processo decisório no cenário competitivo

Para que se possa construir uma análise do processo decisório no Planejamento e Controle da Produção, é necessário colocá-lo no cenário adequado aos fatores competitivos que estão vigorando nos dias atuais. A Figura 15.6 representa de forma ideal todos ou quase todos os vetores que influenciam o Planejamento e Controle da Produção, o qual, como pode ser visto, passa de estratégia de manufatura para um nível mais alto na organização da produção.

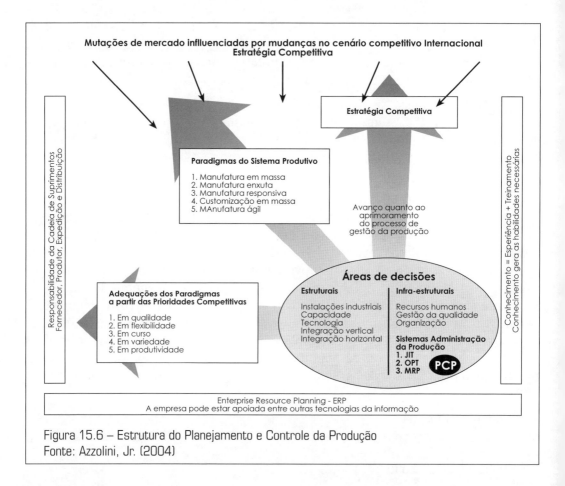

Figura 15.6 – Estrutura do Planejamento e Controle da Produção
Fonte: Azzolini, Jr. (2004)

A estratégia competitiva deve levar em conta as decisões que envolvem as questões abaixo:

- A modernização das plantas industriais na última década tem privilegiado operações e atividades industriais que estão inseridas no processo produtivo, de modo a não haver nenhum tipo de improvisação.

O autor acompanhou a construção da fábrica de motores da Volkswagen, em São Carlos (SP), e o edifício industrial foi construído para receber os equipamentos,

15. Decisões no Planejamento e Controle da Produção   259

as máquinas, a linha de montagem, recebimento e expedição, assim como toda a canalização da água servida e da água residual da indústria para tratamento posterior, de tal forma que a montagem do processo produtivo se deu nos locais exatos e planejados anteriormente.

- A capacidade e a tecnologia devem ser compatíveis com as exigências do mercado.

- Os sistemas de gestão escolhidos para a programação e controle do chão da fábrica devem garantir um fluxo de informações que faça a integração vertical e horizontal de todas as atividades da empresa, de tal forma que a mesma possa funcionar como uma rede de informações com alto nível de compartilhamento. O ERP (Enterprise Resource Planning) permite hoje que a matriz acompanhe, em tempo real, dados das unidades de negócios, mesmo que estas estejam em países diferentes.

- Nesse cenário competitivo, muda o papel dos recursos humanos nas empresas, tendo em vista a necessidade cada vez maior de uma escolaridade voltada ao processo em qualquer nível da organização. Dessa forma, a Cultura Organizacional assume aspecto extremamente relevante no contexto do processo de produção.

- A Gestão da Qualidade deve espelhar fielmente essa prioridade competitiva, conforme mostra sua dupla posição na Figura 15.6.

Godinho Filho (2004) faz um amplo estudo da relação da escolha dos sistemas de controle (JIT, OPT[*], MRP, etc.) com o paradigma, no qual a manufatura está inserida. Sacomano (2004) mostra que existe uma sobreposição de paradigmas em alguns tipos de manufatura, o que obriga a uma adaptação na escolha dos sistemas de controle. Como exemplo, uma fábrica de roupas de moda é altamente ágil (mudança) e muito responsiva (tempo). Nesse caso, cada paradigma produtivo citado guarda relação com o processo de fabricação, e sua identificação no cenário competitivo é altamente necessária, para que o sistema não apresente as costumeiras restrições encontradas nas empresas.

As prioridades competitivas é assunto que vem sendo discutido há mais tempo, e ocupa a maior intensidade nas decisões das empresas na última década, juntamente com a escolha dos sistemas de gestão.

A Figura 15.6 mostra também que o ambiente competitivo está cercado pelas necessidades das melhores práticas em Cadeias de Suprimento, Recursos Humanos e na Organização em Geral, que são fontes permanentes de tomada de decisões.

---

[*] Optimised Process Technique.

15.5 Conclusão

Conforme observado pela exposição da transição entre o "Ponto de Reencomenda" do PCP convencional e os novos paradigmas produtivos, pode-se concluir que o processo decisório ganhou novas dimensões nas organizações empresariais.

A responsividade, a agilidade, a customização de produtos, acompanhadas de um mercado cada vez mais sensível aos aspectos de custo, qualidade, prazo e flexibilidade, obrigam a uma nova postura frente ao processo decisório, que também deve ser muito mais ágil e responsivo do que na fase anterior do Planejamento e Controle da Produção.

O autor deste texto pôde constatar ainda que serão prioridades competitivas, em um futuro próximo, duas novas dimensões: o meio ambiente e a responsabilidade social das empresas. Essas questões já entraram nos processos de decisão das empresas, o que irá afetar profundamente as formas de organização da produção. A produção mais limpa, com a qual se relaciona o Capítulo 19, já é uma realidade teórica e prática, senão em grande escala, pelo menos em muitas empresas e em muitos países.

Ao se confrontar a realidade no Brasil com os requisitos da Figura 15.6, é possível afirmar que ainda há um longo caminho a percorrer, até que se possa ter uma inserção completa no mercado global. As possibilidades são muito grandes e a melhor de todas as decisões empresariais é a intensa preparação dos recursos humanos, para que se possa enfrentar os desafios atuais e futuros.

Referências

*   AZZOLINI JR., W. Tendência do processo de evolução dos sistemas de administração da produção, Tese de Doutorado, Escola de Engenharia de São Carlos – USP, 2004.

*   BUFFA, E.S. Modern production management: a short course in managing day-today operations. New York: John Wiley, 1975.

*   BUFFA, E.S. Modern production management: managing the operations functions. New York: John Wiley, 1977.

*   BUFFA, E.S. Operation management: problems and models. New York: John Wiley, 1972.

*   BUNCE, P.; GOULD, P. From lean to agile manufacturing. IEE Colloquium (Digest), 1996.

*   BURBIDGE, J.L. Planejamento e controle da produção. São Paulo: Atlas, 1983.

*   CORRÊA, H. L., GIANESI, I. E CAON, M. Planejamento, Programação e Controle da Produção - MRPII/ERP - 4.ª ed. - Atlas, São Paulo, 1999.

15. Decisões no Planejamento e Controle da Produção   261

- DE VOR, R. *et al.* Agile manufacturing research: accomplishments and opportunities. IIE Transactions, v.24, n.3, pp.43-56, 1992.

- GODINHO FILHO, M. Paradigmas estratégicos de gestão da manufatura: configuração, relações com o Planejamento e Controle da Produção e estudo exploratório na indústria de calçados, Tese de Doutorado, Universidade Federal de São Carlos – UFSCar, 2004.

- GOLDMAN, S.L. et al. Iacocca Institute: 21th. century manufacturing enterprise strategy: an industrial Lead View. vols. 1 e 2. Bethlehem, PA: Iacocca Institute, 1991.

- GUNASEKARAN, A. Agile manufacturing: a framework for research and development. International Journal of Production Economics, v.62, pp.87-105, 1999.

- HANDFIELD, R.B. Reengineering for time-based competition. Business Review, 1994.

- KIDD, P.T. Agile manufacturing: forging new frontiers. Wokingham-UK: Addison Wesley, 1994.

- MONDEN, Y. Sistema Toyota de produção. São Paulo:IMAM, 1984.

- NORMAN, E.D. Distribution requirement planning: problems and promises. Cleveland, Ohio: Patrick Gallagher. Proceedings of the 1983 Logistics Resources Forum.

- OHNO, T. Toyota production system: beyond large scale production. New York: Productivity Press, 1988.

- ORLICKY, J.A. Material requirements planning. New York: John Wiley, 1975.

- PIRES, S. Gestão estratégica da produção. Piracicaba: Editora UNIMEP, 1995.

- SACOMANO, J.B. Uma análise da estrutura funcional do Planejamento e Controle da Produção e suas técnicas auxiliares, Tese de Doutorado, Escola de Engenharia de São Carlos – USP, 1990.

- SCHONBERGER, J.R. Japanese manufacturing techniques: nine hidden lessons in simplicity. The Free Press – EUA, 1987.

- SHARIFI, H.; ZHANG, Z. A methodology for achieving agility in manufacturing organizations: an introduction. International Journal of Production Economics, v.62, pp.7-22, 1999.

- SLACK, N. Vantagem competitiva em manufatura. São Paulo: Editora Atlas, 2002.

- STALK, G. Estratégia – a busca da vantagem competitiva. Rio de Janeiro: Editora Campus, 1998.

- WOMACK, J.P.; JONES, D.D. A mentalidade enxuta nas empresas. Rio de Janeiro: Editora Campus, 1998.

- ZACCARELLI, S.B. Programação e Controle da Produção. São Paulo: Editora Pioneira, 1967.

16 DECISÕES EM REDES DE EMPRESAS E CADEIAS DE FORNECIMENTO

José Paulo Alves Fusco

Num contexto de economia globalizada, os processos internos de análise e tomada de decisão também vêm passando por contínua evolução, de modo a assimilar o mais rapidamente possível as mudanças nas variáveis de competitividade na medida em que ocorrem. Nessa linha, diversos trabalhos acadêmicos vêm tentando incorporar tais mudanças, sugerindo sistemas de acompanhamento e controle de desempenho mais flexíveis. Por ser um assunto em evolução constante, pode-se perceber o surgimento de modelos não-exaustivos, capazes de dotar as empresas com informações e ferramentas gerenciais para entender e mudar rapidamente seus posicionamentos estratégicos, de modo a permanecerem competitivas em suas operações.

O presente capítulo, em que é enfatizada a importância de se considerar a rede de relacionamentos, apresenta um estudo desenvolvido justamente para aprofundar o entendimento desses relacionamentos e a compreensão dos pressupostos nos quais são baseados, bem como identificar uma hierarquia de importância para sua consideração em um sistema de tomada dc decisão. É apresentado um modelo para avaliação competitiva do equilíbrio dos relacionamentos no contexto de uma rede de empresas.

Os resultados verificados nos diferentes estudos de caso onde foi aplicado o modelo, os quais podem ser observados de forma resumida no exemplo de aplicação aqui apresentado, sugerem a possibilidade de se utilizar a abordagem proposta como instrumento auxiliar para avaliação dos relacionamentos existentes dentro de uma rede de empresas. A partir desse entendimento, é possível obter indicações que permitam uma melhor qualidade nos processos de análise e tomada de decisão, gerando estratégias para ampliar a competitividade das operações na exploração de um determinado contexto concorrencial.

16.1 Introdução

O mercado cada vez mais globalizado tem exigido das empresas uma maior flexibilidade e adoção de instrumentos inovadores na Gestão da Cadeia de Suprimentos, em especial na gestão dos relacionamentos entre os atores envolvidos. Os relacionamentos cliente-fornecedor vêm passando por profundas mudanças de padrão, em função das novas tendências impostas pelos mercados mundiais.

264 Qualidade e Competência nas Decisões

De modo geral, pode-se dizer que os clientes estão exigindo mais das empresas em relação à qualidade dos produtos fornecidos, a garantia da entrega, a flexibilidade e rapidez de resposta, a produção em lotes menores e com maior freqüência, as visitas para qualificação, a certificação, as melhorias garantidas e a redução de preços.

Para alcançar vantagem competitiva, observa-se uma tendência crescente à composição de alianças estratégicas e parcerias entre clientes e fornecedores, entre fornecedores, entre clientes, ou mesmo entre concorrentes. Em função do grau de dependência entre os parceiros de uma rede, os vínculos entre fornecedores e clientes internos precisam se tornar mais estreitos, mais confiáveis, de forma a agregar valor para os produtos ou serviços oferecidos aos clintes finais, razão primordial de existência da rede.

A abrangência dos relacionamentos cliente-fornecedor está se ampliando, dando origem a outras teorias mais evoluídas (por exemplo, redes de cooperação), nas quais participam também os fornecedores dos fornecedores e os clientes dos clientes.

Num contexto como o descrito, os processos internos de análise e tomada de decisão também vêm passando por contínua evolução, de modo a assimilar o mais rapidamente possível as mudanças nas variáveis de competitividade. Na mesma linha, diversos trabalhos acadêmicos vêm tentando incorporar tais mudanças, sugerindo sistemas de acompanhamento e controle de desempenho mais flexíveis. Por ser um assunto em evolução constante, pode-se perceber o surgimento de modelos não-exaustivos, capazes de dotar as empresas com informações e ferramentas gerenciais para entender e mudar rapidamente seus posicionamentos estratégicos, de modo a permanecerem competitivas em suas operações.

Quando se passa da análise de uma única empresa para uma dimensão maior, como uma rede de empresas, as considerações a fazer também passam por uma ampliação de escopo. Um modelo para tomada de decisão deve, neste caso, prever as implicações que existem quando se trabalha com a necessidade constante de coordenação de diversos atores com dinâmicas e, muito possivelmente, interesses diferentes.

A abordagem usada no presente capítulo é composta por três diferentes enfoques conceituais: *Redes Simultâneas* (FUSCO et al, 2004), *Classificação do Nível de Dependência dos Relacionamentos* (GATTORNA & WALTERS, 1996) e *Densidade da Rede de Empresas* (GNYAWALI & MADHAVAN, 2001). Com isso, formulou-se um contexto de aplicação que pudesse fornecer informações suficientes para a análise da formação de alianças estratégicas e parcerias entre fornecedores e clientes, seu grau de aprofundamento e possíveis contribuições para a ampliação da competitividade das empresas.

Os resultados verificados, nos diferentes estudos de caso onde foi aplicado o modelo, sugerem a possibilidade de utilizar a abordagem proposta como instrumento para avaliação dos relacionamentos existentes dentro de uma rede de empresas. A partir desse entendimento, é possível obter indicações que permitam uma melhor

16. Decisões em Redes de Empresas e Cadeias de Fornecimento 265

qualidade nos processos de análise e tomada de decisão, gerando estratégias para ampliar a competitividade das operações na exploração de um determinado contexto concorrencial.

16.2 Metodologia da pesquisa

Inicialmente, buscaram-se na pesquisa bibliográfica elementos para um estudo aprofundado dos temas relevantes, para desenvolver uma contextualização adequada ao tema objeto de estudo. Adotou-se uma abordagem empírico-teórica, complementada por um exemplo ilustrativo de aplicação prática de um modelo proposto para ser utilizado como ferramenta de análise da competitividade de uma rede de empresas. O enfoque qualitativo adotado para a pesquisa visou obter dados descritivos que permitissem compreender os processos interativos da rede, mediante contato direto com funcionários das empresas envolvidas.

O estudo pode também ser considerado exploratório (YIN, 2001), pois visa proporcionar maior familiaridade com o elemento estudado, de modo a torná-lo explícito para facilitar a construção de hipóteses sobre o assunto. O estudo de caso foi a técnica escolhida para o levantamento de informações, uma vez que se tratava de uma investigação empírica sobre um fenômeno atual em um contexto real, além do que os limites entre o fenômeno estudado e o contexto não estavam claramente evidentes. Para tanto, foram usadas múltiplas fontes de evidências para compreensão da dinâmica dos assuntos pesquisados.

Formulou-se um contexto de aplicação composto por três abordagens conceituais, capaz de fornecer informações suficientes para a análise da formação de alianças estratégicas e parcerias entre fornecedores e clientes, o grau de aprofundamento e possíveis contribuições para a ampliação da competitividade das empresas. Com tal contexto definido, torna-se possível obter elementos para avaliar os reflexos possíveis de um processo de tomada de decisão, considerando os parceiros da rede de operações e suas interdependências.

O modelo proposto foi aplicado a um exemplo prático em duas empresas do setor de autopeças, enfocando seus posicionamentos na rede, seus relacionamentos com fornecedores e com uma montadora do setor automobilístico. Nestas empresas foram realizadas entrevistas semi-estruturadas. Mediante utilização do modelo proposto, cada relacionamento foi classificado segundo os critérios definidos nas abordagens teóricas, sendo seus resultados constatados lançados no quadro-síntese criado para possibilitar uma visão panorâmica da rede.

A análise dos resultados obtidos constituiu-se em material suficiente para se avaliar a situação dos relacionamentos entre os atores investigados participantes da rede, a influência dos relacionamentos na competitividade das empresas envolvidas e, por conseqüência, a importância relativa de cada um como ponto a considerar num sistema de tomada de decisão com a amplitude da rede.

266 Qualidade e Competência nas Decisões

16.3 Revisão da bibliografia

Apesar da evolução do relacionamento entre clientes e fornecedores revelar sua crescente importância como fator definidor de uma dada estratégia industrial, Merli (1994) acrescenta que este é um assunto, ainda, em que os objetivos e o modelo de referência não estão exatamente definidos. O cliente moderno, de modo geral, tende a não mais aceitar o mesmo produto/serviço sendo oferecido repetidamente ano após ano, numa busca contínua por versões que contemplem maior qualidade, facilidade de acesso e preços mais justos. Do mesmo modo, a logística e o gerenciamento dos processos passam a ser vistos como as alavancas principais para atender e exceder a tais necessidades e, por conseguinte, aumentar o potencial de competitividade das operações correspondentes.

Se os anos 90 ficaram conhecidos como a "Década do Cliente", ficou claro para o administrador que o importante era satisfazê-lo melhor do que a concorrência, como forma de adquirir vantagem competitiva e sua conseqüente permanência no mercado. Tendo em vista esta necessidade, as empresas vêm buscando novas sistemáticas para flexibilizar a sua fabricação (SFF), novas abordagens de estoques baseados em métodos de planejamento de necessidades de materiais (MRP) e *Just in time* (JIT) e uma ênfase constante na qualidade.

No contexto competitivo aqui abordado, pode-se notar uma quantidade crescente de empresas lutando para se tornar globais, pois trabalham e operam no mundo inteiro. Assim, se as matérias-primas podem ser adquiridas em qualquer país e os produtos podem também ser vendidos da mesma forma, exige-se um planejamento global que leve isto em conta. Para tal, o gerenciamento dos processos logísticos passa a ser a preocupação central no sentido de que, em qualquer ponto do globo, deve-se satisfazer o cliente com produtos produzidos ou não na própria região. Pressionados pelos consumidores, os varejistas transferem tal demanda aos fabricantes que, por sua vez, necessitam de tecnologia para aperfeiçoar sua capacidade de produzir com qualidade e proceder a entregas regulares em um prazo cada vez menor.

De acordo com a visão de Contador (1996), para tornarem-se competitivas, as empresas necessitam operar de acordo com um determinado "perfil" de critérios de produtividade, qualidade no processo e tecnologia, com estoques reduzidos, além de pessoal capacitado e participativo.

Tal processo exige que as empresas busquem integrar-se ao seu ambiente externo, o qual inclui fornecedores e clientes, criando uma forma integrada de planejamento e controle do fluxo de mercadorias, informações e recursos, desde a aquisição da matéria-prima até a entrega do produto ao consumidor final.

Para Coutinho & Ferraz (1996), o sucesso competitivo depende da criação e da renovação das vantagens competitivas, em um esforço voltado à diferenciação e ao custo mais baixo.

A vantagem competitiva, portanto, se origina do conjunto de atividades que a empresa busca no projeto, na produção, no *marketing*, na logística e suporte dos

16. Decisões em Redes de Empresas e Cadeias de Fornecimento 267

produtos, configurando o que Porter (1990; 1999) chama de cadeia de valor, a qual, por sua vez, encaixa-se em uma corrente maior de atividades, o sistema de valor, que abrange os fornecedores, distribuidores e clientes. Para o autor, as atividades estão relacionadas através de elos e, a partir do gerenciamento de tais elos, abrem-se as oportunidades para a obtenção da vantagem competitiva.

Entretanto, segundo Nooteboom (1999), não é recomendável a utilização de indicadores que enfatizam apenas o aspecto financeiro. Um sistema de indicadores deve ser amplo o bastante para cobrir os casos em que houver objetivos importantes não diretamente vinculados ao lucro, como, por exemplo, colaboração em alianças de longo prazo, redução inerente do negócio, obstrução da entrada de novos competidores e outros.

Muitas empresas buscam unir esforços com o fim de alcançar vantagens de escala, escopo e velocidade, aumentar sua competitividade em mercados tanto domésticos quanto internacionais, estimular novas oportunidades de negócios, inovar e comercializar novos produtos e serviços, aumentar exportações, formar novas bases de capitais, criar novos negócios e reduzir custos (FUSCO *et al.*, 2004). Entretanto, neste contexto, não se pode deixar de mencionar a rede física, por onde as coisas acontecem de forma real.

No tocante ao posicionamento estratégico, Porter (1991) define estratégia como sendo o processo por meio do qual uma organização se diferencia da concorrência. Para tal, torna-se necessário relacionar uma organização ao seu meio ambiente, o qual abrange tanto forças sociais quanto econômicas. Ainda segundo o mesmo autor, o grau da concorrência de uma organização depende de cinco forças básicas: ameaças de entrada, intensidade da rivalidade entre os concorrentes, produtos substitutos, poder de negociação dos compradores e poder de negociação dos fornecedores. Entretanto, não se pode deixar de mencionar uma sexta força: o Estado, que cada vez mais influencia as decisões estratégicas das organizações. Harland (1996), por sua vez, propõe a consideração de elementos estruturais e não-estruturais para balizar a definição do papel estratégico das empresas em uma rede de fornecimentos.

Os elementos estruturais, segundo Fusco (2003), englobam decisões referentes à capacidade, instalações, máquinas e sistemas de produção, bem como ao uso de recursos externos e internos, para que se coloquem as operações em funcionamento. Já os fatores não-estruturais estão ligados ao mercado, ou seja, itens como complexidade, variabilidade do negócio e incerteza, referentes aos aspectos do contexto econômico, compõem o chamado "risco do negócio". Tais fatores balizadores da competitividade e estratégia empresarial são extremamente importantes na determinação da dinâmica necessária e que deve ser considerada no desenho do sistema logístico e da cadeia de fornecimentos.

Não restam dúvidas de que é muito difícil obter uma definição de logística, pois se trata de um assunto amplo, que inclui todos os conceitos necessários a um bom entendimento dos processos produtivos e do trânsito do material do fornecedor ao consumidor. Representa um grande desafio a tarefa de integrar todo o processo de fabricação com o fluxo de informação referente ao que comprar e ao que produzir. Adicionalmente, para que o gerenciamento de uma cadeia de fornecimentos possa ocorrer de maneira satisfatória, fatores como confiança, flexibilidade e governança se revestem de grande importância e devem ser considerados na arquitetura de um sistema de gestão.

Gerenciar a cadeia de suprimentos, em uma visão mais holística, consiste em estar continuamente monitorando e controlando a dinâmica dos processos que resultam nos valores (PORTER, 1991; GATTORNA & WALTERS, 1996; CHRISTOPHER, 1997; NOOTEBOOM, 1999; PAROLINI, 1999; GNYAWALI & MADHAVAN, 2001; FUSCO *et al.*, 2003) oferecidos ao mercado, sejam os processos físicos, de obtenção de produtos e conceitos tangíveis, ou de negócios, que viabilizam os movimentos das operações no contexto concorrencial. Para Brooks (1993), o valor percebido é formado pelas seguintes variáveis: necessidade do cliente pelo produto, qualidade do produto e suporte pós-venda. É, portanto, com base no valor percebido que se desenvolve o processo de decisão de compra pelo cliente. Conseqüentemente, o conceito de que a venda termina na entrega é, então, obrigatoriamente estendido para um outro que envolve adicionalmente as relações pós-venda. Assim, mercadorias, produtos e serviços fluem dos fornecedores para os consumidores e de lá retornam transformados em recursos financeiros e informações.

Como resultado, a maneira de se planejar e controlar o fluxo de mercadorias, informações e recursos, passa pelos caminhos da integração das atividades, desde o início da cadeia até o ponto de destino dos produtos/serviços finais. Isto deve ocorrer de modo a proporcionar condições para um gerenciamento cooperativo dentro da cadeia logística, beneficiando todos os envolvidos. Tal visão, traduzida em um sistema de gestão e de tomada de decisão, também pode trazer resultados em outras dimensões com grande potencial na definição da competitividade: prazos de entregas, confiabilidade das promessas de entregas, número de quebras de programação, níveis de estoques, flexibilidade para mudança de projeto, níveis de qualidade, competitividade e estabilidade dos preços.

Muitas empresas têm percebido tais necessidades, o que vem estimulando o surgimento de um novo modelo empresarial – a "empresa-rede" – caracterizado por uma forte coordenação de atividades entre empresas que, apesar de independentes, atuam estrategicamente alinhadas. Segundo Parolini (1999), neste novo modelo é fundamental que todos os envolvidos considerem a importância de:

a) Foco nas competências centrais;

b) Habilidade de participar simultaneamente em mais de um sistema de criação de valor;

c) Habilidade de assegurar conexões orgânicas com outros agentes econômicos participantes dos sistemas de criação de valor;

d) Habilidade de trabalhar os processos com alto grau de integração interna;

e) Flexibilidade interna e externa na forma de fazer as coisas.

16. Decisões em Redes de Empresas e Cadeias de Fornecimento **269**

Mais pragmaticamente, torna-se necessário vincular a estratégia empresarial (que diz respeito aos objetivos típicos de cada empresa) à estratégia da cadeia (que se relaciona com outras empresas), buscando atender as prioridades dos clientes dos bens de consumo final, desenvolvendo as correspondentes habilidades necessárias a que isto ocorra. Tais assuntos devem estar presentes nos diferentes agentes da cadeia de suprimentos, para que o atendimento e a entrega do conceito adquirido pelos clientes resultem em sucesso das operações desenvolvidas nos mercados explorados.

Para servir de "ponte" entre as variáveis estratégicas e o chamado "chão de fábrica", diversos autores têm desenvolvido modelos para ajudar a definir o que exatamente deve ser feito pelas pessoas, internamente aos sistemas produtivos. Nesta perspectiva, Slack et al. (2002) sugerem um modelo de desempenho com cinco objetivos: qualidade, rapidez, confiabilidade, flexibilidade e custo.

A finalidade de um modelo desse tipo é servir como uma espécie de "filtro", traduzindo as necessidades ou condições a serem atingidas no mercado em parâmetros, dados e informações que possam ser efetivamente entendidos dentro do ambiente operacional das empresas. Com esse entendimento, fica facilitada a tarefa de transformar tais necessidades em realidade, mediante processos, físicos ou não, de obtenção de produtos/serviços.

16.4 Redes de empresas e cadeias de fornecimento

As mudanças de ordem econômica e tecnológica vêm transformando o *Supply Chain Management* ou Gestão da Cadeia de Fornecimento em um dos conceitos gerenciais mais importantes do momento. Para Francischini & Gurgel (2002), *Supply Chain Management* (SCM) trata da integração dos processos que formam um determinado negócio, desde os fornecedores originais até o usuário final, proporcionando produtos, serviços e informações que agregam valor para o cliente. Esses autores afirmam que a cadeia de suprimentos é uma rede de organizações envolvidas nos diferentes processos e atividades, com o objetivo de produzir valor sob a forma de produtos e serviços nas mãos do consumidor final.

Pode-se considerar SCM como sendo uma perspectiva expandida, integrada e atualizada da tradicional administração de materiais. O SCM abrange a gestão de toda a cadeia produtiva, pressupondo que as empresas devem redefinir suas estratégias competitivas e funcionais como meio de fortalecer seus posicionamentos (como fornecedores ou como clientes) dentro das cadeias produtivas das quais participam (PIRES, 1998).

Adotar uma abordagem sistêmica na gestão de uma cadeia de fornecimento abre o leque de oportunidades para análises e melhorias. Analisar toda a cadeia de suprimentos de modo integrado pode, por exemplo, aumentar a eficiência, o que permite a manutenção de estoque somente onde for necessário, identificando gargalos, balanceando capacidade e coordenando um fluxo adequado de materiais. (SLACK *et al.*, 2002).

Os objetivos da adoção dos pressupostos envolvidos na gestão de cadeia de fornecimento podem ser alcançados mediante envolvimento de todas as parcerias possíveis dentro da cadeia, com o compartilhamento dos riscos do negócio, de todas as informações e dos resultados obtidos. Grandori & Soda (1995) atribuem o surgimento das redes de cooperação como uma alternativa de arranjo organizacional que visa considerar e assimilar, de forma positiva, a ocorrência de falhas de mercado ou falhas burocráticas. Segundo Britto (2002), uma rede de empresas pode ser considerada como sendo um arranjo organizacional baseado em vínculos sistemáticos, muitas vezes de caráter cooperativo, entre empresas formalmente independentes, que dão origem a uma forma particular de relacionamentos que permite uma melhor coordenação das atividades econômicas. As redes de empresas atrelam-se à administração das operações estratégicas e à busca do posicionamento competitivo para toda a rede coletiva, pressupondo forte integração interorganizacional e coesão massiva dos processos de negócios das empresas. Nas redes, prevalece a focalização dos negócios e a flexibilidade coletiva, incrementando-se continuamente a rentabilidade das empresas, através de uma gama estreita de processos, tecnologia de produtos e *core business* (BARBOSA & SACOMANO, 2001).

Gnyawali & Madhavan (2001) propõem que, na análise do posicionamento estrutural dos relacionamentos dos atores, a densidade é uma propriedade das redes que permite dimensionar a extensão da interconexão entre os atores da rede. Assim, quanto maior for a interconexão entre os participantes, mais densa será a rede e, à medida que esses relacionamentos se apresentam com menor grau de interconexão, a rede é considerada difusa. Na Figura 16.1, os traços mais fortes na rede densa indicam um maior grau de interconexão.

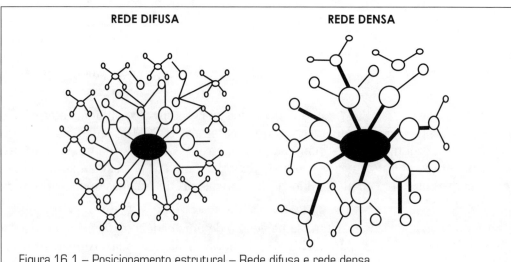

Figura 16.1 – Posicionamento estrutural – Rede difusa e rede densa
Fonte: Gnyawali e Madhavan (2001)

O conceito de densidade, inserido na análise conceitual de posicionamento estrutural, é entendido como sendo a intensidade com que ocorrem as interconexões entre os atores da rede (GNYAWALI & MADHAVAN, 2001). Quanto maior a intensidade da interconexão, maior sua densidade. Uma interconexão pode ser representada por contratos de longo prazo, mecanismos de coordenação mais complexos, informações qualitativamente diferentes, confiança dos atores e, ainda, arranjos para resolução de problemas de outros aspectos.

16.5 Alianças estratégicas

Para Troccoli & Soares (2003), aliança estratégica pode ser definida como sendo um relacionamento estabelecido entre duas ou mais partes, que visa um compartilhamento do conhecimento e de outros recursos, podendo resultar em benefícios a todos os envolvidos. As autoras afirmam que nem sempre uma aliança é estratégica, só adquirindo essa qualificação quando estabelecida com vistas à manutenção ou a criação de vantagem competitiva.

As alianças estratégicas são acordos de cooperação entre empresas que vão além dos negócios normais de empresa para empresa, mas que não chegam a ser fusões nem parcerias. Uma aliança pode envolver esforços conjuntos de pesquisa, compartilhamento de tecnologia, utilização conjunta de instalações produtivas, comercialização mútua dos produtos, concentração de esforços para fabricação de componentes ou montagem de produtos acabados. (THOMPSON Jr. & STRICKLAND III, 2004). Segundo Guerrini & Sacomano (2002), a formação de alianças estratégicas ocorre no momento em que se identifica uma expectativa de expansão de mercado, aquisição de *know-how* tecnológico, oportunidade de negócios e de melhoria de sua posição competitiva, que não seria viável em outra situação. A aliança provê as empresas constituintes de recursos tecnológicos, humanos e financeiros para o atendimento rápido de demanda do mercado. Lorange & Roos (1996) sugerem que uma forma teórica de definir alianças estratégicas é examinar a escala contínua entre, de um lado, transações em um mercado livre ("mercado") e, de outro, a internalização total ("hierarquia"), baseada na chamada teoria do custo de transação introduzida por Williamson (1985). Essa escala indica que, quanto maior o grau de integração, maior a possibilidade de formação de alianças estratégicas.

Muitas empresas que desfrutam de um segundo lugar, desejando preservar sua independência, têm lançado mão das alianças ao invés de fazer fusões de empresas, na tentativa de fechar a lacuna competitiva em relação à empresa líder (THOMPSON JR. & STRICKLAND III, 2004). Segundo os autores, as chamadas "parcerias" representam um estágio intermediário entre o formato convencional de relacionamento comprador/fornecedor e alianças estratégicas. No relacionamento tradicional, que prevaleceu durante toda a era da industrialização, cada parte busca exclusivamente atender seus interesses, sem se preocupar com as necessidades da outra parte. Nas parcerias, já se pode verificar alguns acordos que trazem facilidades para ambos os atores e começa a se desenvolver um relacionamento de maior confiabilidade

272 Qualidade e Competência nas Decisões

(parceria "ganha-ganha"). Nas parcerias, normalmente são negociadas as condições favoráveis para as duas partes, restritas ao campo dos suprimentos de produtos e serviços. Nessa modalidade de relacionamento cliente-fornecedor, ainda não se verifica o compartilhamento das estratégias de cada organização. Mantém-se uma certa reserva sobre como cada empresa planeja atuar no mercado.

Um dos requisitos fundamentais para o sucesso de uma aliança estratégica ou de uma parceria é a busca contínua de uma relação de confiança. A confiança é definida por Arruda & Arruda (1998) como a crença de cada uma das partes em que suas necessidades serão satisfeitas, no futuro, por ações tomadas pela outra parte. Assim, a confiança é um "tipo de expectativa que alivia o medo de que o parceiro do intercâmbio atue de forma oportunista". O comportamento oportunista rapidamente destrói reputação, e a reputação tem um grande valor econômico quando estabelecendo relacionamentos, porque ela é que sustenta a confiança. Nooteboom (1999) estabelece uma distinção entre confiança e fé. De acordo com o autor, confiança está associada com uma escolha, enquanto fé está associada com o inevitável. Confiança diz respeito às relações nas quais as pessoas ou empresas se engajam e que, quando as coisas não vão bem, podemos culpar nosso próprio julgamento por isso, enquanto fé se refere à continuidade da ordem natural e moral das coisas: natureza, Deus, o governo, o sistema legal.

Outro aspecto muito importante numa aliança estratégica é o perigo de dependência da outra empresa em se tratando de habilidades essenciais a longo prazo. Em uma situação de dependência, uma das partes pode praticar ações que afetam negativamente os resultados da outra. Para evitar uma relação de dependência, a empresa precisa desenvolver capacidades internas para reforçar sua posição competitiva e formar uma vantagem competitiva sustentável. Em situações em que isso não for viável, a fusão torna-se uma solução melhor que a aliança estratégica. De maneira distinta da dependência, na qual o relacionamento tem uma conotação negativa em virtude de uma das partes constituir garantia para a outra, por seu bem-estar econômico, a confiança é normalmente uma relação de ida e volta.

Para maximizar os resultados das alianças estratégicas formadas, Thompson Jr. & Strickland III (2004) recomendam que as empresas observem cinco orientações:

- Escolher um parceiro compatível. Para isso, deve-se aguardar um tempo suficiente para formar uma boa comunicação e confiança e não esperar resultados imediatos;
- Escolher um parceiro cujos produtos e mercados se complementam, em vez de competir entre si pela mesma base de clientes;
- Aprender o máximo possível sobre tecnologia e gerência da empresa parceira, transferindo as boas idéias e práticas para a própria operação rapidamente;
- Tomar cuidado para não divulgar informações competitivamente sensíveis para a parceira;
- Ver a aliança como temporária (5 a 10 anos) e continuar a aliança somente se ela for benéfica.

As alianças também têm seus riscos. A coordenação eficiente entre empresas independentes, cada uma com motivações diferentes e talvez objetivos conflitantes, é uma tarefa desafiadora. Essa tarefa pode exigir muitas reuniões de muitas pessoas para resolver o que deve ser partilhado, o que deve permanecer como propriedade particular e como os arranjos corporativos vão funcionar. Os parceiros precisam superar barreiras culturais, caso contrário podem se ver às voltas com níveis de custos de transação mais altos. Do mesmo modo, quando existe o conhecimento dos processos críticos em relação ao sucesso das operações, as responsabilidades de cada um, os papéis a desempenhar, tais informações devem ser incorporadas a um sistema de tomada de decisão para manutenção da harmonia das ações e do equilíbrio da rede.

16.6 O modelo de redes simultâneas

Fusco *et al.* (2004) propõem o modelo de redes simultâneas (*concurrent networks*), de modo a estender os conceitos adotados nos modelos que consideram uma única empresa, conforme ilustrado na Figura 16.2, contendo:

- **Rede Física:** Trata de toda a movimentação de bens e serviços entre fornecedores e clientes. Representa o conjunto de empresas e suas atividades para materialização do atendimento ao consumidor.

- **Rede de Valor:** Envolve todas as empresas e suas atividades que têm por objetivo criar valor aos produtos e serviços oferecidos, a partir da perspectiva do consumidor do bem de consumo final.

- **Rede de Negócios**: É o conjunto de empresas e suas atividades que possibilitam a busca por novos negócios, penetração em novos mercados, viabilização de recursos materiais, tecnológicos e financeiros, que dificilmente seriam acessíveis a uma única empresa.

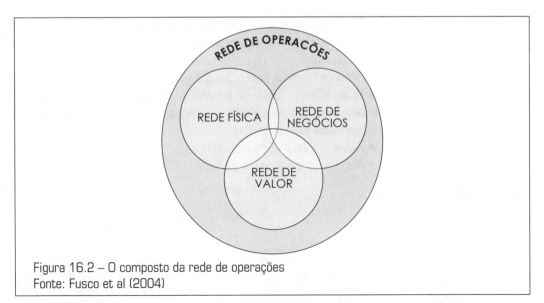

Figura 16.2 – O composto da rede de operações
Fonte: Fusco et al (2004)

274 Qualidade e Competência nas Decisões

Entretanto, a diferença básica deste modelo em relação a outros reside no fato de partir da rede de operações global, ou do composto formado por todas as empresas interconectadas. O modelo procura definir, de uma forma estruturada, as sub-redes componentes, considerando três dimensões básicas principais que contém as empresas e as atividades que executam nos relacionamentos com os mercados explorados.

De forma resumida, os Quadros 16.1 e 16.2 apresentam as redes, sub-redes e suas respectivas atividades típicas, bem como os principais atores envolvidos.

Quadro 16.1 - As redes e suas atividades

	Atividades ou funções
Rede de Negócios	• Aferir e medir as necessidades ditadas por um determinado mercado; • Descobrir tais necessidades e repassar para os parceiros de negócios; • Desenvolver e executar atividades para facilitar o acesso de clientes a produtos/serviços (sob o ponto de vista financeiro); • Determinar quem faz o que na rede global.
Rede de Valor	• Desenvolver alternativas para a obtenção das condições que permitam atender (via P/S) as necessidades que os clientes considerem importantes; • Aferir e medir a obtenção dos valores definidos.
Rede Física	• Viabilizar o atendimento físico (ou objetivo) das necessidades definidas; • Desenvolver alternativas para a obtenção da condição física (ou objetivo) das necessidades definidas; • Determinar quem faz o que dentro da rede global; • Aferir e medir a obtenção dos valores definidos; • Fluxo físico de bens ou linhas de fluxo de serviços entre os participantes da rede de criação de valor e entre estes e o mercado atendido; • Aferir e medir variáveis de fluxo; • Atender programa de pedidos.

Fonte: Fusco *et al.*, 2004

16. Decisões em Redes de Empresas e Cadeias de Fornecimento

Quadro 16.2 - As redes e seus participantes

	Quem participa (atores)
Rede de Negócios	Representante comercial: sabe quem ou qual região precisa do quê. Viabiliza a exploração comercial de uma região. Varejistas: viabilizam penetração em mercado; viabilizam distribuição em várias regiões. Intermediários financeiros: viabilizam a compra de bens pelos clientes finais, varejo ou atacadistas, utilizando linhas de crédito próprias ou de terceiros. Financeiras, bancos: viabilizam operações em geral (produção/distribuição). Atacadistas: viabilizam a penetração em mercados, viabilizam a distribuição de produtos das empresas em várias regiões. Empresas com suas áreas comerciais e de *marketing*. Empresas de pesquisa de mercado. Infomediários (intermediários de informações). Seguradoras.
Rede de Valor	Empresas ou atores dentro da rede (física ou não). Empresas com suas áreas de projeto de produtos e serviços e de processos. Empresas ou atores ligados à obtenção de um determinado item de valor. Pode ser, por exemplo, uma instituição financeira, se ela for responsável pela colocação do produto mais próximo do alcance do poder aquisitivo do mercado que se deseja atingir.
Rede Física	Empresas que efetivamente produzem os bens e serviços (físicos ou não) com os valores que se desejam para atendimento de mercado. Empresas que transportam (fisicamente ou não) bens e serviços entre atores. Idem, distribuição ao mercado.

Fonte: Fusco *et al.*, 2004

Proposta por Gattorna & Walters (1996), a classificação apresentada no Quadro 16.3, para mapeamento e avaliação do nível dos relacionamentos existentes, considera a importância das transações em sua origem e destino, ou seja, para os atores que prestam e para os que recebem o produto ou serviço. Adotando esta abordagem, pode-se ter uma idéia sobre o equilíbrio das dependências dos relacionamentos e o que seria preciso para se alcançar a competitividade desejada.

Quadro 16.3 – Respostas estratégicas como função da extensão do relacionamento

Relacionamento	Resposta estratégica
NÍVEL 1 Alta dependência do comprador Alta dependência do fornecedor	• Uma estratégia comum, alinhada com o consumidor final (cliente do comprador). • Cultura de "parceria", alinhada com o consumidor final. • Plano de negócios para parceria. • Sistema estruturado de comunicações. • Informação integrada. • Negociação aberta. • Intercâmbio pessoal. • Contrato de longo prazo.
NÍVEL 2 Baixa dependência do comprador Baixa dependência do fornecedor	• O vendedor desenvolve uma estratégia alinhada à cultura do comprador. • Tendência do vendedor para se espelhar na cultura do comprador. • Sistema regular de *feedback* do vendedor para o comprador ao invés de comunicações em duas vias. • A estratégia do vendedor inclui alguma diferenciação para construir dependência. • Prazo do contrato. Sob o ponto de vista do vendedor, deve ser o maior possível.
NÍVEL 3 Alta dependência do comprador Alta dependência do fornecedor	• Estratégia do vendedor voltada à obtenção de sinergia com outros negócios. • Estratégia do comprador busca acordos de exclusividade e contingências. • O vendedor reconhece as motivações do comprador, mas não necessariamente muda sua cultura. • Os preços deverão refletir o desequilíbrio de interesses.
NÍVEL 4 Baixa dependência do comprador Baixa dependência do fornecedor	• Parceria estratégica de negócios não é apropriada.

Fonte: Gattorna e Walters, 1996.

Com as novas tecnologias dentro de um novo contexto concorrencial também em constante mudança, de modo geral as empresas procedem a significativos movimentos de mudança organizacional, de modo a refletir as novas condições e poder operacionalizá-las adequadamente. Segundo Christopher (1997), as empresas voltadas para o mercado devem adotar a Logística como forma de reagrupar tarefas. Esse reagrupamento deve ser apoiado por um sistema de informações, que possibilite, do início ao fim, a visualização da cadeia de fornecimentos. Dessa forma, podem ser deixadas de lado atividades que não agregam valor significativo sob a ótica dos clientes, daí a necessidade de integração de todos os participantes dos processos internos e externos aos ambientes de cada empresa envolvida na rede.

16.7 Estudo de caso

16.7.1 Indústria automotiva – apresentação

O setor automobilístico é um oligopólio global fortemente concentrado. De acordo com Sarti (2002), vinte grandes corporações são responsáveis por mais de 95% de toda a produção mundial de automóveis. As grandes corporações automobilísticas situam-se entre as maiores empresas industriais do mundo. A capacidade de acumulação de recursos do setor tem extrapolado em muito sua capacidade de crescimento, causando uma grande concorrência entre estas corporações. Como conseqüência, as empresas gastam volumosos recursos para dinamizar a demanda através de constantes inovações de produtos, criação de novos nichos de mercado e a exploração de mercados emergentes. Assim tem sido a concorrência entre os fabricantes brasileiros de automóveis, com os constantes lançamentos de carros com motorização 1000, também chamados de carros populares, possibilitando o acesso dos produtos a populações de mercados emergentes.

Por outro lado, de acordo com o mesmo autor, observa-se intensamente uma racionalização do processo produtivo e inovativo, implicando mudanças organizacionais importantes dentro da cadeia produtiva, que inclui com fornecedores e revendedores. Prossegue o autor afirmando que as montadoras com atuação global têm crescentemente focado seus negócios na cadeia de valor, que gera maior valor agregado e lhes confere maiores vantagens competitivas em projeto, engenharia e marketing. Por outro lado, têm delegado maior participação aos seus fornecedores de primeiro nível (os sistemistas) no processo produtivo, promovendo mudanças nas relações dentro da cadeia produtiva. Ao mesmo tempo, a difusão dos novos processos produtivos e a relativa padronização dos fornecedores, ou seja, um mesmo grupo de sistemistas fornecendo produtos e serviços para diferentes empresas, têm tornado as técnicas de produção e os componentes utilizados cada vez mais semelhantes.

Os prazos relativamente longos de maturação dos investimentos no setor praticamente obrigam as empresas a adotarem estratégias competitivas de expandirem sua capacidade produtiva à frente da demanda. Variações negativas inesperadas na evolução da demanda no período que compreende a tomada de decisão do investimento e sua maturação podem provocar a criação de capacidade ociosa indesejada. Esta, por sua vez, pode reduzir os ganhos de escala, ocasionar pressões altistas sobre os custos unitários, aumentar o prazo de retorno dos investimentos e acirrar ainda mais a concorrência entre as empresas. Em oligopólios bastante concentrados, como o automobilístico, o acirramento da concorrência não se dá através de políticas de preços, mas com estratégias competitivas de diferenciação de produtos – lançamento de produtos mais modernos, sofisticados e com margens de lucro mais elevadas.

A análise de dois fornecedores (empresas A e B), apresentados a título ilustrativo neste trabalho, resultou no mapeamento da rede de relacionamentos cliente/fornecedor entre as empresas de uma rede do setor automotivo, visualizada na Figura 16.3.

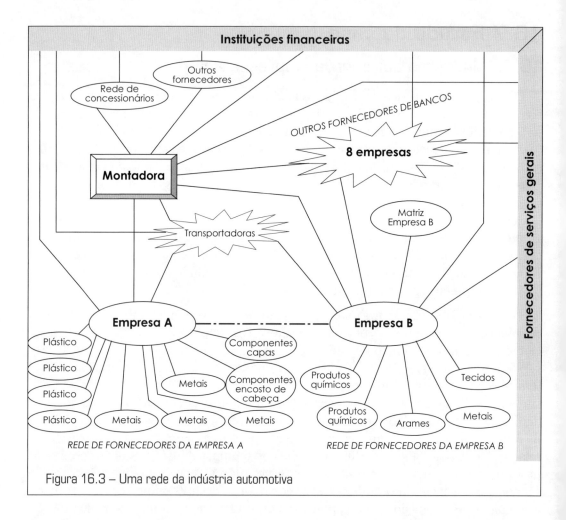

Figura 16.3 – Uma rede da indústria automotiva

Empresa A

A empresa **A** é uma multinacional norte-americana, que chegou ao Brasil em junho de 1997 com o objetivo de fabricar bancos. Ao chegar, trouxe consigo todos os conceitos e sistemas de logística prontos para o funcionamento imediato da unidade do Vale do Paraíba em São José dos Campos (SP).

A empresa possui 275 plantas espalhadas pelo mundo para fabricação de interiores de veículos e, no Brasil, conta com unidades nas seguintes localidades: São José

16. Decisões em Redes de Empresas e Cadeias de Fornecimento

dos Campos, Santo André, São Bernardo do Campo, no Estado de São Paulo, Pouso Alegre em Minas Gerais e Curitiba no Paraná. No Brasil, seu faturamento anual (receita operacional) é de US$ 78.000.000. Sua participação no mercado é cerca de 55% no Brasil e 45% no mundo.

Os principais produtos fabricados por esta empresa são: bancos, capas e painéis de instrumentos. A unidade escolhida para a pesquisa de campo apresenta produção média diária que atende a fabricação de 1300 veículos. Conta com 321 colaboradores, sendo que 28 são mensalistas, 178 diretos, 35 indiretos. Conta, ainda, com 80 colaboradores terceirizados: segurança, alimentação, logístico-materiais, transporte de produto acabado e limpeza.

Empresa B

A empresa **B** é uma *joint-venture* entre uma empresa brasileira e uma canadense. Fundada em julho de 1996, a sociedade durou até abril de 2000. A unidade escolhida para a pesquisa foi a unidade de São Bernardo do Campo (SP). A empresa-mãe está presente nos cinco continentes e conta com 52 plantas. No Brasil, a empresa possui quatro plantas, localizadas em São Bernardo do Campo e Caçapava, no Estado de São Paulo, Betim em Minas Gerais e Camaçari na Bahia.

A empresa fornece espuma para a confecção de bancos automotivos. Após conseguir implantar seu produto na estrutura de todos os bancos produzidos e sendo detentora da tecnologia de injeção, acabou por adquirir a parte da empresa brasileira. Hoje, a empresa conta com uma participação em torno de 87% do mercado de bancos injetados para a indústria automobilística.

16.7.2 Indústria automotiva – análise dos relacionamentos

A Tabela 16.1 sumariza o mapeamento geral dos relacionamentos da rede estruturada, utilizando a abordagem metodológica proposta no presente trabalho (Figura 16.2). O mapeamento utilizou a contribuição de Gattorna & Walters (1996) para avaliar o grau de intensidade dos relacionamentos, a abordagem de Gnyawali & Madhavan (2001) para avaliar o grau de intensidade dos relacionamentos e a abordagem proposta por Fusco *et al.* (2004) para mapeamento das sub-redes envolvidas.

De maneira geral, com a utilização da abordagem proposta, é possível perceber que a montadora obtém, com as novas formas de relacionamento, muitas vantagens de curto prazo, tais como diminuição de custos e melhoria do nível de serviços prestado.

Os relacionamentos de nível 1, apontados na rede física, representam fatores de grande importância para a competição, tanto que o fornecedor de segunda camada utiliza-se das práticas com seus próprios fornecedores. Uma vez que a prática vem se expandindo na rede como um todo, torna-se uma estratégia que pode se traduzir em melhores condições para possíveis ganhos de mercado.

Tabela 16.1 – Mapeamento geral dos relacionamentos

Relacionamentos	Rede Física			Rede de Valor			Rede de Negócios		
	Atividades	Nível	Tomada de decisão	Atividades	Nível	Tomada de decisão	Atividades	Nível	Tomada de decisão
Empresa A X Montadora	Envio de produtos	1	Montadora	Projeto de novos produtos	2	Montadora	Contratação de fornecedores	3	Montadora
				Desenvolver especificações para fornecedor	2	Montadora	Homologação de fornecedor	2	Montadora
Empresa B X Empresa A	Envio físico de insumos	1	Empresa A	Projeto de novos produtos	2	Empresa A	Contratação de fornecimento	1	Empresa A
Empresa B X Montadora	—	—	—	Envio de especificações	2	Montadora	Homologação de fornecedor	2	Montadora
Transportadora X Empresa A	Transporte de peças	2	Empresa A	—	—	—	—	—	—
Transportadora X Empresa B	Transporte de insumos	2	Empresa B	—	—	—	—	—	—

Existem alguns fatores qualificadores que influenciam na escolha da empresa que participa da relação de fornecimento com uma montadora: volume de capital, presença global, confiabilidade de entregas, capacitação tecnológica. Não são muitas as empresas de componentes que podem apresentar todos esses predicados.

A utilização de fontes alternativas pode ser considerada como uma das estratégias possíveis para diminuir ou manter baixo o poder de barganha dos fornecedores (PORTER, 1985). Logo, se o número de fontes disponíveis diminuir, o poder de negociação dessas empresas acaba aumentando.

Na rede de valor, os relacionamentos de nível 2 sugerem certo desequilíbrio entre os fornecedores da montadora. O aprimoramento / desenvolvimento de produtos ocorre em um nível de dependência muito maior por parte dos fornecedores de primeira (empresa A) e segunda camadas (empresa B).

Devido à grande importância da sincronização dos despachos de peças para a montadora, o ideal seria que houvesse um envolvimento mais profundo dos fornecedores. Tal providência poderia ensejar uma maior cooperação de todos, no sentido de se obter um nível superior de competitividade. Do mesmo modo, na rede de negócios, apesar da falta de investimentos, as entrevistas revelaram o forte poder exercido pela montadora que, por ter uma visão mais abrangente das condições competitivas de mercado, opta por exercer seu maior poder, ditando as regras e delegando tarefas.

De modo geral, os processos de tomada de decisão apresentam centro de gravidade claramente localizado na montadora, empresa líder da rede. De maneira mais ou menos estruturada, a árvore de decisões é desagregada com base nas prioridades

16. Decisões em Redes de Empresas e Cadeias de Fornecimento 281

ditadas a partir do nível mais alto, que vão se transformando nas bases para condução das operações por parte dos outros atores da rede. Verificou-se também que os fornecedores de primeiro nível replicam aos seus fornecedores o modelo de tomada de decisão adotado pela montadora.

Diante do exposto, observa-se que as vantagens e desvantagens desses relacionamentos parecem evidentes, com predominância de vantagens para a montadora. Apesar disso, as vantagens e as desvantagens para os fornecedores não são tão evidentes, mas existem. Como forma de compensar a balança, que pende claramente a seu favor, a montadora diminui sua base de fornecedores de primeiro nível, estabelecendo com estes relacionamentos mais densos e duradouros. Assim, as desvantagens de se sujeitar às opções colocadas pela montadora são compensadas pelo faturamento garantido no curto e até no médio prazo.

16.8 Conclusão

A questão básica referente ao contexto de análise utilizado prende-se, em primeiro lugar, à hipótese de que há necessidade de equilíbrio entre os relacionamentos das três redes que são operacionalizadas simultaneamente. Do mesmo modo, qualquer processo de tomada de decisão deve considerar os reflexos possíveis em todas as dimensões de resultados e em todos os parceiros envolvidos nas operações. Tal se faz necessário de modo que os objetivos de negócios sejam considerados com igual (ou correspondente) grau de importância em todos os relacionamentos, ao invés de se adotar uma visão limitada a somente um relacionamento, contemplando a possibilidade de se obter eventuais vantagens aparentes e pontuais de curto prazo.

Qualquer processo de tomada de decisão em uma rede deve considerar as dimensões que definem os relacionamentos entre as empresas que dela fazem parte. O desenvolvimento de operações em conjunto requer, para ter sucesso, que todos os envolvidos partilhem da mesma perspectiva no que tange ao que é preciso fazer para ser competitivo. O entendimento dos pressupostos correspondentes torna o processo de atribuição de prioridades e responsabilidades mais transparente, menos sujeito a ações oportunísticas dos parceiros, com maior pragmatismo no estabelecimento de metas e objetivos a atingir. Como conseqüência, pode-se colaborar na discussão sobre o compartilhamento dos valores entre os parceiros, distribuição de lucros, estabelecimento de regras de comportamento e de governança da rede.

O caso apresentado permite visualizar a utilidade da abordagem sugerida, uma vez que os resultados revelam aspectos não somente das redes simultâneas, mas também as inter-relações necessárias para se atingir um maior equilíbrio dos relacionamentos entre os atores envolvidos. A abordagem metodológica proposta representa, ainda, uma ferramenta gerencial para que as empresas possam avaliar – e decidir a respeito – se as alianças e parcerias estão contribuindo, na forma em que são operacionalizadas, para elevar o potencial competitivo da rede de operações analisada.

Referências

- ARBIX, G. & ZILBOVICIUS, M. (1997). *O Consórcio Modular da VW: um novo modelo de produção*. De JK a FHC - A Reinvenção dos Carros (Glauco Arbix e Mauro Zilbovicius - Orgs). São Paulo, Scritta.

- BROOKS, W. T. (1993). *Vendendo para nichos de mercado.* São Paulo: Atlas.

- CHRISTOPHER, M. (1997). *Logística e Gerenciamento da Cadeia de Suprimentos: Estratégias para a Redução de Custos e Melhoria dos Serviços.* São Paulo: Pioneira.

- CONTADOR, J.C. (1996). *Modelo para aumentar a competitividade Industrial.* São Paulo: Edgard Blücher.

- CORREA, H.L. (2000). VW Resende: mudanças no projeto original e uma breve avaliação. *III SIMPOI - ANAIS, FGVSP*.

- COUTINHO, L. & FERRAZ, J.C. (coords.). (1996). *Estudo da Competitividade na Indústria Brasileira.* Campinas: Ed. Unicamp e Papirus Editora.

- DIAS, C. A. V. (1999). As fábricas do futuro na indústria automobilística brasileira: condomínios industriais e o consórcio modular. *Revista: Relações Humanas da Escola Superior de Administração de Negócios – ESAN*. São Paulo: n. 17, p. 8-16.

- FERRO, J. R. (2000). *Paraná Automotivo – Em consolidação.* Curitiba: Gráfica Capital.

- FRANCISCHINI, P.G. & GURGEL, F. do A. (2002). *Administração de materiais e do patrimônio.* São Paulo: Thomson Pioneira.

- FUSCO, J. P. A. *et al.* (2003). *Administração de Operações: da formulação estratégica ao controle operacional.* São Paulo: Arte e Ciência.

- FUSCO, J. P. A. *et al.* (2004). Competition in a global economy: towards a concurrent networks model. Fontainebleau: *Anais. EUROMA, 2004.*

- GARCIA, G. G.; JOHNSON, M. E. & KUEHNE JR, M. (2000). *Comakership: a nova estratégia para os suprimentos.* Disponível em: http://www.profmauricio.hpg.com.br Acesso em: 25/10/04.

- GATTORNA, J. L. & WALTERS, D. W. (1996). *Managing Supply Chain – A Strategic Perspective.* London: MacMillan Press Limited.

- GNYAWALI, D. & MADHAVAN, R. (2001). Cooperative networks and competitive dynamics: a structural embeddedness perspective**.** *Academy of Management Review*, v.26, n.3, p.431-445.

- GRANDORI, A. & SODA, G. (1995). Inter-firm networks: antecedents, mechanisms and forms. *Organization Studies*, V.16, n.2, 183-214.

16. Decisões em Redes de Empresas e Cadeias de Fornecimento 283

- GUERRINI, Fábio M. & SACOMANO, José B. (2002). Alianças Estratégicas como forma emergente de organização de produção. In. *Tópicos Emergentes em Engenharia de Produção.V.1*. Organizador: José P.A . Fusco. São Paulo: Arte e Ciência.

- HAMEL, Gary & PRAHALAD, C.K. (1995). *Competindo pelo Futuro*. Rio de Janeiro: Campus.

- HARLAND, C. 1996. Supply Chain Management: Relationship, Chains and Networks. *British Journal of Management*, v. 7, Edição especial, p 63-81.

- HILL, T. (1993). *Manufacturing Strategy: The Strategy Management of the manufacturing function*. London: MacMillan (12th ed.).

- HITT, M. A., IRELAND, R. D. & HOSKISSON, R. E. (2003). *Administração Estratégica*. São Paulo: Pioneira Thomson Learning.

- LORANGE, P. & ROOS, J. (1996). *Alianças Estratégicas, formação, implementação e evolução*. São Paulo: Atlas.

- MERLI, G. (1994). *Comakership: a nova estratégia para o suprimento*. Rio de Janeiro: Qualitymark.

- MINTZBERG, H. (2000). *Safári da Estratégia*. São Paulo: Bookman.

- NOOTEBOOM, B. (1999). *Inter-firm alliances – analysis and design.* London: Routledge.

- PAROLINI, C. (1999). *A tool for competitive strategy.* Chichester.

- PIRES, S. R. I. (1998). Gestão da cadeia de suprimentos e o modelo de consórcio modular. *Revista de administração*, v. 33, n.3, p.5-15.

- _____ (2001). Gestão da Cadeia de Suprimentos e suas Implicações no Planejamento e Controle da Produção. In: AMATO NETO, João: *Manufatura Classe Mundial. Conceito Estratégias e Aplicações.* São Paulo: Atlas.

- PORTER, M.E. (1990). *Vantagem competitiva.* Rio de Janeiro: Campus.

- _____. (1991). *Estratégia competitiva: Técnicas para análise da indústria e da concorrência.* 7ª edição. Rio de Janeiro: Campus.

- _____. (1999). *Competição = On Competition: estratégias competitivas essenciais.* Rio de Janeiro: Campus.

- SAINT GEORGES, P. (1995). Pesquisa e crítica das fontes de documentação nos domínios econômico, social e político. In ALBARELLO et al. *Práticas e métodos de investigação em ciências sociais.* Lisboa: Gradivas, Cap. 1 pp. 15-47.

- SARTI, F.; (2002); *Estudo da Competitividade de cadeias integradas no Brasil: Impactos da zona de livre comércio – Cadeia automobilística.*

- SHARPE, W. F. (1963). *Portfolio Theory and Capital Markets.* Nova Iorque: Mc Graw-Hill.

284 Qualidade e Competência nas Decisões

- SLACK, N. *et al.* (2002). *Administração da Produção*. São Paulo: Atlas, 2ª edição.

- THOMPSON JR, A. A. & STRICKLAND III, A. J. (2004). *Planejamento Estratégico. Elaboração, Implementação e Execução*. São Paulo: Pioneira Thomsom Learning.

- TROCCOLI, I. R. & SOARES, T.D.L.V.A.M. (2003). Gestão de empresas em grupos estratégicos: os blocos de relacionamentos estratégicos. *RAE – Revista de Administração*. São Paulo, v.38, n.3, p.181-191, jul/ago/set.

- WILLIAMSON, O. E. (1985). *The Economic Institutions of Capitalism: Firms, Markets and Relational Contracting*. New York: Free Press.

- YIN, R. K. (2001). *Estudo de caso, planejamento e métodos*. São Paulo: Bookam.

17 DECISÕES EM LOGÍSTICA

Rogério Monteiro

Nos últimos anos, as operações logísticas alcançaram lugar de destaque no ambiente empresarial. Isso se deve às crescentes exigências dos clientes, sejam eles corporativos ou pessoa física. Exigências como pontualidade de entrega, rapidez nos processos, disponibilidade de produtos, fazem com que as empresas invistam em melhorias no processo logístico. Neste capítulo não se tem a pretensão de entrar a fundo na teoria da Logística, que poderá ser vista, entre outros, em Taylor (2005) e Bowersox (2006), mas apresentar diversas ferramentas que auxiliam o gestor na tomada de decisões em Logística.

As ferramentas tratadas no presente capítulo são:

- Curva ABC
- Gráfico dente de serra
- Lote econômico de compra (LEC)
- Roteirização
- Custos totais e compensações logísticas (*trade-off*)
- Custeio baseado em atividades
- Estratégias logísticas
- Análise de investimento
- Técnicas híbridas de análise de investimento

Com esse conjunto de ferramentas, espera-se identificar as condições para a melhoria dos processos logísticos em pequenas e médias empresas. Tais ferramentas foram escolhidas porque não dependem de elevados investimentos para a implementação, sendo, portanto, de fácil utilização e de rápido retorno para a empresa.

17.1 Apresentação das ferramentas

17.1.1 Curva ABC

Trata-se de uma ferramenta de grande utilização nas decisões logísticas. Historicamente, foi proposta por Vilfredo Pareto, em 1897. Na ocasião, ele estudava a concentração de renda na Itália. Nesse estudo, observou-se que 80% da renda do país encontravam-se nas mãos de 20% da população. Essa constatação ficou conhecida como Curva 80-20, ou Curva ABC. O conceito 80-20 é utilizado nas empresas para inúmeras tomadas de decisão. Dentre elas, tem-se: definição de políticas de estoque em função do custo de aquisição dos produtos; posicionamento de produtos em um armazém em função do giro de estoque do produto; estabelecimento de nível de serviço aos clientes em função da lucratividade gerada à empresa, entre outras.

A Figura 17.1 apresenta a aplicação da curva ABC para a definição dos níveis de estocagem de um conjunto de produtos em função de seus respectivos impactos nos custos de estocagem.

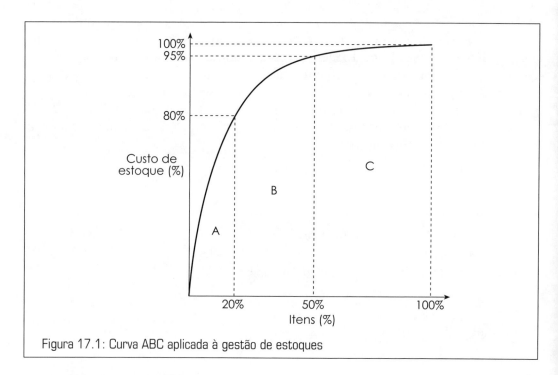

Figura 17.1: Curva ABC aplicada à gestão de estoques

A análise da curva ABC permite definir políticas diferenciadas de estoque para os produtos, conforme o impacto do item no custo de estocagem. Neste caso, produtos de maior valor (produtos tipo A) devem ser comprados em menor quantidade e maior freqüência, promovendo, assim, maior giro de estoque e menor custo de inventário. De forma contrária, os produtos de menor impacto nos custos (produtos tipo C) podem ser adquiridos em maiores quantidades e menor freqüência, promovendo um menor giro de estoque. Esse conjunto de medidas proporciona ao empresário menor pressão nos custos de estocagem sem comprometer a velocidade de processo e o atendimento ao mercado.

17.1.2 Gráfico dente de serra

Tem por objetivo planejar, controlar e garantir a disponibilidade de produtos em um processo produtivo. Os estoques devem ser dimensionados para garantir o máximo de eficiência na utilização de espaços, na utilização da mão-de-obra e de equipamentos, tendo em vista a necessidade de manter os recursos transformadores da empresa em plena atividade. Uma das ferramentas utilizadas pela gestão de estoques é a curva de demanda, também conhecida como gráfico dente de serra. Trata-se de um gráfico que representa a demanda de produtos em relação ao tempo (gráfico de demanda). A Figura 17.2 apresenta o gráfico dente de serra e suas principais características.

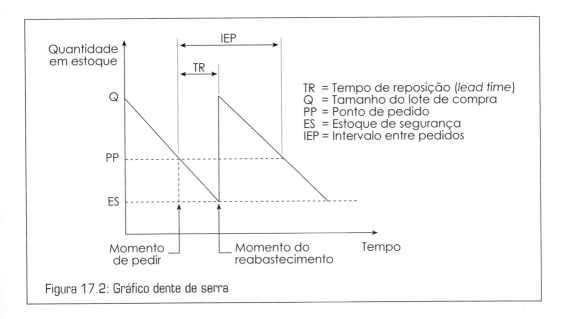

Figura 17.2: Gráfico dente de serra

Verificam-se no gráfico acima os principais elementos da gestão de estoques. A Figura 17.2 apresenta o consumo de estoque ao longo do tempo. Quando o estoque alcança o ponto de pedido, dispara-se uma ordem de compra do referido item. O ponto de pedido é calculado em função do tempo de reposição e da variação da demanda. O objetivo é possibilitar o recebimento do próximo lote antes do término dos produtos em estoque. Observa-se também a existência de estoque de segurança, o qual serve de amortecedor para eventuais atrasos na reposição. Esses procedimentos visam a disponibilidade de itens, evitando os constrangimentos ocasionados pela falta de produto, tais como parada de linha de produção, perda de vendas e a conseqüente perda de clientes.

17.1.3 Lote econômico de compra (LEC)

Refere-se ao tamanho do lote de compra que proporcione custo mínimo de investimento em estoque. Tem, como fatores críticos, a demanda pelo produto, custo de processamento de pedido e o custo de posse. O LEC origina-se da análise do custo total de estoque, conforme a equação 17.1:

288 Qualidade e Competência nas Decisões

$$CT = D \cdot c + \left(\frac{D}{Q}\right) \cdot c_r + \left(\frac{Q}{2}\right) \cdot c_p \qquad (17.1)$$

onde:

CT = Custo total (R\$/ano)
D = Demanda anual (unidade/ano)
c = Preço unitário de compra (R\$/unidade)
Q = Tamanho do lote de compra (unidade/pedido)
c_r = Custo de reposição (R\$/pedido)
c_p = Custo de posse do estoque (R\$ × pedido/unidade × ano)

Derivando a equação 17.1 e igualando o resultado a zero, obtém-se a equação para a determinação do lote econômico de compra, como apresentado em 17.2

$$Q' = \sqrt{\frac{2 \cdot D \cdot c}{c_p}} \qquad (17.2)$$

onde Q' é o lote econômico de compra (unidade/pedido).

O LEC serve de referência para planejar compra de insumos para a empresa, buscando o custo mínimo de estoque. Procedimento semelhante é realizado para se calcular o lote econômico de fabricação (LEF), que tem por objetivo identificar a quantidade de peças a ser produzida de modo a evitar excesso de estoque ou mesmo a falta de itens para a manufatura.

Deve-se notar, entretanto, que estes conceitos não se aplicam quando se adota um sistema de fornecimento *just in time*, conforme mencionado em 6.7.a.

17.1.4 Roteirização

A distribuição física de produtos passa, necessariamente, pela otimização das entregas de bens a um grupo de clientes. O padrão de consumo da sociedade atual caracteriza-se por grande variedade de produtos, exigindo esforços no planejamento de veículos e, principalmente, no desenvolvimento de roteiros que minimizem os custos de transportar produtos.

O atendimento aos clientes integrantes de um roteiro deve ser realizado respeitando-se os limites de tempo impostos pela jornada de trabalho dos motoristas e ajudantes, bem como as restrições de trânsito, como velocidade máxima, horários de carga/descarga, tamanho máximo dos veículos nas vias públicas, etc.

No Quadro 17.1 apresenta-se um conjunto de diretrizes importantes para a elaboração de roteiros de veículos, tendo como objetivo a redução de custo de transporte e a maximização da eficiência da distribuição física.

Quadro 17.1: Diretrizes para roteirização eficiente

Identificar os pontos relacionados espacialmente: quando os pontos a serem atendidos encontram-se próximos entre si, deve-se evitar cruzar rotas, porque tal situação provoca aumento de itinerário.
A roteirização deve assumir formas abauladas e, se necessário, é passível de elaboração cognitiva, ou seja, sem a utilização de sistemas informatizados.
Em caso de atendimento em dias diferentes, deve-se combinar os pontos para produzir agrupamentos densos. Nesse sentido, cabe evitar a sobreposição de conjuntos de paradas, minimizar o número de veículos e minimizar o tempo e a distância de viagem do veículo durante a semana.
A capacidade de carga do veículo deve ser analisada para obter maior eficiência das rotas.
Em caso de limitações de janela de tempo, buscar negociar o intervalo com o cliente, objetivando ampliar o tempo de parada.

As Figuras 17.3 e 17.4 apresentam exemplos de roteirizações. Na Figura 17.3, verifica-se o agrupamento de pontos de atendimento buscando a máxima densidade para cada dia da semana, nesse caso, terça e quarta feira.

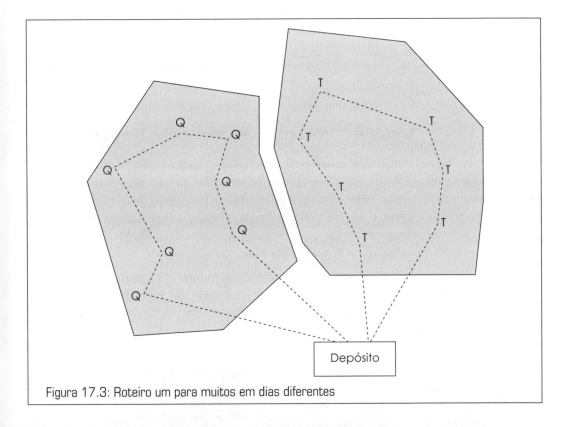

Figura 17.3: Roteiro um para muitos em dias diferentes

A Figura 17.4 apresenta um conjunto de fornecedores (FA, FB, FC) responsáveis por atender diversos centros de distribuição (CD1, CD2, CD3, CD4).

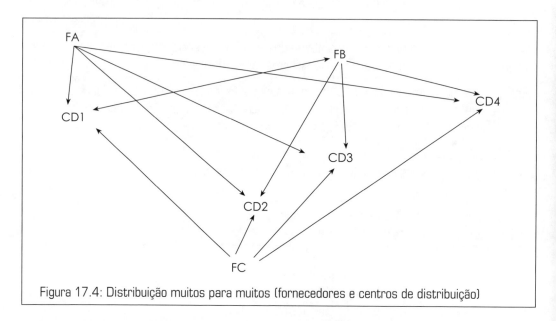

Figura 17.4: Distribuição muitos para muitos (fornecedores e centros de distribuição)

O aumento da complexidade para a obtenção de resultados exige, muitas vezes, a utilização de sistemas especialistas capazes de calcular roteiros de mínimo custo. Esses sistemas utilizam técnicas de Pesquisa Operacional, tais como sistemas de equações lineares e programação linear, para a obtenção dos melhores resultados.

17.1.5 Custos totais e compensações logísticas (trade-off)

A curva de custo total é utilizada em diversas áreas, sendo que, no ambiente empresarial, serve para definir estratégias para manutenção, produção, gestão de recursos humanos, entre outras. Na logística, a curva de custo total pode ser aplicada para definição do nível de serviço ao cliente, número de pontos de estocagem na empresa, número de instalações na cadeia de suprimentos. A Figura 17.5 apresenta a curva de custos em relação ao nível de serviço prestado ao cliente

A curva de custo total resulta do somatório dos custos de estoque e de vendas perdidas. Importante observar a existência de um nível de serviço ao cliente que proporciona o menor custo total das operações logísticas. Cabe ao profissional em logística identificar este ponto.

A curva de custo total pode ser confrontada com a curva de receita de um determinado produto, obtendo-se uma importante ferramenta para decisões estratégicas, como pode ser visto na Figura 17.6.

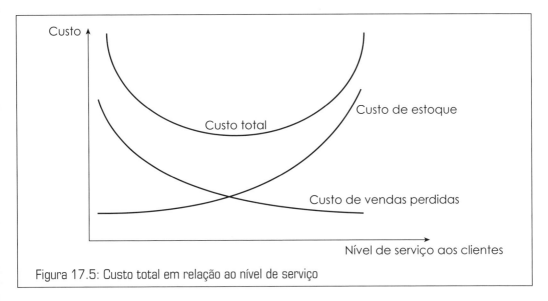
Figura 17.5: Custo total em relação ao nível de serviço

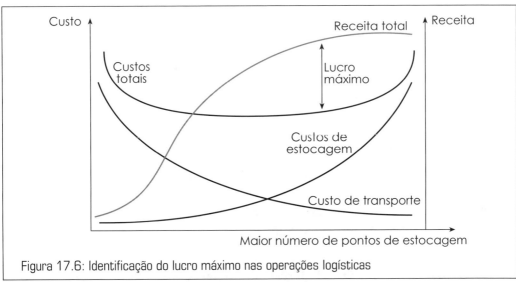
Figura 17.6: Identificação do lucro máximo nas operações logísticas

Como pode ser visto após a análise da Figura 17.6, a posição do lucro máximo não se encontra na posição de custo total mínimo. Conclui-se, portanto, que o lucro da empresa depende da função do nível de serviço disponibilizado ao cliente. Neste caso, maior proximidade com o cliente por meio de ampliação dos pontos de estocagem. Com isso, o tomador de decisão pode optar por oferecer serviços de custo acima do custo mínimo que, entretanto, propiciem maior lucratividade para a empresa. Esse processo é conhecido como compensações logísticas ou *trade-off*.

17.1.6 Custeio Baseado em Atividades

O Sistema ABC (Activity Based Costing) visa minimizar as distorções de custos proporcionadas pelos métodos de custeios tradicionais (variável e por absorção). Trata-se de uma metodologia para facilitar a análise de custos relacionados com as atividades que mais impactam o consumo de recursos em uma empresa.

A utilização do sistema ABC se faz necessária devido ao aumento percentual dos custos indiretos na produção de bens e serviços. Exemplo disso é necessidade de mão-de-obra especializada, sistemas de informação mais robustos, novas exigências de clientes e da sociedade, entre outros aspectos. A Figura 17.7 apresenta uma visão geral do sistema ABC.

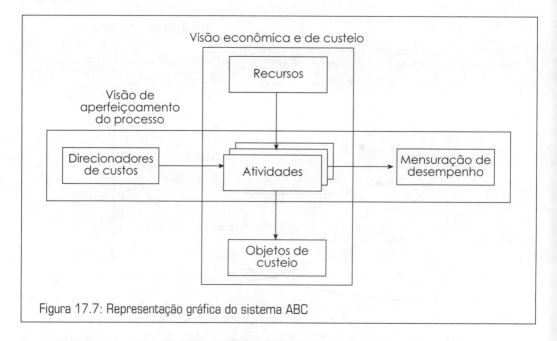

Figura 17.7: Representação gráfica do sistema ABC

A visão econômica e de custeio possibilita melhor custeio, precificação de produtos, determinar melhores estratégias para o *mix* e *marketing* de produtos.

A visão de aperfeiçoamento do processo está relacionada com os eventos (direcionadores de custos), que influenciam as atividades e seus respectivos desempenhos.

O modelo apresentado na Figura 17.7 permite a utilização do sistema ABC em inúmeros setores de atividade, tais como empresas de serviços, ou manufatureiras.

17.1.7 Estratégias logísticas

Para competir no mercado de alta concorrência e atender às necessidades dos clientes por volume, rapidez e variedade, os profissionais de logística desenvolvem estratégias que corroboram para a aceleração do fluxo de produtos. Dentre essas estratégias, tem-se: distribuição diferenciada, adiamento, consolidação de cargas e padronização, apresentadas a seguir.

- **Distribuição diferenciada**

    Durante o processo de distribuição física, o profissional de logística deve identificar o perfil dos clientes, para definir o respectivo nível de serviço a ser aplicado em cada caso. Exemplo disso é a utilização de centros de distribuição para atender clientes de baixa demanda, enquanto os clientes que apresentam pedidos de grandes quantidades (carga fechada) podem ser atendidos diretamente da planta.

- **Adiamento (*postponement*)**

    Essa estratégia tem por objetivo segurar até o último ponto possível, no tempo e no espaço, a preparação final dos produtos e/ou pedidos. Esse adiamento, entretanto, não significa atrasar a entrega dos pedidos. Alguns tipos de adiamentos são utilizados com bastante freqüência pelos tomadores de decisões nas empresas; são eles: etiquetagem, embalagem, montagem, fabricação, tempo (distribuição em armazéns).

- **Consolidação de cargas**

    Tem por objetivo criar grandes volumes a partir de pequenos volumes. O principal resultado dessa estratégia é a economia de escala, como pode ser visto na Figura 17.8. A acumulação de pedidos em determinado período aumenta o tamanho médio dos embarques e reduz a média de custo unitário por embarque.

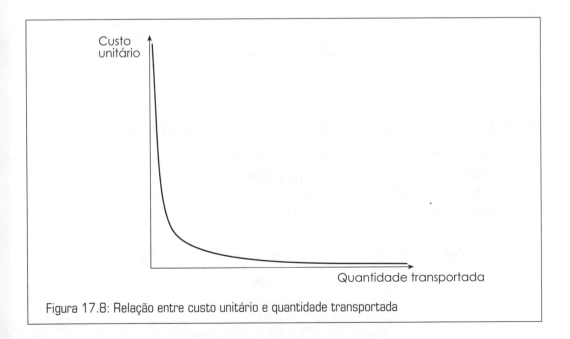

Figura 17.8: Relação entre custo unitário e quantidade transportada

294 Qualidade e Competência nas Decisões

- **Padronização**

A proliferação da variedade de produtos exigida pelos novos padrões de consumo exige dos empresários atuar estrategicamente em relação à estocagem de componentes. A estratégia da padronização é fundamental para reduzir o número de itens em estoque em uma empresa. Essa estratégia prevê a utilização de peças intercambiáveis, modularização de produtos e rotulagem do mesmo produto sob diversas marcas, visando aumentar a variedade de saída sem, entretanto, elevar o estoque de componentes.

17.1.8 Análise de investimento

As técnicas de análise de investimento são fundamentais na tomada de decisão em logística. O Quadro 17.2 apresenta um conjunto de técnicas financeiras que auxiliam o tomador de decisões durante o processo de análise de investimentos.

Quadro 17.2: Principais técnicas financeiras de análise de investimento

Valor presente líquido (VPL)	Teste comparativo entre as alternativas oferecidas pelo mercado financeiro e o investimento em estudo
Período de *payback*	Tempo necessário para se igualar os fluxos de capitais ao capital inicialmente investido
Período de *payback* descontado	Em que se realiza o desconto dos fluxos de caixa
Taxa de retorno contábil média (RCM)	Razão entre o lucro do projeto e o valor contábil médio do investimento
Taxa interna de retorno (TIR)	Índice intrínseco ao projeto. Equivale a VPL = 0, conforme visto em 12.2.5

17.1.9 Técnicas híbridas de análise de investimento

As técnicas híbridas ultrapassam a visão puramente financeira do investimento. Essas técnicas consideram fatores intangíveis da cadeia produtiva, tais como satisfação do cliente, competição baseada no tempo, desempenho de funcionários, níveis de flexibilidade da empresa, sincronismo na cadeia de fornecimento, entre outros aspectos.

A Figura 17.9 apresenta uma metodologia para análise de investimento que considera a situação atual e futura da empresa.

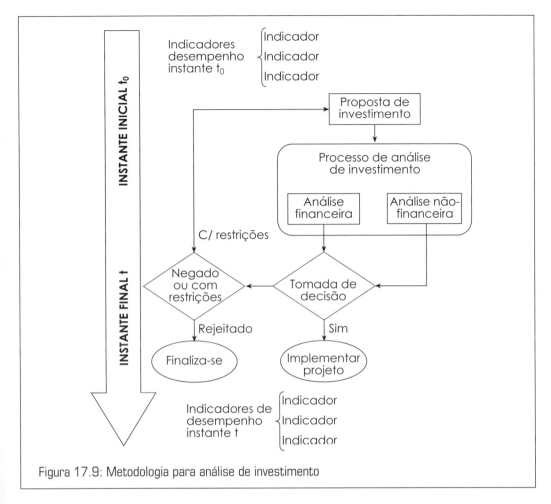

Figura 17.9: Metodologia para análise de investimento

Nessa metodologia, verifica-se que a tomada de decisão é influenciada pela análise financeira (métodos quantitativos) e pela análise não-financeira (métodos qualitativos). A ponderação dos fatores qualitativos e quantitativos permite maior acurácia na tomada de decisões pelo método híbrido de análise de investimentos. A seguir, são apresentadas duas técnicas híbridas para análise de investimentos:

a) **Gestão estratégica de custos**

Trata-se de uma técnica complementar aos métodos tradicionais de análise de investimentos. A gestão estratégica de custos apresenta três enfoques principais:

1. **Análise da cadeia de valor** – Trata-se de uma visão externa à empresa. Tem por objetivo maximizar o valor agregado aos clientes.
2. **Análise dos direcionadores de custos** – Utiliza conceitos do gerenciamento baseado em atividades e do custeio baseado em atividades.
3. **Análise da vantagem competitiva** – Entender o posicionamento da empresa perante o mercado e concorrentes.

b) Balanced Scorecard (BSC)

Complementa as medidas financeiras de desempenho passado e impulsiona o desempenho futuro da empresa. Trata-se de uma visão estratégica do negócio. As principais diretrizes do BSC são:

- Alinhamento da organização à estratégia corporativa
- Elaboração de estratégias individuais para os funcionários
- Torna a estratégia um processo contínuo

O BSC atua em quatro perspectivas do empreendimento; são elas:

- Perspectiva financeira
- Perspectiva dos processos internos
- Perspectiva dos clientes
- Perspectiva de aprendizado e crescimento

Resumidamente, o BSC permite o gerenciamento da empresa por meio de indicadores de desempenho estrategicamente selecionados para proporcionar o crescimento da empresa e o alinhamento dos recursos produtivos às estratégias coorporativas, visando atender às necessidades dos clientes. Mais pode ser visto no Capítulo 25.

17.2 Considerações finais

Neste capítulo, foram apresentadas diversas ferramentas para auxiliar na tomada de decisões em logística. Essas técnicas, quando implementadas no ambiente empresarial, proporcionam melhores posicionamentos estratégicos das atividades logísticas, permitindo a redução de custos de estocagem, redução de custos de movimentação e transporte, entre outros.

O custeio baseado em atividades é capaz de minimizar as distorções de custos causadas pelos métodos tradicionais de apuração de custos. A acurácia dos custos é fundamental para a obtenção de vantagem competitiva da empresa em relação aos seus concorrentes.

As estratégias logísticas apresentadas permitem ao profissional de logística encontrar alternativas de distribuição, de gestão de estoques e de transportes, visando melhoria nos níveis de serviços prestados aos clientes.

Finalmente, lembre-se que a utilização de *softwares* como planilha eletrônica e técnicas de pesquisa operacional são fundamentais na tomada de decisões logísticas.

Referências

- BALLOU, R. H. – Gerenciamento da Cadeia de Suprimentos – Bookman, Porto Alegre, 2006.

- BOWERSOX, D.J., CLOSS, D.J. & COOPER, M.B. – Gestão Logística de Cadeias de Suprimentos – Bookman, Porto Alegre, 2006.

- FLEURY, Paulo F., *et al.* – Logística Empresarial – A Perspectiva Brasileira – Coleção Coppead de Administração, Atlas, São Paulo, 2000.

- GONÇALVES, P. S. – Administração de Materiais – Elsevier, Rio de Janeiro, 2004.

- KAPLAN R. S. & NORTON, D. P. – A Estratégia em Ação: Balanced Scorecard – Campus, Rio de Janeiro, 1997.

- MARTINS, P.G. & ALT, P. R. C. – Administração de Materiais e Recursos Patrimoniais – Saraiva, São Paulo, 2002.

- MARTINS, P. G. & LAUGENI, F. P. – Administração da Produção – Saraiva, São Paulo, 2005.

- MONTEIRO, R. – Proposta de um Modelo de Apoio à Tomada de Decisão Baseado em Fatores Críticos de Sucesso – Tese de Doutorado, UNICAMP / FEM, Campinas, 2002.

- NAKAGAWA, M. – ABC: Custeio Baseado em Atividades – Atlas, São Paulo, 1995.

- NOVAES, A. G. – Logística e Gerenciamento da Cadeia de Distribuição – Campus, Rio de Janeiro, 2001.

- POZO, H. – Administração de Recursos Materiais e Patrimoniais, 2ª. ed. – Atlas, São Paulo, 2002.

- RITZMAN, L. & KRAJEWSKI, L. J. – Administração da Produção e Operações – Prentice Hall, São Paulo, 2004.

- TAYLOR, D. A. – Logística na Cadeia de Suprimentos: Uma Perspectiva Gerencial – Pearson, São Paulo, 2005.

298   Qualidade e Competência nas Decisões

18 DECISÕES EM TECNOLO-GIA DA INFORMAÇÃO

Ivanir Costa

O mundo dos negócios vem sofrendo mudanças muitos fortes nos últimos anos. Essas mudanças rápidas e seu elevado grau de incertezas constantes vêm provocando uma procura incessante em relação à agilidade, flexibilidade e capacidade de respostas. Este ambiente instável se contrapõe radicalmente ao passado, quando se tinha um ambiente mais previsível e as mudanças eram graduais, o que configurava um quadro de estabilidade.

O envolvimento da área de Tecnologia da Informação (TI) dentro das organizações era voltado praticamente ao preparo de um plano diretor de informática e os papéis dos executivos de TI limitavam-se às tomadas de decisão relacionadas com as tecnologias, pessoas e sistemas de informação.

Todavia, a figura do profissional de TI, na atualidade, deve ir mais além, já que ele executa diversos papéis por exigência do mundo globalizado. Ele não pode mais atuar como simples provedor de suporte ou responsável pela infra-estrutura de informação, mas deve assumir o posto natural de agente responsável pelas mudanças que venham agregar valor ao negócio.

Para isso, ele deve estar envolvido em todas as decisões estratégicas da empresa, buscando soluções que sejam financeiramente viáveis e que demonstrem retorno real aos investimentos que são efetuados ao longo do tempo.

18.1 A Tecnologia de Informação (TI)

Para Barbieri (1990), tecnologia pode ser considerada qualquer procedimento, conhecimento ou utensílio, através do qual a sociedade amplia o alcance das capacidades humanas. Já a informação é o produto da análise dos dados existentes na empresa, devidamente registrados, classificados, organizados, relacionados e interpretados dentro de um contexto para transmitir conhecimento e permitir a tomada de decisão de forma otimizada, (OLIVEIRA, 1993).

A informação pode ser utilizada para agregar valor aos produtos de uma empresa, para promover maior sinergia no ambiente organizacional e para influenciar comportamentos. Além do já conhecido suporte ao processo decisório, a TI deve, portanto, ser administrada estrategicamente. A TI, de acordo com Lesca & Almeida (1994), é um dos mais importantes insumos de que as organizações podem dispor em um mercado competitivo. A definição de TI está diretamente relacionada às necessidades de

300 Qualidade e Competência nas Decisões

se estabelecerem estratégias e instrumentos de captação, organização, interpretação e uso das informações. Implica a existência de recursos tecnológicos para torná-las disponíveis, compatíveis, seguras, eficazes e viáveis, (PEREIRA & FONSECA, 1997).

De acordo com Maeda Junior (2006), segundo autores como Basil & Cook (1978), Nieto (2004), Barbieri (1990), Negroponte (1995), a TI possui as seguintes características:

- Apresenta grande transitoriedade e rápida obsolescência;
- Como mercadoria, tem valor de troca e é negociável;
- É heterogênea;
- Pode gerar diferentes níveis de impactos sobre as organizações e sobre a sociedade;
- É apenas um meio para atingir objetivos e não um fim em si mesmo;
- Assume diferentes funções, conforme as oportunidades e necessidades que surjam;
- Ajuda a perpetuar as relações de poder;
- Requer um contínuo aprendizado por parte de seus usuários; e
- Está sendo democratizada.

A capacidade de a TI atuar como vantagem competitiva sustentada está sendo questionada, pois só ganha uma vantagem sobre os rivais aqueles que tem ou faz algo que os outros não têm ou não fazem. Só que as funções básicas da TI estão disponíveis e acessíveis a todos. A conquista de uma vantagem estratégica sobre os concorrentes requer o uso inovador da TI, (CARR, 2004).

Neste contexto, a busca por diferenciação estratégica e pela vantagem competitiva é um esforço constante, que envolve toda a organização. Os autores que abordam estratégia, administração e engenharia de produção defendem que este esforço também deve ser rápido, sob pena de não trazer todos os potenciais benefícios para quem o empreende. Recomenda-se a elaboração, ou redesenho, simultânea e integrada, de processos, das tecnologias de produção e de informação, e ações de marketing como forma de reduzir os prazos de implantação e, desta forma, aumentar a vantagem sobre os concorrentes.

18.2 A gestão de TI e o gerente de TI

Um gerente de TI ou CIO (Chief Information Officer) moderno e competente dentro deste mundo que está em constante mudança deve estar sempre atualizado em relação à tecnologia e estar capacitado para entender sua evolução e benefícios futuros. É necessário lidar com o ciclo de vida das informações, desde sua criação, passando pelo processamento e armazenamento histórico, dando-lhes tratamento adequado em todos os momentos. Isso exige saber classificar e gerenciar as informações relevantes de acordo com as políticas da empresa. As informações relevantes devem ser descobertas, mapeadas e fazer parte de sistemas de informação corporativos de alta qualidade.

Todavia, conforme Costa & Reis (2005), as empresas vivem os desafios constantes de produzir sistemas de informação de alta qualidade, de impacto no sucesso de seus negócios, com ótima relação custo-benefício e, acima de tudo, em curto prazo. A disciplina de engenharia de *software* estabelece a importância de considerar a estratégia da organização e a geração de valor no planejamento e na implantação dos seus projetos. Para os autores, é chegado o momento de propor o tratamento desses temas de forma integrada, através da prática do pensamento e da ação estratégica a serem aplicados pelos homens de TI no transcorrer de seus trabalhos.

Contudo, os profissionais de TI, principalmente os gerentes de TI, têm tido uma participação marginal neste cenário, e normalmente, as decisões importantes são tomadas sem sua participação efetiva, e lhes resta o papel de participar da implementação de um plano formulado em outras áreas da organização. Como resultado, acontecem os conflitos, desgastes e a frustração entre as áreas que decidem e as que executam os planos.

É preciso reconhecer que há razões para esta exclusão do processo decisório em nível estratégico, pela tradicional dificuldade de diálogo entre os profissionais das áreas de negócio e os de sistemas de informação. Os dois grupos têm formação técnica diferente, sendo os temas de TI normalmente pouco familiares à maioria dos profissionais das diferentes áreas de negócio: finanças, marketing, vendas, produção, RH; enquanto os temas sobre estratégia e processos de negócios são pouco explorados e estudados pelos profissionais de TI, pois cada grupo de profissionais realiza um trabalho permanente de acompanhamento dos desenvolvimentos de produtos, das técnicas e processos de sua área de atuação. Assim, à medida que profissionais especializados aprofundam seus conhecimentos específicos, aumenta a dificuldade de diálogo com os representantes de outras áreas, (COSTA & REIS, 2005).

Faltam ainda processos, modelos e abordagens efetivas que considerem a TI nos níveis de discussão, decisão e planejamento estratégico. A literatura especializada de TI foca as atividades relacionadas com a implementação das estratégias, ao considerar as etapas de especificação, desenvolvimento, construção e teste de sistemas. Como essas atividades são realizadas a partir de parâmetros definidos na etapa anterior de planejamento estratégico das organizações, podem ser mal sucedidas por terem de cumprir parâmetros estabelecidos sem a participação de profissionais de TI e, por isso, tornam-se de difícil execução. Propõe-se, portanto, mudar este cenário.

18.3 Objetivos e impactos da TI nas organizações

Os autores Vallim (1999), Walton (1993), Mitchell (2003) e Albertin (2001) indicam os impactos que o uso da TI provoca nas organizações:

- Aumenta a produtividade;
- Desenvolve uma memória das atividades executadas e das soluções aplicadas;
- Elabora projeções com base no desempenho passado;
- Influencia as estruturas organizacionais, negócios e vantagens competitivas;
- Aumenta a possibilidade do ensino a distância;
- Transformou e continua transformando as operações nos escritórios;
- Modifica relações pessoais e comportamentos;
- Melhora o relacionamento com clientes e parceiros de negócios;
- Provoca a dependência das organizações da TI;
- Aumenta a velocidade dos processos organizacionais.

O processo de tomada de decisão nas organizações está se transformando rapidamente nos últimos anos, sobretudo pela velocidade do avanço da TI e das comunicações. Esse novo cenário pressiona para que as decisões sejam cada vez mais acuradas e rápidas.

A partir de referências clássicas em estratégia, é proposto um esquema simplificado de representação do que está envolvido na discussão e decisão estratégica, conforme mostrado na Figura 18.1. A partir de seu entendimento, o engenheiro de *software* pode contribuir para que uma estratégia de negócios seja elaborada considerando a TI em sua formulação, (COSTA & REIS, 2005 APUD PORTER, 1986 & HILL, 1993).

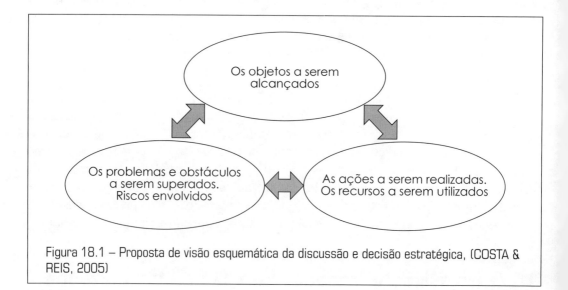

Figura 18.1 – Proposta de visão esquemática da discussão e decisão estratégica, (COSTA & REIS, 2005)

Qualquer que seja a organização e seu modelo de discussão e decisão estratégica, ela terá de chegar às seguintes definições, conforme representado na Figura 18.1:

18. Decisões em Tecnologia da Informação **303**

1. Quais os objetivos (resultados e prazos) a serem alcançados para ter vantagem competitiva em um mercado globalizado;

2. Quais os problemas a serem resolvidos (ou obstáculos a serem superados) para alcançar os objetivos, e os riscos associados. Estes elementos definem, em alto nível, o escopo da estratégia; e

3. Quais as ações a serem realizadas e os recursos a serem utilizados para resolver os problemas e gerenciar os riscos, de modo a atingir os resultados nos prazos estabelecidos. Estes elementos determinam os custos a serem incorridos na implementação da estratégia.

As três questões acima se inter-relacionam, de modo que não podem ser vistas e avaliadas isoladamente. Cada conjunto coerente desses três pontos forma uma estratégia, e o problema da organização é decidir qual a melhor, em face da realidade enfrentada pela organização, seja com relação ao seu ambiente (atuação dos concorrentes, dos clientes e fornecedores, do governo, etc.), seja com relação à sua situação interna (capacidade financeira, capacidade gerencial, domínio e grau de avanço em tecnologia, etc.). A análise de cada opção de estratégia irá requerer avaliações sob as óticas das diversas especialidades presentes na organização (finanças, RH, TI, marketing, etc.), e a melhor estratégia é aquela capaz de coordenar de forma mais coerente os elementos apresentados na Figura 18.1, (COSTA & REIS, 2005).

É importante ressaltar que esta estratégia pode e deve ser aplicada em camadas, ou seja, primeiro na camada da organização como um todo e depois na camada de cada área/departamento da organização, nas quais os objetivos das áreas/departamentos suportam os objetivos gerais e se identificam os respectivos problemas, riscos, ações e recursos.

Ainda conforme Costa & Reis (2005), se considerarmos que o objetivo da área de TI é viabilizar, com eficácia e eficiência, a implementação das estratégias de negócio por meio de sistemas de informação, temos de responder à pergunta: "Como fazer isso?" A análise da Figura 18.1 indica a resposta: os profissionais de TI devem ajudar os profissionais de negócio a pensar a estratégia considerando os recursos de TI e os problemas que precisarão solucionar para atingir os objetivos de cada estratégia. Esta consideração poderá oferecer diversas opções a serem seguidas, cada uma com seus riscos, custos e prazos.

De acordo com Hill (1993) e Laurindo (2001), o importante é notar que a área de TI tem uma interação forte com cada uma das demais áreas, podendo contribuir com os esforços de cada uma para alcançar os objetivos gerais, dado que os produtos de TI não fazem sentido isoladamente, mas sempre atuam em conjunto com outros recursos de cada área da organização. O problema da eficiência e da eficácia da organização como um todo será afetado pelo modo como os recursos da área de TI forem utilizados, e isto tem de ser considerado desde o início de qualquer estratégia.

304 Qualidade e Competência nas Decisões

A área de TI, como qualquer outra, oferece recursos na forma de pessoas, competências e tecnologias. Estes recursos têm capacidades e limitações. Discutir e decidir estrategicamente sem considerar estes fatores poderá levar ao estabelecimento de resultados e prazos inexeqüíveis para a área e, por conseqüência, para a organização como um todo. Logo, a atuação dos profissionais e gerentes de TI deve ser voltada para evitar esta condição indesejada, e isso poderá ser feito pela participação pró-ativa na discussão e decisão estratégica no nível da organização como um todo.

O profissional de TI, através da gerência de TI, também pode contribuir na definição das prioridades da implementação da estratégia, um dos exercícios mais difíceis de serem realizados por uma organização, pelos conflitos de interesses entre as áreas envolvidas. Ao colaborar no mais realista dimensionamento de objetivos, prazos, riscos e custos de implementação de cada opção estratégica sob o aspecto de TI, o exercício de priorização se aperfeiçoa pelo melhor conhecimento do impacto de cada opção estratégica, pela organização, nos resultados e prazos almejados, bem como nos recursos necessários.

A gerência de TI permanece como um assunto de discussão por diversos motivos:

- Os processos de negócio nas organizações estão cada vez mais exigindo retornos mais rápidos em relação à necessidade do mercado, sendo necessário otimizar o conhecimento, a agilidade, a segurança e a consistência dos negócios e tudo isso com o menor custo possível.

- Devido principalmente à falta de tempo, o controle acaba sendo relegado e os processos não são acompanhados devidamente. A falta de disciplina e organização evita que os responsáveis sejam cobrados, já que o foco principal está sendo cumprir prazos e orçamentos. No final, por falta de uma organização, o retorno acaba sendo na forma de produtos mal feitos, de desgaste da imagem da empresa, de clientes insatisfeitos e ainda de perdas na receita.

- Para competir num ambiente de negócio altamente dinâmico, exige-se uma excelente habilidade gerencial, e a área de TI deve auxiliar nas tomadas de decisões de forma rápida, constante e com custos sempre menores.

Para atender a estas expectativas, a gestão de TI deve:

- Alinhar os processos de TI com os objetivos da empresa;

- Auxiliar no controle dos gastos e orçamentos; e

- Distribuir a tomada de decisão para quem de direito.

Dessa forma, procura-se evitar que tudo fique centrado somente na mão dos profissionais de TI. O desafio de definir como ajustar essa gerência torna a gestão de TI fundamental em qualquer organização competitiva. Para conquistar um mercado

18. Decisões em Tecnologia da Informação   305

dentro desse cenário, uma empresa deve ser capaz de tomar decisões rapidamente e para que isso aconteça é necessário trabalhar os dados operacionais a fim de disponibilizar as informações gerenciais para os executivos a qualquer momento. Essa gestão de TI moderna, abrangente e corporativa é conhecida como Governança de TI. Com essa finalidade, as empresas procuram possuir uma estrutura organizada de Tecnologia da Informação, seguindo as melhores práticas de Governança de TI.

18.4 Governança de TI

A governança pode ser entendida como a atribuição de direitos e responsabilidades de decisão e a preservação de princípios, a fim de atingir os objetivos de negócios das empresas. Diferentemente das organizações tradicionais, que utilizam o método do comando e controle, a governança corporativa se refere a uma melhor forma de gerenciar esse ambiente, identificando processos, definindo responsabilidades e, principalmente, mostrando claramente os resultados obtidos para a organização, sempre com o objetivo de dar transparência ao negócio. O conceito de Governança Corporativa é uma proposta de mudança na forma de organizar e valorizar a empresa. Ela dá mais ênfase à competência humana, em sobreposição às finanças, mas não deixando de estar voltada à administração dos recursos, (CARREIRO TRAPNELL & VIEIRA DA SILVA, 2004).

Os acionistas ou proprietários querem estar certos de que os executivos da empresa estão preparados para seus cargos. Papéis são definidos e constantemente são feitas revisões das equipes e de suas habilidades. Porém, a estrutura ainda é um elemento básico de Governança, pois fornece pontos de referência para a formação de grupos e relacionamentos e é o mecanismo para a administração funcional das pessoas. A adoção da prática significa melhoria dos processos de gestão das empresas, por meio de planejamento e controle, o que, por conseqüência, valoriza o negócio, incrementa a produtividade e a competitividade e reduz o risco da operação. Reduz também os custos para uso de capital de giro de terceiros e, obviamente, perpetua a existência da organização.

Como parte da Governança Corporativa temos o termo Governança de TI, definido como uma estrutura de relações e processos que dirige e controla uma organização, a fim de atingir seu objetivo de adicionar valor ao negócio através do gerenciamento balanceado do risco com o retorno do investimento em TI.

Pode-se afirmar que Governança em TI é um subconjunto da disciplina de Governança da Corporação focado em sistemas de Tecnologia da Informação, sua performance e sua gerência de risco. O interesse em Governança de TI é principalmente devido a importante tendência de iniciativas de grandes instituições internacionais, que sabem que projetos de TI podem facilmente sair do controle e afetar profundamente o desempenho da organização.

Na Governança em TI discute-se que os projeto de TI não podem mais ser vistos e construídos como uma caixa-preta, levando ao tradicional manuseio de projetos

306 Qualidade e Competência nas Decisões

de TI por executivos da informação, o que acaba limitando a experiência técnica da organização e a complexidade do projeto, deixando decisões-chaves para os profissionais de TI.

A proposta de uma boa Governança em TI supõe a formação de uma junta ou comissão da organização, formada pelos *stakeholders*, clientes internos e as áreas financeiras, para participar do processo de tomada de decisão. Isto garante que os envolvidos venham a assumir as responsabilidades para os sistemas críticos e prevenir que apenas um envolvido, tipicamente de TI, seja responsabilizado por decisões não acertadas. Isto também previne que os usuários reclamem que os sistemas não se comportam como o esperado ou solicitado.

Segundo Weill & Ross (2004), no livro sobre Governança em TI:

"A junta necessita entender de ponta a ponta a arquitetura da sua carteira de valores (portfólio) em aplicação de TI na companhia. A junta deve ter certeza de que o gerente sabe quais recursos de informação estão disponíveis, em que condições eles estão, e qual papel eles desempenham na receita gerada".

As melhores práticas para se organizar a Governança em TI são estruturar os processos, controlar e definir responsabilidades entre as diversas áreas que formam a TI, dentre elas a operação, o desenvolvimento, o suporte, a rede, etc. Governança em TI sugere práticas para melhorar o processo de tomada de decisão e análise de risco através de um processo estruturado em cada área citada, para gerenciar e controlar as iniciativas de TI nas empresas, a fim de garantir o retorno do investimento e adicionar melhorias nos processos empresariais, (ARAÚJO, 2005).

Muitas organizações têm historicamente visto processos de TI e de negócio separadamente, gerando uma desconexão entre decisões em TI e decisões de negócios. Isto significa que planos de TI e priorizações são feitos independentes do plano de negócio, causando para a organização a imagem de uma área mal orientada e pouco alinhada com os objetivos de negócio, ou incompetente, já que falha na entrega dos projetos que são imperativos para o negócio. Em muitos casos, essas organizações precisam modificar seus modelos de Gerência de TI, implementando mecanismos e envolvendo líderes de negócios para ter a certeza da melhor ligação entre iniciativas de TI e negócios. A Governança de TI deve ser trabalhada para fornecer métricas mais claras de orçamento dos lucros, redução dos custos, melhorias dos serviços e transmissão aos investidores da certeza de um orçamento correto.

O objetivo principal da Governança de TI é implementar uma arquitetura com infra-estrutura capaz e flexível, no entanto econômica. Desempenho, segurança, disponibilidade e escalabilidade são importantes aspectos que a área de TI deve levar em conta, considerando que os processos precisam ser flexíveis, tentando sempre atender o cliente da melhor forma possível.

18. Decisões em Tecnologia da Informação   307

Para a implementação de uma Governança de TI efetiva, é imprescindível ter controle do processo através da utilização de algum modelo de Governança de TI. O uso de um modelo próprio, mas tomando como base a utilização de alguns dos modelos sugeridos, como os COBIT, ITIL, BSC, entre outros, é uma boa alternativa para alinhar as necessidades da empresa com as boas práticas já estudadas, aplicadas e aprovadas. Para atingir o objetivo de TI, que é fornecer para o negócio o desempenho necessário, com o desenvolvimento de processos e controles efetivos, a Governança de TI busca permitir o alinhamento das estratégias de negócios.

De acordo com Aráujo (2005), o primeiro passo para essa organização não é decidir qual metodologia adotar, e sim conhecer os próprios processos, controles e riscos. E tudo é iniciado a partir de um diagnóstico identificando os itens abaixo:

1. Relacionamento de TI com a alta administração.

Como a TI está relacionada com a direção? Independentemente dessa estrutura, TI precisa ter uma visão clara do que é necessário para o negócio e em quanto tempo deve suprir essa necessidade.

2. Papéis e responsabilidades em TI.

Saber quais as funções e responsabilidades dos integrantes. A concepção dos processos deve ser desenhada de forma a alocar adequadamente os processos às funções dos responsáveis por eles.

3. Mapeamento de todos os processos existentes.

Ao final desse diagnóstico, deve-se ter o que necessita ser formalizado e o fluxo de cada processo.

4. Análise crítica destes processos.

Testar a qualidade dos processos e, se necessário, envolver auditoria. Deve-se modificar cada processo, a ponto de corrigir, substituir ou até extinguir.

5. Identificação dos riscos inerentes a cada processo.

Deve-se relacionar para cada processo quais os riscos que possam comprometer o funcionamento do negócio e qual seria o impacto no negócio, seja por comprometimento da imagem, perda de receita, etc.

6. Mapeamento dos controles existentes que mitigam os riscos identificados.

Após a identificação dos processos e seus riscos, os controles existentes para cada risco de cada processo devem ser mapeados. Este passo ocorre em paralelo com o mapeamento de processo e sua análise crítica. Nesta fase verifica-se se os controles existentes suportam as necessidades dos processos e, conseqüentemente, do negócio.

Em plena era da tecnologia da informação, nada mais fundamental do que desenvolver *expertise* em Governança de TI. As empresas perceberam sua importância

308 Qualidade e Competência nas Decisões

quando apareceram os retornos financeiros que ela gera. Quem nunca viveu a experiência de não conseguir trabalhar devido a problemas tecnológicos? Esses problemas que ocorrem no dia-a-dia dependem fundamentalmente de uma gestão eficaz. Ao que tudo indica, a solução pode estar na Governança de TI.

As possibilidades que a Governança de TI traz para uma empresa são:

1. Controlar os objetivos da área de tecnologia;
2. Alinhar as estratégias;
3. Definir expectativas e medidas de desempenho;
4. Viabilizar e gerenciar recursos;
5. Definir prioridades;
6. Direcionar as atividades de TI; e
7. Gerenciar os riscos.

Desta forma, toda a organização se beneficia, desde os gestores, que podem balancear riscos e oportunidades em um ambiente altamente dinâmico, otimizando tomadas de decisão, até os usuários, que passam a ter a garantia da segurança dos serviços fornecidos por TI, que são controlados internamente ou através de terceiros.

18.5 Alinhamento entre negócios e TI

A Governança de TI engloba mecanismos implementados em diferentes níveis de uma empresa, que permitem gerenciar, controlar e utilizar a TI de modo a criar valor para a empresa e incentivar decisões sobre novos investimentos, que sejam tomadas de maneira consistente em alinhamento com a estratégia corporativa. Pressupõe a adoção de métricas que permitem avaliar o impacto da TI no desempenho de negócios. Pesquisas, como a realizada pelo MIT-Sloan Management (Center for Information Systems Research - CISR), indicam que as empresas mais lucrativas implementam, de alguma forma, Governança de TI. Alguns resultados são interessantes, pois indicam que empresas mais orientadas a lucro, medido através de indicador como o ROI (Return on Investment), têm adotado estruturas mais centralizadas de Governança de TI. A decisão sobre a infra-estrutura de TI a ser adquirida, bem como a sua arquitetura, é efetuada de maneira centralizada e cooperativa, para possibilitar o compartilhamento eficiente de recursos e sua utilização, (CARREIRO & TRAPNELL & VIEIRA DA SILVA, 2004).

Para um melhor alinhamento, espera-se que haja uma equipe bem treinada, com conhecimentos tecnológicos profundos e que saiba trabalhar em grupo. Dessa forma, muita coisa se resolve na área de TI. Na outra ponta está o que menos pode ser desconsiderado: os usuários e seus processos, para os quais a tecnologia é de fato desenvolvida. É para eles que a palavra "informação" da sigla TI terá mais valor. Os gestores de TI devem formular listas de aplicações, tecnologias, infra-estrutura, parceiros, fornecedores, funcionários, competidores, políticas e recursos financeiros que permitam aos executivos de uma empresa delimitar o seguinte (CARREIRO & TRAPNELL & VIEIRA DA SILVA, 2004):

- Criar novos modelos de negócio e a mudança nas políticas daqueles já existentes;

- Gerenciar os crescentes custos de TI e o explosivo valor das informações precisas;

- Administrar os riscos da execução de negócios em um mundo digitalmente interconectado e com forte dependência de entidades fora do controle direto da empresa;

- Controlar o impacto da TI na continuidade dos negócios em conseqüência do aumento da necessidade de informações e de TI em todas as áreas da empresa.

- Habilitar TI a construir e manter o conhecimento essencial para sustentar o crescimento do negócio; e,

- Minimizar o impacto da tecnologia na imagem e no valor da empresa em razão de falhas ou atrasos na implementação de soluções.

18.6 Modelos de Governança de TI (COBIT, ITIL e BSC)

18.6.1 COBIT

De acordo com Grembergen (2006), o COBIT, desenvolvido pelo *IT Governance Institute*, inclui o *framework* COBIT, que define 34 processos de TI, distribuídos em 4 domínios de TI:

1. Planejamento e Organização (PO);
2. Aquisição e Implementação (AI);
3. *Delivery* e Suporte (DS); e
4. Monitoramento (M).

O COBIT define um nível mais alto de objetivos de controle para cada processo e de 3 a 30 objetivos de controle mais detalhados. Os objetivos de controle contêm declarações dos resultados desejados ou metas a serem alcançadas na implementação de procedimentos de controle específicos dentro de uma atividade de TI e fornecem uma política clara para o controle de TI na empresa. Um dos processos de TI identificados no *framework* é o de "Definição e Gerenciamento de Níveis de Serviço" do domínio *Delivery* e Suporte (DS). Segue um resumo dos objetivos de controle deste processo de TI:

1. **Objetivo de controle de alto nível**: Controle sobre os processos de TI, definindo e gerenciando níveis de serviço que satisfaçam os requisitos do negócio, para estabelecer um entendimento comum do nível de serviço desejado. Este

310 Qualidade e Competência nas Decisões

objetivo é possível pelo estabelecimento de SLAs (Acordos de Nível de Serviço) que formalizam os critérios de desempenho, a partir dos quais a quantidade e qualidade do serviço serão medidas.

2. **Objetivos de controle detalhados**: *Framework* de SLA, aspectos de SLAs, procedimentos de desempenho, monitoramento e notificações, revisão de SLAs e contratos, itens contábeis e programas de melhorias de serviço. Estes objetivos de controle dão ênfase à importância de um modelo de SLA e à necessidade de acordo nos componentes de um SLA. Procedimentos de desempenho, monitoramento e controle devem ser estabelecidos e os contratos devem ser revisados regularmente.

Para atender as necessidades gerenciais de controle e medição de TI, o COBIT fornece, para os 34 processos de TI, diretrizes contendo ferramentas de avaliação e medição do ambiente de TI da organização. O *Management Guidelines* inclui modelos de maturidade (MM), fatores críticos de sucesso (CSFs), indicadores-chaves de metas (KGIs) e indicadores chaves de desempenho (KPIs) para cada processo. O *Management Guidelines* também fornece os fatores críticos de sucesso (FCSs), os KGIs (*keygoal indicators*) e os KPIs (*key performance indicators*), que podem ser úteis quando do esforço para se alcançar um certo nível de maturidade. Os fatores críticos de sucesso são os elementos mais importantes que uma organização deve ter como meta para contribuir com o processo de TI no cumprimento de seus objetivos. KGIs são elementos de negócios indicando "o quê" deve ser cumprido. Eles representam os objetivos do processo de TI. Os KPIs são orientados a processo, focando o "como" e indicando quão bem os processos de TI permitem que o objetivo seja alcançado, (GREMBERGEN, 2006).

18.6.2 ITIL

ITIL é o acrônimo de *"IT Infrastructure Library"*, Biblioteca de Infra-estrutura de TI, desenvolvido pelo CCTA (atual OGC - *Office of Government Commerce*), na Inglaterra, para o governo britânico. ITIL é o padrão global na área de gerenciamento de serviço, provendo uma documentação pública especialista para planejar, suprir e auxiliar os serviços de TI. ITIL descreve uma proposta profissional metódica para gerenciar serviços de TI. A biblioteca tem como ênfase satisfazer economicamente os requisitos da companhia. Aderir às melhores práticas da proposta de ITIL tem os seguintes benefícios para a organização (ITIL, 2006):

- Suporte para o processo do negócio e para as tarefas dos tomadores de decisão;
- Definições de funções e responsáveis nos setores de serviços;
- Redução da despesa em desenvolvimento de processos, procedimento e instruções de trabalho;
- Serviços de TI que satisfazem os requisitos de um particular negócio;
- Aumento da satisfação do cliente através de melhor e mensurável eficácia e desempenho da qualidade de serviço de TI;

18. Decisões em Tecnologia da Informação   311

- Aumento de produtividade e eficiência através do intencional uso do conhecimento e experiência;

- Base para uma proposta metódica para o gerenciamento de qualidade em gerenciamento de serviço de TI;

- Aumento da satisfação do funcionário e redução da variação em níveis de pessoal;

- Aumento da comunicação e informação entre o pessoal de TI e seus clientes;

- Treinamento e certificação de profissionais de TI; e

- Troca de experiência internacional.

Um pré-requisito é ter uma disposição incondicional em se tornar mais orientado a clientes e serviços. Em muitas empresas, será necessária uma mudança da cultura de serviço predominante. Em adição, com a ajuda de ITIL, um grupo de terminologia será criado no setor de gerenciamento de serviço. ITIL consiste de 5 elementos básicos:

1. Perspectiva de negócio;
2. Gerenciamento da aplicação;
3. Entrega de serviço (fornecimento de serviços de IT) ;
4. Suporte de serviço; e
5. Gerenciamento de infra-estrutura.

18.6.3 BSC (*Balanced Scorecard*)

De acordo com Grembergen (2006), o BSC, desenvolvido por Kaplan e Norton em 1990, é baseado na idéia de que a avaliação de uma organização não deve estar restrita às tradicionais medidas de desempenho financeiro, mas também deveria ser complementada com medidas relativas à satisfação do cliente, processos internos e à habilidade de inovar. Os resultados conseguidos dentro destas perspectivas adicionais devem garantir resultados financeiros futuros. Kaplan e Norton (1997) propõem uma estrutura em três camadas para estas perspectivas: missão, objetivos e medidas. Para colocar em ação o BSC, as organizações devem traduzir cada uma das perspectivas nas métricas ou indicadores e medidas correspondentes que avaliem a situação atual. Estas avaliações devem ser repetidas periodicamente e serem confrontadas com as metas estabelecidas anteriormente. O *framework* genérico BSC pode ser traduzido em necessidades mais específicas de uma função de TI, seus projetos e processos específicos, tais como "Definição e Gerenciamento de Níveis de Serviço". Reconhecendo que TI é um fornecedor de serviço interno, as perspectivas propostas no BSC genérico devem ser alteradas de acordo com as seguintes perspectivas: distribuição corporativa, orientação ao cliente, excelência operacional e orientação futura (GREMBERGEN, 2006). Mais sobre BSC pede ver visto no Capítulo 25.

312 Qualidade e Competência nas Decisões

18.7 Conclusões

As organizações têm muito a ganhar pela participação da área de TI na discussão e formulação de estratégias de negócios, desde seus estágios iniciais. O alinhamento estratégico entre TI e os níveis estratégicos das empresas precisa ser implementado em todas as etapas de planejamento, e não apenas no momento de iniciar as atividades de desenvolvimento e manutenção de sistemas.

As idéias apresentadas neste capítulo são o resultado da prática profissional de diversos autores e encontram apoio na bibliografia. Foi feito um trabalho de unificação e consolidação de idéias dispersas na literatura de engenharia de *software*, gestão de projetos de TI, Governança Corporativa e Governança de TI, bem como a partir das experiências vivenciadas pelos autores em sua atuação como consultores de TI em grandes empresas, nacionais e internacionais.

A aplicação destas idéias dependerá da vontade dos profissionais de TI em mudarem sua forma de atuação junto às demais áreas das organizações, adotando uma postura pró-ativa nos processos de discussão e decisão em nível estratégico. Em muitas organizações, haverá uma resistência natural a esta mudança, dado que outras áreas com influência dominante em termos de formulação das estratégias podem não estar acostumadas a esta forma de trabalho em conjunto. Todavia, vale a pena buscar esta mudança, a qual trará benefícios tangíveis para todos as organizações que derem a oportunidade aos homens de TI e, quem sabe, a outras áreas de produção que são excluídas de forma semelhante.

Referências

* ALBERTIN, A. L. *"Administração de informática: funções e fatores críticos de sucesso"*, São Paulo, Editora Atlas, 2001.

* ARAÚJO. M. *"Governança em Tecnologia da Informação"*, Artigo publicado em http://www.issabrasil.org/artigos, Data da publicação: 05 de abril de 2005, consultado em 31 de julho de 2006.

* BARBIERI, J. C. *"Produção e transferência de tecnologia"*, São Paulo, Editora Ática, 1990.

* BASIL, D. C.; COOK, C. W. *"O empresário diante das transformações sociais, econômicas e tecnológicas"*, São Paulo, Editora McGraw-Hill do Brasil, 1978.

* CARR, C. *"O poder competitivo da criatividade"*, São Paulo, Editora Makron Book, 1997.

* CARREIRO, J. D., TRAPNELL, F. M., VIEIRA DA SILVA, A. *"Governança de TI e a metodologia COBIT: uma abordagem geral"*, São Paulo, TCC apresentado na FASP em 2004.

18. Decisões em Tecnologia da Informação 313

- COSTA, I.; REIS, A. F.; *"Proposta de integração da Engenharia de Software nas estratégias empresariais"*, São Paulo, Publicado na Revista Produção da USP, v.15, n.3, pags. 448-455, set-dez, código nº 200506037, 2005.

- GREMBERGEN, W.V., *"Utilizando o CobiT e o Balanced Scorecard como instrumentos para o Gerenciamento de Níveis de Serviço"*, disponível em http://www.isaca.org, Acessado em julho de 2006.

- HILL, T.; "M*anufacturing Strategy: The strategic management of the manufacturing function"*, Second Edition – London, Macmillan, 1993.

- LAURINDO, F.J.B., *"Tecnologia da Informação: eficácia nas organizações"*, Ed. Futura, 2001.

- ITIL, *"What is ITIL"*, retirado em 12 de AGOSTO de 2006 de http://www.itil.org.

- LESCA, H., Almeida, F.C. *"Administração Estratégica da Informação"*, Publicado na Revista de Administração da USP, v.29, n.3, setembro de 1994.

- KAPLAN, M. R. S. & NORTON, D. P., *A Estratégia em Ação – Balanced Scorecard – Campus, Rio de Janeiro, 1997.*

- MAEDA Junior, M. *"Uma ferramenta de apoio a decisão na escolha de fornecedores de Tecnologia de Informação Baseado na Lógica Paraconsistente Anotada"*, Dissertação de Mestrado defendida na UNIP, agosto de 2006.

- MITCHELL, W. J., *"Beyond productivity: Information technology, innovation and creativity"*, Washington, EUA, D.C. The National Academies Press, 2003.

- NEGROPONTE, N. *"A vida digital"*, São Paulo, Editora Companhia das Letras, 1995.

- NIETO, M. *"Basic propositions for the study of the technological innovation process in the firm"*,

- OLIVEIRA, D. P. R. *"Sistemas de informações gerenciais: estratégias, táticas e operacionais"*, São Paulo, Editora Atlas, 1993.

- PEREIRA, M. J. L. B., Fonseca, J. G. M. *"Faces da Decisão: as mudanças de paradigmas e o poder da decisão"*, São Paulo, Editora Makron Books, 1997.

- REZENDE, D. A. *"Metodologia para projeto de planejamento estratégico de informações alinhado ao planejamento estratégico: a experiência do Senac-PR"*, CI. Inf. Brasilia, v.32, n.3, pags. 146-155, setembro de 2003.

- VALLIM, M. A., *"Do que é mesmo que todos estão falando"*, Revista BQ Qualidade, pag. 6-11, abril, 1999.

- WALTON, R. E. *"Tecnologia de Informação: o uso de TI pelas empresas que obtêm vantagem competitiva"*, São Paulo, Editora Atlas, 1993.

- WEILL, P. & ROSS, J. W., *"IT Governance: How Top Performers Manage IT Decision Rights for Superior Results"*, Harvard Business School Press, Boston, 2004.

Qualidade e Competência nas Decisões

19 DECISÕES E SUSTENTABI-LIDADE AMBIENTAL

Biagio Fernando Giannetti
Ângela Maria Neis
Silvia Helena Bonilla
Cecília Maria VIllas Bôas de Almeida

19.1 Introdução

Há somente uma decisão que se contrapõe à de sustentabilidade:
a de não sustentabilidade.

Todas as civilizações, consciente ou inconscientemente, optaram pela sustentabilidade. Contudo, muitas delas não tiveram sucesso. Há muitos exemplos, na história da humanidade, de civilizações que sucumbiram por terem esgotado seus recursos naturais. Os danos ambientais, locais, determinavam a obsolescência de uma sociedade e eram prenúncios de uma nova sociedade. A diferença com o passado é que, atualmente, nossas decisões possuem conseqüências planetárias.

A sustentabilidade ambiental dificilmente será alcançada se a relação entre as decisões (scjam do consumidor ou do produtor) e a biosfera não for entendida. A implementação de melhorias ambientais locais não necessariamente é uma garantia de contribuição à sustentabilidade.

Os tomadores de decisão modernos podem estar ou não conscientes da importância da sustentabilidade ambiental. Porém, mesmo atentos para esta necessidade e agindo de forma bem-intencionada, podem não estar alcançando o objetivo de contribuir para a sustentabilidade global. A tomada de decisão que visa a sustentabilidade deve considerar que esta idéia implica demandas complexas, que só podem ser atendidas por um quadro inter e/ou multidisciplinar. Neste quadro, deverão ser considerados aspectos sociais, econômicos e ambientais que interagem em escala temporal e espacial. Desta forma, as tomadas de decisão poderão resultar em soluções em longo prazo (intergeracionais) e de alcance global (intrageracionais).

Este capítulo aborda este tema de grande importância: o das decisões ambientalmente sustentáveis, em que se destaca a estrutura das decisões e a necessidade de uma ferramenta que analise os sistemas de forma holística e permita o cálculo de indicadores sintéticos que auxiliem as tomadas de decisão.

Após estas considerações iniciais, cabe comentar brevemente a organização do texto:

Qualidade e Competência nas Decisões

- **O desafio do desenvolvimento sustentável**

  Inicialmente, apresentam-se o conceito de desenvolvimento ambientalmente sustentável e os modelos mentais dos diferentes graus de sustentabilidade.

- **A pirâmide das decisões e suas lições**

  Em seguida, apresenta-se a pirâmide das decisões para discutir a (inter)relação dinâmica que há entre as decisões efetuadas em diferentes níveis hierárquicos. Desta discussão são extraídas importantes lições que servem para melhorar a percepção do tomador de decisão e aumentar a eficácia de suas ações.

- **Questionamentos práticos**

  A partir dos modelos de sustentabilidade e da pirâmide de decisões, são feitos questionamentos práticos importantes para o tomador de decisões.

- **A necessidade**

  Dos questionamentos práticos surge claramente a necessidade de uma ferramenta de apoio, prática e com uma base metodológica rigorosa.

- **A ferramenta**

  Apresenta-se como ferramenta a contabilidade ambiental em emergia (chamada no texto de contabilidade em emergia). São descritos conceitos e os indicadores ambientais de sustentabilidade utilizados no diagnóstico ambiental de um sistema.

- **Um exemplo prático**

  Para ilustrar o uso da ferramenta, emprega-se como exemplo prático a produção de tomates em estufa, usando a contabilidade em emergia para apoio às decisões sustentáveis no setor agrícola.

- **O diagnóstico ambiental**

  No diagnóstico da produção de tomates em estufa, a metodologia é apresentada passo a passo. Por motivação didática apresentam-se, nesta etapa, os dados de campo da produção de tomate em estufa, seu tratamento metodológico e os indicadores ambientais. O diagnóstico leva a importantes conclusões sobre a sustentabilidade deste tipo de produção e possíveis melhorias são discutidas.

- **Comentários finais e conclusões**

  Finalmente, é realizada uma síntese do capítulo, responde-se aos questionamentos práticos e são apresentadas as conclusões.

19.2 O desafio do desenvolvimento sustentável

Um dos grandes desafios atuais da humanidade é o de alcançar uma situação denominada de *desenvolvimento sustentável* e, para que uma sociedade seja ecologicamente sustentável, alguns fatores devem ser observados. Segundo Herman Daly

19. Decisões e Sustentabilidade Ambiental   317

(1997), ideólogo da *Teoria da Sustentabilidade*, há dois princípios básicos a serem atendidos:

1° princípio da sustentabilidade ambiental

Os recursos naturais não devem ser consumidos a uma velocidade que impeça sua recuperação.

2° princípio da sustentabilidade ambiental

A produção de bens não deve gerar resíduos que não possam ser absorvidos pelo ambiente de forma rápida e eficaz.

A aplicação desses princípios em *nível global* direciona *ações locais* em prol da conservação dos sistemas de sustentação da vida e da biodiversidade, do aumento de uso de recursos renováveis, da minimização da utilização de recursos não-renováveis e do respeito aos limites da capacidade de suporte dos ecossistemas.

A Figura 19.1 mostra três modelos de interação dos sistemas humanos (econosfera e sociosfera) com o meio ambiente (ecosfera). Nestes modelos podem ser identificados os fluxos que se referem aos princípios da sustentabilidade de Herman Daly (1997). O primeiro modelo de interação (A) representa os sistemas humano e natural como compartimentos ilimitados em seu desenvolvimento. Neste tipo de sustentabilidade fraca, a soma de todos os capitais (ambiental, econômico e social) é mantida constante, sem diferenciação do tipo de capital. Admite-se a perfeita substituição entre os diferentes tipos de capitais. Por exemplo, uma planta de tratamento de efluentes líquidos substituiria perfeitamente o serviço ambiental de purificação de água realizado por uma floresta.

O segundo modelo de sustentabilidade média (B) considera os três compartimentos (eco, econo e sociosfera) como áreas de domínio comuns. Contudo, neste modelo há outras áreas que são independentes. As interações de troca entre os sistemas (humanos) social e econômico possuem áreas que não dependem fortemente do sistema natural. Neste tipo de sustentabilidade, a soma dos três tipos de capital (ecológico, econômico e social) é também mantida constante, porém a substituição entre os diferentes tipos de capital é parcial. Por exemplo, o plantio de um bosque substituiria parcialmente o capital natural de uma floresta natural.

No modelo de sustentabilidade ambiental forte (C), o meio ambiente contém os sistemas humanos, fornecendo recursos (como minérios e energia solar) e prestando serviços ambientais (como a dispersão de poluentes). Estes recursos e serviços ambientais são a base do desenvolvimento socioeconômico e são a fonte da real prosperidade humana. Os sistemas humanos estão contidos no sistema natural e a econosfera e a sociosfera não podem crescer além das limitações intrínsecas da biosfera.

Neste tipo de modelo (C), para alcançar a sustentabilidade é necessário manter o capital. Por exemplo, o esgotamento dos combustíveis fósseis é compensado pelo desenvolvimento de outra fonte de energia, como as fontes de energia renováveis.

318 Qualidade e Competência nas Decisões

Não há substituição do capital, como nos outros graus de sustentabilidade, mas uma relação de complementação. Este modelo é o mais adequado para alcançar a sustentabilidade ambiental forte, com a manutenção das atividades humanas de prosperidade econômica e desenvolvimento social por longo prazo.

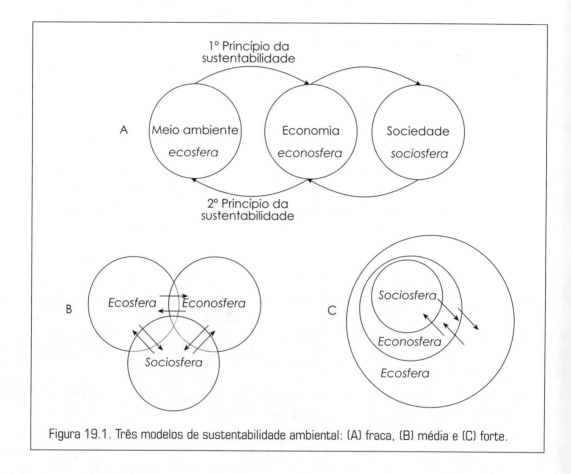

Figura 19.1. Três modelos de sustentabilidade ambiental: (A) fraca, (B) média e (C) forte.

Na Figura 19.1C observam-se os diferentes fluxos de troca entre os diferentes sistemas. A humanidade é usuária dos recursos naturais e controla estes fluxos. Os fluxos de troca entre os sistemas humanos têm maior qualidade, pois abragem a troca de recursos manufaturados (especialmente entre o sistema econômico e o social) e de informação (especialmente entre o sistema social e o econômico). Os sistemas humanos (a econosfera e a sociosfera) têm hierarquia mais alta que os sistemas naturais, pois as decisões tomadas nestes sistemas controlam os fluxos de troca entre o sistema natural e o humano.

Neste contexto, apresenta-se a pirâmide das decisões com seus diferentes níveis de hierarquia para complementar o modelo de sustentabilidade da Figura 19.1C e para auxiliar o entendimento da tomada de decisões em seus diversos níveis.

19.3 A pirâmide das decisões e suas lições

Por falta de um prego,
perdeu-se uma ferradura.

Por falta de uma ferradura
perdeu-se um cavalo.

Por falta de um cavalo
perdeu-se um cavaleiro.

Por causa de um cavaleiro
perdeu-se uma batalha.

E assim um reino
foi perdido.

Tudo por falta
de um prego.

George Herbert (1593-1633), "The Nail":

O poema de George Herbert (The Nail) ilustra de forma clara o impacto global como conseqüência das ações "simples", feitas individualmente e em uma base diária cumulativa:

(falta de um) **prego** → (perda de uma) **ferradura** → (perda de um) **cavalo** → (perda de um) **cavaleiro** → (perda da) **batalha** → (perda de um) **reino**.

Esta relação de ações causais e de efeitos que, por sua vez, são causas de novos efeitos pode ser representada na pirâmide da Figura 19.2.

A pirâmide possibilita analisar também a situação inversa, quando é necessário o desmembramento das escolhas globais em escolhas individuais, como no caso hipotético de o rei ter tomado a decisão de reduzir custos afetando o fornecimento de pregos aos ferreiros do reino. Certamente, a decisão da batalha foi de responsabilidade do rei.

A representação na forma de pirâmide auxilia a compreensão das relações entre os diferentes níveis hierárquicos nas tomadas de decisão. Na base da pirâmide encontram-se os níveis individuais e em seu topo pode-se visualizar os níveis globais. Entre estes extremos, estão alinhados níveis intermediários ordenados em ordem crescente de abrangência das decisões e de influência dos tomadores de decisão.

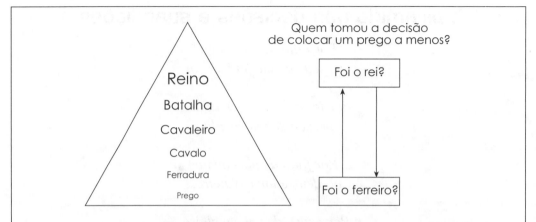

Figura 19.2. Representação na forma de "pirâmide" dos elementos que compõem a poesia de George Herbert. O poema não esclarece de quem foi a decisão de ter colocado um prego a menos (em uma única ferradura ou em todas as ferraduras) ou se foi apenas descuido.

No caso de uma empresa, em sentido descendente, encontra-se a organização hierárquica: presidente, diretores, gerentes, etc. Na pirâmide também podem ser visualizadas outras estruturas hierárquicas que estão além dos limites da organização empresarial, como, por exemplo, a comunidade, o estado, o país e o mundo. Para cada um destes níveis de hierarquia, há diferentes estruturas de decisão, como os governos, secretarias, agências locais e câmaras de comércio, que podem pertencer a um nível local (como a cidade). O nível nacional envolve, entre outras estruturas, ministérios e agências nacionais. Neste nível, é comum observar um comprometimento dos governos com fóruns internacionais e o encaminhamento de políticas globais em diretrizes e programas nacionais.

As estruturas organizacionais, em determinado nível hierárquico, podem ser observadas na pirâmide da Figura 19.3. Cabe ressaltar que informações requeridas para a tomada de decisão em níveis de menor hierarquia são menos abrangentes. As informações são mais focalizadas e restritas que no nível global.

Na pirâmide de decisões, podem ser observados caminhos a seguir no processo de tomada de decisão Figura 19.3). A percepção destes caminhos permite dois tipos de abordagem. A mais "simples" e reducionista visa o desmembramento de um problema de maior alcance (por exemplo, global ou nacional) em seus componentes individuais, localizados nos níveis inferiores na pirâmide. A outra abordagem, embora menos familiar, apresenta características de interdisciplinaridade, integração e comparação. Em lugar de desmembrar as partes na procura de diagnóstico, soluções e auxílio na tomada de decisão, procura a "integração" das partes.

A pirâmide das decisões não se restringe a visualizar as partes, mas também as representa de forma *contínua*, gerando uma visão integrada da dinâmica do processo de tomada de decisão.

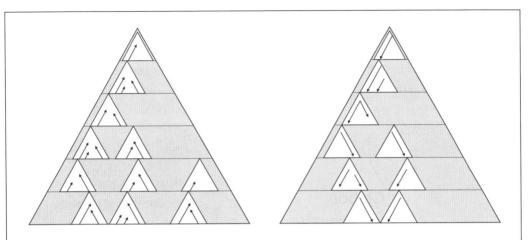

Figura 19.3. Duas pirâmides de decisões e a representação do fluxo de decisões na estrutura hierárquica de menor nível para maior (pirâmide da esquerda) ou de maior nível hierárquico para menor nível (pirâmide da direita).

Na pirâmide da Figura 19.3, analisada da base até o topo, se observa que, enquanto a base representa as decisões tomadas diariamente com informações mais focalizadas e às vezes restritas, o topo representa as decisões complexas, que envolvem vários aspectos, mas tomadas menos freqüentemente.

É importante ressaltar que o conceito de interação *tempo-espaço* está presente na pirâmide das decisões. Este conceito poderá ser compreendido a partir do padrão dinâmico da retroalimentação entre os diferentes níveis da pirâmide. A retroalimentação ocorre entre os diferentes níveis, entre as decisões tomadas individualmente e aquelas em grupo. Entretanto, essa retroalimentação apresenta algumas restrições, pois não ocorre de forma instantânea, mas respeitando o tempo de renovação (*turnover*) de cada tipo de processo localizado em cada nível. Desta forma, todos os processos se dão em um período de tempo próprio de sua natureza. Assim, à medida que se ascende na escala da pirâmide, as constantes de tempo características para os processos correspondentes aumentam. Geralmente, observa-se que o domínio espacial de alcance relativo da tomada de decisão cresce da mesma forma. O aumento da complexidade das decisões e da amplitude na abordagem dos aspectos é outra característica que se apresenta entre níveis crescentes. Como conseqüência, a qualidade e a quantidade de informações necessárias para uma tomada de decisão e a relevância e alcance das decisões também aumentam ou diminuem segundo o sentido percorrido entre os níveis da pirâmide, conforme visto na Figura 19.4.

As escolhas e preferências adotadas diariamente influenciam o desenvolvimento de *políticas globais*, fato que evidencia outra característica da pirâmide das decisões: a ligação entre os extremos da pirâmide é **cíclica** (de retroalimentação, Figuras 19.3 e 19.4). Desta forma, pode-se afirmar que decisões e acordos feitos globalmente influenciam as *ações* na base da pirâmide. Por exemplo, o Protocolo de

Montreal, preocupado com a degradação da camada de ozônio, influencia escolhas e produtos em níveis locais. Fechando o círculo no sentido decrescente, a percepção pública quanto a riscos acaba sendo influenciada pelas políticas públicas. A relação causa-efeito-causa está bem estabelecida, tanto para níveis crescentes quanto para decrescentes na pirâmide: *políticas globais* geram *ações locais* e vice-versa.

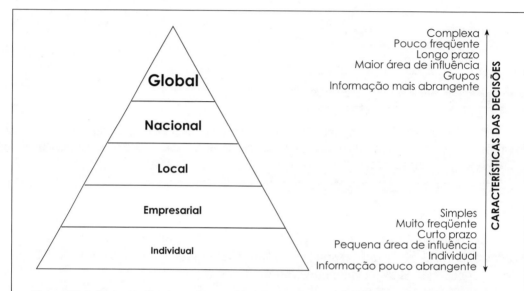

Figura 19.4. Pirâmide de decisões contendo níveis hierárquicos e as principais características das decisões feitas na base e no topo da pirâmide.

O Quadro 19.1 permite identificar os diferentes atores nos diferentes níveis hierárquicos da pirâmide de decisões e suas possíveis ações e reações, com relação à questão da meta global de redução dos níveis de CO_2, resultado da assinatura do Protocolo de Quioto. Observa-se, nesse quadro, como a meta global impacta os níveis inferiores da pirâmide e gera ações, iniciadas e realizadas pelas partes interessadas. Em contrapartida, a meta global também gera reações contrárias em diferentes níveis, alimentadas geralmente por interesses econômicos e sociais para manter o *status quo*.

19. Decisões e Sustentabilidade Ambiental   323

Quadro 19.1. Níveis hierárquicos da pirâmide de decisões, possíveis ações e reações referente à meta global de redução dos níveis de CO_2 estabelecida pelo Protocolo de Quioto.

Nível	Partes interessadas	Ações	Reações contrárias
Global	Organizações e ONG's internacionais	Avaliação de causa e efeito em longo prazo Sugestão de políticas a seguir por governos nacionais Implementação dos créditos de carbono	Economias baseadas em combustíveis fósseis e países que não possuem alternativas energéticas viáveis não aderem ao protocolo.
Nacional	Ministérios, agências e departamentos nacionais Instituições tecnológicas, de pesquisa e universidades Associações de indústria e comércio; câmaras de comércio	Implementação de políticas e programas nacionais Incentivo à pesquisa Legislação para direcionar ações	Associações da indústria e do comércio relacionadas com a exploração, processamento e comercialização de combustíveis fósseis exercem pressão contrária: grupos lobistas agem no governo.
Cidades	Departamentos, agências e governos locais Associações comerciais e industriais; câmaras locais de comércio Instituições financeiras. ONG's e grupos comunitários Universidades e institutos locais de pesquisa	Implementação local das medidas tomadas nacionalmente Regulamentação de leis locais Campanhas de informação Inclusão de subsídios especiais para os colaboradores	Empresas que dependem fortemente dos combustíveis fósseis argumentam que haverá perdas de empregos e pleiteiam compensações.
Empresas	Usuários individuais, clubes ONG's Equipes de gerenciamento	Conversão das diretrizes, listas de verificação, regulamentações e especificações do planejamento e do projeto de redução das emissões de CO_2.	Investidores que temem possíveis perdas econômicas ameaçam diminuir os investimentos de capital. Departamentos de engenharia resistem às mudanças tecnológicas em processos e procedimentos industriais.
Individual	Usuários individuais, associações ONG's Equipes de gerenciamento	Implementação de medidas de redução/reutilização/reciclagem Emprego de conscientização Pressão nos órgãos pertinentes	Consumidores não dispostos a mudar seu *status quo* e não sensibilizados acreditam que a sua contribuição individual não é relevante para a mudança global.

324 Qualidade e Competência nas Decisões

Dos exemplos apresentados, empregando a pirâmide de decisões, pode-se retirar as seguintes lições:

1. Deve-se assegurar que as metas globais possam ser traduzidas em ações locais que, cumulativamente e em forma direcionada, ajudem a alcançar os objetivos.

2. Os envolvimentos diretos das partes interessadas e a inclusão de outros parceiros devem ser efetuados com o propósito de tomar a atitude certa no nível adequado.

3. A comunicação apropriada entre as partes interessadas, inter e intraníveis, são muito importantes.

19.3.1 Questionamentos práticos

Os conceitos abordados na pirâmide das decisões e os modelos de sustentabilidade ensejam os seguintes questionamentos práticos:

1. Qual seria a ferramenta que permite avaliar tanto os aspectos econômicos quanto os naturais num modelo de sustentabilidade forte?

2. Qual ação local seria a mais adequada para produzir o efeito global da sustentabilidade ambiental?

3. Como avaliar a melhor ou a mais urgente medida a tomar por uma empresa ou pelo poder público? Ou, qual seria o objetivo a ser atingido prioritariamente?

19.3.2 A necessidade

As decisões, conseqüentes de avaliações multimétricas ou do uso de indicadores limitados em plataformas extremamente complexas, não podem ser baseadas em critérios subjetivos ou apenas convenientes em curto prazo, pois geram ações inadequadas, incompletas e, na pior das opções, ineficientes.

Claramente, surge a necessidade de uma ferramenta de avaliação capaz de abranger as características próprias locais e as ações, evidenciando o perfil inédito geográfico e o sócio-cultural, mas sem perder o contexto global, no qual as ações estão inseridas.

Na busca desta ferramenta, não se pode fugir da aplicação de uma metodologia rigorosamente fundamentada, que permita o diagnóstico de problemas de forma transparente, que auxilie a evidenciar as soluções sustentáveis e que seja suficientemente abrangente e integradora para acompanhar a tomada de decisão em vários níveis da pirâmide.

19.4 A ferramenta

A contabilidade ambiental em emergia (escrita com M), conforme afirma Odum (1996), tem se mostrado de grande utilidade para avaliar as implicações ambientais dos sistemas humanos nos sistemas que fornecem a sustentação da vida no planeta. A contabilidade em emergia é uma ferramenta fundamentada na termodinâmica de sistemas abertos e na teoria de sistemas. O objetivo desta ferramenta é contabilizar, em uma "moeda" comum, a produção de um produto ou a geração de um serviço. Contabilizam-se, além dos recursos pagos, os recursos não-pagos pela economia que são fornecidos pelo meio ambiente. Estes últimos são conhecidos como recursos livres fornecidos pela ecosfera e não são considerados nos balanços tradicionais. O sistema econômico é considerado um sistema termodinâmico aberto contido num ecossistema, a biosfera, com o qual troca energia e matéria (Figura 19.1C).

A contabilidade em emergia é a ferramenta apropriada para avaliar e/ou comparar sistemas, pois permite converter todas as contribuições que o sistema produtivo recebe (materiais, energia, dinheiro, informação) na mesma base de medida: o joule de energia solar incorporada, representado por *sej*. Desta forma, os sistemas em estudo podem ser comparados quanto à eficiência no uso dos recursos, produtividade, carga ambiental e sustentabilidade global.

O procedimento requerido para avaliar um sistema, empregando a contabilidade em emergia, consiste em:

- conhecer o sistema em estudo e definir seus limites;
- conhecer o contexto em que o sistema está inserido;
- fazer um balanço de massa (os fluxos que entram no sistema, o que é transformado e o que sai em forma de produto e resíduos);
- elaborar o diagrama com os fluxos de energia;
- construir as tabelas com os dados do diagrama;
- selecionar adequadamente os valores das transformidades (Quadro 19.1) ou emergia por unidade (sej/g, sej/US$, etc).

Se valores de transformidade (ou de emergia por unidade) para processos semelhantes ou comparáveis não são encontrados na literatura, devem ser calculados. Quando o objetivo da análise é comparar processos, sistemas ou produtos, é importante conhecer os processos com os quais o sistema em estudo será comparado e tomar o cuidado de unificar critérios de avaliação e normalizar as informações. Desta forma, é útil empregar a mesma unidade funcional e o mesmo período de tempo.

Da contabilidade em emergia surgem indicadores de sustentabilidade inerentes à ferramenta, segundo Odum (1996), com o objetivo de quantificar os aspectos já indicados como fundamentais nos objetivos propostos pelo sistema: eficiência no uso dos recursos, produtividade, carga ambiental e sustentabilidade global. Para definir estes indicadores, é necessário classificar os fluxos de emergia segundo o critério de: renováveis, R, não-renováveis, N, e vindos da economia, F.

Quadro 19.2. Definições e conceitos relacionados com a contabilidade em emergia

Energia	Pode ser definida como tudo aquilo que pode ser convertido 100% em calor, sua unidade é representada por J (joule). Em engenharia costuma-se dividir os recursos em energia e materiais. Esta classificação é arbitrária. Por exemplo, madeira pode ser considerada um recurso material (na fabricação de papel), mas também pode ser considerada um recurso de energia (quando é queimada numa caldeira). Desta forma, todos os recursos podem ser convertidos no seu valor de energia.
Energia disponível	É o valor de energia potencial disponível para realizar trabalho.
Trabalho	O trabalho é energia que se manifesta durante uma transformação e resulta em uma mudança de concentração ou forma de manifestação da energia (por exemplo, energia solar em energia elétrica). Não há processo que envolva a realização de trabalho com 100% de eficiência; parte da energia é sempre degradada na forma de calor.
Emergia	A emergia é definida como sendo a energia disponível (em alguns casos, igual à exergia) de um determinado tipo previamente requerida direta ou indiretamente para obter um bem ou um serviço. A emergia não é energia, é uma contabilização de todo o trabalho empregado num determinado processo, incluindo o trabalho humano e o da natureza. Por este motivo, a grafia da palavra com M é atribuída ao significado de memória da energia (disponível) empregada. Quando a emergia é calculada em energia solar denomina-se emergia solar, ou simplesmente emergia, e sua unidade é representada por sej.
Transformidade	É a emergia por unidade de energia disponível de um determinado produto (por produto entende-se bem ou serviço). Quando se emprega a emergia solar denomina-se transformidade solar, ou simplesmente transformidade. Sua unidade é representada por sej/J. Em termos práticos, a transformidade serve para calcular a emergia de um recurso. Para isto deve-se multiplicar a energia disponível do recurso por sua transformidade. A transformidade é considerada uma medida da qualidade do produto. Quanto maior o valor da transformidade, maior foi o trabalho para obter o produto e, portanto, maior a sua qualidade. Exemplo: 1 kg de livro possui maior qualidade (transformidade) que um 1 kg de papel, que por sua vez possui maior qualidade (transformidade) que 1 kg de madeira. Em energia, as quantidades são próximas, mas em trabalho (da natureza e do homem, emergia) realizado para obter cada bem os valores são consideravelmente diferentes.

19. Decisões e Sustentabilidade Ambiental   327

Entre os indicadores que podem ser calculados a partir da contabilidade em emergia, pode-se destacar o cálculo da transformidade, que mede a extensão da convergência dos materiais e emergia no processo e provê informação sobre sua eficiência. Desta forma, se um mesmo produto é obtido por diferentes processos, aquele que apresentar a menor transformidade será o produzido de forma mais eficiente.

O indicador de investimento em emergia EIR (sigla proveniente de *Emergy Investment Ratio*) calcula-se a partir da fração entre o fluxo de emergia vindo da economia e os valores dos fluxos do ambiente, sejam eles renováveis ou não-renováveis. Este indicador, que confronta as frações pagas e as livres vindas do ambiente, permite reconhecer as alternativas mais competitivas.

O indicador de rendimento em emergia EYR (*Emergy Yield Ratio*) é calculado a partir da emergia do produto dividida pela emergia dos recursos vindos do setor econômico. Este indicador é útil para comparar um processo e suas alternativas, já que valores maiores indicam um retorno superior por unidade de emergia investida. Valores próximos da unidade indicam sistemas incapazes de retornar emergia ao mercado, apenas devolvendo o que foi investido da economia.

O indicador de carga ambiental ELR (*Environmental Load Ratio*) permite distinguir as frações derivadas da economia e as não-renováveis da porção renovável. Ele indica a pressão que o processo de produção exerce no meio ambiente. É importante ter em mente que, com uma perspectiva de longo prazo, a economia do planeta depende para sua sobrevivência não só das fontes renováveis, mas também de um ambiente sadio que permita dar suporte às funções necessárias para a vida. Nessa direção, o emprego do ELR mostra-se de grande utilidade.

O índice de sustentabilidade ESI (*Emergy Sustainability Index*) é definido como a razão entre os indicadores de rendimento em emergia e de carga ambiental, estes últimos chaves no processo em direção ao desenvolvimento sustentável.

19.5 Um exemplo prático

Políticas públicas relativas ao setor agrícola deveriam encorajar a seleção de opções mais sustentáveis dentre as possíveis. A aplicação da teoria da economia liberal e a liberação do comércio têm direcionado o aumento da produtividade no setor agrícola. Em contrapartida, aumentou a dependência dos sistemas agrícolas em recursos externos e pagos.

Mostra-se, com o exemplo da produção de tomates em estufa na Suécia, segundo Lagerberg & Brown (1999), que o emprego da contabilidade em emergia e dos indicadores de sustentabilidade constitui uma ferramenta útil para avaliar tanto a implementação de políticas públicas quanto inovações ou alternativas nos procedimentos agrícolas. Particularmente, a ferramenta apresenta-se útil para diagnosticar quais as características do sistema agrícola são mais relevantes ou decisivas na busca da sustentabilidade e, como conseqüência, na tomada de decisões.

328 Qualidade e Competência nas Decisões

O uso de indicadores mostrará seu potencial no processo de tomada de decisão ambientalmente mais sustentável. Cabe salientar que a apresentação deste sistema é uma adaptação de um estudo de literatura, mas a representação dos dados não foi alterada, somente simplificada. Os dados completos referentes ao cultivo de tomates em estufa na Suécia podem ser encontrados na referência citada.

19.5.1 O diagnóstico ambiental

A primeira etapa do estudo compreende a descrição e a investigação do sistema, onde a produção está inserida e as suas interfaces (características da região, área que o sistema produtivo ocupa, quais são a fontes de energia e recursos utilizadas para o funcionamento do sistema, sua produtividade, dentre outras). Nesta fase, também são quantificados os recursos envolvidos no sistema (balanço de massa e energia) e os dados são normalizados.

A etapa seguinte compreende a representação do sistema na forma de *diagrama de fluxos de energia*. Para a construção destes diagramas, existe uma metodologia já determinada, em que cada elemento do diagrama é representado com um símbolo específico, conforme Odum (1996). O diagrama é usado tanto para organizar e integrar as partes que o constituem, quanto para conhecer as interações entre os fluxos e inventariar todos os recursos (energéticos, materiais e serviços humanos) que são necessários no processo.

O *diagrama de fluxos de energia* para o processo de produção de tomates em estufa é ilustrado na Figura 19.5. Os símbolos empregados e seus significados são apresentados no Quadro 19.3.

Todos os fluxos que cruzam as fronteiras do sistema são fontes de recursos externas ao sistema (veja, por exemplo, o fluxo da energia elétrica na Figura 19.5). No diagrama foram representadas três fontes de recursos renováveis, energia do vento, da chuva e solar, fornecidos pela natureza. Foram considerados três recursos oriundos da economia: o trabalho humano, a energia elétrica e o combustível. Os analistas consideram que a água de irrigação é um recurso não renovável na contabilidade em emergia do sistema, LAGERBERG & BROWN (1999).

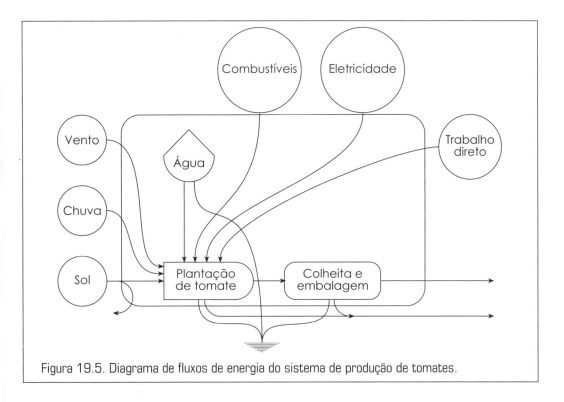

Figura 19.5. Diagrama de fluxos de energia do sistema de produção de tomates.

Quadro 19.3 – Principais símbolos empregados na construção de diagrama de fluxo de energia da Figura 19.5 e seu significado

○→	Símbolo que representa uma fonte, que é um recurso externo que fornece energia ao sistema. Na Figura 19.5 recursos provenientes da economia, com troca de dinheiro (combustíveis, eletricidade e mão-de-obra) e recursos renováveis gratuitos da natureza (vento, chuva e energia solar) são identificados empregando este símbolo.
→⌂	O produtor é uma unidade que coleta e transforma energia de baixa qualidade sob a interação de um fluxo de energia de alta qualidade. A plantação de tomate é identificada, na Figura 19.5, por este símbolo.
⌂	Este símbolo representa um depósito de energia armazenada dentro do sistema. Na Figura 19.5, este símbolo representa o estoque de água local, que é consumido em uma taxa maior que a de sua reposição.
→□→	O símbolo na forma de "caixa" tem uso múltiplo. A caixa pode ser preta (quando somente se conhecem os fluxos de entrada e saída), cinza (quando se conhecem os principais fluxos internos e os fluxos de entrada e de saída) e branca (quando se conhecem com detalhes todos os fluxos e suas interações). Na Figura 19.5, a colheita e a embalagem são representadas por uma caixa preta e todo o sistema é representado por uma caixa cinza.
→	As setas representam os fluxos de energia, cuja vazão é proporcional ao volume do estoque ou à intensidade da fonte que o produz.
⊥	O sumidouro de energia é representado por este símbolo. O sistema usa a energia potencial para produzir trabalho. O custo desta transformação é a degradação da energia, a qual abandona o sistema como energia de baixa qualidade. Todos os processos da biosfera dispersam energia.

Os fluxos de recursos renováveis são representados pela letra R, os não-renováveis pela letra N, os provenientes da economia pela letra F e o fluxo resultante do processo pela letra Y, na nomenclatura específica. Visando um melhor entendimento, os fluxos de entrada e saída da Figura 19.5 podem ser agrupados (respeitando a álgebra em emergia) gerando uma representação simplificada (Figura 19.6). Na álgebra em emergia (que é uma álgebra de memorização e não de conservação) o valor de Y é dado pelas soma dos fluxos de entrada (Y = F + I).

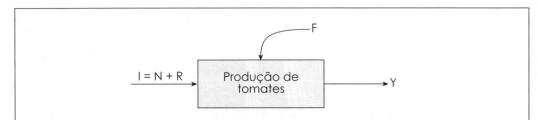

Figura 19.6. Diagrama com fluxos de energia da Figura 19.5 agregados. Os fluxos N, não-renováveis, e R, renováveis, são locais e gratuitos. O fluxo F é proveniente da economia, não é local e há troca de dinheiro. O fluxo Y é o produto do sistema que, neste caso, recebe dinheiro da economia principal.

Concluída a etapa de representação do sistema, inicia-se a construção de tabelas que permitem a organização dos dados. Na Tabela 19.1, são apresentados alguns dos dados do processo de produção de tomates em estufa, relativos aos fluxos apresentados na Figura 19.5. Os dados necessários para a construção das tabelas provêm de medidas, cálculos ou da literatura, segundo a disponibilidade dos mesmos.

Cada fluxo considerado recebe uma linha na tabela. Fluxos de energia, materiais e serviços já calculados em termos de suas unidades convencionais são convertidos em fluxos de emergia quando multiplicados pela transformidade (sej/J) ou pela emergia por unidade correspondente (sej/unidade).

Tabela 19.1 – Tabela que reúne os fluxos anuais de alguns dos recursos considerados na avaliação em emergia da produção de tomates em estufa na Suécia [3]

Item (*)	Recurso/ unidade	Tipo	Fluxo de energia/ (unidade/ano)	Emergia por unidade/ (sej/unidade)	Emergia solar/ (sej/ano)	% de Emergia total	Ref. da emergia p/unidade (*)
1	Sol/J	R	$2,88 \times 10^{13}$	$1,00 \times 10^{00}$	$2,88 \times 10^{13}$	<0,01	por definição [2]
2	Vento/J	R	$5,34 \times 10^{10}$	$1,50 \times 10^{03}$	$8,01 \times 10^{13}$	<0,01	[2]
3	Chuva/J	R	$1,10 \times 10^{10}$	$1,82 \times 10^{04}$	$2,00 \times 10^{14}$	0,01	[2]
4	Água de irrigação/J	N	$3,56 \times 10^{10}$	$1,10 \times 10^{05}$	$3,92 \times 10^{15}$	0,20	[2]
5	Trabalho humano direto/SEK	F	$1,17 \times 10^{06}$	$2,14 \times 10^{11}$	$2,51 \times 10^{01}$	12,68	Referência citada em [1]
6	Óleo combustível/J	F	$1,36 \times 10^{13}$	$5,61 \times 10^{14}$	$7,63 \times 10^{17}$	38,57	[2]
7	Eletricidade/J	F	$5,56 \times 10^{11}$	$1,28 \times 10^{05}$	$7,12 \times 10^{16}$	3,60	[2]

(*) Comentários:
Item 1, sol refere-se à energia solar absorvida pelo sistema, descontado o albedo local.
Item 2, vento refere-se à energia cinética do vento absorvido no local.
Item 3, chuva refere-se à energia química potencial absorvida. Os recursos dos itens 2 e 3 são provenientes da mesma fonte de energia, a energia solar. Para evitar dupla contagem, somente se considera na contabilidade em emergia o maior dos três recursos (itens 1, 2 e 3), no caso a energia química potencial da chuva.
Item 4, água de irrigação empregada no plantio.
Item 5, o trabalho humano foi contabilizado em SEK, coroas suecas. Em 1996, a taxa de câmbio era 6,70 SEK/US$.
Item 6 e 7 referem-se às fontes de energia provenientes da economia na forma de combustível e de energia elétrica.
A contabilidade inclui as estufas de vidro com uma área plantada de 8.000 m^2 e inclui também 1.000 m^2 de área não plantada e 4.500 m^2 de área externa. A produção foi de $3,36.10^5$ kg de tomate ($2,82.10^{11}$ J) e a emergia total estimada foi de $1,98.10^{18}$ sej/ano.
[1]: Lagerberg & Brown (1999) e [2]: Odum (1996).

Nas colunas da Tabela 1 os dados são representados da seguinte forma:

- Na *Coluna* 1, indica-se o número da linha onde são listados os itens avaliados. Cada um destes itens é acompanhado de um memorial de cálculo. Neste texto, por uma questão de espaço, os memoriais de cálculo não são apresentados, mas exemplos podem ser encontrados em Odum (1996).

332 Qualidade e Competência nas Decisões

- Na *Coluna* 2, o nome do item é escrito e também a unidade, por exemplo, gramas, joules ou a unidade de moeda.

- Na *Coluna* 3, os recursos são classificados segundo a sua natureza nas categorias renovável (R), não-renovável (N) e fonte oriunda da economia (F).

- Na *Coluna* 4, são representadas as quantidades de cada item. Cabe salientar que a unidade destas quantidades refere-se a um período de tempo, geralmente um ano. A contabilidade em emergia é uma ferramenta que avalia um processo em um determinado período de tempo.

- Na *Coluna* 5, são colocados os valores de emergia por unidade (sej/unidade) ou de transformidade (sej/J). Estes dados estão, na maioria das vezes, disponíveis na literatura, calculados previamente por outros pesquisadores. Se o valor da transformidade não estiver disponível, pode ser calculado a partir da avaliação de emergia envolvida no processo dividida pelo fluxo de saída.

- Na *Coluna* 6, dispõem-se os valores de emergia solar (sej/unidade de tempo). Para cada item o valor de emergia é calculado multiplicando-se os dados das colunas 4 e 5.

- Na *Coluna* 7, são apresentadas as porcentagens dos recursos avaliados com relação à emergia total. Os valores percentuais em emergia identificam quais são os recursos mais importantes para o sistema em estudo. A soma dos valores desta coluna deve representar 100% sej/sej. No exemplo apresentado, a soma dos valores não totaliza 100%, pois para a exemplificação da metodologia foram selecionados apenas alguns recursos do sistema.

- Na *Coluna* 8, são citadas as referências bibliográficas relativas às transformidades e aos valores de emergia/unidade. Quando os valores forem calculados, o memorial de cálculo deve ser apresentado no apêndice do trabalho.

Da observação da Tabela 19.1, conclui-se que o óleo combustível (recurso vindo da economia e, portanto, F) é o recurso presente em maior porcentagem de emergia, seguido pelo trabalho humano (recurso de natureza F). Neste exemplo, observa-se que os recursos naturais não têm participação efetiva no sistema produtivo, destacando-se que a chuva (recurso de natureza R) representa apenas 0,01% sej/sej e a água de irrigação 0,20% em emergia (recurso do tipo N). O domínio dos recursos vindos da economia se deve ao fato de o cultivo ocorrer em estufa, sendo que o calor gerado para o aquecimento do processo parte da queima do óleo.

Após a conclusão da etapa de elaboração e interpretação da tabela, são calculados os indicadores de sustentabilidade: transformidade (ou emergia por unidade), indicador de investimento (EIR = F/I), indicador de rendimento (EYR = Y/F), indicador de carga ambiental (ELR = (N + F)/R) e índice de sustentabilidade (ESI = EYR/ELR). A análise criteriosa dos indicadores auxilia na tomada de decisões. Por exemplo, a substituição do óleo combustível por resíduos de madeira reflorestada (considerados renováveis), muda o perfil dos indicadores de sustentabilidade, como é visto na Tabela 19.2.

19. Decisões e Sustentabilidade Ambiental 333

Tabela 19.2. Indicadores de sustentabilidade calculados a partir da contabilidade em emergia da produção de tomates em estufa na Suécia. Valores retirados de Lagerberg & Brown (1999).

Indicadores	Aquecimento da estufa empregando	
	Óleo combustível	Pó de madeira reflorestada como combustível
Transformidade/(sej/J)	$7,01 \times 10^{06}$	$5,36 \times 10^{06}$
EIR	480	13,5
EYR	1,00	1,07
ELR	9.910	14,1
EIS	0,0001	0,08

A partir dos valores da Tabela 2 podem ser feitas as seguintes inferências:

- A transformidade oferece informação sobre a eficiência e, neste caso, o valor diminui quando se emprega pó de madeira de reflorestamento como combustível. O aumento da eficiência global foi de 24% sej/sej. Cabe lembrar que esta eficiência refere-se à da biosfera. Por este motivo, é denominada de eficiência global e não eficiência local do processo.

- Quando comparados os valores do indicador de investimento em emergia, (EIR) observa-se uma diminuição considerável no valor do índice com o uso do pó de madeira. Este índice é dado pela relação de recursos pagos por não-pagos (F/I) e a sua diminuição indica que para a mesma produção estão sendo empregados menos recursos econômicos. Esta mudança no índice indica um aumento da competitividade dos sistemas de produção de tomate em estufas que troquem o óleo combustível por pó de madeira reflorestada nos sistemas de aquecimento.

- O indicador de rendimento (EYR) mostrou uma resposta levemente favorável quando houve a troca do combustível. O fato de não ter havido uma mudança significativa no índice EYR, que é a relação entre o valor em emergia do produto e os recursos pagos (Y/F), é devido à elevada influência dos recursos econômicos no sistema. O valor próximo da unidade indica que, macroeconomicamente, o investimento econômico retorna na forma de produto e que, apesar da substituição do óleo combustível por um recurso renovável, a exploração dos recursos gratuitos locais é ainda muito pequena.

- A carga ambiental (ELR) diminui consideravelmente com a mudança do combustível para aquecer a estufa. A diminuição do estresse ambiental, quando há a troca de óleo combustível por pó de madeira reflorestada, deverá refletir-se na melhoria da sustentabilidade ambiental.

334 Qualidade e Competência nas Decisões

- O índice de sustentabilidade (EIS=EYR/ELR) aumenta em 800 vezes quando se deixa de utilizar combustível fóssil com o uso de pó de madeira.

O diagnóstico e as decisões que podem ser tomadas objetivando a sustentabilidade ambiental são apresentados a seguir:

- A troca de combustível se reflete numa melhoria do desempenho ambiental do sistema, tanto no que se refere à sua eficiência, como no que se refere à carga ambiental imposta à biosfera. O aumento do índice de sustentabilidade é considerável, porém o valor absoluto do indicador está abaixo do valor esperado para uma sustentabilidade de médio prazo (1<ESI<5) e muito aquém do valor esperado para um sistema de produção com sustentabilidade de longo prazo, ESI>5, conforme Brown & Ulgiati (2002). Este resultado leva a pensar que a produção de tomate em estufa, mesmo com a troca de combustível renovável, não tem possibilidade tecnológica para alcançar a sustentabilidade forte (Figura 19.1C).

- Para a obtenção de um valor maior deste índice, a solução possível seria adotar um sistema de compensação, em que os recursos renováveis de sistemas ambientais conservados seriam somados aos da produção de tomate em estufa. Certamente, isto implica em políticas públicas de estímulo à implantação de unidades de conservação particulares ou públicas. Neste caso, haveria duas possibilidades de creditar na contabilidade em emergia esta melhoria na sustentabilidade ambiental.

- O caso mais direto e simples seria o da propriedade que possui a produção de tomate em estufa e uma área preservada. Nesta situação, seria contabilizado o recurso renovável de maior valor e creditado ao sistema de produção. No caso de a propriedade não possuir uma área conservada e de o estado promover uma política de conservação, pode-se avaliar o percentual dos impostos pagos pelo estabelecimento e dirigi-lo para a manutenção das unidades de conservação pública. A partir do valor de imposto pago anualmente, a área média protegida ou conservada com esse montante poderia ser determinada. Este valor de recursos renováveis (capital natural) seria creditado na contabilidade ambiental do sistema produtivo e, desta forma, seria possível avaliar o índice de sustentabilidade num sistema de compensação.

19.6 Comentários finais e conclusões

Neste capítulo, foram apresentados e discutidos importantes conceitos para o tomador de decisões sustentáveis. Os modelos apresentados da pirâmide das decisões e de sustentabilidade dão uma percepção das implicações das decisões nos diferentes níveis hierárquicos. A sustentabilidade somente pode ser alcançada de forma planejada com estes modelos em mente.

19. Decisões e Sustentabilidade Ambiental   335

Para tomar estas decisões sustentáveis é necessária uma ferramenta de apoio que seja prática e cientificamente rigorosa. O exemplo apresentado mostra que a contabilidade ambiental em emergia é uma ferramenta útil para este propósito. A contabilidade em emergia aborda sistemicamente a biosfera, incluindo os recursos da economia e os da natureza (geralmente não incluídos nas análises convencionais).

Outra conclusão importante, que se retira do exemplo mostrado, é que alguns sistemas de produção dificilmente serão sustentáveis. Neste caso, o texto propõe o emprego de uma estratégia de compensações. As iniciativas de compensação podem ser feitas pelo produtor ou pelo poder público. Em qualquer dos casos, é possível contabilizar os benefícios da compensação e creditá-los ao sistema de produção.

A contabilidade em emergia é uma ferramenta útil para os tomadores de decisões dos diferentes níveis na pirâmide de decisões. No nível individual, a ferramenta pode orientar o consumidor em seu consumo sustentável. Para as empresas, pode apoiar as decisões sustentáveis. A contabilização da contribuição que o sistema de produção agrega à sustentabilidade pode ser empregada para obter certificações e para alcançar mercados que possuem barreiras de comercialização "verdes". A empresa poderá pleitear benefícios fiscais e divulgar sua real contribuição ao meio ambiente entre seus consumidores. Para os tomadores de decisão públicos, a ferramenta pode orientar as políticas públicas nos diferentes níveis de administração. O uso da contabilidade em emergia pode auxiliar o terceiro setor a tomar decisões referentes às suas ações (de educação, de fiscalização, etc.), de forma transparente e objetiva.

Por meio do exemplo da plantação de tomates em estufa, pode-se mostrar como a contabilidade em emergia pode auxiliar na tomada de decisão e responder aos questionamentos práticos realizados anteriormente:

1. *Qual seria a ferramenta que permita avaliar tanto os aspectos econômicos quanto os naturais num modelo de sustentabilidade forte?*

   A contabilidade em emergia é uma ferramenta que permite avaliar aspectos econômicos e naturais dos sistemas e pode ser utilizada para direcionar os sistemas antropogênicos ao modelo de sustentabilidade forte.

2. *Qual ação local seria a mais adequada para produzir o efeito global da sustentabilidade ambiental?*

   No caso da plantação de tomates em estufa, a tabela de fluxos de energia deixa claro que a ação local a ser tomada deve ter como alvo a natureza do combustível utilizado para o aquecimento do processo. A substituição do combustível fóssil pelo pó de madeira de reflorestamento resultou valores mais favoráveis para os índices de carga ambiental, eficiência e de sustentabilidade.

3. *Como avaliar a melhor ou a mais urgente medida a tomar por uma empresa ou pelo poder público? Ou, qual seria o objetivo a ser atingido prioritariamente?*

   O exemplo mostra que sistemas humanos que visam grande produtividade em pequenos períodos de tempo dificilmente serão sustentáveis. No caso da plantação

336 Qualidade e Competência nas Decisões

de tomates, o índice EYR mostra ainda que o processo não contribui para a economia, apenas retorna o investimento econômico em forma de produto. Medidas, como os mecanismos de compensação, são prioritárias para atingir a sustentabilidade em nível global.

A configuração que as decisões terão no futuro e suas conseqüências com relação à sustentabilidade do planeta dependerão da habilidade dos administradores no uso da contabilidade em emergia.

Referências

- BROWN, M. T. & ULGIATI, S. – Emergy evaluations and environmental loading of electricity production systems – Journal of Cleaner Production, 10 (2002) 321-334.

- DALY, H. E. – Steady-State Economics – Freeman, São Francisco, 1977.

- LAGERBERG, C. & BROWN, T. M. – Improving agricultural sustainability: the case of Swedish greenhouse tomatoes – Journal of Cleaner Production, 7 (1999) 421 – 434.

- ODUM, H. T. – Environmental accounting: Emergy and environmental decision Making, – John Wiley & Sons Ltd, Nova Iorque, 1996.

20 DECISÕES EM MARKETING

Roberto Bazanini

O presente capítulo discute os elementos essenciais presentes para tomada de decisões em marketing, suas características, objetivos, evolução e pertinência de seus modelos ilustrados pela apresentação de alguns casos de superação dos riscos do ambiente por intermédio de medidas preventivas adotadas com sucesso pelas empresas.

Diante da complexidade e mutabilidade dos diferentes mercados em todos os setores da economia contemporânea, torna-se cada vez mais difícil prescrever satisfatoriamente princípios nas atividades de marketing, como ocorria no período pré-globalização, uma vez que, contrariamente a esse, a partir dos anos 90, em decorrência do novo desenho global, surgem as mais inusitadas teorias que buscam, continuamente, identificar e explicar as novas tendências da concorrência e suas estratégias e, conseqüentemente, os novos padrões de comportamento adotados pelos consumidores.

Diante desse cenário, ao invés de estabelecer regras para decisões, é sempre preferível ao analista de mercado propor questões inerentes às atividades dos executivos e, concomitantemente, discutir, criticamente, a pertinência dos modelos adotados em relação à orientação proposta pelo marketing, apontando os riscos mais comuns a que as empresas estão submetidas, em um ambiente cada vez mais instável e incerto.

20.1 O nascimento e evolução do marketing

Didaticamente, pode-se conceber o marketing, em seu sentido lato, partindo-se do pressuposto de que sempre existiu, ou em seu sentido estrito, atribuindo-se seu surgimento como decorrência da Revolução Industrial ou, mais particularmente, a partir das primeiras teorias da administração moderna, no início do século XX, como a Administração Científica (1903) e a Teoria Clássica (1916), teorias essas que permitiram a sistematização do marketing como disciplina acadêmica e autônoma no universo de gestão empresarial.

As fases de evolução histórica do marketing serão discutidas na seqüência e apresentadas no Quadro 20.1

338 Qualidade e Competência nas Decisões

20.1.1 Os primórdios do marketing

Em seu sentido lato, as decisões em marketing sempre estiveram presentes nas atividades humanas, uma vez que permitem associar as primeiras manifestações do marketing com o desenvolvimento da arte retórica, por volta do séc V a.c, realizada pelos antigos sofistas, mormente na figura de Górgias de Leontino, cujos ensinamentos marcaram a vida dos cidadãos atenienses.

Górgias de Leontino foi um dos primeiros sofistas a chegar à cidade-estado de Atenas, na qual a democracia havia sido recentemente implementada por Péricles. Seus ensinamentos, destinados aos ricos cidadãos atenienses, partia da premissa de que a verdade não existe e, mesmo que existisse, seria impossível comunicá-la e que o discurso é um Deus todo poderoso que, sob as aparências mais tênues, revela toda a sua força.

Os pesquisadores da comunicação Plebe & Emanuele (1978,14) sintetizam o pensamento de Górgias:

Com alguns remédios se eliminam do corpo alguns humores, e outros eliminam outros, e alguns põem fim à doença, outros à vida, assim também, das palavras algumas afligem, outras agradam, outras aterrorizam, outras dispõem quem ouve em um estado de ousadia, outras, por fim, com eficaz persuasão maligna, envenenam e enfeitiçam a alma.

Essa "doce vertigem da alma" denominada *nósos heideia*, pode ser considerada o prenúncio das técnicas presentes na comunicação em marketing, voltadas para influenciar o comportamento de compra dos consumidores.

Nesta mesma perspectiva, George (1994, 108-109) explica a utilização das técnicas de marketing nos primórdios do cristianismo:

(...) muitos atos de Jesus e de seus discípulos representam verdadeiras lições de marketing. Entende Jesus como um especialista em comunicação(...) identificava seu público-alvo, definia as necessidades deles e apresentava a sua mensagem diretamente a esse público (...)".

Desse modo, Jesus foi um líder incansável, que "trabalhou longa e duramente para transformar um bando heterogêneo de homens da classe trabalhadora num sistema de distribuição capaz e bem informado". Tempos depois, "seus homens abriram escritório de representações (igrejas locais) para poder distribuir mais ainda seu artigo".

Posteriormente, o relato bíblico, em sua Primeira Carta aos Corinthios (cap. 9, vers. 22), no qual o apóstolo Paulo enuncia: *fiz-me de grego para converter os gregos e de judeu para converter os judeus* fornece indícios da aplicabilidade das técnicas de marketing desde a Antiguidade Clássica.

20. Decisões em Marketing   **339**

Em seu sentido estrito, as primeiras manifestações referentes às decisões em marketing podem ser concebidas a partir de dois marcos complementares: a sistematização do marketing como disciplina acadêmica (1905) e a departamentalização proposta pela Teoria Clássica (1916).

Em relação à sistematização do marketing como disciplina acadêmica, historicamente, o primeiro curso de marketing de que se tem registro foi ministrado, em 1905, na Universidade de Pensilvânia, intitulado *The Marketing of Products*. Em 1910, R.S. Butler oferece aos empresários o curso *Marketing Methods* na Universidade de Wisconsin. Em 1912, A. W. Shaw elabora o primeiro artigo formal sobre marketing denominado *Some Problems in Marketing Distribution*. Entre 1916 e 1917, surgem os primeiros livros de R.S. Butler, *Marketing of Farms Products*, de Weld, *Marketing Methods*.

Nesse mesmo período, inauguram-se as primeiras associações voltadas para o marketing. Em 1915, inaugura-se a *National Association of Teachers of Advertising* que, em 1924 passa a ser denominada *National Association of Teachers of Marketing and Advertising*, tendo seu nome alterado, em 1933, para *National Association of Marketing Teachers*. Em 1937, surge a American Marketing Association (AMA), importante entidade que congregará os principais estudiosos do marketing.

Nesta primeira fase do marketing de inspiração norte-americana, as decisões estão voltadas, inicialmente, para a produção e, posteriormente, para o aspectos de vendas, publicidade e distribuição, cujo objetivo central era integrar os diferentes setores da empresa de forma coerente. E, como freqüentemente ocorre nas situações de oferta excedente à demanda, a variável decisiva está na escolha do consumidor. Nesta perspectiva, o consumidor é induzido a comprar um produto graças ao estímulo e persuasão exercidos pela organização de venda. Daí as atividades publicitárias e promocionais serem indissociáveis do marketing desde suas origens, uma vez que a finalidade central de ambas está em persuadir habilmente o receptor para aquilo que interessa ao emissor da mensagem.

20.1.2 O marketing moderno

Embora possa haver delimitações diferentes, para a maioria dos autores, dentre os quais Collesei (1981), a era do marketing moderno, alicerçada na departamentalização proposta pela Teoria Clássica (1916) nasce, por volta de 1920, quando algumas das principais empresas dos Estados Unidos se direcionam ao mercado para a compreensão e a satisfação das necessidades dos consumidores. Posteriormente, com o surgimento da *Teoria das Relações Humanas* e a consolidação da comunicação de massa no início da década de 30, a orientação direcionada para vendas passa a predominar. A partir do término da Segunda Guerra Mundial (1945) e, acentuadamente, a partir de 1950, a orientação para o mercado se estabelece, perdurando até nossos dias.

340 Qualidade e Competência nas Decisões

Quadro 20.1. As orientações para o marketing vistas de uma perspectiva histórica

Orientação	Produção (1920-1930)	Vendas (1930-1950)	Mercado (Desde 1950)
Focalização	Produto a preço baixo	Pressão de venda	Necessidades do consumidor
Dado de início	Produto	Produto	Produto
Instrumento	Tecnologia produtiva	Comunicação e venda	Marketing mix
Condições	Demanda superior à oferta O alto custo do produto impede a expansão do mercado	Oferta superior à demanda Demanda fraca e indecisiva de bens e serviços	Disponibilidade de renda discricionária Mercados complexos e segmentados

Fonte: U. Collesei. Marketing, p. 5

Em sua fase inicial, o marketing moderno corresponde a uma função específica da empresa, dirigida à satisfação das necessidades do consumidor, que tende a se tornar dominante quando a empresa está orientada para o mercado, ao dirigir suas forças não para uma maior ou melhor produtividade, nem para persuadir os consumidores mas, sobretudo, para a satisfação plena destes. Ocorre, então, a passagem de uma atenção centrada no produto para uma centrada no consumidor. Assim, diferentemente do que ocorria no marketing orientado para a produção e no marketing orientado para vendas, não é mais o consumidor que deve ser persuadido a adquirir um produto existente, mas o produto é que deve primeiramente satisfazer as exigências e as necessidades do consumidor.

Em consonância com o exposto acima, segundo Kotler (2001, 42), as organizações conduzem suas atividades através de conceitos distintos sobre produção, vendas e marketing:

- **Conceito de produção** – sustenta que os clientes darão preferência aos produtos que foram amplamente encontrados e de baixo custo. Os administradores de organizações voltadas para a produção buscam atingir alta eficiência produtiva e ampla cobertura de distribuição;

- **Conceito de produto** – apregoa que os clientes darão preferência aos produtos que oferecerem a melhor qualidade, desempenho e benefícios. Os administradores das organizações orientadas para o produto enfatizam o esforço em produzir bons produtos e em melhorá-los ao longo do tempo;

- **Conceito de vendas** – estabelece que os consumidores, se depender exclusivamente deles, simplesmente não irão comprar suficientemente os produtos da empresa, a qual deve, portanto, adotar um agressivo esforço de vendas e promoção;

- **Conceito de marketing** – propõe que a chave para se atingir os objetivos da organização consiste em determinar as necessidades e os desejos do mercado-alvo e safisfazê-los mais eficaz e eficientemente que os concorrentes.

20.1.3 O marketing pós-moderno

No início dos anos 90, com o advento da globalização e a conseqüente revolução acontecida no mundo dos negócios, o marketing passou a refletir as novas exigências do ambiente externo, cada vez mais instável e turbulento. Embora o marketing pós-moderno possua, também como premissa, estar orientado para o mercado (semelhantemente à última fase do marketing moderno), anteriormente, isto é, até 1989, os diferenciais competitivos estavam mapeados, as participações de mercado eram relativamente estáveis e as áreas de atuação geográfica, conhecidas. Naquele cenário, as decisões de marketing eram relativamente seguras, porque os espaços mercadológicos estavam claramente definidos, os estudos de mercado permaneciam válidos por longos períodos e o investimento para se obter novas informações não representavam diferenciais de mercado.

Acentuadamente, a entrada do novo milênio colocou os estrategistas de marketing em um ambiente bastante diferenciado. Os competidores já não estão restritos ao ambiente estável de outrora, e os produtos inovadores se sucedem. Rapidamente, uma empresa líder de mercado pode passar a uma posição coadjuvante, enquanto um competidor, até então desconhecido, pode emergir de forma surpreendente, com produtos, canais de distribuição, preços e formas de financiamentos radicalmente inovadores.

Daí a pertinência da denominação marketing pós-moderno, uma vez que, embora a orientação do mercado seja determinante como no marketing moderno, na última década a turbulência e instabilidade do mercado provocaram significativas mudanças na concorrência, no comportamento dos consumidores e na própria concepção das empresas em relação às exigências do ambiente externo.

Neste novo desenho concorrencial, o estrategista de marketing é desafiado a todo instante, exigida criatividade contínua, intuição e capacidade analítica. Se, para as empresas, a competitividade representa um desafio adicional, para os consumidores apresenta-se na possibilidade de escolha entre múltiplos fornecedores dentre várias alternativas de produto, trazendo para o mundo do consumo legiões de excluídos de bens de compra comparada, como ocorre nos produtos colocados no mercado das telecomunicações, no qual consumidores das classes "D" e "E", por exemplo, possuem condições de adquirir telefones celulares, produto que certamente seria considerado supérfluo para esse mesmo público há poucas décadas atrás.

Esses e tantos outros exemplos dos contínuos riscos a que as empresas estão continuamente submetidas, do ponto de vista das decisões em marketing, caracterizam

342 Qualidade e Competência nas Decisões

diferenças bastante significativas em relação aos procedimentos adotados décadas atrás.

Contrariamente ao dinamismo atual, no antigo cenário, de maneira geral, as empresas investiam grandes recursos para levantar dados de mercado e poucas eram as que se dedicavam à análise pormenorizada destes. Em regra, os dados apresentavam de forma descritiva e estática o comportamento dos consumidores e pouco contribuíam para a compreensão do que realmente movia os consumidores nas suas escolhas e, até, para a possibilidade de análise de antecipação dos movimentos no mercado.

Em nossa pós-modernidade, o principal desafio na construção de uma estratégia de mercado consiste, principalmente, na possibilidade de se transformar os dados em informações úteis capazes de apontar alternativas mercadológicas e que antecipem os movimentos de mercado, propiciando às empresas que investem na análise pormenorizada dos dados por parte de seus especialistas alcançarem vantagem competitiva em relação aos demais competidores.

Contemporaneamente, identificou-se que a análise de dados representa um diferencial competitivo que consiste na mudança nas linhas de investimento dos departamentos de Inteligência Competitiva de Mercado. No passado, percebia-se que quase 100% dos recursos eram investidos em pesquisa de mercado, ou na compra de relatórios estatísticos por assinatura, sem nenhuma forma de customização; em resumo, simples levantamentos de dados. Pode-se constatar atualmente que boa parte destes recursos migra do levantamento para a análise de dados, uma vez que cada vez mais empresas investem em modelos estatísticos, *softwares* para análise de dados e treinamento de analistas de marketing em métodos quantitativos. Como a aquisição de bases de dados, construção de modelos estatísticos, compra de *softwares* e treinamento de pessoas representam grandes investimentos de tempo e dinheiro, muitas empresas partiram para a terceirização destas atividades, minimizando seus custos.

Como prática corrente, as empresas dispõem de fornecedores que analisam dados, com todo o ferramental e experiência necessários para conhecer o tamanho do mercado, sua geografia, segmentação e projeção da demanda dos consumidores, identificando novas oportunidades. Este desenho de análise tem se mostrado bastante eficiente, visto que, se por um lado, a empresa e sua equipe de funcionários têm o conhecimento do seu mercado, de outro, a companhia contratada para a análise de dados tende a colaborar decisivamente para o sucesso do empreendimento, uma vez que, sendo especializada em metodologias de análise, sua atuação se torna imprescindível para obtenção de vantagem competitiva.

Desta conjugação surgiram os estudos de mercado que têm norteado as organizações neste novo mundo, repleto de incertezas e oportunidades, no qual a extrema mobilidade e até a turbulência predominam, ao permitirem o surgimento de novas teorias do marketing sobre os critérios para classificar as tipologias do novo consumidor. Isto é o que propõe, por exemplo, uma das teorias pós-moderna do marketing, denominada Meeting Points (DI NALLO, 1999, 173):

Todas buscam a tipologia do consumidor. Trata-se de tipologias que no começo eram construídas com poucas variáveis, como a idade, o sexo e a classe social, as quais porém se tornaram complexas e minuciosas na medida em que, de um lado, aprofundaram-se as problemáticas do mercado e dos consumos e, do outro, mudaram as coordenadas da integração social.

A teoria Meeting Points, com base em novas tipologias do consumidor e novos comportamentos de integração social, apresenta uma metodologia inovadora que indica tendências do consumo a médio e longo prazo, detectando não apenas as intenções de consumo presente, mas antecipando também o comportamento futuro do consumidor por meio do Observatório Consumológico, um novo instrumento para estudo do consumo atual.

O Observatório Consumológico analisa os Meeting Points, que são pontos de encontro de comunicações, serviços, produtos e consumidores que migram de um ponto para o outro, freqüentemente fazendo escolhas diferentes no interior do mesmo Meeting Points. Essa metodologia revoluciona o atual conceito de pesquisa, pois, ao invés de detectar apenas as intenções do consumo do presente, antecipa os comportamentos de consumo a médio e longo prazo.

Para se ter uma idéia dessas diferenças da tipologia do consumidor antigo e os comportamentos de integração social implícitos, basta recordar que, no início da década de 50, os fatores mensuráveis do mercado se constituíam em elementos de importância capital para minimizar os riscos do mercado de então. Esses fatores mensuráveis fazem referências aos aspectos geográficos e demográficos dos consumidores.

De modo geral, os fatores geográficos obtêm respostas para questões de primeira identificação, tais como: Onde residem os consumidores ? Quais as características da região? Qual a influência do clima?

Por sua vez, os fatores demográficos estão voltados para a identificação do segundo grau : sexo, estado civil, idade, raça, religião, escolaridade, profissão, nível de renda.

As limitações dos fatores geográficos e demográficos podem ser ilustradas, hipoteticamente, nas características de dois personagens, João e José. Os dados do Quadro 20.2 a seguir mostram a insuficiência da classificação sócio-econômica utilizada como critério único para determinar o perfil do consumidor:

344 Qualidade e Competência nas Decisões

Quadro 20.2 – Perfil Geodemográfico

José	João
30 anos	30 anos
Casado	Casado
2 filhos	2 filhos
2°. grau completo	2°. grau completo
Professor	Professor
classe B	classe B
Branco	Branco
Católico	Católico
Cambuci	Cambuci

Fonte: Bazanini (2003, 95)

Entretanto, perfis absolutamente iguais podem apresentar comportamento de compra radicalmente diferentes:

José possui um Ford K como meio de transporte.
João possui um Audi como *status*.
José se veste sobriamente, comprando roupas em magazines populares.
João compra suas roupas em boutiques da moda.

Em síntese, João e José possuem *scripts* de vida distintos, vistos no Quadro 20.3.

Quadro 20.3 – Perfil psicográfico

João	José
Valores da família	Badalação
Conservador	Liberal
Religioso	Festas
Caseiro	Viagens

Fonte: Bazanini (2003, 96)

Os resultados evidenciam que os parâmetros da segmentação geográfica, segmentação demográfica, incluindo classes sociais, embora necessários, são insuficientes. O mesmo perfil de consumidor não representa necessariamente os mesmos comportamentos, hábitos de compra, consumo. Esses podem ser totalmente distintos. Portanto, perfis geodemográficos idênticos podem representar comportamentos opostos, dependendo do *script* de vida da pessoa.

Por essas características, o marketing pós-moderno atribui eficiência reduzida à comunicação de massa, visto que os perfis psicográficos são cada vez mais representativos no comportamento do consumidor atual, daí a tendência do marketing para a personalização dos produtos e serviços.

Baseadas nesses pressupostos, as agências de publicidade e propaganda elaboram cada vez mais variáveis relacionadas ao *script* de vida dos mais diferentes públicos, tais como: personalidade, emoções, motivos, metas e valores. Os perfis psicográficos (estilos de vida) se somam aos perfis geodemográficos. Assim, os perfis psicográficos buscam detalhar um pouco mais as características dos consumidores:

a) Em relação ao público de baixíssimo poder aquisitivo, classificado como necessitados, distinção entre esperançosos e inconformados;

b) Em relação aos ajustados às normas sociais, distinção entre ajustados, integrados, emuladores e vencedores. Para os resistentes a essas normas, classificados como inovadores, distinção entre inquietos e progressistas;

c) Em relação ao público jovem, distinção entre os intrépidos, conservadores, contestadores, modernos e independentes.

d) As donas de casa são classificadas como social, familiar, simplificadoras, equilibradas, organizadas, independentes, tradicionais.

e) No público de maior poder aquisitivo, classificado como rico, distinguem-se os alquimistas, roda da fortuna, mandarins, arautos do ti-ti-ti (fofoqueiros) e merecedores do sucesso.

20.2 Análise em marketing

Todas essas variáveis voltadas para detalhar cada vez mais minuciosamente as tipologias geográficas, demográficas e psicográficas do comportamento do consumidor encontram sua razão de ser na concepção, segundo a qual os termos decisão e risco são indissociáveis, pois decidir é escolher, propor um determinado caminho que contém em si, no mínimo, duas possibilidades: pode levar ao êxito, pode conduzir ao fracasso. E, para que as probabilidades de sucesso do empreendimento possam aumentar e os riscos de insucessos decrescerem, os estudos das decisões em marketing são sempre precedidos da análise tanto de seus aspectos internos quanto dos aspectos relacionados às exigências do ambiente externo.

A análise dos aspectos internos remete à compreensão do desenvolvimento do marketing, os instrumentos, os conceitos que lhes são inerentes desde seus primórdios, tais como mercado, público-alvo, concorrência, etc.

346 Qualidade e Competência nas Decisões

A análise dos aspectos externos evidencia como as motivações responsáveis pelo surgimento, afirmação e evolução do marketing no quadro de uma sociedade repercutiram em determinado contexto ou setor da atividade humana, ao mostrar a pertinência das mais diferentes abordagens: orientação para o produto, orientação para vendas, orientação para o mercado, marketing de relacionamento, marketing viral, Meeting Points, dentre tantas outras.

Assim, o marketing contemporâneo engloba tanto os modelos da economia quanto a interpretação do contexto social, com base em teorias sobre a psicologia do consumidor, estratégias derivadas da teoria da comunicação e modelos estratégicos extraídos das teorias das organizações.

Entretanto, pode-se evidenciar um grande alerta: pelo dinamismo e incerteza das atividades de marketing, as decisões a serem tomadas pelos executivos não podem ser dogmáticas. Theodore Levitt (1990), professor da Universidade de Harvard, escreveu o artigo que se tornou um clássico na literatura de gestão, no qual examina estratégias que renderam excelentes resultados para a IBM, General Motors, Revlon, McDonald's, Xerox e outros gigantes empresariais, e também sublinha os perigos do marketing com estreiteza de visão. Essa miopia consiste, acentuadamente, na atitude de concentração nos produtos da empresa, sem atender ao mercado e à concorrência. O conceito é ilustrado pelo autor tomando como exemplo o caso das companhias de trem norte-americanas, bastante poderosas no início do século XX, mas que, em decorrência da construção das auto-estradas e do transporte aéreo, praticamente faliram.

Portanto, insere-se na condição inicial da análise ora proposta, com base nas advertências de Levitt (1990), a premissa na qual, em relação às atividades de marketing, o produto é sempre um meio e não um fim, pois existem inúmeros outros critérios que são fundamentais para dar resposta às expectativas dos consumidores, como o preço, a imagem, a distribuição e, principalmente, a própria configuração mutante do mercado, em contínua interação com as exigências do ambiente externo.

Embora, como afirma Kotler (1998,42), as empresas possam optar por orientar suas atividades para o produto, vendas, mercado e marketing, atualmente, em função da própria dinâmica social imposta, principalmente pelo desenvolvimento de ferramentas relacionadas à Teoria da Informação (TI), discutida no Capítulo 15, predominam as orientações voltadas para o mercado e para o marketing.

20.2.1 Estrutura de empresas orientadas para o mercado

Na empresa estruturada em função do mercado, as quatro divisões vistas na Figura 20.1 estão no mesmo nível e respondem diretamente à Gerência Geral, à qual cabe a decisão maior que precede as decisões realizadas em um Conselho, do qual fazem parte, respectivamente, os responsáveis pelas quatro divisões administrativas.

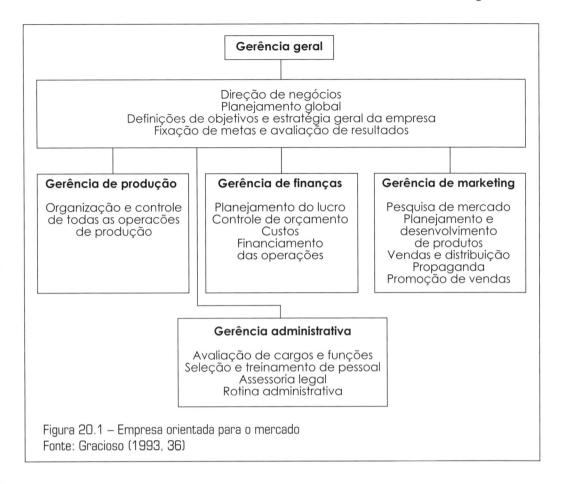

Figura 20.1 – Empresa orientada para o mercado
Fonte: Gracioso (1993, 36)

20.2.2 Estrutura das empresas orientadas para o marketing

Nesta estrutura, ilustrada na Figura 20.2, a gerência de marketing detém a responsabilidade, perante a gerência geral, pelo planejamento e execução integrados, em decorrência das seguintes atividades:

a) coleta, análise e interpretação de informações em relação aos produtos, mercados e consumidores da empresa;

b) comunicação com o mercado: publicidade, *merchandising*, promoção de vendas;

c) desenvolvimento constante de produtos novos e decisões sobre manutenção ou não dos produtos já existentes;

d) vendas e distribuição.

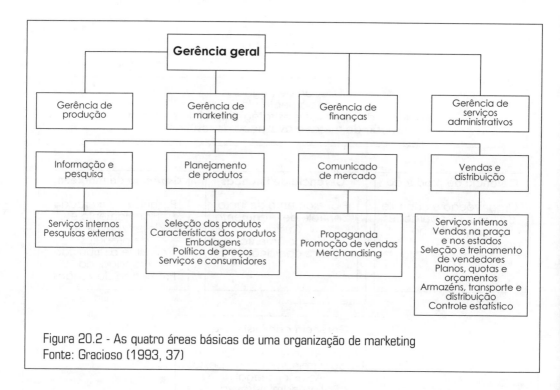

Figura 20.2 - As quatro áreas básicas de uma organização de marketing
Fonte: Gracioso (1993, 37)

É interessante observar que as empresas orientadas para o marketing tendem a possuir maior agilidade em relação às exigências do ambiente externo. Contrariamente a esta, na perspectiva do marketing moderno, a partir dos anos 50, a empresa orientada para o mercado baseava-se na efetividade da comunicação de massa, enquanto no marketing pós-moderno, a partir dos anos 90, esse procedimento é concebido com ressalvas, atribuindo a eficácia do marketing a um relacionamento duradouro entre cliente e empresa, a partir do estabelecimento de um diálogo, facilitado ainda mais pela interatividade das mídias de hoje.

Presencia-se, também, um novo modelo corporativo *"empresa em tempo real"*, com nítidos reflexos sobre o marketing, fazendo com que essas atividades estejam resumidas não mais a um plano, mas sim a uma questão de postura e atitude de todos os funcionários da empresa perante o consumidor, e de melhorias contínuas, baseadas em necessidades e desejos comunicados pelo cliente (MCKENNA, 1999), visto que as empresas não podem mais confiar em projeções simples de crescimento, sendo necessária uma ferramenta para auxiliá-la a organizar os negócios nos momentos de turbulência, avaliando taxas de crescimento do mercado, posição e estratégia. Esta ferramenta é o "Planejamento Estratégico Orientado para o Mercado", no qual o processo de marketing, segundo Kotler (1998, 95), consiste *na análise de oportunidades, desenvolvimento de estratégias, planejamento de programas e administração do esforço de Marketing.*

20.2.3 Análise global para evitar a miopia

Foi citado anteriormente que, ainda na década de 60, Theodore Levitt já advertia aos empresários que lançar produtos no mercado sem levar em conta a concorrência e as peculiaridades do mercado é ser míope, isto é, possuir uma visão deturpada. Em outras palavras, a miopia ocorre quando se adota determinada orientação sem levar em conta as especificidades e exigências do mercado no qual a empresa está inserida. Tem-se que:

- **Até 1960** – A "lei" que vigorava era "tenha o produto certo e mantenha os custos baixos". Qualquer um pode ter um carro, contanto que seja um Ford preto. Os mercados eram de massa e as mídias eram de massa. Porém, já nos anos 50, o mercado começou a exigir variedade, a GM entendeu isso e manteve-se fabricando grandes carros.

- **Anos 70** – O marketing ainda era um mecanismo de causa e efeito. O mercado era visto como uma máquina que reagia aos estímulos dos anunciantes. O conceito de marketing evoluía e já passava a considerar desejos e necessidades de segmentos mais específicos, servindo para enquadrar as pessoas em determinados padrões típicos de comportamento. Neste período, as empresas que eram dirigidas às vendas empregavam suas energias para modificar a mente do consumidor no sentido de se adaptarem ao produto.

- **Anos 80** - O objetivo era chegar mais perto do cliente, considerando nichos de mercado, ou seja, segmentos de mercados de cada vez. As opções deixaram de ser uma dualidade para serem opções múltiplas.

- **Anos 90** – A vertiginosa concorrência pós-globalização propiciou o surgimento do marketing individualizado e do marketing de relacionamento. Das múltiplas opções passa-se a uma grande diversidade de opções. O cliente passa a ser integrado pela empresa através da construção e sustentação de um relacionamento entre cliente e empresa.

Portanto, na perspectiva do marketing pós-moderno, as atividades do executivo já não se resumem às ações a serem executadas a partir de um plano, mas sim, a uma consciência que permeia todos os integrantes de uma empresa, desde as recepcionistas até o diretor da empresa, daí a acentuada receptividade do marketing de relacionamento na prática comercial das empresas contemporâneas.

Assim, a primeira decisão de marketing está em olhar para o mercado antes de desenhar o produto, uma vez que, em nossa contemporaneidade, diferentemente do ocorrido em fases anteriores, a moderna visão pós-moderna, orientada para o mercado, aponta que não é a empresa que possui os clientes, mas os clientes que possuem a empresa ou o produto, ou seja, uma preferência "concedida temporariamente" enquanto lhes for conveniente.

350   Qualidade e Competência nas Decisões

20.2.4 Sistema de Informação de Marketing (SIM)

Como alerta geral, para se evitar a miopia, torna-se imprescindível possuir plena consciência de que o mercado está em constante evolução. É preciso, pois, criar processos e, principalmente, que o executivo possua bastante disciplina para estar, constantemente monitorando as mudanças, analisando as oportunidades e ameaças e o impacto das mudanças no planejamento de sua empresa.

Essa é a função do SIM, um conjunto de procedimentos e de fontes utilizado para obter informações quantitativas e qualitativas de maneira periódica sobre eventos no mercado. Os seguintes eventos e informações devem ser continuamente monitorados:

- **Registros internos** – pedidos, vendas, preços, custos, níveis de estoque, etc;
- **Pesquisa de marketing** – para conhecer novos nichos de mercado e aprofundar o conhecimento em mercados já trabalhados;
- **Sistema de apoio a decisões de marketing** – para simulações de cenários;
- **Inteligência de marketing** – para obter informações periódicas sobre movimentos no ambiente de marketing (clientes, fornecedores, distribuidores e concorrentes).

20.3 Decisões em Marketing

20.3.1 Decisões em relação ao Planejamento

No processo de negócio atual, o marketing é colocado no início do processo de planejamento. A definição do produto, a partir do trabalho de marketing inicial é, costumeiramente denominado de Marketing Estratégico. Após estas definições, a partir do mercado, as características tangíveis do produto devem, então, serem desenvolvidas, juntamente com preços e distribuição, para, na terceira fase, colocar o produto no mercado através da força de vendas, promoções de vendas e propaganda.

A análise das oportunidades de marketing se fundamenta na pesquisa de marketing, cujo objetivo é *coletar informações significativas sobre o ambiente de marketing*. O desenvolvimento de estratégias de marketing serve para posicionar o produto dentro do mercado, desenvolvendo, testando e lançando-o. O planejamento de programas de marketing transforma a estratégia em programas, com definição de verbas para atingir os objetivos. Por fim, a administração do processo de marketing se encarrega da implementação e controle.

Desse modo, o Plano de Marketing deve ser um dos instrumentos mais importantes do processo de marketing desenvolvido para atingir objetivos específicos relacionados a um produto dentro de um mercado. Kotler (1998) ressalta ainda a importância de este plano ser desenvolvido por equipes dentro de uma organização e não mais pelo Departamento de Marketing de uma maneira individualizada, conforme mostrado na Figura 20.2.

20. Decisões em Marketing   351

Neste ponto, é preciso considerar que o desenvolvimento de planos se fundamenta em três conceitos: objetivos, capacitações e intenções. De maneira geral, os objetivos são o que a empresa pretende alcançar por intermédio das capacitações que possui. E as intenções consistem no quão disposta está a empresa em atingir os objetivos através das capacitações, sendo este o diferencial para a obtenção do sucesso entre as empresas, visto que o empreendedor inovador precisa estar atento aos três fundamentos indispensáveis para bem planejar as atividades. Com base nessa visão holística, Ferreira (1995) divide as atividades de marketing em cinco etapas, desde a concepção do produto até a sua colocação no mercado:

- **Análise ambiental** – Estudam-se o ambiente, a concorrência, mercados-alvos, tecnologia e competitividade;

- **Objetivos de marketing** – Estabelecem-se escopo de atuação, informações dos clientes, proposta de valor;

- **Definições estratégicas** – Propõem-se a segmentação, posicionamento, pontos fortes e fracos, oportunidades e diferenciação;

- **Decisões de marketing mix** – Examinam-se detalhadamente os 4 P's: produto, preço, praça (distribuição) e promoção;

- **Ações táticas de marketing** – Determinam-se as formas de comercialização, pós-venda, garantias e assistência.

Com esse intuito, o Plano de Marketing pode ser considerado como o documento que conterá as informações acima, de maneira organizada, como uma espécie de "auto-aconselhamento" para os executivos. Em outras palavras, o plano deve ser de fácil leitura, claro, consistente, mostrar os caminhos desejados pela empresa, evitando-se o otimismo, para não acabar em decepções, e o pessimismo (subestimar), para não resultar no fato de que a empresa não esteja adequada às expectativas geradas.

20.3.2 Decisões em relação aos elementos do mercado

Como vimos, em consonância com os preceitos do marketing pós-moderno, a miopia mais comum ao se fazer o planejamento em marketing está em negligenciar o ambiente externo, atitude inadmissível, visto que é preciso não apenas satisfazer exclusivamente os consumidores, mas também antecipar-se aos rumos do mercado. Então, primeiramente, torna-se imprescindível analisar o que está acontecendo e o que poderá vir a acontecer em relação aos fornecedores, distribuidores, concorrentes e clientes que, em consonância com as características apresentadas, podem favorecer ou eliminar a vantagem competitiva que a empresa busca alcançar futuramente.

Desse modo, como propõe a Teoria do *Meeting Points*, por intermédio do Observatório Consumológico, esse "exercício futurológico" que envolve a missão e a visão

352 Qualidade e Competência nas Decisões

da empresa busca, necessariamente, a interação estratégica com todos os envolvidos no processo mercadológico e, para isso, as respostas às seguintes questões são essenciais:

- **Fornecedores** – quais serão os lançamentos e evoluções para os próximos anos, e produtos e serviços que serão descontínuados?

- **Distribuidores** – como ficará o "mapa de jogadores"? Será que teremos novos distribuidores no mercado? Quais serão os mais bem sucedidos, os mais adequados à nossa empresa? Como é possível tirar o máximo proveito deste canal de vendas?

- **Concorrentes** – qual será a estratégia, o plano e o ataque deles? Como é possível alcançar a consolidação em relação a eles?

- **Clientes** – estes representam o ponto principal e mesmo a razão da existência da empresa. É preciso fidelizá-los de alguma forma e, para isso, torna-se imprescindível visualizar o que os clientes quererão consumir no futuro. De que maneira estão querendo comprar? De que forma as tendências de mercado, sejam econômicas, socioculturais, políticas ou tecnológicas, impactarão o comportamento de compra dos clientes?

Concluída essa fase, isto é, após obter uma clara visão do que ocorrerá com o mercado, o próximo passo está em avaliar o potencial da própria empresa em atender as novas demandas. Surgem, então, questionamentos, cujas respostas serão decisivas e absolutamente inadiáveis para o empreendimento:

- Será que a empresa terá que desenvolver novos produtos, alterar preços, criar um novo canal de vendas e distribuição?

- Como divulgar os produtos, serviços e até os casos de sucesso da empresa?

20.3.3 Decisões em relação aos produtos e preços

Na orientação proposta pelo marketing antigo, o departamento de engenharia (ou operações) era quem definia os produtos, e a administração definia os preços. Após o surgimento da orientação para o mercado, esse procedimento deixou de existir, pois tanto os produtos quanto os preços só podem ser definidos depois da análise do mercado, e essa atribuição cabe ao departamento de marketing.

O primeiro procedimento da empresa ao lançar um novo produto no mercado está em saber se o produto será economicamente viável. Para isso, é preciso que o executivo considere pontos essenciais:

a) Analisar o mercado e identificar as tendências e as projeções:

- Que indícios se tem em relação ao produto que o caracterizem como promissor para este lançamento?

20. Decisões em Marketing   **353**

b) Dimensionar o mercado para detectar qual o volume de negócio potencialmente presente e que parte desse mercado o produto pode ocupar:

- Qual o potencial do mercado para este produto?

- Quem seriam os clientes?

- Quem seriam os concorrentes?

- Que fatia deste mercado é possível conquistar com este novo produto?

- Como este mercado está estruturado e segmentado?

- Quais são as oportunidades e ameaças presentes neste novo produto?

- Quais as chances de sucesso deste novo produto?

Analisada a viabilidade do produto no mercado, o segundo passo está em estabelecer corretamente o preço, e, com esse intuito, o planejamento pode ser analisado em quatro dimensões:

1. É preciso analisar os custos de produção deste produto, desde a matéria-prima até o processo de embalagem, seguro, frete e despesas administrativas.

2. É preciso analisar comparativamente o mercado em relação à demanda e à procura por produtos similares ao que está sendo lançado. De maneira geral, pode-se afirmar, com base na antiga lei econômica, que uma grande procura tende a significar preços maiores, e, contrariamente, uma grande oferta, preços menores.

3. É sempre recomendável realizar pesquisa junto a alguns clientes para saber da disponibilidade manifesta sobre o preço que consideram justo para o produto que está sendo lançado.

4. É preciso analisar a concorrência e os preços praticados. Como regra geral, o preço deve estar compatível com o preço praticado pela concorrência, sob pena de comprometer todo o investimento realizado.

20.3.4 Decisões em relação ao canal de distribuição

Estabelecidos o produto, o preço e analisados os pontos fortes e fracos da concorrência, o próximo passo está em definir como os produtos e serviços alcançarão os clientes por meio da distribuição:

- A venda dos produtos e serviços será feita através de atendimento direto (equipe de vendas interna) ou por meio de parceiros e representantes comerciais?

- Que tipo de parcerias? Distribuidores, revendas, franquias, representantes ou agentes?

- Serão necessários parceiros? Quantos parceiros a empresa irá precisar em cada região?

354 Qualidade e Competência nas Decisões

- Qual será o perfil mais adequado para esses parceiros?
- Como selecionar, recrutar e treinar os parceiros?
- Como remunerar este canal?
- Como medir e incentivar as vendas?

Especificamente em relação ao quesito distribuição, atualmente, existem muitas empresas de marketing especializadas em dimensionar o canal de vendas e distribuição necessário para melhor atender as necessidades do produtor. Essas empresas também se encarregam da seleção, recrutamento, treinamento do seu canal e de estabelecer campanhas de incentivo utilizando as táticas mais convencionais, como "rebates"[1] e "*spiffs*"[2], ou táticas diferenciadas, como programas de fidelidade via milhagem e premiações.

Uma vez escolhido o canal de distribuição, a escolha dos vendedores será a próxima tarefa a ser implementada acompanhada necessariamente, de treinamento e material de apoio a vendas, como folhetos, apresentações, listas de preços e os argumentos para que seja possível combater efetivamente a concorrência, com o intuito de manter e conquistar novos clientes. Caso a empresa faça opção por um modelo híbrido, com a equipe interna de vendas e o canal externo, então é importante garantir que as empresas integrantes do canal de vendas sejam realmente parceiras e não concorrentes.

20.3.5 Decisões em relação ao mercado-alvo e à divulgação de produtos

O ciclo de adoção de produtos permite ao executivo analisar e escolher corretamente o mercado-alvo para cada uma das fases. Embora essa tarefa seja por demais complexa, algumas recomendações, com base na racionalidade administrativa, podem ser enunciadas:

- Caso o produto seja novo e inovador, o público-alvo certamente terá o perfil inovador, pois será preciso primeiro criar referências para, posteriormente, partir para o mercado de massa;
- Se o produto está no mercado e conta com concorrência, então o mais recomendado é priorizar clientes e distribuidores que possam comprar grandes volumes e com grande agilidade no processo de compras;

---

[1] Rebates – bônus oferecido pelas empresas aos consumidores que recebem uma oferta de desconto/reembolso pós-compra.

[2] *Spiffs* - cupons com valores variáveis de acordo com o produto vendido As empresas estabelecem para as revendas que alcançarem, por exemplo, um mínimo de R$ 100 mil em vendas, participação em sorteio. A cada período (uma semana, um mês, um semestre, etc..) uma comissão determinará um produto, que será o único válido a acumular os *spiffs*.

20. Decisões em Marketing   355

- Se o produto já está no mercado e a concorrência não oferece maiores ameaças, então é possível priorizar os clientes que, além do produto, possam consumir serviços agregados ao produto.

Observe-se que existem várias formas de a empresa divulgar os seus produtos; todavia, a decisão correta dependerá do produto, do mercado-alvo, da sua posição perante os clientes e concorrentes, e do canal de vendas e distribuição. Entre as formas pode se destacar:

- Participação em feiras;

- Eventos (palestras, cafés-da-manhã, *happy-hour* etc.);

- Almoço com clientes;

- Folhetos informativos (*datasheets*) e promocionais;

- Mala direta por correio e por e-mail;

- Telemarketing;

- Propaganda em jornais, revistas, rádio e TV;

- *Banners* em *Web-sites*;

- Brindes de final de ano;

- Brindes promocionais (camisetas, canecas, canetas, bonés, "*pins*", etc.).

Caso o produto possa ser vendido em lojas (pontos-de-venda) então, será possível utilizar:

- Folhetos promocionais e "take-ones";

- "Testeira" nas prateleiras;

- Adesivos nas paredes e chão da loja;

- *Banners*;

- Balões de gás;

- Camisetas e bonés para os vendedores da loja.

É interessante ressaltar que a embalagem do produto será parte da "prateleira" e, portanto, deve ter como característica principal chamar a atenção dos consumidores e, rapidamente, identificar o produto e as funcionalidades.

Portanto, as decisões em marketing exigem dos executivos habilidades múltiplas, envolvendo planejamento, organização, direção, controle, avaliação e, indubitavelmente, capacidade de correr riscos.

356 Qualidade e Competência nas Decisões

20.3.6 Decisões em relação ao relacionamento e fidelização

As teorias do marketing pós-moderno acentuam a necessidade de integração contínua da empresa com todos os envolvidos, acompanhando atentamente as exigências do ambiente externo e, uma dessas vertentes, o marketing de relacionamento enfatiza, metaforicamente, que um cliente satisfeito tende a contar sobre o produto ou a empresa para dois outros clientes, ao passo que um cliente insatisfeito irá contar para 12 outros clientes. Por isso, as decisões em marketing devem possuir como objetivo central reter e fidelizar os clientes com base nas seguintes questões:

* Como será possível aumentar o número de clientes atendidos?

* Como aumentar o índice de satisfação e de recompra dos clientes atuais?

* Como vender mais para o mesmo cliente?

* Como utilizar os clientes atuais como referência para abrir portas em outros clientes?

Para reter e fidelizar o cliente, uma das principais tarefas do marketing está em interagir com a percepção dos valores dos próprios clientes. Silva (2004, 65) esclarece a percepção de valor nas atividades de marketing:

A percepção de valor é uma das áreas mais complexas do marketing. Os valores humanos individuais, comportamentais, sociais, de grupos e, conseqüentemente, os valores de mercado estão presentes nas atitudes do clientes em relação ao seu produto/serviço. As pesquisas de mercado são os melhores instrumentos para compreender a dinâmica de valores dos clientes.

Para contemplar esses valores, dentre outros procedimentos, a empresa deve ter como compromisso: entregar os produtos na data acordada, honrar os preços prometidos, tratar com respeito, honestidade e ética, entender as necessidades dos clientes, enfrentar os problemas ao lado dele, propor soluções que sejam boas para ambas as partes e, principalmente, antecipar as necessidades do seu cliente e, se possível, **surpreendê-lo** com boas notícias de produtos e serviços, para atender cada vez melhor essas necessidades.

A imagem da empresa deve ser sólida e confiável, e isto quer dizer que, além de ter produtos ou serviços de excelente qualidade e preço justo, a empresa deve mostrar para o seu cliente que está alinhada com o mercado e as tendências, e que tem total condição de continuar operando por vários anos, como propõe Saunders (2001) e é ilustrado na Figura 20.3, ao ressaltar a importância da comunicação empresarial possuir, como valor determinante, propiciar informações claras e transparentes e, conseqüentemente, promover o comprometimento por meio da confiança mútua e motivação de todos os envolvidos.

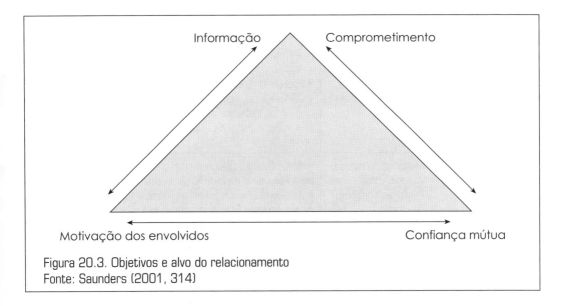

Figura 20.3. Objetivos e alvo do relacionamento
Fonte: Saunders (2001, 314)

A venda por referência tem sido de grande eficácia. Os clientes se sentem mais seguros em comprar um produto ou serviço que já foi implementado, com sucesso, em outros clientes.

Ética, governança corporativa e responsabilidade social também são temas valorizados pelos clientes e a empresa deve estar preparada para mostrar que preza, respeita e implementa estes conceitos.

20.4 Discussões em marketing sobre os riscos do mercado

Como foi visto no início desse capítulo, decisão e risco são indissociáveis e, para que os riscos possam ser minimizados e, conseqüentemente, as decisões obtenham maior probabilidade de sucesso, a análise dos aspectos tantos internos quanto externos à empresa é indispensável. Entretanto, os riscos são inevitáveis. Estar preparado para enfrentá-los faz com que as empresas se tornem menos vulneráveis e permite uma instrutiva combinação conjunta de agressividade e prudência, para conviver com as ameaças e oportunidades do mercado.

Slywotzky (2005), consultor na área de estratégia empresarial, cita oito riscos estratégicos, acompanhados de medidas preventivas e exemplos de sucesso nas decisões tomadas pelas empresas, conforme o Quadro 20.4.

358 Qualidade e Competência nas Decisões

Quadro 20.4 – Riscos estratégicos e medidas preventivas

Riscos estratégicos	Exemplos de medidas preventivas	Exemplos de empresas
Tecnologia	"Seguro" por meio da aposta em duas frentes	• Microsoft: apostou nos sistemas operacionais Windows e OS/2. • Intel: apostou nas arquiteturas CISC e RISC em chips para semicondutores • Charles Schawb: apostou nas operações a partir de filiais convencionais e na operação on-line.
Declínio da marca	Mudança no mix de investimentos Avaliação contínua da marca Estratégia de gestão de clientes	• IBM: ofereceu soluções amplas e reposicionou sua marca para aproveitar os benefícios de suas ofertas aprimoradas. • Johnson&Johnson: resolveu o problema da adulteração de seu produto Tylenol investindo pesadamente em uma campanha de esclarecimento público, recolhendo o produto dos pontos-de-venda e reformulando sua embalagem.
Concorrente diferenciado	Sistema de alerta Modificar o projeto de negócio	• Target e Kohl's: ambas perceberam rapidamente a força da Wal-Mart e modificaram seu projeto empresarial para continuar competitivas.
Queda na atividade do setor	Mudar a razão Concorrer/colaborar	• Airbus: formou um consórcio com fabricantes de aviões. • SMH: transformou o setor de relógios suíços por meio de sua pirâmide de marcas. • Companhias aéreas: formaram alianças para compartilhamento de códigos (venda de bilhetes para todos os parceiros)
Mudanças nas prioridades dos clientes	Sistemas de informação próprios	• Cardinal One: suas 65 mil experiências de mercado anuais criam subsegmentos de clientes muito menores e bem mais consistentes. • Tstuaya: monitora continuamente seu rico bando de dados sobre distribuição geográfica das populações e preferências dos clientes, e as pesquisas que conduz com os clientes.
Novos projetos/ investimentos	Iniciativas feitas numa seqüência inteligente	• Cardinal Health: preparou uma "seqüência inteligente de iniciativas" de crescimento em hospitais e empresas farmacêuticas com o fim de ganhar experiência, o conhecimento e a reputação necessários para dar o próximo passo.• Johnson Controls: utilizou o processo de "seqüência inteligente de iniciativas" para expandir suas atividades para a área de serviços com valor agregado para as montadoras.
Estagnação	Inovação na demanda	• Air Liquide: aproveitou as novas oportunidades na área de serviços para aumentar sua receita média por contrato e firmar contratos mais longos. • GM: aproveitou de maneira inteligente sua base de clientes para introduzir o serviço de assinaturas OnStar.
Projeto empresarial obsoleto	Auditoria/reinvenção do projeto de negócio	• GE: reinventou-se seguidamente ao se desfazer de divisões não-essenciais, incorporar serviços e financiamentos e oferecer assistência técnica digital comprovadamente valiosa.

Fonte: Slywotzky (2005, 153)

20. Decisões em Marketing   359

Em consonância com esse novo cenário de riscos contínuos, uma das decisões mais conseqüentes em marketing diz respeito ao reposicionamento da marca, visto que as mudanças no comportamento do consumidor, novos concorrentes e oportunidades de explorar novos mercados são possibilidades continuamente presentes, cujo grande desafio está em modificar as percepções dos consumidores em relação ao posicionamento atual, para garantir a competitividade da empresa. Esse reposicionamento pode ser **reativo**, quando mudanças ambientais provocam novas percepções nos consumidores; **corretivo**, quando os resultados obtidos não atingiram as expectativas; e **propositivo**, quando a empresa decide explorar um posicionamento mais rentável ou inovador. Telles & Bortolan (2005) apresentam as seguintes relações dadas no Quadro 20.5.

Quadro 20.5. Reposicionamento das marcas

Reposicionamento de marca	Percepções do posicionamento atual	Gestão de marca	Decisão de marca
Reativo	Pouca importância	Escolha de um novo posicionamento para sobrevivência	Transição com riscos inevitáveis
Propositivo	Muita importância	A oportunidade compensa o risco de alterar as percepções	Construção de novo paradigma
Corretivo	Pouca importância	Seleção de novos atributos para o posicionamento	Revisão da estrutura do posicionamento

Fonte: Telles & Bortolan (2007, 78-81)

Essas formas de reposicionamento de seus produtos e serviços que a empresa pode adotar frente ao ambiente competitivo, continuamente mutável, compõem as diferentes vertentes do marketing pós-moderno. Além dos Meeting Points, o marketing viral, marketing de incentivo e tantas outras denominações, merece destaque o marketing de relacionamento (customer relationship), o CRM. O CRM é uma filosofia de negócio que ajuda as empresas a reduzir custos, adquirir novos clientes e construir e reter uma base leal de clientes. Conhecendo cada interação entre seu negócio e o cliente, a empresa pode criar soluções capazes de atendê-lo de forma integrada e personalizada, propiciando satisfação no relacionamento entre a empresa e o cliente, como esclarece Bretzke (2005, 1):

CRM ou Gerenciamento do Relacionamento, como o próprio nome indica, é a integração entre o marketing e a tecnologia da informação para prover a empresa de meios mais eficazes e integrados para atender, reconhecer e cuidar do cliente, em tempo real, e transformar estes dados em informações que, disseminadas pela organização, permitem que o cliente seja "conhecido" e cuidado por todos e não só pelas operadoras do Call Center.

Assim, em nossa contemporaneidade, um dos principais procedimentos estratégicos da empresa moderna está em responder rapidamente às exigências do ambiente e, com esse intuito, a integração entre o marketing e o banco de dados da empresa acarreta inúmeras possibilidades de bons resultados futuros, conforme mostrado na Figura 20.4 abaixo:

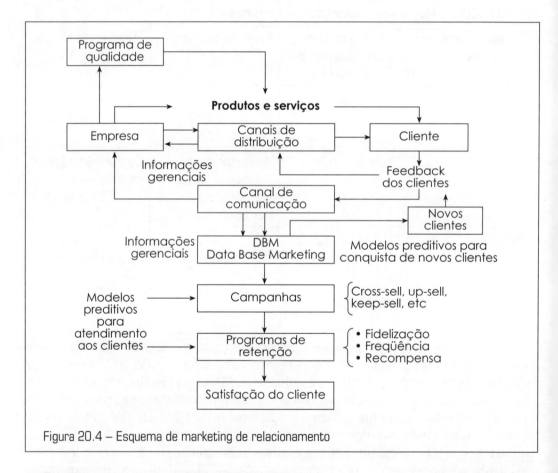

Figura 20.4 – Esquema de marketing de relacionamento

Em síntese, o esquema do marketing de relacionamento, alicerçado em uma visão holística do ambiente, apóia-se em bancos de dados inteligentes que permitem um conhecimento mais profundo das demandas, expectativas e necessidades dos clientes, o que garante às organizações manter posicionamento adequado em relação às diversas nuances do mercado.

20.5 Conclusão

A proposta apresentada nesse capítulo evidencia que, diante da complexidade e mutabilidade dos diferentes mercados em todos os setores da economia contemporânea, torna-se cada vez mais difícil prescrever satisfatoriamente princípios nas decisões em marketing, como ocorria no período pré-globalização.

Por isso, em virtude da vertiginosa velocidade do mercado, uma das principais habilidades do executivo está relacionada à capacidade de saber diferenciar o que ainda é válido e o que não é mais válido nos procedimentos mercadológicos classificados anteriormente como casos de sucesso.

Entretanto, com base em inúmeros exemplos, apesar das inúmeras turbulências a que as empresas estão submetidas, as decisões em marketing podem ser acompanhadas de medidas preventivas, tomadas antecipadamente para minimizar esses impactos presentes no ambiente pós-moderno.

Essas medidas, certamente, só serão efetivas se a análise tanto dos aspectos internos quanto dos externos for realizada criticamente. Por isso, a capacidade perceptiva global do executivo se torna elemento imprescindível para o sucesso do empreendimento, pois, como já advertia Theodore Levitt na década de 60, a miopia em marketing deve ser evitada, sob pena de comprometer todo o empreendimento, e, para isso, como alerta geral para os executivos, é preciso possuir, ao mesmo tempo, as qualidades do sentinela, do estrategista e do visionário.

Então, transcorridas mais de quatro décadas dessa advertência, pode-se constatar a sua validade. Essa miopia consiste em ignorar as exigências do ambiente externo, seja em relação à concorrência, seja em relação ao comportamento dos consumidores, o que provoca dissonâncias comprometedoras entre o lançamento de novos produtos ou serviços e a efetiva necessidade do mercado.

Os relatos dos casos das medidas preventivas tomadas por parte das empresas de sucessos, conforme exemplificado no Quadro 20.4, constituem exemplos instrutivos da superação da "miopia" em marketing e dos riscos estratégicos mais comuns em nossa contemporaneidade, visto que as medidas preventivas adotadas são referenciais para outras empresas, no sentido de estabelecer ou mesmo rever os processos de planejamento em marketing, permitindo a união de dois procedimentos aparentemente contraditórios, porém indispensáveis para o profissional responsável pelas decisões em marketing. Isto é, saber usar inteligentemente tanto a agressividade quanto a prudência em resposta às ameaças e oportunidades continuamente presentes no mercado, cada vez mais competitivo e incerto.

Em suma, surpreender os clientes, eis o objetivo maior das empresas em relação ao comportamento do consumidor. Por isso, as decisões em marketing devem ser tomadas com base no sentinela, ao vigiar a concorrência; com base na inteligência, ao usar a astúcia do estrategista que sabe o momento de avançar, o momento de recuar, o momento de ousar; com base no visionário, que percebe claramente sinais ainda bastante confusos para os demais.

Referências

- ALMEIDA, João Ferreira de (tradutor). *A Biblia Sagrada.* Barueri, Sociedade Bíblica do Brasil, 2000.

- BARNA, George . *O Marketing Na Igreja.* 2ª. ed. Rio de Janeiro, JUERP, 1994.

- BAZANINI, Roberto. *Marketing e Imagem Corporativa na Perspectiva da Rhetorical Criticism.* São Paulo, Plêiade, 2003.

- BRETZKE, Mirian. *CRM é mais do que Tecnologia. É Principalmente uma Decisão Estratégica.* Disponível em: http://www.bretzke-marketing.com.br/artigos Acesso em: 5 junho de 2006.

- COLESEI, U. *Marketing.* Cedam, Padova, 1989.

- DI NALLO, Egeria. Meeting Points: *Soluções de Marketing para uma Sociedade Complexa.* São Paulo, Cobra Editora & Marketing, 1999.

- FERREIRA, Armando Leite. *Marketing para Pequenas Empresas Inovadoras.* Rio de Janeiro: Expertbooks, 1995.

- GRACIOSO, Francisco. *Contato Imediato com Marketing, 3ª. Ed.* São Paulo, Global Editora, 1993.

- KOTLER, P. *Administração de Marketing: Análise, Planejamento, Implementação e Controle*, 6ª. ed, São Paulo, Atlas, 2001.

- KOTLER, P; ARMSTRONG, G. *Princípios em Marketing,* 7ª. ed., Rio de Janeiro, PHB, 1998.

- LEVITT, Theodore. *A Imaginação de Marketing*, 2ª. ed. São Paulo, Atlas, 1990.

- MCKENNA, R. *Marketing de Relacionamento.* São Paulo, São Paulo, Publifolha, 1999.

- PEBLE, Armando & EMANUELE, Pietro. *Breve História da Retórica Antiga.* São Paulo, E.P.U., 1978.

- SAUNDERS, J. Graham; PIERCY, John A; NIGEL F. *Estratégia de Marketing e Posicionamento Competitivo*, 2ª. ed. São Paulo: Prentice Hall, 2001.

- SILVA, Helton Haddad; TENCA, Evandro Cesar, SCHENINI Paulo Henrique; FERNANDES, Sandra. Planejamento estratégico de Marketing, São Paulo, Editora FGV, 2004.

- TELLES, Renato; BORTOLAN, Marcos Savoi. O Desafio de Reposicionamento das Marcas. *Revista da ESPM,* setembro/outubro de 2003.

- SLYWOTZKY, Adrian. Nos Limites do Perigo. HSM Management n. 48, São Paulo, Janeiro/Fevereiro (2005).

21 DECISÕES QUANTO AO TIPO PSICOLÓGICO

Jorge Mitsuru Matsuoka

A evolução das ciências de gestão nas últimas décadas pôs em evidência uma variável determinante para o sucesso das organizações: o fator humano (PETERS, 1982; PFEFFER, 1994). O elemento humano – e a qualidade da sua gestão – são reconhecidos cada vez mais como diferenciais competitivos decisivos no cenário empresarial. Sofisticados e caros sistemas organizacionais podem ver-se comprometidos em sua eficácia se não respaldados por um sistema humano adequadamente estabelecido e gerenciado.

Nesse processo de crescente tomada de consciência da importância da gestão de pessoas, as atenções focalizam-se agora no desenvolvimento de habilidades individuais. Fala-se, nesse sentido, em "gestão por competências" ou "gestão do talento" (MON, 2001): a habilidade em atrair, reter e desenvolver talentos. O foco de interesse concentrou-se ainda mais. Vem ganhando relevo uma abordagem personalizada da gestão de pessoas (MATSUOKA, 1997).

É fácil notar, nesse processo, uma linha evolutiva paralela: a crescente responsabilidade que recai sobre os chefes e superiores. Em uma palavra, a gestão de talentos requer talento de gestão de pessoas por parte da liderança. Aos líderes competem as difíceis decisões sobre a identificação dos talentos requeridos a determinadas funções, a alocação de pessoas concretas a projetos específicos, a preparação e promoção de pessoas a postos de maior responsabilidade.

Este capítulo pretende oferecer alguns subsídios essenciais a esta tarefa dos líderes comprometidos com uma abordagem personalizada da gestão de pessoas. O foco, portanto, é o da visão dos líderes, com os quais se pretende contribuir nas decisões quanto aos tipos psicológicos que devem priorizar. Duas ferramentas de utilidade prática são apresentadas: um modelo de motivações particularmente apropriado e uma tipologia dos estilos de personalidade bastante difundida.

21.1 Um modelo das motivações humanas

Quando se tem em vista um tratamento individualizado da gestão de pessoas, faz-se necessário um modelo teórico que propicie uma perfeita compreensão dos fatores que explicam o comportamento humano individual, em suas preferências e busca de satisfações de qualquer natureza.

O item 5.4.4 deste livro introduziu duas das mais antigas e clássicas concepções teóricas: a teoria de Maslow e a teoria de Herzberg. Contribuições teóricas de anos

364 Qualidade e Competência nas Decisões

mais recentes – Sievers (1990), Möller (1992), Kondo (1994) e Campos (1995) –, se tiveram o mérito de introduzir conceitos não tratados explicitamente pelas teorias clássicas, como *intenção, sociabilidade, sentido do trabalho, confiança,* etc., não pareceram aptas a dar-lhes uma explicação científica.

Pérez López[1] concluiu pela necessidade de uma teoria motivacional de base antropológica, isto é, fundamentada num modelo do ser humano enquanto atua livremente em busca de satisfações.

21.1.1 A Teoria Motivacional de Pérez López

Trabalhando num nível de abstração intermediário entre a filosofia e a administração, o autor parte do princípio fundamental de que toda pessoa – todo *agente,* em sua terminologia – visa alcançar em cada atuação algum tipo de *satisfação* (ou remover alguma insatisfação). As pessoas se movem, atuam, para alcançar *motivos,* os quais se definem como "configurações da realidade que, dadas as preferências do sujeito, produzem satisfações".

Segundo o tipo de motivo final buscado, a motivação de um sujeito numa determinada ação pode ser (PÉREZ LÓPEZ, 1993):

a) *Motivação Extrínseca*

É a força que impulsiona uma pessoa para a execução de uma ação, devido às *recompensas* (ou penalidades) associadas a essa ação. O alvo de interesse real não é a ação em si, mas a recompensa (em sentido amplo). A ação é antes uma *condição* imposta do *exterior* para que a pessoa alcance aquilo que no fundo a motiva.

São exemplos as motivações cujo interesse recai em elementos como: salário, promoção, poder, status, reconhecimento (visto como recompensa), e também, atuar por medo, coação, etc.

b) *Motivação Intrínseca*

É a força que atrai uma pessoa para a execução de uma ação por causa da satisfação que espera obter pelo fato de ser ela o *agente que executa a ação.*

O resultado da ação recai sobre o agente executor da ação. Por isso, inserem-se neste tipo: o prazer de aprender, de pilotar um avião, a satisfação de alcançar uma

---

[1] Doutor pela Harvard Business School, trabalhou, até seu falecimento em 1996, no *IESE Business School*, da Espanha. Esta Escola desde há muitos anos tem figurado entre as principais do mundo em Programas *MBA* e *Executive Education*. Para um estudo aprofundado da linha de pesquisa que conduziu à elaboração do modelo motivacional que adotamos, recomendamos o capítulo 3 – "A evolução das teorias da motivação humana" – de Matsuoka (1997).

21. Decisões Quanto ao Tipo Psicológico 365

meta difícil, o gosto de comandar pessoas, a satisfação em dar sugestões, participar de reuniões de trabalho, partilhar um ambiente físico e social agradável.

c) *Motivação Transcendente*

É a força que leva uma pessoa a atuar em virtude da *utilidade* de suas ações para outra ou *outras pessoas*. Quando o motivo *final* recai sobre a satisfação de uma necessidade *fora do sujeito* da ação, a motivação será do tipo *transcendente*. São exemplos: o desejo de atender a uma necessidade não declarada de *um cliente*, resolver um problema de *um colega de trabalho*, trabalhar por um sentimento de gratidão *para com a companhia*, etc.

Nesse campo insere-se o conceito de *confiança*, que, na construção do autor, surge quando os dois agentes interagem, atuando por motivos transcendentes; ou seja, quando os dois, dadas as mútuas experiências anteriores, têm uma segurança quanto às *intenções* de cada um para com o outro.

Note-se que os elementos que exemplificam a motivação transcendente recaem no campo da ética. Cabe a esta emitir juízos sobre a licitude de ações movidas por determinadas *intenções*. Somente a ética – devidamente fundamentada – é capaz de discernir e declarar inaceitáveis as atuações movidas por motivos transcendentes que fossem incompatíveis com os fins da pessoa humana. Tal seria o caso dos estímulos ao comprometimento com a empresa que fossem em detrimento da realização pessoal e familiar da pessoa de que se tratasse.

O modelo de motivações apresentado permite mostrar que a gestão pautada por princípios éticos e de valorização humana propicia o estabelecimento de motivação transcendente no relacionamento com os membros da organização.

21.1.2 O perfil motivacional individual

Em cada ação pessoal, a motivação real do sujeito será uma combinação dos três tipos de motivação existentes. Pérez López enfatiza que a identificação desses três tipos de motivação não constitui ainda uma teoria motivacional. De fato, o aparecimento de motivos – uma satisfação possível de alcançar – *não necessariamente* determina a motivação do sujeito. Os mecanismos que permitem explicar o processo pelo qual é determinada a motivação real são todos explicados no primeiro volume da obra principal do referido autor. Registre-se aqui apenas a importância do fator *liberdade* nesse processo.

As pessoas podem naturalmente inclinar-se com maior facilidade para algum dos três tipos de motivos apresentados. O conceito de *perfil motivacional* refere-se à sensibilidade de um sujeito para ser movido por cada um desses tipos de motivos. Há quem busque – espontânea e fundamentalmente – recompensas pessoais e há quem facilmente sacrifique benefícios próprios em favor dos demais.

366 Qualidade e Competência nas Decisões

No âmbito do trabalho, quando é que se pode afirmar que se conhece uma pessoa? A resposta simples e profunda é: quando se conhecem os motivos que movem a pessoa; em outras palavras, quando se sabe apontar o porquê das suas atuações.

21.1.3 O líder, um formador de pessoas

Em consonância com a teoria das motivações humanas de Pérez Lopez, depreende-se uma importante caracterização do conceito de liderança (MON, A., CARDONA S. *et al.*, 2001). O líder autêntico será capaz de atuar igualmente no plano das três dimensões da motivação.

Em correspondência à motivação extrínseca, deverá agir em busca de resultados, elaborando estratégias e planos de ação, lançando mão de adequados sistemas de incentivo, etc.

A motivação intrínseca põe em evidência as suas habilidades em configurar, de modo atraente, o trabalho de seus colaboradores, estimulando-lhes a autonomia, a criatividade, a aprendizagem, etc.

Por fim, o plano transcendente destaca o elemento diferenciador do verdadeiro líder: sua habilidade em prover sentido ao trabalho dos seus liderados, identificando-os com a missão da organização, despertando-lhes o interesse em contribuir, em ser servidores de uma causa de valor. Esse âmbito de atuação define o papel de formador do líder em sua dimensão mais profunda: formar talentos, sim, mas capazes de atuar pelo sentido do seu trabalho para outras pessoas. Em outras palavras, o líder não se restringe "apenas" a formar colaboradores enquanto profissionais, mas enquanto pessoas: trata-se de uma dimensão ética e moral da função de liderança.

O nível transcendente da atuação do líder, que obviamente não subtrai importância às outras duas dimensões, vem recebendo destaque crescente na literatura. Mencionamos aqui apenas uma frase de uma obra difundida nos últimos anos: "*Para liderar, você precisa servir*". (HUNTER, 1998). Em última análise, o líder somente será digno deste nome se atuar por motivação transcendente, criando relações de confiança e estimulando o crescimento dos seus colaboradores.

E como deverá essa habilidade do líder atuar diante da diversidade de pessoas com que trabalha? Cada colaborador tem aspirações próprias, e mais: uma visão de mundo, de si mesmo e de trabalho própria.

O modelo de motivações visto possibilita uma importante aproximação da realidade individual no ambiente de trabalho. Apresentamos a seguir um modelo que aprofunda notavelmente a percepção das diferenças individuais: trata-se de uma classificação de tipos psicológicos, largamente estudada pela psicologia e difundida na prática empresarial.

21.2 Um modelo de tipos psicológicos

O moderno conceito de *tipo psicológico* remonta aos estudos de C. G. Jung (JUNG, 1991) e refere-se a um conjunto de tendências naturais que compõem uma realidade orgânica que permanece no substrato da pessoa ao longo de sua vida, ainda que sofra influências da educação recebida, do ambiente, etc. Esse substrato é denominado *temperamento,* e constitui uma base inata do modo de ser de cada um, cuja influência condiciona todas as suas ações. Daí que, para David Keirsey, cujo referencial adotaremos, o tipo de temperamento seja o próprio tipo psicológico (KEIRSEY, 1984, 1988 e 1998).

O estudo dos tipos psicológicos de Jung gerou uma tipologia conhecida como *Myers-Brigs Type Indicator*, baseada em quatro dimensões da psicologia da pessoa humana. Mediante a combinação desses quatro "vetores", obtém-se um "tipo ideal", isto é, um "tipo idealizado", que não se dá exatamente na realidade, mas que lhe serve de modelo ou referência, facilitando poderosamente a compreensão da maneira de ser de cada um.

O interesse desse instrumento, tal como apresentado por Keirsey, reside em que ele possibilita conhecer as cosmovisões típicas de cada estilo, com suas aspirações de fundo, tão fundamentais que explicam, com boa aproximação, as diferenças de atitude, de preferências e de comportamento das pessoas.

21.2.1 Os quatro tipos básicos de temperamento: a busca de perfeição própria de cada um

O modelo de Keirsey divide os temperamentos em quatro grandes grupos (SP, SJ, NT e NF), obtidos pela associação de duas de quatro variáveis descritivas possíveis (cada variável correspondendo a uma preferência que admite duas possibilidades: E ou I na primeira variável, S ou N na segunda, T ou F na terceira, e finalmente J ou P na última). Cada um destes quatro tipos principais, por sua vez, admite em si quatro outros subgrupos, combinando outras duas das quatro variáveis possíveis. Com isso se obtém, para o tipo SP, por exemplo, os subtipos ESTP, ISTP, ESFP, ISFP. Neste trabalho, trataremos essencialmente dos quatro tipos básicos, que atendem perfeitamente aos propósitos assumidos.

A descrição dos tipos encontra-se em Keirsey (1984; 1988; 1998) e em Ramos da Silva (1990 e 1992). Apresentamos, aqui, um breve resumo[2].

As características que definem os tipos são, duas a duas, contrárias: S (de *Sensible*) indica a preferência pela realidade presente e concreta, em oposição a N (de

---

[2] Existem testes para identificação do tipo psicológico pessoal. Recomendamos o questionário exibido no site de Keirsey, que aliás contém numerosas informações para os interessados num aprofundamento: http://keirsey.com/ptest.html. A própria análise desse questionário revela a caracterização dos diferentes vetores que compõem os tipos.

368 Qualidade e Competência nas Decisões

iNtuition), mais voltado para as possibilidades e o futuro. P (de *Perception*) indica a tendência para o *easy-going,* alheio a prazos e esquemas predeterminados; seu contrário é o J (de *Judicative*). O fator F (de *Feeling*) indica uma preferência por abordagem pessoal, em oposição a T (de *Thinking*), uma abordagem "objetiva". Por fim, o último par I/E refere-se à Introversão/Extroversão.

Para compor a caracterização fundamental de um tipo, começa-se por indagar sobre o par S/N, ou seja, se a pessoa volta-se mais para a realidade concreta e presente (S) ou se, pelo contrário, é mais sensível às possibilidades e potencialidades que nela se encerram (N).

Há uma curiosa assimetria na formação dos 4 tipos fundamentais (que se compõem da união de duas preferências elementares): se a preferência for S, o tipo fundamental se define com um dos elementos do par J/P; já se a preferência for N, a complementação se dá com um dos elementos do par F/T. O par E/I, que poderia ser invocado em qualquer caso, é, por assim dizer, o menos essencial.

Assim como o par S/N diz respeito à sensibilidade para a realidade (como quer que cada tipo considere essa "realidade..."), o par J/P refere-se à organização da vida e de suas instâncias. O fator J indica a preferência pela ordem e organização (prazos, procedimentos, rotinas, esquemas, cronogramas, etc.), enquanto o P designa o *easy-going*, que se lança sem planos e decide no andamento do processo, conforme a conveniência do momento. Assim, por exemplo, o cônjuge J tenderá – para desespero do cônjuge P – a detalhar o planejamento do passeio familiar de domingo à tarde.

O fator T inclina-se para uma abordagem "objetiva" e impessoal (onde o que conta é unicamente o estado de coisas, enquanto o F atenta sobretudo para o lado "subjetivo", pessoal (as pessoas que estão envolvidas naquele assunto). Para exemplificar de algum modo, o professor F acusará seu colega T de frio e insensível (ao não considerar, para efeitos de avaliação na prova de Gramática, tal ou qual problema psicológico ou dificuldade familiar do aluno); T, por sua vez, dirá que "sente muito", *mas* se o aluno acertou somente 48% dos testes, está reprovado...

Compõem-se, assim, os 4 tipos – "idealizados", vale lembrar – fundamentais: SP, SJ, NF, NT.

O tipo SP

Este tipo constitui cerca de 38% da população, segundo Keirsey. Precisa ser livre, não pode estar confinado nem ser compelido. Quando ele quer (e na medida em que quer...), é seu ideal. O mal: esperar, guardar, preparar, planejar, pedir autorização, obedecer a políticas, regras. Não lhe importam (lembremos que falamos de tendências naturais): o dever, o poder, os princípios.

O agir justifica-se por si: a ação é o seu próprio fim . Rejeita metas de longo prazo, planos, rotinas. Faz as coisas porque sente a urgência do impulso, não por um fim estabelecido por outros. Ser impulsivo é manter-se vivo. A gíria brasileira fornece diversos substantivos caros ao léxico do SP: garra, raça, pique...

Não treina, faz. É o melhor para as emergências e crises. Entedia-se com a rotina. Grande motivador: quando ele surge algo de aventura vai acontecer. Otimista, divertido. Capacidade de suportar dor por longos períodos de ação. Desdenha comprometimento. Trabalho é lazer: em certo sentido, o SP não trabalha (no sentido de produção, acabamento, cumprimento). Grande artista, pintor, instrumentista, vocalista, dançarino. Fraternal com o seu grupo, a sua equipe: defende-o quando necessário. Tudo é negociável numa crise. Super-realista.

O tipo SJ

Corresponde também a cerca de 38% da população, segundo Keirsey. Movido pelo dever, pela dívida, pelo compromisso. Impaciente por ser útil. Precisa ser o doador, não o receptor. A escola é feita para formar SJs. Sente-se compelido a estar obrigado, comprometido.

É útil para a compreensão do SJ (e, também do SP...) vê-lo em contraste com seu "primo", o SP (e vice-versa)., conforme o Quadro 21.1

Quadro 21.1. Comparação entre SP e SJ

SP	SJ
Ética da diversão	Ética do trabalho árduo
Perspectiva fraternal e libertária; crença e inclinação por igualdade.	Crença e inclinação por hierarquia
Otimista; a cigarra da fábula.	Pessimismo em suas ações; preparar-se para eventos que vão acontecer; a formiga da fábula.

Assim, o anseio do SJ é o de pertencer (*"belonging"*). Pertencer a unidades sociais é essencial; cria e sustenta as unidades sociais. Apegado à tradição. Aguda sensibilidade para identificar ingratidão, embora não procure isso. Ligado à herança cultural. Resistência a mudanças abruptas e revolucionárias. Valoriza títulos, autoridade. Aceita novas responsabilidades. Pode ser o mais esquecido para receber reconhecimento. Ar sério. Preocupação com o cuidado dos outros, jovens e mais velhos, em especial. Preferência por ocupações de serviços. Não fazer a própria obrigação soa-lhe como uma ofensa.

O tipo NF

Cerca de 12% da população. Procura um fim diferente, não compartilhado por nenhum outro tipo: realização da própria identidade pessoal (*self*). Tornar-se o que realmente é. Ser autêntico. No trabalho, na família e em qualquer situação, necessita encontrar um sentido humano (naturalmente, este sentido aflora nas relações inter-*egos*). Sensível a metáforas, tem domínio de linguagem para expressar-se. Muito generoso na energia que devota às relações pessoais. Sentido de missão. Quer transmitir idéias e atitudes. São os grandes escritores, os líderes das grandes causas (pacifistas, ecologistas, etc.). Devotado a ciências humanas e ciências sociais. A linguagem – enquanto fenômeno humano que expõe o *self* – fascina-o. É apto para "trabalhar" com palavras, para contato direto ou indireto com pessoas. O trabalho para o NF deve oferecer sentido/significado humano e contribuir para a realização pessoal. Mantém sempre o foco nas pessoas; anseia pelo relacionamento pessoal.

O tipo NT

Cerca de 12% da população, segundo Keirsey. Desejo de poder, não sobre pessoas, mas sobre a natureza, para controlar, predizer e explicar a realidade. Tem necessidade de ser competente. Só ele pode julgar sua capacidade, mediante implacável auto-crítica. Se o SJ se pauta por "devo/não devo", "tenho que", já o NT guia-se pelo "devo saber", "ser capaz de". Trabalho é trabalho, e diversão é trabalho (quer se aperfeiçoar). Utiliza poucas palavras, sem redundância, cuidando sobretudo a dimensão lógica da linguagem; curiosidade precoce; excelência para tecnologia. Não gosta de serviços: manutenção, vendas, distribuição... Sente-se compelido a rearranjar o ambiente (otimização racional) e, neste sentido, é aberto a mudanças que fazem sentido. Foco no futuro. Pode isolar-se socialmente dos colegas.

21.3 Padrões individuais de atitude e comportamento no trabalho

Com base no estudo dos tipos psicológicos descritos por Keirsey, é de se prever que cada temperamento tenda a um específico padrão de atitudes e comportamentos no trabalho, configurando um quadro típico de perfil motivacional, habilidades e deficiências potenciais.

A investigação desses padrões de atitudes pode oferecer importantes subsídios para a tarefa de liderar uma equipe de colaboradores. Esses padrões serão úteis, no entanto, na medida em que possam expressar-se em condutas concretas, e ser avaliados por meio de validação prática.

Apresentamos a seguir alguns dos resultados de um trabalho de pesquisa nesse sentido feito por Matsuoka (1997), em que se estudaram casos concretos dos diferentes tipos psicológicos, num enfoque que alinha os dois corpos teóricos apresentados: a teoria motivacional e o modelo dos tipos psicológicos. Oferecem-se subsídios para a tomada de decisões em função do tipo psicológico: adequação de cada tipo a funções em que se requer o papel de liderança, saber trabalhar em equipe e possuir espírito empreendedor.

21.3.1 Como operam os quatro tipos psicológicos: qualidades naturais e deficiências potenciais

O tipo SP:

- Inclinado à ação e resolução de problemas urgentes; impulsivo.
- Desfruta do trabalho, habitualmente realizado com elevada produtividade.
- Exímio negociador em situações de crise; grande senso de realidade.
- O impulso do momento soa-lhe mais alto que os compromissos assumidos; tende a não se prender a canais formais de comando superior.

O tipo SJ:

- Responsável e fortemente ligado ao dever.
- Facilidade para trabalhos de precisão, ou de planejamento, controle e implantação de sistemas.
- Dispõe-se a tarefas de serviço e apoio com facilidade.
- Tende ao conservadorismo e rigor na preservação de normas; falta-lhe liberdade interna para pensar em mudanças mais radicais; pouco flexível para lidar com situações imprevistas.

O tipo NF:

- Com profunda sensibilidade humana, costuma ser cordial e apoiador do crescimento das pessoas; necessita que seu trabalho tenha claro conteúdo humano, promova interações com pessoas e esteja aberto ao crescimento das mesmas; aborrece-se com rotina e trabalhos humanamente frios.
- Identifica seu trabalho com sua própria personalidade; tende a ser sensível à crítica friamente dirigida.
- Pode ser demasiadamente imaginativo e pouco objetivo na definição de propostas pessoais de trabalho, também em função das inúmeras colaborações que presta.

O tipo NT:

- Racional e lógico, tende ao teórico e à concepção de mudanças; não suporta rotina, nem propostas sem clara fundamentação lógica; tende a prestar ouvidos somente a pessoas de comprovada competência.
- Pode falhar no realismo de seus planos, assumir ares de superioridade, gerar rejeições à volta, e isolar-se no comando.

372 Qualidade e Competência nas Decisões

21.3.2 O perfil motivacional de cada tipo psicológico

De posse dos perfis motivacionais, pode-se orientar melhor o aperfeiçoamento necessário a cada tipo psicológico ante a função que lhe cabe; assim também, dispõe-se de elementos para configurar uma função de modo a melhor atender ao perfil motivacional em questão; e é possível expressar-se o reconhecimento sob formas mais eficazes, em função do que cada tipo verdadeiramente aprecia.

Nesse sentido, e falando ao nível das preferências temperamentais, pode-se dizer que os tipos SJ e NF, em geral, não possuem um natural atrativo pela tarefa em si, ao menos do modo como ocorre com os tipos SP e NT. Estes, por assim dizer, possuem maior facilidade para despertar nos outros motivação intrínseca pelo trabalho que têm em mãos.

A motivação transcendente pode estar presente em alto grau em qualquer dos tipos, mas sob formas diferenciadas. Cada tipo possui uma preferência por formas concretas de manifestação de intenções positivas (transcendentes) por parte do superior. A compreensão dessas preferências é muito útil para o estabelecimento de *relações de confiança*.

O tipo SP:

Necessita receber tratamento cordial e realista, em que se valorizam suas habilidades de solucionador de problemas. São sinais preferidos de reconhecimento: concessão de autonomia e liberdade para atuar, dispensa de obrigações burocráticas, celebrações de resultados alcançados, etc. Movido pelo impulso, pode deixar de atentar para outros valores que não sua tarefa em si: a formação de colaboradores, o serviço a colegas envolvidos em outros problemas, etc. Nestes aspectos está o aperfeiçoamento de sua motivação transcendente.

O tipo SJ:

Espera de seu superior as mesmas qualidades que possui por natureza – obediência a regras, atitude de serviço, ser exemplo, etc. –, sem as quais sente-se incomodado. Motivado essencialmente pelo dever e inclinado a tarefas de serviço, desenvolve motivação transcendente com facilidade. A cobrança de suas obrigações incomoda-o muito. Sem o manifestar, espera reconhecimento por sua lealdade e abnegação. A possibilidade de participar de atividades que lhe são gratas – planejamento, implementação de sistemas, etc. –, é para ele um descanso e uma forma de expressão de reconhecimento.

O tipo NF:

Prefere manifestações de apreço de tipo pessoal. Aberto à colaboração, sempre que tratado com cordialidade e respeito sincero. Em termos de motivação intrínseca, a configuração de trabalho de sua preferência envolve essencialmente conteúdo e significado humanos, interação com pessoas e possibilidade de crescimento real de todos. A motivação transcendente cresce na medida do bom progresso dessas interações.

O tipo NT:

Gosta de ser reconhecido por suas idéias e capacidade. Competência e lógica são as características de seu chefe ideal. Pode ocorrer com freqüência que sua motivação transcendente se oculte por trás de um grande envolvimento no trabalho. Em todo caso, o verdadeiro teste dessa motivação estará no grau de sacrifício pessoal que estará apto a fazer, em benefício dos colaboradores: acatar críticas, valorizar sugestões, aperfeiçoar pessoas; prestar apoio à execução, não se limitando às idéias; recusar benefícios pessoais em favor dos outros, etc. Para tornar-se um líder, precisará ser capaz de compreender que o objetivo maior não se reduz à excelência material do trabalho, mas à obtenção da maior perfeição de todos. E que, para isso, não basta e nem convém a crítica direta e sistemática: faz falta manifestar interesse pelo crescimento das pessoas.

21.3.3 Os quatro tipos psicológicos na condição de líder

O SJ como líder:

- Bom educador, inclinado a tarefas de serviço e apoio.

- Facilidade para promover senso de responsabilidade e espírito de cooperação de uns com os outros (motivação transcendente).

- Tende a ser conservador de regras e princípios: pode protagonizar atritos com indivíduos impulsionados à ação (SP), ou à mudança drástica (NT), ou à sensibilidade pessoal (NF).

- Não tem facilidade para motivar pelo atrativo da tarefa em si (motivação intrínseca); pode transmitir pessimismo e ser pouco eficaz nos problemas urgentes.

O SJ tende a ser um bom gerente ou um bom administrador. Sua gestão tende a ser marcada por sistematização, controle e melhorias graduais.

O SP como líder:

- Grande impulsionador da ação e eficácia nos problemas, trabalha com alta motivação intrínseca e consegue envolvimento prazeroso no trabalho da parte dos colaboradores.

- Impulsivo e pragmático, não é, por natureza, um formador de pessoas.

- Necessita desenvolver habilidade de planejamento e preservação da instituição.

374 Qualidade e Competência nas Decisões

O SP é excelente para situações de crise. Situado na condição de chefe, tende a enfastiar-se com a rotina e os padrões. Necessita inspirar-se no SJ para as qualidades de "guardião da instituição" que lhe faltam, e no NT para uma direção estratégica de seu setor.

O NF como líder:

- O mais sensível para a valorização humana do trabalho, e para a compreensão de estados motivacionais e necessidades subjetivas das pessoas; tem facilidade para conquistar confiança e promover cooperação espontânea.

- Necessita adquirir firmeza para corrigir e definir diretrizes.

- Necessita aprimorar o senso de realidade e objetividade diante das idéias.

O NF privilegia ambientes de cooperação harmoniosa. Necessita adquirir a capacidade de atuação eficaz em situações problemáticas, e a não perder a objetividade em função de demasiadas concessões à sensibilidade das pessoas, ou da excessiva troca de idéias promovida entre os colaboradores.

O NT como líder:

- O mais inclinado a estratégias e mudanças de ruptura.

- Como educador, ressente-se da falta de sensibilidade natural para compreender estados motivacionais mais subjetivos, dado que sua abordagem é essencialmente racional.

- Tem firmeza para exigir quando necessário. Pode fazer-se demasiadamente duro ou exigente em sua atuação. Precisa desenvolver cordialidade e atitude de apoio e serviço.

- A preferência por estratégias e teorias costuma prejudicar-lhe o senso de realidade nos planos traçados.

O NT é grande estimulador da mudança e da competência técnica. Dotado de grande motivação transcendente, pode formar pessoas competentes.

21.3.4 Trabalho em equipe: preferências peculiares a cada tipo psicológico

Naturalmente, este aspecto está condicionado também pelo par Extroversão/Introversão, não abordado. Assinalamos apenas algumas características essenciais constatadas.

21. Decisões Quanto ao Tipo Psicológico 375

O tipo SP:

Pode não ser grande promotor de trabalho em equipe, no sentido de um grupo com condução compartilhada. Prefere receber uma incumbência e partir para a ação, confiado em seu senso de realidade. Tende a ser centralizador, por não confiar na eficácia e no senso de realismo de seus colaboradores.

O tipo SJ:

Dá-se bem com o trabalho em equipe e sabe promovê-lo com facilidade. Entretanto, aborrece-se com discussões metodológicas, filosóficas ou de conscientização. Prefere encontros realistas e objetivos, com propósitos escritos, tanto quanto possível.

O tipo NF:

"Crescer juntos" é uma espécie de slogan NF. É natural promotor da administração participativa. Necessita que haja sempre uma discussão prévia e preparatória com os envolvidos em mudanças, prezando, ao mesmo tempo, objetividade e resultado.

O tipo NT:

Tende a fazer prevalecer sua opinião, tanto entre seus iguais, quanto, principalmente, entre os subordinados. Necessita desenvolver a qualidade de promotor do trabalho em equipe, procurando abster-se de críticas dispensáveis, desconfiar de seu senso de realidade, e empenhando-se por reconhecer a contribuição dos demais.

21.3.5 O espírito empreendedor

Entendendo-se por espírito empreendedor a capacidade de gerar idéias inovadoras e de explorá-las com eficácia.

O tipo SP:

Necessita superar a descrença nos planos e adquirir a habilidade para enxergar mais à frente, visualizando metas, tarefas, recursos, etc., de maneira lógica e organizada.

O tipo SJ:

Custa-lhe pensar idéias de ruptura, pois a preferência natural o inclina à preservação da instituição existente. Necessita libertar-se das regras e do *status quo*, e ser poupado de tarefas de manutenção e controle, para desenvolver capacidade empreendedora. Entretanto, é um apoio essencial para a concretização de idéias já concebidas.

376 Qualidade e Competência nas Decisões

O tipo NF:

Tem boa capacidade de intuição e antevisão de situações futuras, e interessa-se naturalmente por mudanças possíveis. Mas necessita aprender a estruturar logicamente os planos com vistas à execução efetiva.

O tipo NT:

É o empreendedor por excelência, dadas as condições naturais de intuição racional e de criatividade que o favorecem. Necessita, contudo, apurar o senso de realidade, e também a sensibilidade humana, quando se trata de mudanças que afetam pessoas.

21.4 Abordagem ética da gestão individualizada de pessoas

Os dois modelos apresentados – a teoria de motivações e a tipologia dos temperamentos – se bem assimilados, sobretudo em seus propósitos, podem ser de grande valia na gestão de pessoas. Alertamos, contudo, para o risco de um uso incorreto pernicioso: a manipulação do conhecimento motivacional e psicológico dos colaboradores por interesses particulares.

Conforme visto em 21.1.3, a ótica que norteia o uso dos instrumentos apresentados é a da motivação transcendente: o interesse sincero pela formação e crescimento dos colaboradores, enquanto pessoas e enquanto profissionais. Isto exclui o uso interesseiro desses instrumentos, o que configuraria um modelo de gestão mecanicista e uma visão reducionista da concepção da pessoa humana.

Pela mesma razão, deve-se evitar o risco de "rotular" as pessoas em função do seu tipo psicológico. Por um lado, recordamos o que já foi dito a respeito da natureza da tipologia apresentada: trata-se de tipos idealizados, em boa medida caricaturados, que constituem apenas uma referência didática que favorece, por assim dizer, o "acesso" a uma realidade em si insondável, a da psicologia da pessoa concreta.

Por outro lado, uma leitura atenta do que acima se descreveu capta facilmente a dimensão de dinamismo que permeia o nosso enfoque: considera-se cada tipo com igual valor, com potencialidades positivas e negativas; nenhum se completa a si mesmo, e cada qual encontra nos restantes uma oportunidade indispensável de aperfeiçoamento.

Nesse sentido, receamos que a obra de Keirsey não enfatize suficientemente o papel da vontade na constituição do caráter. Nosso posicionamento, ligado à antropologia clássica, é aberto a mudanças sobre a base natural temperamental (aliás, um dado empírico), propiciadas pelos hábitos[3]. Concordamos com Goleman quando diz *temperamento não é destino* (GOLEMAN, 1995).

---

[3] Como apresentado, por ex., em Allers (1946), especialmente o tópico I.3.

Referências

- ALLERS, R. **Psicologia do caráter**. Rio de Janeiro, Agir, 1946.

- CAMPOS, V. F. **O valor dos recursos humanos na era do conhecimento**. Belo Horizone, Fundação Cristiano Ottoni, 1995.

- GOLEMAN, D. **Emotional Intelligence**: Why it can matter more than IQ. Bantam Books. 1995.

- HUNTER, J. – **The Servant** – Prima Publishing, Roseville, CA, 1998.

- JUNG, C.G. **Tipos Psicológicos**. Petrópolis, Vozes, 1991.

- KEIRSEY, D.; BATES, M. **Please Understand Me:** Character and Temperament Types. Del Mar, Gnoseology Books, 1984.

- KEIRSEY, D. **Portraits of temperament**. Del Mar, Prometheus Nemesis Book, 1988.

- _____. **Please Understand Me II:** Temperament, Character, Intelligence. Prometheus Nemesis Book Compay – 1998.

- KONDO, Y. **Motivação Humana**: Um fator chave para o gerenciamento. São Paulo, Gente, 1994.

- MATSUOKA, J. M. **Motivação para a qualidade: uma abordagem ética e individualizada**. São Paulo, 1997. 204 p. Tese de doutorado - Escola Politécnica da Universidade de São Paulo.

- MÖLLER, C. **O lado humano da qualidade**. São Paulo, Pioneira, 1992.

- MON, A., CARDONA S. *et al.* – **Paradigmas del Liderazgo** – McGraw-Hill Interamericana de España, IESE Business School, Madri, 2001.

- PÉREZ LÓPEZ, J. A. **Teoría de la acción humana en las organizaciones**: la acción personal. Madrid, Ediciones Rialp, 1991.

- _____. **Fundamentos de la dirección de empresas**. Madrid, Ediciones Rialp, 1993.

- PETERS, T. J.; WATERMAN, R. H. **In search of excellence**: lessons from america's best-run companies. New York, Warner Books, 1982.

- PFEFFER. J. **Vantagem competitiva através de pessoas**. São Paulo, Makron Books, 1994.

- RAMOS DA SILVA, M. L. **Perfil psicológico e opção profissional acadêmica**: um estudo a partir da abordagem de Keirsey e Bates. São Paulo, 1990. 290p. Tese (Livre Docência) - Faculdade de Educação, Universidade de São Paulo.

- _____. **Personalidade e escolha profissional**: subsídios de Keirsey e Bates para a orientação vocacional. São Paulo, EPU, 1992.

- SIEVERS, B. Além do sucedâneo da motivação. **Revista de Administração de Empresas**, v.30, n.1, p.5-16, jan/mar.1990.

378   Qualidade e Competência nas Decisões

22 DECISÕES USANDO MAPAS COGNITIVOS

Marcelo Salazar

22.1 Introdução

Como já exposto em capítulos anteriores, as decisões são tomadas o tempo todo e não se tem como fugir delas. Somos pressionados pela linha do tempo a decidir, decidir, decidir! Como aponta Eduardo Gianetti (2005), podemos nos mover no espaço em diversas direções, ir para frente e para trás, atravessar oceanos e regressar. Porém, no tempo, só podemos nos mover em uma única direção: adiante. O tempo corre enquanto que nos são exigidas decisões simples ou complexas, de impacto ou corriqueiras, o tempo todo. Algumas delas direcionam os rumos de nossas vidas pessoais e de todos os tipos de organizações.

Há decisões que são tomadas individualmente, outras podem ter seu peso dividido com outras pessoas, quando realizadas de forma participativa. Compartilhando com um grupo, conseguem-se mais elementos, tornando a ponderação para uma determinada decisão muito mais rica. Contudo, as decisões tomadas em grupos podem apresentar uma dificuldade muito superior às tomadas individualmente, ainda mais quando no grupo as decisões precisam ser de alguma maneira coletivas e se desdobrem em ações que exijam comprometimento das pessoas.

Mesmo em um sistema de gestão hierarquizado, as decisões que envolvem a participação de subordinados ou são enxergadas pelo grupo facilitam sua execução. Em sistemas de gestão participativa, em associações produtivas ou comunidades tradicionais, por exemplo, deve haver um consenso ou, ao menos, um "meio-termo" para a tomada de decisão e isso é primordial para o sucesso na implementação das ações decorrentes.

Em *Dialogue*, Bohm (1998) descreve uma passagem do processo decisório de um grupo indígena norte-americano. Esse curto relato é relevante para o entendimento do processo de construção coletiva:

"Há algum tempo havia um antropólogo que viveu por um longo tempo com uma tribo norte-americana. Era um grupo pequeno, de vinte a quarenta. De vez em quando essa tribo reunia-se em um círculo. Eles simplesmente conversavam e conversavam e conversavam, aparentemente sem objetivo. Não tomavam decisões. Não havia líder. E todos podiam participar. Devia haver homens sábios e mulheres sábias que eram ouvidos por mais tempo — os mais velhos — mas todos podiam falar. A reunião continuava, até que finalmente parecia parar sem nenhuma razão e o grupo se dispersava. Mesmo depois disso, todos

380 Qualidade e Competência nas Decisões

pareciam saber o que fazer, porque eles se compreenderam uns aos outros muito bem. Então eles podiam se reunir em pequenos grupos e fazer algo ou decidir coisas."

A busca de uma visão coletiva é um grande desafio. Partindo de uma visão alinhada na montagem do planejamento de qualquer instituição, ou mesmo de nossas vidas, diversos atritos podem ser poupados. Atritos estes que consumiriam um "caminhão" de energia e tempo.

Mas como obter consenso? Como prever se a decisão a ser tomada é a mais correta para o grupo?

Antes de tomar uma decisão, é preciso entender as variáveis que compõem o problema ou situação em questão e os pressupostos de cada participante. Uma das saídas é construir representações gráficas, mapas, com os quais todos concordem e, a partir deles, buscar visualizar os caminhos a serem trilhados.

Os seres humanos, desde os primórdios utilizam mapas para se guiar. Mesmo que não estejam desenhados ou descritos, os mapas podem estar na cabeça de uma pessoa ou de um coletivo de indivíduos, gravados a partir de seus sentidos (visão, tato, olfato, audição). Na mata, por exemplo, é comum utilizar como guia o cheiro de uma espécie vegetal específica, o barulho de uma cachoeira, a direção das trilhas, o tempo de caminhada, as estrelas, ou simplesmente a intuição, um sentimento de estar no caminho certo.

Intuição ou dom são elementos difíceis de serem replicados ou aprendidos por outros. Por isso, os serem humanos desenvolveram ao longo do tempo a arte de elaborar mapas para se guiarem, utilizando diferentes pontos de referência e parâmetros que possam ser interpretados posteriormente por outras pessoas treinadas nas técnicas utilizadas.

Até determinada época, os mapas usavam apenas pontos de referência. Com o advento da bússola, passaram a ter, além dos pontos de referências naturais, os azimutes (direções cartesianas). Um dos sistemas bastante utilizados atualmente é o GPS (Global Positionning System), mapas gerados por satélites que captam elementos inimagináveis há alguns anos. No entanto, é importante lembrar que os mapas, apesar de cada vez mais precisos, não são a realidade, são modelos que representam a realidade. Nesse sentido, é necessário levar em consideração as diversas técnicas de construção de mapas e também o conjunto de conhecimentos necessários para a leitura de um mapa como ferramenta de apoio na tomada de decisões.

Portanto, um mapa é um modelo de um território e, por mais detalhado que seja, não é o território com toda sua riqueza de detalhes. Quanto mais próximo da descrição do território, mais o mapa servirá como apoio às decisões assertivas dos caminhos a serem seguidos.

A realidade de um indivíduo, ou mapa da realidade que um indivíduo apresenta, pode ser entendida como a visão de mundo que sua estrutura de valores e conhecimentos lhe permite ter num determinado momento. A realidade de um grupo pode ser entendida como a soma das visões de mundo dos indivíduos que tomam parte no grupo. Assim, o ser humano, individualmente ou em grupos, cria mapas ou modelos da realidade e sobre eles baseia suas decisões.

Cada modelo que embasa as decisões conta com um conjunto de variáveis com pesos distintos e diferentes graus de ligação entre si. Algumas dessas variáveis são facilmente identificáveis, outras nem tanto. Sobre algumas das variáveis não temos nem mesmo consciência. A incorporação de elementos externos e complexos aos modelos dificulta a sistematização e, conseqüentemente, a decisão com base em técnicas corriqueiras. O envolvimento de muitos seres humanos, com toda diversidade que cada um deles apresenta, complexifica os modelos.

"Não consigo dizer o que penso até olhar o que digo" – frase proferida em um dos seminários de um dos grandes estudiosos do Mapeamento Cognitivo, Steve Cropper, que explicita a necessidade de estruturar de maneira gráfica os pensamentos para compreender o que está sendo transmitido. O ato de estruturar o pensamento pode clarear muitos elementos e contribuir para a tomada de decisões. Esse é um dos benefícios da teoria de Mapas Cognitivos.

22.2 O Mapeamento Cognitivo – conceitos

O mapa cognitivo foi desenvolvido com a finalidade da estruturação de uma situação problemática. É uma representação semi-estruturada do modo com o qual uma pessoa ou grupo enxergam um determinado problema. Um mapa cognitivo inclui uma descrição da situação problemática e uma compreensão sobre o que pode ou não ser feito acerca do assunto (EDEN, 1991).

Essa técnica fundamenta-se na Teoria dos Construtos Pessoais de Kelly (1955). A essência desta teoria se baseia em três princípios básicos:

- O ser humano está sempre tentando explicar o seu mundo, ou seja, está sempre buscando prever o futuro para decidir como agir para obter o que prefere.

- O ser humano faz sentido do seu mundo por meio de contrastes e similaridades.

- Para compreender o significado de seu mundo, o ser humano organiza seus pensamentos (construtos) de forma hierárquica, sendo que alguns são superiores a outros (ARAÚJO FILHO *et al.*, 1998).

Desenvolvido nestas bases, o Mapeamento Cognitivo forneceu à teoria de Kelly uma forma de expressão, agregando outros elementos e, posteriormente, consolidando uma ferramenta de auxílio à tomada de decisão diferenciada, o que gerou resultados surpreendentes. A técnica consiste no levantamento dos construtos de uma pessoa ou grupo e na estruturação destes construtos de forma hierárquica em um mapa.

382 Qualidade e Competência nas Decisões

Nesse sentido, o processo de mapeamento deve ajudar a identificar os objetivos e possibilidades de caminhos a serem escolhidos. Não se deve esperar que os objetivos já estejam identificados, ou como proceder para atingi-los, pois existem dúvidas, conflitos ou ramificações de possíveis ações, que não são claros e devem ser explorados. Além disso, não raramente são enfrentadas situações onde a definição do objetivo em si é problemática (ARAÚJO FILHO, 1994).

Nesse processo, o facilitador – pessoa que estará realizando a construção do mapa, que pode ou não fazer parte do grupo, conforme o caso – deve trabalhar a complexidade do problema, fornecendo pistas que auxiliem na identificação de um sistema de objetivos, uma conexão entre as diferentes partes de dada situação, a priorização das opções e a compreensão do foco central nas questões (EDEN, 1991).

Esse autor também frisa que um mapa, assumido como um modelo, não necessita abranger tudo o que é expresso, mas os aspectos essenciais da argumentação apresentada. Porém, um grande cuidado deve ser tomado ao descartar informações da pessoa ou grupo mapeado, pois muitas vezes coisas que não fazem sentido em um primeiro momento, posteriormente, podem desempenhar um papel crucial na identificação de possíveis ações ou no entendimento das questões analisadas.

Dessa forma, deve-se adotar uma postura na qual todas as considerações realizadas demandem análise e atenção, enfatizando a perspectiva daquele que relata e não a do mapeador, tomando-se cuidado para que sejam usadas as mesmas palavras do entrevistado na elaboração dos construtos. Assim, o entrevistado vê o mapa como sendo dele e não de agentes externos. Um mapa, portanto, é a construção de algo entre o mapeador e o cliente e deve ter sentido para ambos (CROPPER, 1997).

O mapa, em geral, deve ser orientado para ação e algumas decisões podem ser tomadas a partir da análise do problema abordado e sua efetividade vai além da função de apresentar um relato do problema (EDEN, 1991). Assim, os relatos descritivos de preocupações ou situações podem ser convertidos em relatos que sugiram ações. Essa análise não é trivial, pois implica alterar a linguagem usada pelo relator, de forma que a ação ganhe centralidade em detrimento de uma mera descrição.

O processo de construção de um mapa ganha eficácia a partir do levantamento dos argumentos que levam à ligação entre os construtos. Nesse sentido, o mapa adquire um aspecto sistêmico, sintetizando de forma gráfica toda uma argumentação utilizada para descrever e identificar possíveis ações para solucionar problema, o que nem sempre é possível através de um texto linear (ARAÚJO FILHO *et al.*,1998).

Dependendo da complexidade da questão, o mapa pode trazer à tona ligações entre aspectos antes ocultos, como pode evidenciar questões que, a princípio, não pareciam tão importantes, facilitando a compreensão da situação problemática e dando mais firmeza para os gestores na tomada de decisões.

Neste sentido, o mapa apresenta uma faixa ampla de significados, não só refletindo conexões de explicações e conseqüências, mas também a conexão entre opções e resultados, meios e fins, ações e objetivos, obedecendo à lógica de que os resultados, objetivos e fins mais importantes são hierarquicamente superiores no mapa.

22. Decisões Usando Mapas Cognitivos

Ainda que não seja fundamental, o Mapeamento Cognitivo pode ser realizado com o auxílio de um *software* não inteligente, o Decision Explorer, no qual os construtos podem ser escritos e movidos e ligações podem ser estabelecidas e movidas com os construtos. O *software* pode auxiliar na organização do mapa e realizar algumas análises que facilitam sua compreensão.

A Figura 22.1 é uma parte de um mapa elaborado pelo grupo NAPRA – Núcleo de Apoio à Produção Ribeirinha da Amazônia, com participação do autor, durante o planejamento das atividades de 2000/2001 – e aborda um tópico de divulgação do projeto. Esse tópico está inserido em um mapa muito maior do planejamento do projeto NAPRA. Neste mapa, as idéias potenciais estão na parte inferior, seguidas pelos construtos estratégicos; acima, os objetivos do grupo evidenciam uma interligação destes construtos, cuja realização pode culminar em ações que levam às metas desejadas.

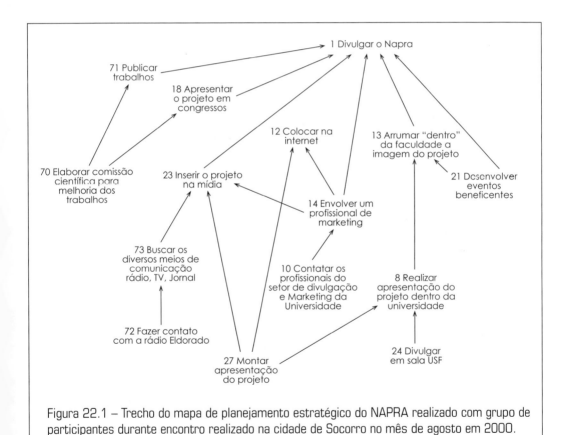

Figura 22.1 – Trecho do mapa de planejamento estratégico do NAPRA realizado com grupo de participantes durante encontro realizado na cidade de Socorro no mês de agosto em 2000.

Os mapeamentos realizados em grupos são utilizados para reduzir as diferenças entre as pessoas, criando legitimidade em relação aos problemas. Quanto mais pessoas envolvidas, mais rico é o processo. A arte está em lidar com os problemas sem gerar conflitos ou em minimizá-los ao máximo (CROPPER, 2000).

A partir da década de 1980, o mapa estratégico tem sido utilizado no apoio de grupos decisórios com a metodologia SODA (*Strategic Options & Development Analysis*), que consiste no mapeamento de cada indivíduo pertencente ao grupo decisório, para posterior elaboração de um mapa com as idéias do grupo inteiro. A fusão de mapas é uma técnica muito importante no Mapeamento e há diversas formas de unir mapas diferentes. Depois de unir os mapas individuais, realiza-se um *workshop* com todo o grupo mapeado, buscando não só um consenso, mas também um maior comprometimento dos envolvidos.

Outra técnica de mapeamento de grupos é o *Oval Mapping*, em que o mapa é construído com um grupo de pessoas simultaneamente, essencialmente com os mesmos objetivos da técnica anterior. São fornecidos cartões e canetas para cada integrante do grupo e as questões vão sendo levantadas pelo grupo ou pelo facilitador do processo.

O trabalho com mapeamento consiste em guiar cuidadosamente a estruturação de problemas, oferecendo oportunidade a cada membro do time para mudar de idéia suavemente e com criatividade. O processo de construção e análise do mapa pode levar o grupo a novos *insights* e soluções diferenciadas para o problema. Uma das vantagens desta metodologia é que, na maioria das vezes, as idéias não têm "cara", então cada membro do time pode julgar sem preconceitos (CROPPER, 2000).

Um mapa cognitivo pode ser visto como uma rede de idéias capturadas da pessoa que os expressa e, dispostas em um formato hierárquico com orientação para a ação. Nesse sentido, não só descreve uma situação problemática, mas indica possibilidades de ação para reverter ou alterar uma situação.

Ao longo do desenvolvimento do NAPRA, a utilização do método de mapas cognitivos aplicados a grupos teve como foco a modificação dos modelos mentais e sua transformação em ações práticas.

22.3 Construindo um Mapa Cognitivo

Como colocado anteriormente, um mapa constitui-se em uma rede de frases curtas ligadas entre si por meio de arcos direcionados. Cada frase deve procurar capturar e refletir diretamente a maneira como os conceitos ou construtos foram expressos. A orientação do mapa deve ter na parte superior as metas, na faixa mediana os objetivos e na base as ações potenciais que sustentam o cumprimento de determinada meta. Outra possibilidade de ligações no meio do mapa é ter na parte inferior explicações levando às conseqüências:

Para construir um mapa são necessárias no mínimo quatro questões básicas e cada uma delas fornece respostas que orientam sua construção:

Como?	Ações, Explicações, Meios
Por quê?	Meta, Conseqüências, Fins
Como isso se liga àquilo?	Conexões
Isso ao invés do quê?	Opostos

Alguns procedimentos podem facilitar o processo de construção do mapa:

- Quebre o relato de um problema em seus conteúdos essenciais, através de frases de não mais de 10 ou 12 palavras;
- Construa as ligações entre os diferentes construtos de modo a obter um formato hierárquico, indicando como um construto, pode levar ou ter implicações sobre os outros;
- Atenção às metas;
- Atenção às "direções estratégicas potenciais" que podem levar às metas;
- Busque os pólos contrastantes em frases ou construtos-chaves: "é isso ao invés do quê?";
- Procure dar um sentido de ação aos conceitos, escrevendo-os na forma imperativa;
- Procure manter tanto quanto possível a forma como foi relatado o conceito, utilizando palavras e expressões do entrevistado ou grupo.

O mapa pode ser construído no papel ou com a utilização de um *software* específico – Decision Explorer, da Banxia Software.

22.4 Considerações finais

Além do Mapeamento Cognitivo, há diversos métodos ou etapas de métodos que ajudam na estruturação de mapas mentais individuais ou de grupos. Algumas ferramentas de *software* também contribuem para a construção desses mapas. Porém, vale ressaltar que, independentemente do método, o foco de um mapa é estruturar, da forma mais detalhada possível, o problema ou a questão mapeada, o contexto, as pessoas envolvidas e seus pressupostos, as ponderações, entre outros aspectos. O mapa deve contribuir explicitando algo complexo de forma que outras pessoas possam compartilhar a visão e contribuir com novas questões, procurando as conexões dessas questões com aspectos já colocados.

No desenvolvimento de comunidades ribeirinhas ou na tomada de decisão em determinada empresa, esses métodos, como o Mapeamento Cognitivo, podem contribuir com uma visão diferente e mais integral da questão abordada.

Referências

- ARAÚJO FILHO, T. - A Abordagem Soft da PO - discussão e aplicação ao processo de implantação de sistema AIH. Tese de Doutorado - COPPE - UFRJ, 1994.

- ARAÚJO FILHO, T., YAMASHITA, F. E., YAMAMOTO, G. -Mapeamento Cognitivo: Reflexões quanto ao seu Conteúdo e Uso. Artigo submetido ao VIII ENEGEP, Niterói, 1998. BOHM, D. - On Dialogue. Londres, Routledge, 1998 (Trad.: DIÁLOGO Comunicação e Redes de Convivência. São Paulo, Palas Athena, 1005).

- CROPPER, S. - Enhancing health services Management. Open University Press, 1997.

- CROPPER, S. & ARAÚJO FILHO, T. - Conceptions of Managencial Learning: A case History. Submitted to Managencial and Organizational Cognition Interest Group. Chicago, Academy of Management, 1999.

- CROPPER, S. - Seminário "Sistemas de suporte a decisão", Universidade Federal de São Carlos, janeiro de 2000.

- EDEN, C. - Working with problems using cognitive mapping. In: LITTLECHILD, S. C.; SHUTLER, M. F. Operations Research in Management. Prentice Hall, 1991.

- GIANETTI, E. - O Valor do Amanhã. Companhia das Letras, 2005.

- KELLY, G. A. - The psychology of personal constructs: a theory of personality. New York: Norton, 1955.

23 DECISÕES USANDO INTELIGÊNCIA ARTIFICIAL

Mário Mollo Neto

"Tomar uma decisão correta envolve aspirar à ação inteligente, analisando todos os aspectos relativos ao desenvolvimento e uso da inteligência" (REZENDE, 2005).

A capacidade do ser humano em agir de maneira inteligente é freqüentemente associada ao conhecimento construído ao longo do tempo e, dentro deste contexto, é intuitivo direcionar o pensamento ao fato de que a incorporação deste conhecimento para a construção de sistemas computacionais "inteligentes", conhecidos também por sistemas "especialistas", permite dar suporte ao processo de tomada de decisão.

SCHOEMAKER (1993) afirma que *"As decisões estratégicas são cruciais para a viabilização das empresas e são definidas como escolhas intencionais ou respostas programadas sobre as situações que afetam materialmente as perspectivas, o bem-estar e a natureza da sobrevivência da organização"*. Estes elementos guiam a organização no futuro e dão forma a seu curso.

Dentro deste contexto, a Inteligência Artificial (IA), através de sistemas automatizados, se apresenta como mais um elemento de suporte, atual e oportuno, para a tomada de decisões.

23.1 A Inteligência Artificial

Os sistemas automatizados de suporte à tomada de decisão estão penetrando uma grande variedade das indústrias e das aplicações, e estão fazendo um exame das decisões humanas pelo menos até o nível de média gerência. Com esta aproximação, as organizações podem apressar a tomada de decisão e abaixar as exigências dos responsáveis pelas decisões, que sempre são profissionais caros e necessariamente altamente treinados.

Considerando-se a globalização do panorama mundial, uma visão da situação de negócios das empresas mostra que, na transição de uma sociedade industrial para uma sociedade de informação, a capacidade de gerar, analisar, controlar e distribuir as informações passa a ser um ponto estratégico para as organizações.

Muitas mudanças significativas no ambiente interno e externo da empresa, provocadas pela alta competitividade do mercado, levaram a exigir respostas mais rápidas

388 Qualidade e Competência nas Decisões

dos dirigentes de empresas, que passaram a utilizar os recursos de informática como ferramentas estratégicas para o planejamento, coordenação e controle da empresa, além do acompanhamento do mercado em relação aos concorrentes, aos aspectos econômicos, legais, políticos e culturais em nível global (REINHARD, 1996).

Neste cenário altamente competitivo, um dos fatores que determinam o diferencial das empresas é a forma como estas utilizam informação, sendo que elas sofrem influência de cinco forças principais ao atuar no contexto de mercado: empresas potencialmente concorrentes, fornecedores, clientes, produtos substitutos e empresas concorrentes diretas.

O relacionamento com esse conjunto de forças definirá o grau de competitividade da empresa (PORTER, 1980). Neste contexto, novas formas de gestão estão sendo empregadas pelas empresas, como a qualidade total, normas ISO 9000, reengenharia e outras. Todas estas técnicas apontam para o mesmo objetivo: proporcionar às empresas maior competitividade e a sobrevivência no mercado, cada vez mais corrido (NORD, 1995).

A tecnologia, portanto, se apresenta como ponto central de uma revolução que agora encontra como aliada a grande rede mundial de computadores. A Tecnologia da Informação (TI) derruba sistematicamente as fronteiras, criando novas oportunidades que demandam complexas decisões estratégicas.

Nesta era, que podemos rotular como sendo a "era do conhecimento", o nível de capacitação dos indivíduos e da empresa é fator determinante de sua sobrevivência neste mercado tão acirrado. Este processo complementar é complexo e posiciona o real valor não somente no domínio da informação, mas sim em como trabalhar com os conhecimentos que são efetivamente relacionados à informação obtida.

As aplicações que despontam nesta era passam a se apresentar em domínios pouco convencionais, nos quais as corporações passam a se utilizar dos chamados "sistemas inteligentes" (SIs) que se valem da tecnologia da informação para manipular tais conhecimentos especializados, gerando benefícios qualitativos e quantitativos, dando acesso ao conhecimento a um crescente número de pessoas a partir de sua aquisição, sistematização, representação e processamento.

O pensamento humano, por meio dos processos cognitivo e associativo, composto por raciocínio lógico ou vertical, e do raciocínio lateral, permite a tomada de decisão por meio de análise lógica ou por meio de dados heurísticos ou intuitivos.

A viabilização da passagem destes processos para um programa de computador, com o intuito de emular o processo de decisão humano, e que cumpra este objetivo a contento, constitui atualmente um vasto campo de pesquisa que se focaliza no desenvolvimento de sistemas inteligentes e que recebe o nome de "Inteligência Artificial" (IA).

23.2 A emulação do conhecimento

Mas, o que é conhecimento e como emulá-Lo?

Como já descrito anteriormente, devemos transferir para o programa de computador o conhecimento encontrado nas competências e habilidades de um ou mais especialistas com a ajuda de um engenheiro do conhecimento, mas devemos antes de mais nada, entender de onde vem o conhecimento.

O conhecimento do ser humano tem seus fundamentos baseados nas habilidades e competências desenvolvidas e adquiridas durante todo o seu período de vida, o que se processa com base em uma transformação do cérebro, chamada neuroplasticidade, que é, de maneira mais específica, uma forma biológica da qual o cérebro se utiliza para se reconfigurar no constante processo de aprendizagem.

A neuroplasticidade tem lugar nas sinapses, ou seja, no local onde os neurônios se intercomunicam por meio de sinais químicos, conforme mostrado na Figura 23.1, e quando a aprendizagem se estabelece, acontece um fortalecimento das conexões entre os neurônios das estruturas de redes neurais resultantes, mediante a criação de mais conexões entre eles, com o correspondente aumento da capacidade de se comunicar quimicamente, conforme se vê na Figura 23.2, o que se denomina "modificação persistente".

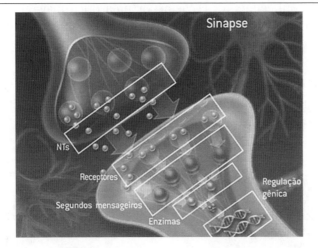

Figura 23.1 – Representação de uma sinapse de interação nervosa (IZQUIERDO et al., 2003).

Na Figura 23.1, temos representada uma sinapse entre um terminal axônico (azul) e um dendrito (salmão). Um neurotransmissor contido em vesículas dentro do terminal é liberado na fenda sináptica, atingindo receptores na superfície do dendrito. Em muitos casos, esta interação ativa "segundos mensageiros" (o íon cálcio ou o cAMP), ativando enzimas que estimulam a síntese de mRNA, e determinam a produção de certas proteínas.

Na Figura 23.2 é representado o uso da sinapse que, se intenso e reiterado como na aquisição das memórias em certas sinapses no hipocampo e em outros locais do cérebro (à esquerda), leva gradativamente a uma modificação persistente (à direita).

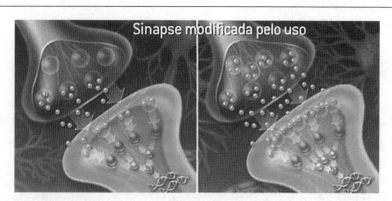

Figura 23.2 – O processo de sinapse de longa duração que permite a retenção do conhecimento (IZQUIERDO et al., 2003).

23.2.1 Processo de aquisição do conhecimento

A aquisição de conhecimento, já vista por uma ótica mais geral em 2.1.2, é *"a transferência e transformação da habilidade de resolver problema, de alguma origem do conhecimento para o programa de computador"* (BUCHANAN, 1984).

A transferência e transformação das habilidades necessárias para a resolução dos problemas, para um programa computacional, podem ser automatizadas, ou parcialmente automatizadas, em alguns casos especiais.

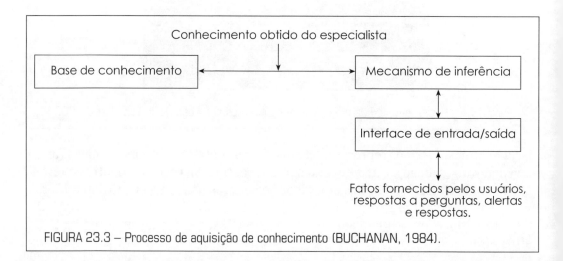

FIGURA 23.3 – Processo de aquisição de conhecimento (BUCHANAN, 1984).

Na maioria das vezes, o profissional chamado de engenheiro do conhecimento é requisitado para possibilitar a comunicação entre o especialista e o programa, conforme processo apresentado na Figura 23.3.

23.2.2 Automatização do conhecimento

Após o processo de descoberta e aquisição do conhecimento, deve-se passar à modelagem lógica e matemática, com a aplicação de algoritmos que permitam criar uma estrutura de um ou mais agentes aprendizes flexíveis, para a sua posterior inserção num sistema de informação, para que este se torne inteligente e com a especialização necessária à solução do problema que se apresente.

Um agente aprendiz, conforme ilustrado na Figura 23.4, é construído com as técnicas de Inteligência Artificial e é normalmente baseado em sensores e atuadores que possam garantir uma autonomia no sentido de dar flexibilidade de acomodação mediante mudanças que se apresentem no meio ambiente externo da aplicação.

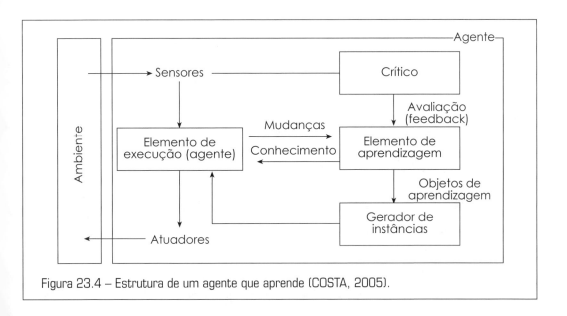

Figura 23.4 – Estrutura de um agente que aprende (COSTA, 2005).

23.3 Origens e características iniciais da IA

Segundo Garcia & Sichman (2005), o domínio da Inteligência Artificial obteve grandes progressos desde a década de 1970. Diversos métodos de resolução de problemas, como a busca heurística em espaço de estados, planejamento de ações, aprendizagem simbólica e subsimbólica, percepção, foram propostos, testados, analisados e utilizados.

392 Qualidade e Competência nas Decisões

Por serem distintas, na prática estas técnicas se desenvolveram como subdomínios entre si, cada uma delas gerando uma comunidade científica atuante, com eventos e conferências próprias.

Adicionalmente, cada uma delas também gerou sistemas reais que foram implementados e que solucionaram problemas práticos importantes, comprovando sua utilidade para as corporações.

SICHMAN (1995) complementa dizendo que: *"Do ponto de vista tecnológico, as redes de computadores, na década de 70, ainda estavam em seus primeiros passos e, como conseqüência deste fator, estes sistemas apresentavam as seguintes características:*

a) Concepção centralizada;

b) Sistemas não-reutilizáveis;

c) Sistemas Stand-Alone."

Na atualidade, estes problemas foram superados pelo grande crescimento da interconectividade baseada na disseminação de LANs (Local Area Network), MANs (Metropolitan Area Network), WANs (Wide Area Network) e culminando na criação da internet (WWW - World Wide Web).

Refinando o raciocínio do modelo apresentado, chega-se ao fato de que a inteligência não se resume a raciocinar, decidir, aprender, planejar, mas também em como integrar estes processos em uma única entidade.

23.3.1 Habilidades para a decisão

Os sistemas de IA devem apresentar habilidades suficientes para promover associações e inferências para aplicação em problemas complexos que se assemelham a problemas reais e devem apresentar a habilidade de armazenar e recuperar de maneira eficiente grandes quantidades de informações para a resolução de problemas, de maneira não-linear, ou seja, de modo associativo.

O controle de decisão, ou a escolha da decisão, baseia-se em critérios de desempenho, duração e risco.

Neste processo, as decisões e as soluções de problemas são seqüenciadas, sincronizadas, inter-relacionadas e direcionadas para permitir que se oriente o comportamento do sistema ao seu principal objetivo.

23.3.2 Principais técnicas

As principais técnicas ou metodologias aplicadas na atualidade para o desenvolvimento de sistemas inteligentes são:

- Aquisição do conhecimento;
- Aprendizado de máquina;
- Indução de regras e árvores de decisão;
- Redes neurais artificiais;
- Sistemas baseados em Lógica Fuzzy;
- Sistemas Neuro-Fuzzy;
- Computação evolutiva;
- Sistemas inteligentes hibridos;
- Agentes e multiagentes;
- Mineração de dados e
- Mineração de textos.

As empresas devem, portanto, estar atentas para que, no desenvolvimento de sistemas com o objetivo de promover a automatização do processo de suporte às tomadas de decisões, sejam observadas cada uma destas técnicas, e estas devem ser convenientemente exploradas quando da proposição do problema, para a avaliação de qual delas melhor se aplica ao domínio proposto.

23.4 O processo de decisão nas empresas

Há muito tempo, as empresas de grande porte vêm investindo em Tecnologia da Informação (TI) para suporte à decisão, por considerarem que os benefícios por ela gerados são fundamentais para a obtenção dos níveis de competitividade exigidos para a permanência com perenidade no mercado.

Quando comparadas com as grandes empresas, as pequenas e médias empresas (PMEs) têm menos recursos financeiros, baixa competência em gestão e apenas começaram a fazer uso de tecnologia da informação mais recentemente.

Para Torkkeli & Tuominen (2002), a seleção de tecnologia é ao mesmo tempo uma grande oportunidade e uma perigosa armadilha. As empresas podem perder competitividade investindo em alternativas erradas, no momento errado, ou ainda investindo mais do que o necessário em alternativas certas.

As PMEs são estruturalmente mais frágeis, têm menor capacidade de avaliação e menos resistência aos efeitos de um risco mal calculado (SOUZA *et al,* 2003).

O processo de informatização das organizações para suporte à decisão tem custo elevado, demanda tempo, provoca alterações na estrutura organizacional e sofre resistências de ordem cultural, além de apresentar resultados nem sempre satisfatórios, conforme tem sido amplamente descrito tanto no exterior como no Brasil (AUDY *et al.*, 2000).

No cenário atual, a velocidade das mudanças e a disponibilidade de informações crescem de forma exponencial e globalizada. A sobrevivência das empresas está relacionada à sua capacidade de captar, absorver e responder às demandas requeridas pelo ambiente.

394 Qualidade e Competência nas Decisões

A nova realidade provoca uma reorganização intensa na sociedade, gerando modificações nas organizações (TAPSCOTT, 1997). O impacto deste fenômeno é observável em todas as empresas, independentemente de seu porte ou ramo de atividade. Porter (1986) considera crucial a utilização efetiva da TI para a sobrevivência e a estratégia competitiva das organizações.

Para a implementação efetiva desses sistemas de suporte à decisão, as PMEs, em sua grande maioria com administração tradicionalmente familiar, carecem estar cientes dos requerimentos inerentes ao processo e dos impactos que podem ser nelas provocados.

Na atual conjuntura brasileira, essas PMEs são mais suscetíveis a dificuldades e vulneráveis aos riscos do mercado. Geralmente com carência de recursos, encontram dificuldades de sobrevivência nos mercados, que, geralmente, apresentam fracas barreiras aos novos entrantes, pouco poder de barganha com fornecedores e clientes e os produtos/serviços oferecidos são de fácil substituição, colocando-as em um ambiente altamente competitivo.

Nesse turbulento contexto, a utilização da TI com foco no suporte à decisão, com a utilização de sistemas especialistas, assume importância vital, apresentando-se como um instrumento capaz de propiciar a competitividade necessária à sobrevivência e ao crescimento das PMEs, ajudando-as a tomar decisões acertadas.

A administração dos recursos materiais, humanos e financeiros, pode ser realizada com mais rapidez e precisão com a utilização da TI (DIAS, 2000). Este autor também recomenda que seja feito um planejamento de medidas que gerenciem os impactos organizacionais, buscando respeitar o momento da organização, sua história em relação à utilização de tecnologia, os recursos disponíveis para seu uso e os conflitos a serem resolvidos.

Desta forma, baseado nestas recomendações e cuidados, entende-se ser viável a aquisição ou desenvolvimento por parte das empresas de sistemas especialistas para automatizar, de maneira consistente, o seu processo de tomada de decisão.

23.5 Sistemas especialistas para as empresas

Os sistemas especialistas provêm de um ramo da Inteligência Artificial (IA) aplicada, e foram desenvolvidos pelas comunidades de IA em meados dos anos 60. A idéia básica por trás dos sistemas especialistas é simplesmente abstrair o conhecimento dos campos de interesse, com seu vasto corpo de detalhes de ações específicas, e transferi-lo dos seres humanos para um computador.

Este conhecimento é então estocado em um computador e usuários valem-se dele para sua utilização, conforme a necessidade. O computador pode realizar inferências e chegar a conclusões específicas. Então, nos moldes de um consultor humano, fornece avisos e explicações e, se necessário, a lógica por trás do aviso (TURBAN & ARONSON, 2001).

Sistemas especialistas provêem robustez e flexibilidade, o que permite obter soluções para uma variedade de problemas que não podem ser resolvidos por meios mais tradicionais e através de métodos ortodoxos.

Desta forma, seu uso se proliferou através de muitos setores de nossa vida social ou tecnológica e, com suas aplicações estão provando ser críticos nos processos de suporte à decisão e resolução de problemas.

Há várias definições para sistemas especialistas, dentre elas pode-se citar: *"Sistemas especialistas são programas que desempenham tarefas sofisticadas que antes se pensava serem possíveis apenas para especialistas humanos"* (BENFER et. al., 1991); *"Sistema especialista é um programa inteligente de computador que usa conhecimento e procedimento de inferência para resolver problemas que requerem significativa especialidade humana para resolvê-los"* (GIARRATANO, 1998).

Basicamente, um sistema especialista é composto de: base de conhecimento, mecanismo de inferência, interface para aquisição de conhecimento e interface para usuário.

Sistemas especialistas têm experimentado tremendo crescimento e popularidade desde a sua introdução inicial no início dos anos 80. Hoje, sistemas especialistas são usados em negócios, ciência, engenharia, indústrias e muitos outros campos (GIARRATANO, 1998).

23.5.1 Arquitetura de sistemas especialistas

A Figura 23.5 apresenta os quatro componentes de sistemas especialistas típicos:

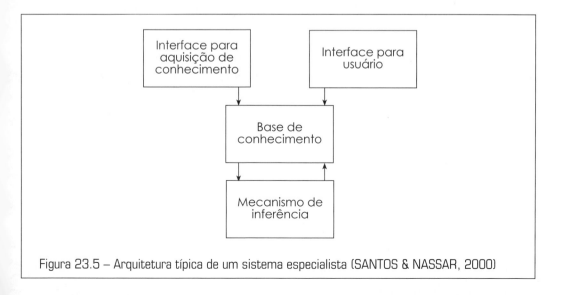

Figura 23.5 – Arquitetura típica de um sistema especialista (SANTOS & NASSAR, 2000)

396 Qualidade e Competência nas Decisões

- **A base de conhecimento** consiste de conhecimento específico sobre alguma área de domínio;

- **O mecanismo de inferência,** que usa regras gerais para analisar conhecimento explícito na base de conhecimento e para inferir conclusões adicionais, as quais podem ser explicitamente mantidas;

- **A interface de aquisição de conhecimento** auxilia os especialistas a expressar seu conhecimento, de uma forma que possa ser armazenada na base de conhecimento;

- **A interface para usuário,** que auxilia os usuários do sistema especialista na consulta, providenciando informações requeridas para a solução de seus problemas.

23.5.2 Vantagens dos sistemas especialistas

Sistemas especialistas têm muitas vantagens sobre os especialistas humanos, dentre elas, tem-se:

- **Aumento de disponibilidade**: o sistema especialista fica disponível em determinado computador para ser utilizado a qualquer momento;

- **Resposta rápida**: resposta rápida ou em tempo real pode ser necessária para algumas aplicações. Dependendo do *software* ou do *hardware* utilizado, um sistema especialista pode responder mais rápido e ser mais confiável que um especialista humano.

- **Permanência**: o sistema especialista é permanente, diferente do especialista humano, que pode afastar-se, sair ou morrer (GIARRATANO, 1998).

23.5.3 Categorias de sistemas especialistas

Avaliando o mercado de sistemas especialistas e baseado no escopo de 166 artigos publicados em periódicos de grande importância nos últimos dez anos, abordando sistemas especialistas e suas aplicações, Shu-Hsien (2005) afirma que foi possível classificar onze diferentes categorias de sistemas especialistas:

- Sistemas baseados em regras:
- Sistemas baseados em conhecimento;
- Redes neurais;
- Sistemas especialistas Fuzzy;
- Metodologia orientada a objeto;
- CBR (Raciocínio Baseado em Casos);
- Arquitetura de desenvolvimento;
- Sistemas com agentes de Inteligência Artificial;

23. Decisões Usando Inteligência Artificial   397

- Modelagem;
- Ontologia;
- Metodologia de base de dados.

Todas estas modalidades são de grande valia para auxiliar as empresas, promovendo uma vasta gama de soluções possíveis para os problemas do dia-a-dia relacionados ao processo de tomada de decisões estratégicas.

23.5.4 Os novos sistemas especialistas em plataforma web

Considerando-se as características iniciais apresentadas pelos sistemas inteligentes nos primórdios da IA, os primeiros sistemas especialistas também foram construídos para uso do tipo "stand-alone". Posteriormente, iniciaram-se as experiências com sistemas especialistas distribuídos, trabalhando em redes locais (LAN – Local Area Network), de maneira ainda restrita e abrangendo poucos usuários.

Informações centralizadas na internet e as tecnologias de informação estão mudando as aplicações de sistemas especialistas. Power (2000) argumenta que rápidos avanços nas tecnologias da Internet abriram novas oportunidades para o aperfeiçoamento dos sistemas especialistas tradicionais.

As tecnologias da Internet podem mudar a forma como um sistema especialista é desenvolvido e distribuído. Pela primeira vez, conhecimento sobre qualquer assunto pode diretamente ser encaminhado aos usuários através de um sistema especialista baseado na *web* e dar suporte eficiente ao processo de tomada de decisão. Desta forma, a sua principal função é imitar conhecimento e distribuir conhecimento de especialistas para os não-especialistas. Assim, os benefícios podem ser muito ampliados pelo uso da Internet.

Entretanto, muitos sistemas especialistas baseados em *web* são ofertados e analisados para dar luz à metodologia e desafios de seu desenvolvimento (POTTER *et al.*, 2000), (RIVA *et al.*, 1998). Isto é, de tudo, o que mais surpreende quando as ferramentas de desenvolvimento de sistemas especialistas foram expandidas para oferecer distribuição de *software* baseada em *web*.

23.6 Conclusão

Como conclusão, observa-se que a empresa, seja qual for seu porte, para fazer frente aos desafios comerciais e técnicos que se apresentam no contexto da atualidade, demanda ferramentas cada vez mais especializadas e de forte poder de adaptação aos seus procedimentos e processos.

Neste contexto, os sistemas inteligentes que, de alguma maneira bem definida, substituem o especialista humano, automatizando os processos cognitivo e associa-

398 Qualidade e Competência nas Decisões

tivo, armazenando grandes quantidades de informações, promovendo manipulações nestas, que extrapolam o poder de qualquer mente humana no tocante à retenção e acesso rápido às grandes massas de dados, permitem dar um seguro, consistente e rápido suporte ao processo de tomada de decisão.

Com isto, as decisões tomadas serão muito mais ajustadas e terão sempre uma justificativa muito bem documentada, fundamentada em conhecimento acessível e reprodutível, sem as influências provenientes dos humores dos seres humanos.

Estes fatos nos levam diretamente à primeira frase deste texto, onde concluímos que realmente, como diz Rezende, (2005): ***"Tomar uma decisão correta envolve aspirar à ação inteligente, analisando todos os aspectos relativos ao desenvolvimento e uso da inteligência"***, para objetivar uma maior produtividade e lucratividade com o amadurecimento das decisões tomadas com o suporte de TI agregado aos sistemas especialistas oriundos das técnicas de IA.

E, a cada decisão tomada, somam-se mais fragmentos de conhecimento ao banco de informações estratégicas da empresa, informações estas que podem voltar a ser utilizadas pelos mesmos sistemas de IA, ou outros também inteligentes, quando da ocorrência de eventos de características semelhantes, em novos processos de decisão que se apresentem no futuro.

Referências

* AUDY, J. L. N. *et al.* **Modelo de planejamento estratégico de sistemas de informação:** a visão do processo decisório e o papel da aprendizagem organizacional. In: ENCONTRO NACIONAL DA ASSOCIAÇÃO NACIONAL DOS PROGRAMAS DE PÓS-GRADUAÇÃO EM ADMINISTRAÇÃO, 24, 2000, Florianópolis. Anais. Florianópolis: ANPAD, 2000.

* BENFER, R. A. *et. al.*: **Expert Systems**: California, USA, Sage Publications Inc., 1991.

* BUCHANAN, B.G.: **Rule-Based Experts Systems**. Addison Wesley Publishing Company Inc., USA, 1984.

* COSTA, A.H.R., **Inteligência Artificial**. Notas de Aula, Laboratório de Técnicas Inteligentes (LTI), Escola Politécnica da Universidade de São Paulo, 2005.

* DIAS, D. **Motivação e resistência ao uso da tecnologia da informação: um estudo entre gerentes.** In: ENCONTRO NACIONAL DA ASSOCIAÇÃO NACIONAL DOS PROGRAMAS DE PÓS-GRADUAÇÃO EM ADMINISTRAÇÃO, 22., 1998, Foz do Iguaçu. Anais. Foz do Iguaçu: ANPAD, 2000.

* GARCIA A.C. B e SICHMAN, J.S.: **Agentes e Sistemas Multiagentes**: In Sistemas Inteligentes: fundamentos e aplicações, Manole, 2005.

* GIARRATANO, J.C., RILEY, G.: **Expert Systems: Principles and Programming**. ITP, 2nd ed., USA, 1998.

23. Decisões Usando Inteligência Artificial

- IZQUIERDO, I., VIANNA, M.R.M., CAMMAROTA, M., IZQUIERDO, L.A.: **Mecanismos Da Memoria**. Scientific American Brasil, ano 2 vol. 17. Duetto Editorial – São Paulo, 2003.

- PORTER, M.; **Competitive strategy**; E.U.A.; Free Press; 1980.pp: 1-8.

- PORTER, M. E. **Estratégia competitiva: técnicas para a análise da indústria e da concorrência**. Rio de Janeiro: Campus, 1986.

- POTTER, W. D., DENG, X., Li, J., XU, M., WEI, Y., LAPPAS, I., TWERY, M. J., BENNET, D. J.: **A web-based expert system to gypsy moth risk assessment, Computers and Electronics in Agriculture** 27 (1-3), 2000, pp. 95-105.

- POWER, D.J.: **Web-based and model-driven decision support systems: concepts and issues**, in: Proceedings of the Americas Conference on Information Systems (AMCIS 2000), Long Beach. CA, August, 2000.

- REINHARD, N.; **Evolução das ênfases gerenciais e de pesquisa na área de tecnologia de informática e de comunicações aplicada nas empresas**; Revista da Administração, São Paulo, v. 31; 1996; pp: 5-6.

- REZENDE, S.O.: **Sistemas Inteligentes: fundamentos e aplicações**, Manole, 2005.

- RIVA, A., BELLAZZI, R., MONTANI, S.: **A knowledge-based web server as a development environment for web-based Knowledge Servers** (Digest No. 1998/307), May, London, UK, 1998.

- SANTOS, J. G., NASSAR, S. M., **SETip - Sistema Especialista para Tipificar Dados de uma Pesquisa: Variáveis Qualitativas ou Quantitativas.** Notas de Pesquisa UNITINS – Fundação Universidade do Tocantins Departamento de Informática, Campus de Paraíso do Tocantins (TO), 2000.

- SCHOEMAKER, P.J.H., **Strategic Decisions in Organizations: Rational AND Behavioral Views**, Journal of Management Studies, 30(1), 107-129, 1993.

- SHU-HSIEN, L. **Expert system methodologies and applications – a decade review from 1995 to 2004**. Expert Systems with Applications 28, 2005, pp. 93-103.

- SICHMAN, J. S., **Du Raisonnement Social Chez les Agents: Une Approache Fondée sur la Théorie de la Dépendance**. Tese de Doutorado, Institut National Polytechnique de Grenoble, France, 1995.

- SOUZA, M.C. A.F.; *et al.* **Perspectivas para uma atuação competitiva das pequenas empresas no contexto econômico atual**. In: LASTRE, H.M.M. (Org.), CASSIOLATO, J.E. (Org.), MACIEL, M.L. (Org.); Pequena empresa: cooperação e desenvolvimento local. Rio de Janeiro: Relume Dumará; UFRJ, Instituto de Economia; 2003. Cap. 13. p. 225 – 242

400 Qualidade e Competência nas Decisões

- TAPSCOTT, D. **Economia digital: promessa e perigo na era da inteligência em rede**. São Paulo: Makron Books, 1997.

- TORKKELI, M.; TUOMINEN, M.. **The contribution of technology selection to core competencies.** International Journal of Production Economics. Elsevier, 2002. v.77, p.271-284.

- TURBAN, E., ARONSON, J.E. **Decision Support systems and intelligent systems**, sixt Edition (6th ed.) Hong Kong: Prentice International Hall, 2001.

24 DECISÕES CONSISTENTES SOBRE O INCONSISTENTE

Jair Minoro Abe

As veredas de nossas vidas são feitas de decisões e escolhas. Delas dependem essencialmente o que somos hoje, seja na vida pessoal, profissional, e mesmo afetiva. Decidimos a que horas levantar, os alimentos que compõem o café da manhã, a marca da pasta dental, a roupa que vamos vestir hoje para ir trabalhar, etc. Decisões essas de caráter operacional e que partilham de nosso papel social.

O que vale para as pessoas também vale para as empresas, ou seja, uma empresa sobrevive ou não, tem êxito ou fracassa, de acordo com as decisões e escolhas que fez ou faz, de suas estratégias e foco, seus sistemas de crenças e valores, seu estilo gerencial, seus processos, suas estruturas, as pessoas que seleciona, o sistema de treinamento e desenvolvimento que adota. Ou, de acordo com Peter Drucker, "o produto final do trabalho de um gerente são decisões e ações".

A lógica, em seu sentido amplo, nos serve não apenas como uma ferramenta poderosíssima para edificação de teorias matemáticas, computacionais, etc., com todas as suas conseqüências nas aplicações empresariais, industriais, sociais, educacionais, mas, também, nos é guia para vivermos e enxergarmos as coisas de maneira orgânica, permitindo assim raciocinar melhor sobre o cotidiano e tomar decisões mais sensatas para uma vida mais salutar, organizando-nos e assim aprimorando-nos cada dia mais.

Entretanto, tomar decisões na vida real constitui tarefa incrivelmente difícil. A todo instante estamos enredados em conflitos éticos, morais, religiosos, enfim fatores que interferem tremendamente numa tomada de decisão, não sendo infreqüente também a dependência de parâmetros advindos de outras pessoas. Assim, parece-nos que cada atitude que temos que tomar se funda em como mantermo-nos íntegros – e aqui cabe a lúcida e penetrante reflexão de Shakespeare: "Ser ou não ser, eis a questão".

"O contato com o contorno, com o universo que nos cerca, é extraordinariamente complexo e complicado. Somos, em todos os momentos, sem descanso, afetados por meio de radiações, sons, ondas de calor e de inúmeras outras maneiras. Nossos órgãos sensoriais recebem, filtram e processam essa quantidade espantosa de efeitos, eliminando os que não nos interessam imediatamente e interpretando, com auxílio das categorias cognitivas, as mensagens do exterior e de nosso próprio interior.

A interconexão entre o homem e o universo está em grande parte balizada pela natureza de seus sentidos. Se ele dispusesse de ouvido diferente, poderia ser afeta-

402 Qualidade e Competência nas Decisões

do por sons que lhe são inaudíveis; teria, por exemplo, a acuidade auditiva do cão. Analogamente, se o seu olfato fosse mais potente, aproximar-se-ia, neste sentido, de outros mamíferos em cujas vidas o olfato desempenha papel preponderante.

A visão, também, poderia ser diversa; assim, imagine-se o que seria de nós se nos fossem acessíveis radiações eletromagnéticas situadas fora do espectro visível. Se possuíssemos visão de raios-X, sem dúvida, o mundo exterior se apresentaria a nós de outra forma: nossas imagens visuais se assemelhariam a chapas de raios-X.

O espaço-tempo, como o percebemos ou elaboramos, acha-se vinculado à nossa capacidade sensorial e à articulação dos sistemas nervoso e cerebral. Pequenas mudanças nesses sistemas produziriam, seguramente, enormes alterações no conteúdo intuitivo do contorno espaço-temporal.

Mas o aparelho sensorial não é o único fator de condicionamento do mundo que nos rodeia. Outro é constituído pelo modo como pensamos. As categorias a que recorremos para descrever o universo também o condicionam. Através de conceitos que criamos, em boa medida motivados pelo próprio mundo, é que o conhecemos, o dominamos e fazemos previsões que se mostram essenciais para a nossa subsistência.

Por conseguinte, a compreensão do universo depende dele mesmo, mas além disso de nossa configuração sensorial e das peculiaridades de nosso pensamento. Seres fisiologicamente distintos de nós talvez chegassem a concepções do universo bem afastadas da nossa.

A ciência empírica ou experimental não passa de tentativa de transcender, ao menos parcialmente, os limites de nossos sentidos e, até, de nossa maneira de encarar a realidade vinculada à vida quotidiana; o objetivo é aproximarmo-nos, tanto quanto possível, do universo tal como é. Sua estratégia consiste em se apelar para a quase-verdade e, quando factível, à verdade *tout court*. Por meio dela, orientamo-nos e acabamos dominando o meio ao qual estamos presos. Ela estende a acuidade e a força da observação (microscópio, telescópio, fotografia, câmaras de Wilson, etc.) e conduz ao entendimento racional do cosmos (teoria atômica, leis químicas, gravitação, causalidade, processos estocásticos, *quarks*, etc.). Em conseqüência, prevemos e somos habilitados a prover."(DA COSTA, 2000).

O que se deseja tratar neste capítulo é analisar a tomada de decisão racional, isto é, empregando-se raciocínios lógicos, particularmente quando nos defrontamos com informações imprecisas e/ou conflitantes. A razão mais profunda é que a lógica clássica não pode ser empregada para tal fim, pelo menos diretamente, como em sistemas automatizados, por exemplo. Hodiernamente dispomos de lógicas sofisticadíssimas para o tratamento matemático de idéias imprecisas e mesmo conflitantes. Sim, lógicas que permitem "raciocinar" sobre informações imprecisas, contraditórias e mesmo manipular falta de informações e obter rumos lógicos para tomarmos decisões. A fim de tornar um pouco mais claro o que se que trazer, o raciocínio que fazemos, por exemplo, numa conta aritmética, baseia-se na chamada lógica clássica. É a lógica do "verdadeiro" e do "falso", do "sim" e do "não", do "aceso" e do "apagado"

24. Decisões Consistentes sobre o Inconsistente 403

(numa instalação elétrica convencional), sendo o raciocínio, naturalmente, regido por certas leis dessa lógica. Assim, iniciemos falando, ainda que por alto, sobre aspectos da ciência lógica.

24.1 A ciência Lógica

A Lógica é uma ciência que progrediu extraordinariamente desde os primórdios da civilização ocidental. Sua história pode ser dividida em três períodos: período Aristotélico, período Booleano e período Contemporâneo.

Período Aristotélico: vai desde a primeira sistematização conhecida da lógica por Aristóteles, no século IV a.C. até princípios do século XIX. Este período foi notável pela sistematização de diversos setores, resultado da indagação não apenas da escola peripatética, como também dos megáricos e estóicos, além da contribuição da Idade Média, que a análise histórica tem mostrado ser de grande interesse. Até o início do século XIX, as conquistas no campo da lógica não foram significativas. Avanços profundos somente se iniciaram no período seguinte.

Período Booleano: por influência de Boole, Morgan, Jevons e outros autores, houve uma evolução significativa da lógica, especialmente no tocante ao que pode-se chamar de lógica de tendência algébrica (idéias algébricas foram empregadas no domínio da lógica). Paralelamente, Frege edificou um sistema lógico notável, que deu origem a várias características da lógica moderna, como a forma atual da teoria da quantificação, descoberta independentemente por Peirce. A lógica, na diretriz de Frege, afasta-se do tratamento algébrico. O método de Frege pode ser denominado de lingüística ou proposicional. Normalmente, crê-se que esse último é superior ao algébrico, mas ultimamente se chegou à conclusão de que isso é uma inverdade, fundada em erros históricos (por exemplo, a influência de Bertrand Russell, que não apreciava o método algébrico). Normalmente, tudo que se pode fazer pela via proposicional também se pode realizar algebricamente (e, do ponto de vista do matemático, essa última é mais fecunda e conveniente do que a primeira).

Período Contemporâneo: ele cobre todo o século XX e pode ser dividido em dois subperíodos: de 1900 a 1930 e de 1930 à atualidade. A parte anterior a 1930 tem como ponto culminante a obra de A. N. Whitehead e B. Russell intitulada "Principia Mathematica", em três volumes publicados respectivamente em 1910, 1912 e 1913. Esse livro engloba trabalhos de lógicos como Peano e Frege, bem como os estudos de Cantor sobre a teoria dos conjuntos. Muitos lógicos, matemáticos e filósofos contribuíram para transformar a lógica numa ciência nova: Carnap, Wiener, Herbrand e, sobretudo, a escola de Hilbert.

Ainda nessa primeira parte do período contemporâneo, Lewis codificou a lógica modal moderna e o matemático holandês Brouwer construiu, com seus discípulos, em particular Heyting, uma lógica heterodoxa, alternativa à clássica. Muito importante foi também a contribuição da escola polonesa, que concorreu para tornar a lógica uma das mais importantes ciências do nosso tempo: o lógico polonês Łukasiewicz

404 Qualidade e Competência nas Decisões

formulou os primeiros sistemas lógicos polivalentes, independentemente do que se havia obtido na Idade Média.

A evolução da lógica a partir de 1930 foi notável: Gödel publicou seus teoremas de incompleteza; Turing formulou a teoria geral dos processos computáveis; a teoria da recursão foi desenvolvida por Church, Kleene, Rosser e outros. Tarski, Robinson e outros desenvolveram a teoria de modelos; Gödel e Cohen introduziram as técnicas dos modelos construtivos e dos modelos booleanos, provando-se a independência do axioma da escolha (e outros) com relação aos outros axiomas da teoria de conjuntos, elaborando-se matemáticas não cantorianas, etc. Apareceram numerosas lógicas não-clássicas e a lógica algébrica progrediu muito. Nessa etapa de sua evolução, a lógica integrou-se como uma das partes relevantes da matemática.

Atualmente, a lógica atingiu alto grau de complexidade técnica e ampliou seu domínio, tratando de temas como: teoria da recursão, lógica linear, modelos primos, modelos saturados, álgebras cilíndricas, computações diversas da de Turing, semântica categorial, análise recursiva, análise qualificativa, lógicas quânticas e outras.

24.2 Lógicas clássicas e não-clássicas

Dois são os métodos principais de tratamento de um sistema lógico: o lingüístico e o algébrico. Do prisma lingüístico, uma lógica (ou sistema lógico) procura caracterizar certas expressões lingüísticas relevantes para o discurso da lógica. Permite derivar certas proposições de outros conjuntos de proposições. Por meio de uma lógica, pode-se efetuar inferências e construir teorias. Por conseguinte, qualquer lógica L encontra-se vinculada a uma linguagem L'.

Via de regra, L' contém símbolos para operações de disjunção ($\vee$), de conjunção ($\wedge$), de implicação ($\rightarrow$) e de negação ($\neg$). Pode ocorrer que L', por exemplo, possua várias negações ou diversas implicações, porém supõe-se sempre que há apenas uma negação fundamental (ainda que outras possam ser definidas em função dela).

Hoje, são concebidas infinitas lógicas possíveis, tais como a lógica clássica, a lógica intuicionista de Brouwer-Heyting, a lógica modal clássica, a lógica modal polivalente, a lógica clássica categorial, a lógica difusa, a lógica paraconsistente, etc.

Pode-se caracterizar a lógica clássica como sendo o cálculo de predicados clássico de primeira ordem, com ou sem igualdade, e alguns de seus subsistemas, por exemplo, o cálculo proposicional clássico. Ele constitui o que hoje se considera a parte nuclear da lógica clássica, possuindo uma linguagem bem definida e uma semântica (domínios de objetos com certos elementos distinguidos mais operações e relações entrelaçando tais objetos). Tal núcleo estende-se às teorias de conjuntos e às lógicas de ordem superior (teorias de tipos).

Alguns dos princípios básicos da lógica clássica (ou tradicional) são:

1. **Princípio da identidade**: $x = x$, ou seja, todo objeto é idêntico a si mesmo.

24. Decisões Consistentes sobre o Inconsistente   405

2. **Princípio do terceiro excluído**: $p \vee \neg p$, ou seja, de duas proposições contraditórias (isto é, tais que uma é a negação da outra), uma delas é verdadeira.

3. **Princípio da contradição (ou da não-contradição):** $\neg(p \wedge \neg p)$, isto é, entre duas proposições contraditórias, uma é falsa.

Todavia, além da lógica clássica, existem as lógicas não-clássicas, que se dividem em complementares da clássica e em heterodoxas ou rivais da clássica.

A lógica tradicional pode ser fortalecida de várias maneiras. Por exemplo, torna-se possível transformá-la em uma lógica modal pela introdução de operadores apropriados, que traduzem as noções de necessidade, de possibilidade, de impossibilidade e de contingência. Há muitos caminhos para se efetuar essa transformação, introduzindo-se os operadores modais e recorrendo-se a postulados convenientes. Assim, constroem-se infinitas lógicas modais padrão. Outra ampliação importante consiste em se lançar mão de operadores temporais, estruturando-se as lógicas em temporais ou cronológicas. Similarmente, obtêm-se lógicas da crença, do conhecimento, da verificação e numerosas outras. Elas constituem as lógicas complementares da clássica, suas ampliações-padrão, pois simplesmente enriquecem a linguagem e o escopo dessa última.

No entanto, há lógicas que modificam ou restringem os princípios da lógica clássica. Elas são designadas por lógicas heterodoxas ou rivais da clássica. Uma das lógicas não-clássicas mais conhecidas é a lógica *fuzzy*, ou teoria dos conjuntos *fuzzy*, que é composta basicamente de funções de pertinência e operações fundamentais que estendem os da teoria dos conjuntos clássica. Ela permite que se quantifique através dos conjuntos difusos o grau de pertinência de um certo elemento ao conjunto difuso. Por este expediente é possível, por exemplo, dar uma modelagem (função de pertinência) satisfatória do conjunto dos homens altos. Assim, podemos dizer que João pertence ao conjunto dos homens altos com grau 0,8 no caso de ele ser aproximadamente alto. Inúmeros outros sistemas heterodoxos foram cultivados recentemente, grande parte motivados principalmente pelas limitações da lógica clássica e, também, com os avanços experimentados sobretudo pela Inteligência Artificial: lógicas intuicionistas (lógica intuicionista sem negação, lógica de Griss, etc. Tais sistemas estão bem estabelecidos: há uma matemática cultivada e possuem interessantes características filosóficas), lógicas não-monotônicas, lógicas lineares, lógicas *default*, lógicas *defesiable*, lógicas abdutivas, lógicas multivaloradas (ou lógicas polivalentes: lógica de Łukasiewics, lógica de Post, lógica de Gödel, lógica de Kleene, lógica de Bochvar, etc. Seus estudos estão em fase adiantada: com efeito, há uma matemática construída nesses sistemas e possuem importância filosófica, tratando, por exemplo, da questão dos futuros contingentes), teoria dos conjuntos *Rough*, lógicas paracompletas (que restringem o princípio do terceiro excluído), lógicas paraconsistentes (que restringem o princípio da não-contradição: sistemas C_n, lógicas anotadas, lógicas do paradoxo, lógicas discursivas, lógicas dialéticas, lógicas relevantes, lógicas da ambiguidade inerente, lógicas imaginárias, etc.), lógicas não-aléticas (lógicas que são simultaneamente paracompletas e paraconsistentes), lógicas não-reflexivas (lógicas

406 Qualidade e Competência nas Decisões

que restringem o princípio da identidade), lógicas auto-referentes, lógicas rotuladas, lógicas livres, lógicas quânticas, entre outras.

Os sistemas não-clássicos se mostraram de profundo significado, não somente do ponto de vista prático, como, também, teórico, quebrando um paradigma do pensamento humano que vem imperando há mais de dois mil anos.

Há casos, porém, em que lógicas heterodoxas são susceptíveis de serem concebidas como complementares da clássica. Com efeito, pode-se juntar à lógica clássica um operador de implicação causal, diga-se, para tratar de certas questões de física; a lógica resultante, portanto, seria uma lógica complementar da clássica.

24.3 Lógica Paraconsistente

Como em inúmeros casos científicos, muitas vezes torna-se difícil patentear quem ou quais cientistas tiveram as idéias iniciais de uma teoria. Assim se sucede com a lógica paraconsistente. No entanto, podemos citar que, paralelamente ao desenvolvimento da lógica clássica, sempre houve filósofos que defenderam a existência de contradições verdadeiras. Assim, em certo sentido, parece ter havido, durante o desenvolvimento da lógica clássica, lógicas distintas, de natureza paraconsistente, que subjaziam às teorias de muitos pensadores (Heráclito, Hegel e outros).

Porém, a idéia de paraconsistência como lógica subjacente de teorias inconsistentes e não-triviais teve como precursor o lógico polonês J. Łukasiewicz, que, em seus estudos sobre a silogística aristotélica, por volta de 1910, percebendo que certos princípios da lógica tradicional poderiam desempenhar papel semelhante àquele do quinto postulado de Euclides na geometria[1], teria vislumbrado a possibilidade de, pelo menos em princípio, se estudar sistemas lógicos nos quais certos princípios lógicos não vigorariam, em particular o principio da não-contradição. Independentemente, na mesma época, o lógico russo N.A. Vasil'év propôs idéias semelhantes, chegando a expressar as características de um sistema lógico no qual certas "contradições" pudessem ser suportadas. O sistema por ele elaborado é conhecido como lógica imaginária. Ao redor de 1948, o lógico polonês S. Jaskowski, seguindo idéias de Łukasiewicz, estruturou pela primeira vez, de acordo com os atuais padrões de rigor, um sistema lógico proposicional, no qual contradições podiam de certa forma serem toleradas sem haver trivialização. Tal sistema é conhecido como lógica discussiva (ou discursiva).

---

[1] A questão do 5.º postulado de Euclides versa sobre a proposição "dada uma reta e um ponto fora dela, há uma única reta paralela pelo ponto à reta em questão". Por muito tempo os geômetras da época pensaram que tal afirmativa podia ser demonstrada a partir dos demais postulados. Entretanto, com Gauss, Bolyai, Lobachevski, entre outros, verificou-se que tal proposição era independente das demais: assim, admitindo-se o 5.º postulado, gerou-se a chamada geometria euclidiana e, negando-a, geraram-se as geometrias não-euclidianas. Para a época, admitir as últimas geometrias era algo impensável. Trata-se de um marco no pensamento matemático, uma verdadeira revolução cultural.

24. Decisões Consistentes sobre o Inconsistente   407

Alguns anos posteriormente, em 1954, de forma independente, o lógico brasileiro N.C.A. da Costa construiu pela primeira vez várias lógicas paraconsistentes contendo todos os níveis lógicos comuns: cálculo proposicional, cálculo de predicados, lógica de ordem superior (na forma de teoria de conjuntos) e cálculo de descrições. Também, independentemente dos trabalhos apresentados em Da Costa em 1954, o lógico D. Nelson sugeriu em 1959 uma lógica paraconsistente como uma versão de seu sistema conhecido como lógicas construtivas com negação forte.

24.3.1 Teorias inconsistentes e teorias triviais

A mais importante razão da consideração da lógica paraconsistente foi a de obter teorias nas quais inconsistências são permitidas sem o perigo de trivialização. Em lógicas que não se distingam convenientemente da lógica clássica, por exemplo, com respeito ao conceito de negação, em geral é válido o esquema $A \to (\neg A \to B)$ (onde 'A' e 'B' são fórmulas, '$\neg A$' é a negação de 'A' e '$\to$' é o símbolo da implicação), *ex falso sequitur quodlibet*: de uma contradição, toda fórmula pode ser deduzida, ou seja, toda fórmula passa a ser verdadeira.

De fato, admitamos como premissas fórmulas contraditórias A e $\neg A$. Como observamos acima, $A \to (\neg A \to B)$ constitui um esquema válido. Levando-se em conta as premissas apresentadas, pela regra de dedução Modus Ponens (de A e de $A \to B$ deduzimos B) advém $(\neg A \to B)$. Aplicando-se novamente a regra Modus Ponens a essa última fórmula obtemos B. Porém, a fórmula B é arbitrária. Assim, de fórmulas contraditórias pode-se deduzir qualquer afirmação. Este é o fenômeno da trivialização.

Convém ressaltar que a recíproca é imediata: com efeito, se numa teoria todas as fórmulas são deriváveis, em particular, pode ser derivada uma contradição. A modo de resumo, uma teoria contraditória (ou inconsistente) é trivial e, reciprocamente, se uma teoria é trivial, ela é contraditória. Assim, na maioria dos sistemas lógicos conhecidos, as noções de teoria inconsistente e teoria trivial coincidem. Seguramente, quando pensamos em aplicações, tal propriedade não é nem um pouco intuitiva e revela o quão a lógica clássica é "frágil" nesse escopo. Imaginemos uma pessoa raciocinando e suponhamos que ela chegue a uma contradição: é incomum que na mente de tal pessoa tudo passe a ser verdadeiro (a não ser que a pessoa apresente uma insanidade muito especial).

Ainda sobre contradições, encerremos esta parte, apontando mais uma implicação dos sistemas heterodoxos, com o famoso paradoxo de Eubulides (ou, popularmente, paradoxo do mentiroso), na seguinte forma:

(S) *Eu estou mentindo*

Notemos preliminarmente que S é uma sentença declarativa e, por conseguinte, S é verdadeira ou falsa. No caso de S ser verdadeira, então é verdade "Eu estou mentindo" e, em conseqüência do que acaba de afirmar, a sentença S é falsa. Se S for

408 Qualidade e Competência nas Decisões

falsa, é mentira "Eu estou mentindo" e, por conseguinte, a pessoa em questão não é mentirosa, e, portanto, S é verdadeira. Concluindo, S é verdadeira se, e somente, se S for falsa. É oportuno ressaltar que o paradoxo do mentiroso, durante muitos séculos após sua descoberta, constituiu-se em aporia.[2]

Após as considerações de Tarski, sobretudo baseadas em sua teoria da correspondência da verdade, tornou-se falácia. Finalmente, com o advento das lógicas paraconsistentes, há motivos para encará-lo como aporia novamente.

24.3.2 Conceituação de Lógica Paraconsistente

Suponhamos que a linguagem subjacente a uma teoria dedutiva **T** contenha um símbolo para a negação (se houver mais de uma, fixa-se uma delas pelas suas características lógico-formais). **T** é dita inconsistente se encerrar teoremas contraditórios (um é a negação do outro); caso contrário, diz-se que **T** é consistente. A teoria **T** denomina-se trivial se todas as fórmulas (ou sentenças) de sua linguagem forem teoremas de **T**; se não for assim, **T** designa-se não-trivial. Grosso modo, um sistema lógico nomeia-se paraconsistente se puder ser empregado como lógica subjacente de teorias inconsistentes, porém, não-triviais. Isso leva a derrogar o princípio da não-contradição assim formulado: de duas proposições contraditórias, uma delas é falsa.

Presentemente se conhece uma infinidade de sistemas de lógica paraconsistente. Por exemplo, foram estabelecidas lógicas proposicionais, cálculos de predicados de primeira ordem, lógicas de ordem superior, teorias de conjuntos, cálculo de descrições, etc. Em particular, algumas teorias de conjuntos paraconsistentes mostraram-se equiconsistentes com a teoria de conjuntos clássica, por exemplo, a teoria ZFS.

24.3.3 Lógica e imprecisão

Comecemos observando a vida do dia-a-dia. Quase todos os conceitos com que deparamos no mundo real encerram um grau de imprecisão. Por exemplo, contemplemos as cores de um arco-íris: suponhamos que a primeira cor é, digamos, amarela e a última, vermelha (sublinhemos não-amarela). Nesse contínuo de cores, haverá uma faixa em que teremos dúvida em classificar como amarela ou não-amarela. Mesmo empregando-se aparelhos ultra-sofisticados, não se suprimirá a dúvida. A imprecisão aqui não é intrinsecamente lingüística, nem decorre, em particular, de utilizarmos vocábulos da linguagem natural. Tudo faz crer que a imprecisão é essencial e não se deixa eliminar mesmo com métodos científicos estritos. A observação

---

[2] Aporia aqui empregada constitui um paradoxo (informalmente, um argumento *prima facie* logicamente aceitável, com premissas também aparentemente aceitáveis, mas cuja conclusão parece inaceitável) que obteve uma solução aparentemente boa, mas disputável, acarretando, por exemplo, modificações (muitas vezes implausíveis) nos princípios básicos das ciências ou unicamente tendo a virtude de ter eliminado o paradoxo.

se aplica obviamente a muitos conceitos pertencentes às ciências do real. A vagueza dos termos e conceitos das ciências reais não possui caráter subjetivo, oriundo de causas inerentes ao observador, nem objetivo, no sentido que a realidade é de fato imprecisa ou vaga. Tal condição nos é imposta pelas nossas relações com a realidade, de como somos constituídos psicofisiologicamente, para captá-la e, também, pela natureza do universo. Como a lógica clássica tem se mostrado inadequada ou mesmo incapaz de dar conta de certos conceitos ventilados, é natural que lancemos mão de lógicas alternativas para o propósito.

24.3.4 A Lógica Paraconsistente modelando o conhecimento humano

A descrição de algumas situações da realidade pode ser inconsistente e é comum deparar-se com inconsistências no nosso cotidiano. Para simplificar o entendimento da proposta e o significado da lógica paraconsistente, realçando a importância da sua aplicação em situações onde a lógica clássica é incapaz de gerar bons resultados, são discutidos aqui alguns exemplos, DA COSTA *et al.* (1999). Em todos os exemplos apresentados, situações de inconsistência e indefinição estão presentes. O objetivo é demonstrar que a lógica paraconsistente pode ser aplicada para modelar o conhecimento por meio de procura de evidências, de tal forma que os resultados obtidos são aproximados aos obtidos pelo raciocínio humano.

Exemplo 1 – Em uma reunião de condomínio, para decidir sobre uma reforma no prédio, nem sempre as opiniões dos condôminos são unânimes. Se sempre houvesse unanimidade, as decisões do síndico seriam muito facilitadas. Alguns querem a reforma, outros não, gerando contradições. Outros nem mesmo têm opinião formada, gerando indefinições. A análise detalhada de todas as opiniões, contraditórias, indefinidas, contra e a favor, pode originar buscas de outras informações para gerar uma decisão de aceitação ou não da reforma do prédio. A decisão tomada vai ser baseada nas evidências trazidas pelas diferentes opiniões.

Exemplo 2 - Um administrador, chefe de uma equipe, que tem a missão de promover um dos seus funcionários, deve avaliar várias informações antes de deferir o pedido. As informações provavelmente virão de várias fontes: departamento pessoal, chefia direta, colegas de trabalho, etc. Pode-se prever que estas informações vindas de várias fontes podem ser conflitantes, imprecisas, totalmente favoráveis ou ainda totalmente contrárias. Compete ao administrador a análise destas múltiplas informações para tomar uma decisão de deferimento ou indeferimento. Com todas as informações, o administrador pode ainda considerar as informações insuficientes ou então totalmente contraditórias; neste caso, novas informações deverão ser buscadas.

Exemplo 3 - Um operário que atravessa uma sala para realizar um determinado serviço em uma indústria pode ter seus óculos inesperadamente embaçados pela poluição ou vapor. Sua atitude mais provável é parar e fazer a limpeza em suas

410 Qualidade e Competência nas Decisões

lentes para depois seguir em frente. Este é um caso típico de indefinição nas informações. O operário foi impedido de avançar por falta de informações oriundas de seus sensores da visão sobre o ambiente. Por outro lado, o operário pode, ao atravessar a sala na obscuridade, se deparar com uma porta de vidro que emita reflexo da luz ambiental, confundindo a sua passagem pelo ambiente. Este é um caso típico de inconsistência, porque as informações foram detectadas pelos seus sensores da visão com duplo sentido. O comportamento normal do operário é parar, olhar mais atentamente. Caso seja necessário, deve modificar o ângulo de visão, se deslocando de lado para diminuir o efeito reflexivo; somente quando tiver certeza, vai se desviar da porta de vidro e seguir em frente.

Como visto nos três exemplos anteriores, uma das principais características do comportamento humano é tomar decisões conforme os estímulos recebidos representados por várias informações. Estas informações, quando comparadas entre si, podem ser contraditórias. Em muitas situações, as informações são provenientes das variações do seu meioambiente, captadas pelos sentidos. Na realidade, as variações das condições ambientais são muitas, e às vezes inesperadas, resultando em estímulos muitas vezes contraditórios. Devido a isto, é necessária a utilização de um sistema lógico que contemple todas estas variações e não apenas duas, como faz a lógica tradicional ou clássica. Portanto, fica claro que há algumas situações onde a lógica clássica é incapaz de tratar adequadamente os canais de informação envolvidos. É nestes casos que os sistemas usuais, que se baseiam na lógica clássica, ficam impossibilitados de qualquer ação e não podem ser aplicados. Por conseguinte, necessitou-se buscar sistemas lógicos em que se permitam manipular diretamente toda esta faixa de informações e assim descrever um mundo mais próximo da realidade.

Um quarto exemplo onde aparecem situações contraditórias e indefinidas pode ser descrito do modo seguinte:

Exemplo 4 - Uma pessoa que está prestes a atravessar uma região pantanosa recebe uma informação visual de que o solo é firme. Esta informação tem como base a aparência da vegetação rasteira à sua frente. Esta informação vinda dos seus sensores da visão fornece um grau de evidência elevado à afirmativa: "Pode pisar no solo sem perigo". Não obstante, com o auxílio de um pequeno galho de árvore, a pessoa testa a dureza do solo e verifica que o mesmo não é tão firme como parecia.

Neste exemplo, o teste com os sensores do tato indicou um grau de evidência menor do que o obtido pelos sensores da visão. Pode-se atribuir arbitrariamente um valor médio do grau de evidência da afirmativa: "Pode pisar no solo sem perigo".

Estas duas informações geram um grau de conflito que faria a pessoa ficar com certa dúvida quanto à decisão de avançar ou não. A atitude mais óbvia a tomar é procurar novas informações ou evidências que podem aumentar ou diminuir o valor do grau de crença que foi atribuído à realidade mediante as duas primeiras medições. A procura de novas evidências como: efetuar novos testes com o galho, jogar uma pedra, etc., proporcionará um novo valor do grau de credibilidade. Percebendo que as informações ainda não são suficientes, portanto, consideradas indefinidas, é provável que esta pessoa vá avançar com cautela e fazer novas medições buscando outras evidências que a ajudem na tomada de decisão. A conclusão destas novas medições pode ser um aumento no valor do grau de credibilidade para 100%, o que a faria avançar com toda confiança, sem nenhum temor. Por outro lado, a conclusão pode ser uma diminuição no valor do grau de credibilidade, obrigando-a a procurar outro caminho.

A lógica paraconsistente pode modelar o comportamento humano apresentado nestes exemplos e assim ser aplicada em sistemas de controle, porque se apresenta mais completa e mais adequada para tratar situações reais, com possibilidades de, além de tratar inconsistências, também contemplar a imprecisão.

Considerando que nos deparamos freqüentemente com dados inconsistentes, a lógica paraconsistente tem encontrado uma grande aceitação como tema de pesquisas no desenvolvimento de projetos para aplicações em diversas áreas, principalmente nas de inteligência artificial e informática em geral. Vários resultados obtidos nos estudos realizados na década de 80 até a presente data, por vários pesquisadores, demonstram que é viável a aplicação da lógica paraconsistente em situações diversas de inconsistências, o que a torna um poderoso instrumento de aperfeiçoamento técnico no campo da engenharia, entre outros.

24.3.5 A Lógica Paraconsistente Anotada (LPA)

As lógicas paraconsistentes anotadas são uma família de lógicas paraconsistentes descobertas no final da década de 80, que veio coroar o estudo das lógicas paraconsistentes, encontrando as mais variadas aplicações.

Devido às aplicações obtidas, tornou-se conveniente um estudo dos fundamentos da lógica paraconsistente anotada. As investigações foram feitas de modo sistemático em Abe (1992). Esse autor estudou a lógica de predicados, teoria de modelos, teoria anotada de conjuntos, alguns sistemas modais, metateoremas de completeza forte e fraca para uma subclasse importante de lógica anotada de primeira ordem, estabelecendo um estudo sistemático dos fundamentos das lógicas anotadas apontadas em trabalhos anteriores.

Outras aplicações dos sistemas anotados foram iniciados por Abe por volta de 1993 e juntamente com discípulos diretos, implementou-se a linguagem de programação paraconsistente Paralog, conforme Ávila, Abe & Prado (1997), independentemente dos resultados de Subrahmanian. Tais idéias aplicaram-se na construção de um protótipo e especificação de uma arquitetura baseada na lógica paraconsistente anotada que integra vários sistemas computacionais – planejadores, base de dados, sistemas de visão, etc. – de uma célula de manufatura e representação de conhecimento por *frames*, permitindo representar inconsistências e exceções.

412 Qualidade e Competência nas Decisões

Da Silva Filho, outro discípulo de Abe, interessou-se na aplicação da lógica paraconsistente anotada Pτ em circuitos digitais, obtendo-se a implementação das portas lógicas Complement, And e Or. Tais circuitos permitem sinais "conflitantes" implementados em sua estrutura de modo não-trivial. Acreditamos que a contribuição dos circuitos elétricos paraconsistentes seja pioneira na área dos circuitos elétricos, abrindo-se novas vias de investigações. Nas pesquisas referentes ainda na parte de *hardware*, cite-se a edificação do analisador lógico – para-analisador que permite tratar conceitos de incerteza, inconsistência e paracompleteza. Também foram construídos controladores lógicos baseados nas lógicas anotadas – Paracontrol, simuladores lógicos – Parasim, tratamento de sinais – Parasônico. Como materialização dos conceitos discutidos, construiu-se o primeiro robô paraconsistente com o *hardware* paraconsistente: a robô *Emmy*, e o protótipo II da *Emmy* foi também construído. Um outro robô paraconsistente construído com o *software* baseado na LPA denominou-se *Sofya* e muitos protótipos subseqüentes foram construídos: Amanda, etc.

Os sistemas anotados também abarcam aspectos dos conceitos envolvidos em raciocínio não-monotônico, *defesiable*, *default* e deôntico (NAKAMATSU, ABE & SUZUKI, 2001).

Versões de lógicas anotadas também envolvem muitos aspectos das lógicas *fuzzy*. Isto pode ser visto sob vários ângulos. A teoria notada de conjuntos engloba *in totum* a teoria de conjuntos *fuzzy* (ABE, 1992), e abarcam formalismos temporais (ABE & AKAMA, 2000). Versões axiomatizadas da teoria *fuzzy* também foram obtidas. Foi erigido o controlador híbrido *parafuzzy*, que une características das lógicas anotadas e *fuzzy* (ABE & DA SILVA FILHO, 2001). Finalmente, aspectos algébricos também foram investigados por Abe e outras algebrizações interessantes têm sido estudadas por outros autores.

24.4 Sistemas de apoio à decisão: exemplos e comentários finais

É sobejamente conhecida a importância da teoria da linguagem para a investigação de problemas em ciência. Assim, uma boa solução para uma indagação pode muitas vezes depender profundamente da escolha ou descoberta de uma linguagem conveniente para representar os conceitos envolvidos adequadamente, bem como fazer inferências sensatas até que se chegue a soluções satisfatórias.

No tocante às aplicações, observando-se atentamente um conjunto de informações obtidas em certo tema em tela, tal conjunto pode encerrar informações contraditórias e haver dificuldade de descrição de conceitos vagos, como já discutimos na introdução. No caso da contradição, normalmente ou ela é removida artificialmente para não contaminar o conjunto de dados, ou se faz tratamento à parte, com dispositivos extralógicos. Entretanto, a contradição, na maioria das vezes, contém informação decisiva, pois é como se fosse o encontro de duas vertentes de valoresverdade opostos. Logo, negligenciá-la é proceder de forma anacrônica. Devemos, pois, buscar linguagens que possam conviver com tais contradições sem atrapalhar as demais informações, como acontece na Lógica Clássica, por exemplo. Quanto ao conceito de incerteza, devemos pensar em uma linguagem que possa capturar o 'máximo' de 'informações' do conceito, obviamente. Tendo isso em mente, para se obter uma linguagem que possa ter essas características, vamos fazer o procedimento que passamos a descrever.

Nosso intuito é o de acolhermos os conceitos de incerteza, inconsistência e paracompleteza em sua estrutura lingüística e raciocinar (mecanicamente) na presença deles, com a esperança de que, com esse desenho, a linguagem permita atingir, capturar, refletir melhor as nuances da realidade de outros modos que não os tradicionais. Assim, estaremos equipados com uma linguagem e uma estrutura dedutiva adequada para uma compreensão de problemas sob ângulos diferentes e quiçá, desse modo, se possa gerar soluções inovadoras. Para a tarefa, principiemos considerando os conceitos de inconsistência e paracompleteza. Juntemos as noções de verdade e de falsidade. Assim, pensemos em quatro objetos:

T – que chamaremos de inconsistente
V – que chamaremos de verdadeiro
F – que chamaremos de falso
$\perp$ – que chamaremos de paracompleto.

Chamemos também tais objetos de constantes de anotação.

No conjunto desses objetos $\tau = \{T, V, F, \perp\}$ coloquemos uma estrutura matemática: um reticulado com operador $\tau = <|\tau|, \leq, \sim>$ caracterizado pelo diagrama de Hasse mostrado na Figura 24.1.

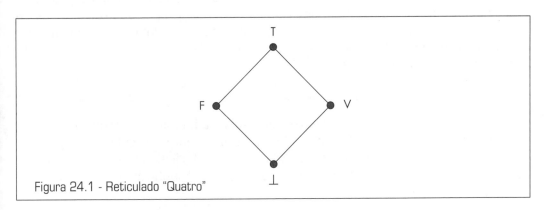

Figura 24.1 - Reticulado "Quatro"

O operador $\sim: |\tau| \rightarrow |\tau|$ define-se assim:

$\sim T = T$ (que operará, intuitivamente, assim: a 'negação' de uma proposição inconsistente é inconsistente)
  $\sim V =$ F (a 'negação' de uma proposição 'verdadeira' é 'falsa')
  $\sim F =$ V (a 'negação' de uma proposição 'falsa' é 'verdadeira')
  $\sim \perp = \perp$ (a 'negação' de uma proposição 'paracompleta' é 'paracompleta')

414 Qualidade e Competência nas Decisões

O operador ~ fará o 'papel' do conectivo da negação da LPA como se verá adiante. As proposições da LPA são do tipo p_μ onde p é uma proposição no sentido comum e μ é uma constante de anotação. Entre várias leituras intuitivas, p_μ pode ser lida: 'creio na proposição p com grau até μ' ou 'a evidência favorável expressa pela proposição é no máximo μ'.

Suponha-se que, dada a proposição p: 'a frente do robô está livre', tenhamos informações que nos remetem a duas situações:

'a frente do robô está livre' (que pode ser expressa na LPA por p_V)
'a frente do robô não está livre'(que pode ser expressa na LPA por p_F)

Em um sistema baseado na LPA, tal situação pode ser representada por

p_T : 'a frente do robô está livre' constitui um estado inconsistente.

A seguir ilustramos como tal linguagem opera numa programação em um ambiente contraditório, de modo não-trivial. A lógica paraconsistente pode ser utilizada especialmente na elaboração de sistemas especialistas, nos quais utilizam-se técnicas de Inteligência Artificial, conforme visto no Capítulo 23, uma base de conhecimento e um programa de computador que processa as informações empregando procedimentos de inferência. A base de conhecimento consiste de fatos e heurística, onde "fatos" constituem o corpo da informação, que é de notório conhecimento científico, público e geralmente de acordo com o pensamento de peritos da área, e "heurística", que são regras de raciocínio plausível, regras de bom senso características de uma decisão feita na área em nível especialista.

Um sistema especialista é composto de programas sofisticados que manipulam a base de conhecimento previamente adquirida de especialistas humanos e, usando procedimentos de inferência, heurística e incerteza, tem a capacidade de oferecer ao decisor conselhos inteligentes ou decidir inteligentemente sobre o processamento de uma função e também justificar sua própria linha de raciocínio de maneira direta quando inquirido. Os problemas resolvidos por esses sistemas são delimitados a uma área específica do conhecimento humano e, necessariamente, são problemas que possam ser simbolicamente representados.

Os sistemas de computação desenvolvidos, seja em Inteligência Artificial como de modo geral, são baseados na lógica, e a lógica normalmente utilizada é a tradicional. Contudo, cada vez mais tem-se a necessidade de uma lógica que não represente somente esses valores: aqui a lógica paraconsistente desempenha importante papel por sua capacidade de lidar com inconsistências.

Sistemas especialistas e bases de conhecimento sobre um certo domínio são usualmente construídos por programadores que, em geral, têm pouco conhecimento deste domínio. Os programadores operam por uma consulta a um grupo de domínio especialista. Por exemplo, na área médica, pode-se imaginar, de forma simplificada, que um paciente pode "entrevistar-se" com um determinado computador e, mediante perguntas e respostas, o computador pode chegar a diagnosticar e até mesmo medicar o paciente. Para que este computador possa agir, cria-se um banco de dados

24. Decisões Consistentes sobre o Inconsistente   415

contendo opiniões dos diversos médicos e, a partir desse banco de dados, o sistema vai derivar conclusões, valendo-se de regras com alguma lógica. Devido ao fato de os médicos poderem ter opiniões divergentes, no banco de dados pode haver duas proposições que contradigam uma à outra. Se o sistema operar com a lógica clássica, pode ocorrer a dedução de uma contradição, o que inviabiliza o sistema como um todo, e isso traz conseqüências imprevisíveis, posto que "qualquer coisa" poderia ser inferida (ou sugerida ao paciente). O ponto importante é que esta inconsistência é natural. Médicos discordam por muitos bons motivos.

Exemplificando concretamente o que foi ventilado, consideremos um exemplo de construção de um sistema especialista em Medicina. Suponha-se que edificamos uma pequena base de conhecimento BC relativa ao diagnóstico de duas doenças D_1 e D_2. Consultamos dois médicos especialistas M_1 e M_2 para manifestarem seus diagnósticos sobre as enfermidades. Os médicos M_1 e M_2 fornecem os diagnósticos utilizando o reticulado τ discutido acima.

O parecer do médico M_1 é representado pelo seguinte sistema especialista (onde S_i's representam os diversos sintomas e x denota o paciente:

$$\begin{cases} D_1(x)_V \leftarrow S_1(x)_V \wedge S_2(x)_V \\ D_2(x)_V \leftarrow S_1(x)_V \wedge S_3(x)_V \\ D_1(x)_F \leftarrow D_2(x)_V \\ D_2(x)_F \leftarrow D_1(x)_V \end{cases}$$

O parecer do médico M_2 é representado pelo seguinte sistema especialista:

$$\begin{cases} D_1(x)_V \leftarrow S_1(x)_V \wedge S_4(x)_V \\ D_2(x)_V \leftarrow S_1(x)_F \wedge S_3(x)_V \end{cases}$$

As coleções de regras fornecidas pelos médicos M_1 e M_2 podem ser unidas para formar uma base de conhecimento BC. Suponha-se agora que a informação é dada por um patologista em conexão com testes conduzidos sobre dois indivíduos José e Maria. O patologista fornece a seguinte informação:

$$\begin{cases} S_1(Jos\acute{e})_V \leftarrow \\ S_1(Maria)_F \leftarrow \\ S_2(Jos\acute{e})_F \leftarrow \\ S_2(Maria)_F \leftarrow \\ S_3(Jos\acute{e})_V \leftarrow \\ S_3(Maria)_V \leftarrow \\ S_4(Jos\acute{e})_V \leftarrow \\ S_4(Maria)_F \leftarrow \end{cases}$$

416 Qualidade e Competência nas Decisões

Segue-se que a base de conhecimento original produz uma inconsistência relativa à informação fornecida pelo patologista que expôs os sintomas de José: o modelo mínimo deste programa produz o valor-verdade T (inconsistente) para o átomo (José). Intuitivamente, isto deve-se ao uso da primeira regra apresentada por M_2, com a qual concluímos que José está acometido da doença D_1; porém, observando-se a segunda regra apresentada por M_1, podemos inferir que José está com a enfermidade D_2; entretanto, a terceira regra fornecida por M_1 nos diz que José não é portador da enfermidade D_1 – o que nos leva a uma inconsistência.

O interessante aqui é que essa inconsistência não afeta qualquer informação sobre Maria. Os diagnósticos disponíveis de Maria nos dizem que seus sintomas mostram que ela está afetada pela doença D_2 (segunda cláusula fornecida por M_2) e que ela não possui a enfermidade D_1 (terceira cláusula fornecida por M_1).

Assim, a indagação $D_1(Maria)_V$ terá uma resposta com êxito (negativa), mesmo que nosso conhecimento contenha uma inconsistência.

Outras aplicações da lógica paraconsistente anotada foram encontradas na própria matemática e em física, nos conceitos de "complementaridade". Exemplificando: "*p* é uma partícula" e "*p* é uma onda". O que acontece é que uma proposição é a negação da outra. Para tratar da lógica da complementaridade e da mecânica quântica, pode ser usada a lógica paraconsistente. Outro tipo é a lógica paraconsistente deôntica aplicada à filosofia da ciência e do direito (ABE & AKAMA, 2000). Pode ser aplicada também: na ética, nas relações entre certos aspectos da dialética e a lógica, na questão da aceitabilidade de hipóteses científicas, na psicanálise, nos problemas oriundos da lógica da crença e em outros campos de conhecimento. Ultimamente, aplicações fecundas foram efetuadas na questão de tomadas de decisão, particularmente em logística e em tópicos de engenharia de produção. Também foi obtida uma teoria de redes neurais artificiais baseadas nas lógicas anotadas que estão sendo aplicadas em biomedicina, particularmente no reconhecimento de padrões.

O advento e o cultivo das lógicas alternativas à clássica constituem um marco na história das ciências formais: é uma verdadeira revolução que está ocorrendo, parecida com a descoberta, no passado, das geometrias não-euclidianas. É deveras lamentável que pessoas tão bem informadas em muitas áreas do saber não estejam a par do que está ocorrendo em lógica; com efeito, elas geraram mudanças do nosso modo de raciocinar: lógica e racionalidade coincidem? Existem racionalidades diferentes? Todas essas questões ocupam lógicos, filósofos e cientistas, atualmente.

Referências

- ABE, J. M., "Fundamentos da Lógica Anotada" *Tese de Doutoramento*, FFLCH/USP - São Paulo, 1992.

- ABE, J. M., Para-fuzzy logic controller, Lecture Notes In Computer Science 3214, Springer, ISSN 0302-9743, ISBN 3-540-23206-0, pp. 935-941, 2004.

24. Decisões Consistentes sobre o Inconsistente

- ABE, J. M., Paraconsistent Artificial Neural Networks: an Introduction, Lecture Notes In Computer Science 3214, Springer, ISSN 0302-9743, ISBN 3-540-23206-0, pp. 942-948, 2004.

- ABE, J. M., Some Aspects of Paraconsistent Systems and Applications, Logique et Analyse, 15, 83-96, 1997.

- ABE, J. M., C.R. TORRES, G. L. TORRES, K. NAKAMATSU & M. KONDO, Intelligent Paraconsistent Logic Controller And Autonomous Mobile Robot Emmy II, Lecture Notes In Computer Science, Springer, aceito para publicação, 2006.

- ABE, J. M., J. C. A. PRADO & K. NAKAMATSU, Paraconsistent Artificial Neural Network: Applicability in Computer Analysis of Speech Productions, Lecture Notes In Computer Science, Springer, aceito para publicação, 2006.

- ABE, J. M. & J. I. DA SILVA FILHO, Advances in Logic, Artificial Intelligence, and Robotics, Editors, Frontiers in Artificial Intelligence and Its Applications, IOS Press, Amsterdan, Ohmsha, Tokyo, Vol. 85, ISBN 1586032925 (IOS Press), 4274 905454 C3055 (Ohmsha), ISSN 0922-6389, 277p., 2002.

- ABE, J. M. & J. I. DA SILVA FILHO, Logic, Artificial Intelligence, and Robotics, Editors, Frontiers in Artificial Intelligence and Its Applications, IOS Press, Amsterdan, Ohmsha, Tokyo, Vol. 71, ISBN 1 58603 206 2 (IOS Press), 4 274 90476 8 C3000 (Ohmsha), ISSN 0922-6389, 287p., 2001.

- ABE, J. M. & J. I. DA SILVA FILHO, Manipulating Conflicts and Uncertainties in Robotics, Multiple-Valued Logic and Soft Computing, V.9, ISSN 1542-3980, 147-169, 2003.

- ABE, J. M., K. NAKAMATSU & S. AKAMA, Non-Alethic Reasoning in Distributed Systems, ISBN: 0302-9743, Lecture Notes In Computer Science 3684, Springer, 724-731, 2005.

- ABE, J. M., N. ORTEGA, M. C. MÁRIO & M. DEL SANTO JR., Paraconsistent Artificial Neural Network: an Application in Cephalometric Analysis, ISBN: 0302-9743, Lecture Notes In Computer Science 3684, Springer, 716-723, 2005.

- ABE, J. M. & S. AKAMA, Paraconsistent annotated temporal logics D*t, Springer-Verlag, Lecture Notes in Computer Science, 217-226, 2000.

- ÁVILA, B. C., J. M. ABE & J. P. A. PRADO, ParaLog-e: A Paraconsistent Evidential Logic Programming Language, XVII International Conference of the Chilean Computer Science Society, IEEE Computer Society Press, pp 2-8, 1997.

- DA COSTA, N. C. A., O Conhecimento Científico, Discurso Editorial, 2000.

- DA COSTA, N. C. A., J.M. ABE, J. I. DA SILVA FILHO, A. MUROLO & C. LEITE, Lógica Paraconsistente Aplicada, Editora Atlas, 1999.

- NAKAMATSU, K. & J. M. ABE, Advances in Logic-Based Intelligent Systems, Frontiers in Artificial Intelligence and Its Applications, IOS Press, Amsterdam, Vol. 132, ISBN 1586035861, ISSN 0922-6389, 289p., 2005.

418 Qualidade e Competência nas Decisões

- NAKAMATSU, K., J. M. ABE & A. SUZUKI, Annotated Semantics for Defeasible Deontic Reasoning, Lecture Notes in Computer Science 2005, Springer-Verlag, 470-478, 2000.

- NAKAMATSU, K, S. AKAMA & J. M. ABE, An Intelligent Safety Verification Based on a Paraconsistent Logic Program, ISBN: 0302-9743, Lecture Notes In Computer Science 3684, Springer, 708-723, 2005.

- NAKAMATSU, K., H. SUITO, J. M. ABE & A. SUZUKI, Intelligent Real-time Traffic Signal Control Based on a Paraconsistent Logic Program EVALPSN, Lecture Notes in Computer Science, Springer-Verlag Heidelberg, ISBN 3-540-14040-9, ISSN: 0302-9743, Volume 2639, 719 – 723, 2003.

- TORRES, G.L., J. M. ABE, M. L. MUCHERONI & P. E. CRUVINEL, Advances in Intelligent Systems and Robotics, Editors, Frontiers in Artificial Intelligence and Its Applications, IOS Press, Amsterdan, Ohmsha, Tokyo, Vol. 101, ISBN 1586033867 (IOS Press), 4274 906248 C3055 (Ohmsha), ISSN 0922-6389, 277p., 2003.

25 DECISÕES BASEADAS NO *BALANCED SCORECARD*

Marcelo Kenji Shibuya

A maior parte do processo administrativo e do trabalho gerencial de uma empresa envolve a necessidade de resolver problemas e tomar decisões. O processo de planejamento, por exemplo, consiste basicamente em fazer análises da situação atual de uma organização e tomar decisões que afetam o seu futuro.

Segundo MAXIMIANO (1995), diversos especialistas em administração assinalaram a importância do processo decisório: Fayol (1994) havia reconhecido que o trabalho do administrador consistia essencialmente em tomar decisões e Mintzberg (1973) incluiu, entre as habilidades mais importantes para um gerente, a tomada de decisões sob condições de incerteza.

O *Balanced Scorecard* é uma metodologia que pode auxiliar no processo decisório de uma empresa, principalmente se levadas em consideração as necessidades estratégicas a que as empresas estão submetidas no seu dia-a-dia de trabalho.

25.1 O *Balanced Scorecard* (BSC)

O *BSC* traduz a missão e a estratégia das empresas num conjunto abrangente de medidas de desempenho, que serve de base para um sistema de medição e gestão estratégica. Isso permite que as organizações acompanhem o desenvolvimento financeiro, ao mesmo tempo em que monitoram outros indicadores que serão fundamentais para a obtenção do sucesso da organização em seu mercado de atuação. De acordo com Kaplan e Norton (1997), *o BSC leva o conjunto de objetivos das unidades de negócios além das medidas financeiras sumarizadas. Os executivos podem agora avaliar até que ponto suas unidades de negócios geram valor para os clientes atuais e futuros, e como devem aperfeiçoar as capacidades internas e os investimentos necessários em pessoal, sistemas e procedimentos visando a melhorar o desempenho futuro*

Traduzir a estratégia da organização em indicadores de desempenho foi utilizado anteriormente pelo TQC japonês (*Total Quality Control*) através do gerenciamento pelas diretrizes, visto em 5.2.1. Segundo Shiba (1997), o TQC introduziu o *Hoshin Kanri* no início da década de 1960, traduzido no Ocidente como Gerenciamento pelas Diretrizes. De acordo com esse autor, essa metodologia gerencial alinha as atividades das pessoas por toda a empresa, de maneira que a mesma possa alcançar suas metas-chave e reagir rapidamente às mudanças ambientais.

420 Qualidade e Competência nas Decisões

O gerenciamento *Hoshin* apresenta uma forma similar ao BSC para administrar a estratégia das organizações que o utilizam, isto é, busca alinhar as atividades das pessoas por toda a organização, de maneira que a mesma possa alcançar suas metas-chave. No entanto, segundo Silva (2003), "...o gerenciamento Hoshin considera aspectos não-financeiros como indicadores de desempenho, mas não apresenta uma estruturação lógica que mostre como as relações entre as atividades ou entre os processos interferem no desempenho".

A metodologia de implementação do *BSC* sugere a identificação de indicadores de desempenho através da relação de causa e efeito e a construção de um painel de controle (*socorecard*), para que os indicadores sejam constantemente avaliados e monitorados por todos os envolvidos, tendo um controle ao mesmo tempo amplo e objetivo. Esse método contribui para uma análise constante e periódica das metas propostas e ainda sugere que a medição gerencie os indicadores, que retratam os resultados que estão sendo alcançados pela empresa.

Segundo Rezende (2003), "Mais importante do que apenas formular e implementar estratégias, a capacidade de monitorar e fazer ajustes tornou-se crítica hoje em dia em função de um cenário geral, mais turbulento, carregado de incertezas e com níveis crescentes de competitividade."

O advento da era da informação nas últimas décadas do século XX tornou obsoletas muitas premissas fundamentais da concorrência industrial. Não se pode mais considerar apenas os indicadores contábeis e financeiros para mensurar o desempenho de uma organização. "As empresas não conseguem mais obter vantagens competitivas sustentáveis apenas com a rápida alocação de novas tecnologias a ativos físicos e com a excelência da gestão eficaz dos ativos e passivos financeiros" (KAPLAN & NORTON, 1997).

Através do BSC, a organização poderá definir claramente os processos críticos que contribuem para a consecução dos objetivos estratégicos e administrá-los eficazmente. A Figura 25.1 apresenta a estrutura do *BSC*, que procura traduzir a missão e estratégia da organização em objetivos e medidas tangíveis, por meio das quatro perspectivas equilibradas propostas por Kaplan & Norton.

Ao estabelecer metas e objetivos, a alta direção da organização deixa a cargo dos níveis operacionais a tarefa de definir os caminhos para alcançá-los.

Como forma de orientar o processo de montagem das perspectivas, Kaplan & Norton (1997) sugerem que sejam utilizadas as perguntas descritas na Figura 25.1.

O *BSC,* desde que formulado adequadamente, monitora os principais indicadores de desempenho financeiros e não-financeiros inseridos na estratégia de uma organização, possibilitando uma rápida análise da situação, o constante monitoramento dos processos de negócios, permitindo, dessa forma, aumentar a probabilidade de alcance das metas estabelecidas. Essa proposta metodológica e disciplinada do BSC se mostra bastante eficaz para a aplicação na implementação e monitoramento dos indicadores dos sistemas de gestão da qualidade, auxiliando na obtenção de resultados satisfatórios com relação à estratégia adotada pela empresa, conseguindo assim os resultados esperados frente ao mercado de atuação.

25. Decisões Baseadas no Balanced Sorecard

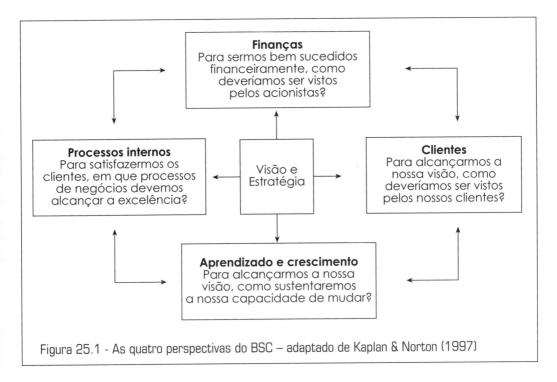

Figura 25.1 - As quatro perspectivas do BSC – adaptado de Kaplan & Norton (1997)

O processo de comunicação e alinhamento das metas para todos os setores da organização, mostrado na Figura 25.2, mobiliza todos os funcionários e colaboradores da organização para ações dirigidas à consecução dos objetivos organizacionais.

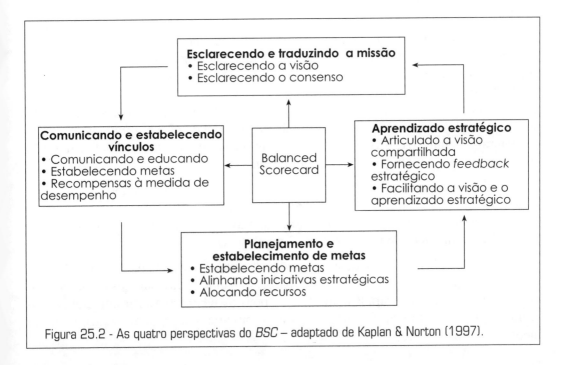

Figura 25.2 - As quatro perspectivas do BSC – adaptado de Kaplan & Norton (1997).

422 Qualidade e Competência nas Decisões

O *BSC* deve ser implementado através de relações de causa e efeito derivadas da estratégia, incluindo estimativas dos tempos de resposta e graus de correlação entre as medidas do *scorecard.* A série de relações de causa e efeito é fundamental para que todos os indicadores identificados estejam perfeitamente alinhados e conectados à estratégia.

O termo *scorecard* foi utilizado para ressaltar a forma como os resultados dos períodos passaram a ser demonstrados, similar a um placar (*scorecard*); o termo *balanced* (balanceado), por sua vez, foi inserido para enfatizar o equilíbrio existente entre objetivos de curto e longo prazo, e as medidas financeiras e não-financeiras, entre indicadores de ocorrência e tendência, e entre as demais perspectivas que tratam de aspectos internos e externos da organização.

As perspectivas financeiras e não-financeiras são analisadas sob a ótica de análise do desempenho obtido, as melhorias dos processos, crescimento da organização e dos colaboradores, e criação de valor para os clientes. É necessário enfatizar que a medição do desempenho é um contínuo ato de saber balancear os indicadores contábeis e os ativos intangíveis, e que o retorno do investimento sempre passa pela qualidade dos produtos e serviços e pela satisfação e retenção de clientes.

25.2 Perspectivas do *Balanced Scorecard*

O *BSC* é representado por quatro diferentes perspectivas, que representam as principais variáveis que, em equilíbrio, asseguram a base para um sistema de medição e gestão estratégica, possibilitando a tomada de decisões com um grau maior de acerto.

A inter-relação entre as perspectivas não é determinada de forma aleatória, mas sim com base em relações de causa e efeito. Kaplan & Norton (1997) afirmam que a ênfase na construção de relações de causa e efeito no *BSC* gera um raciocínio sistêmico dinâmico. Isso permite que os diversos envolvidos nos processos da organização compreendam, de forma sistêmica as inter-relações dos processos e dos indicadores de desempenho, como a sua atuação influencia o papel de outros funcionários, além de facilitar a definição dos vetores de desempenho e as iniciativas correlatas, que não apenas medem a mudança, como também a alimentam.

A dinâmica do negócio é compreendida por todos os colaboradores através da relação de causa e efeito entre as quatro perspectivas do BSC, aumentando a capacidade da organização de aprender continuamente, focando esforços nos processos que efetivamente agregam valor aos produtos e serviços ofertados.

Com o *BSC*, todas as mudanças passarão a ter uma coerência maior. Os indicadores de desempenho deverão ser, por um lado, suficientemente simples e compactos, de modo a permitir uma rápida análise, mas, por outro lado, permitir um fácil desdobramento em níveis mais detalhados, para possibilitar um abrangente acompanhamento de todas as perspectivas.

As medidas de desempenho devem ser escolhidas com certo cuidado, pois, enquanto uma quantidade muito pequena de medidas pode causar uma visão limitada da organização, uma grande quantidade de medidas pode tornar muito complexa a tarefa de colher e interpretar os dados relacionados com essas medidas. Seguem alguns critérios a serem adotados para a escolha dos indicadores:

- As medidas não devem apresentar ambigüidades e devem ser entendidas de forma uniforme através da organização;

- Quando associadas, as medidas devem cobrir de forma satisfatória os vários aspectos do negócio relacionados com a estratégia e com os fatores críticos de sucesso;

- As medidas utilizadas nas diferentes perspectivas devem estar claramente conectadas;

- Um *BSC* deve ser capaz de retratar a empresa como ela é, ou deveria ser. Tal retrato deve ser interpretado como relatório coerente e convincente, que mostra claramente como os esforços descritos nos níveis mais baixos do BSC são plenamente justificáveis na busca de se atingir os objetivos dos níveis mais altos;

- O processo de mensuração deve ser fácil e descomplicado: Se possível deve-se utilizar sistemas de medição já existentes na organização;

- Deve-se evitar a combinação de medidas que tenham desenvolvimento incompatível ou conflitante.

Os objetivos financeiros servem de foco ou diretriz para os objetivos e medidas das outras perspectivas do *scorecard*, sendo que qualquer medida selecionada deve fazer parte de uma cadeia de relações de causa e efeito que culminam com o desempenho financeiro.

25.2.1 Perspectiva financeira

A implementação e a análise de indicadores financeiros é uma atividade tradicional, que acompanha todos os procedimentos de negócio das organizações, desde a constituição ao encerramento das atividades.

A perspectiva financeira deve ser concebida de forma que seja capaz de identificar os resultados de curto prazo decorrentes das escolhas estratégicas feitas nas outras perspectivas. Além disso, deve estar atenta para os objetivos de longo prazo, responsáveis pelo desempenho futuro da organização.

Kaplan & Norton (1997) consideram que os objetivos e medidas financeiras devem desempenhar um duplo papel: definir o desempenho financeiro esperado da estratégia e servir de meta principal para os objetivos e medidas de todas as outras perspectivas do BSC, sugerindo, para isso, que a perspectiva financeira seja montada a partir de três temas estratégicos:

424 Qualidade e Competência nas Decisões

- **Crescimento e *mix* de receita**: ampliação da oferta de produtos e serviços, conquista de novos clientes e mercados, alterações do *mix* de produtos e serviços;

- **Redução de custos e aumento da produtividade**: ações que busquem baixar o custo direto de produtos e serviços, reduzir os custos indiretos e otimizar a utilização de recursos;

- **Utilização dos ativos e estratégias de investimentos**: utilização dos ativos disponíveis com a segregação de ativos que estejam gerando retornos inadequados, de forma a melhorar o retorno gerado pelos ativos financeiros e físicos.

Assim, intimamente ligada à perspectiva financeira está a perspectiva de clientes, discutida a seguir.

25.2.2 Perspectiva dos clientes

A perspectiva dos clientes não só possibilita alinhar as medidas de avaliação da satisfação, lealdade, retenção, aquisição e rentabilidade para os mercados e clientes-alvo, como também possibilita a identificação das principais tendências do mercado, permitindo que a organização desenvolva produtos e serviços de valor para os seus clientes.

A perspectiva dos clientes é essencial para a organização, pois descreve as maneiras pelas quais ela cria valor aos seus produtos ou serviços, de que maneira o cliente percebe a qualidade fornecida e o quanto está disposto a pagar pelos produtos e serviços. Se a organização falhar na entrega de produtos e serviços a serem fornecidos, com preços compatíveis, satisfazendo o cliente tanto a curto como a longo prazo, não serão gerados lucros e, dependendo do caso, isso pode levar a organização à falência.

Kaplan & Norton (1997) reforçam a importância do BSC em relação à perspectiva dos clientes ao afirmarem: *"A perspectiva de clientes permite que as empresas alinhem suas medidas essenciais de resultados relacionadas aos clientes – com segmentos específicos de clientes e mercado. Além disso, permitem a clara identificação e avaliação das propostas de valor dirigidas a esses segmentos"*.

Na perspectiva de clientes, o *BSC* permite que a organização identifique os nichos de mercado em que deseja competir estrategicamente. Esses nichos representam as fontes que irão produzir o componente de receita dos objetivos financeiros da organização, definidas anteriormente na perspectiva financeira.

Embora cada organização deva desenvolver um conjunto próprio de propostas de valor e implementá-las na perspectiva dos clientes, praticamente todas as propostas costumam incorporar medidas relacionadas ao grau de satisfação dos clientes.

A identificação das propostas de valor dirigidas aos segmentos específicos é o segredo para o desenvolvimento de objetivos e medidas na perspectiva dos clientes.

Para que se consiga fornecer produtos e serviços cujos atributos sejam capazes de satisfazer os clientes, é preciso que os processos internos estejam alinhados para isso, assunto que será discutido no próximo item.

25.2.3 Perspectiva dos processos internos da organização

Kaplan & Norton (1997) recomendam que as organizações identifiquem as deficiências de seus processos internos que possam afetar negativamente os custos, a capacidade de resposta ou o nível de satisfação dos clientes, desenvolvendo-se, assim, medidas que permitam oferecer produtos e serviços de qualidade superior à de seus concorrentes.

Nesse contexto, os mesmos autores recomendam que os executivos definam uma cadeia de valor completa dos processos internos, que tenha início com o processo de inovação (identificação das necessidades atuais e futuras dos clientes e desenvolvimento de novas soluções para essas necessidades), prossiga com os processos de operações (entrega dos produtos e prestação de serviço aos clientes existentes) e termine com o serviço de pós-venda (garantias, processamento dos pagamentos, etc.). A Figura 25.3 ilustra a cadeia de valor completa.

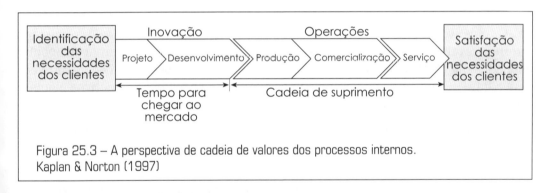

Figura 25.3 – A perspectiva de cadeia de valores dos processos internos. Kaplan & Norton (1997)

Kaplan & Norton (1997) consideram o processo de inovação como a *onda longa* da criação de valor, em que as organizações primeiro identificam e cultivam novos mercados, sondando oportunidades inteiramente novas para seus produtos e serviços, depois projetam e desenvolvem novos produtos e serviços para satisfazer as necessidades recém-identificadas e atingir novos mercados. A importância dada ao processo de inovação permite que a organização atribua a devida importância a processos de pesquisa, projeto e desenvolvimento que gerem novos produtos, serviços e mercados.

Nos processos de operações, os produtos ou serviços são criados e oferecidos aos clientes, que Kaplan & Norton (1997) consideram como *onda curta* da criação de valor nas organizações. Eles têm início com o recebimento do pedido de um cliente e terminam com a entrega do produto ou serviço, enfatizando a entrega eficiente,

426 Qualidade e Competência nas Decisões

regular e pontual dos produtos e serviços existentes aos clientes atuais e levando em consideração a melhor utilização dos recursos internos da organização.

O terceiro estágio da cadeia de valor é o serviço de pós-venda, que inclui a garantia do produto e assistência técnica, e tem grande importância na criação da imagem e na reputação da organização na cadeia de valor do cliente, além de dar subsídios e informações valiosas para permitir as melhorias contínuas dos processos da organização.

Muitas organizações têm obtido resultados notáveis organizando-se através do gerenciamento por processos, agrupando seus colaboradores em grupos e dando a eles autonomia sem precedentes. No entanto, trabalhar eficazmente em grupos não é intuitivo. Para terem sucesso em suas novas tarefas, os funcionários precisarão de novos conhecimentos, novas habilidades e novos comportamentos, incluindo a compreensão dos processos e as suas inter-relações, a solução de problemas e a compreensão dos resultados que deverão ser obtidos pela empresa para alcançar a satisfação dos clientes. Essa visão de aprendizado contínuo e crescimento é assunto do próximo item.

25.2.4 Perspectiva de aprendizado e crescimento

Kaplan & Norton (1997) definem que a quarta e última perspectiva do BSC desenvolve objetivos e medidas para orientar o aprendizado e o crescimento organizacional. Os objetivos estabelecidos nas perspectivas financeira, do cliente e dos processos internos revelam onde a organização deve se destacar para obter um desempenho alinhado com a sua estratégia, e as perspectivas de aprendizado e crescimento definem a infra-estrutura necessária que possibilita a consecução dos objetivos planejados nas outras três perspectivas.

As principais categorias que devem ser incluídas no BSC para a perspectiva de aprendizado e crescimento, sugeridas por Kaplan & Norton (1997) são:

a) **Capacitação dos funcionários**: As organizações precisam melhorar continuamente os processos para se manterem competitivas no atual mercado globalizado. No entanto, para que os funcionários contribuam de forma eficaz, precisarão de constante reciclagem dos conhecimentos e habilidades, para que estejam atualizados com os conhecimentos necessários ao cenário atual e possam desenvolver soluções criativas e de qualidade. Deve-se levar em consideração que só a quantidade de treinamento não é suficiente, é necessário que os treinamentos sejam realizados segundo uma orientação estratégica e a metodologia do BSC privilegia essa condição.

b) **Capacidade dos sistemas de informação**: informações sobre os clientes, os processos internos e as conseqüências financeiras advindas de atividades desenvolvidas são fundamentais, para que os funcionários de todos os níveis e setores de atuação possam desempenhar eficazmente os seus processos atribuídos e alcançar os resultados planejados pela organização.

25. Decisões Baseadas *no Balanced Sorecard* 427

c) Motivação, *empowerment* e alinhamento: os funcionários precisam estar motivados para atuar no melhor interesse da organização. Segundo Campos (1998), para que isso aconteça os funcionários precisam ter liberdade e serem motivados para tomar decisões e iniciar ações de melhorias.

Segundo Bergamini (1998), a participação nos lucros é hoje uma das formas de recompensar o novo trabalhador que está surgindo na era da informação, isto é, independente, participativo e co-responsável pelo sucesso da empresa, porém deve-se considerar outros fatores:

- **Suporte da organização**: incluindo o reconhecimento do trabalho, mecanismos para o desenvolvimento de novas idéias e uma cultura voltada para a inovação;

- **Estrutura organizacional**: uma estrutura favorável à criatividade caracterizada por um número limitado de hierarquias, normas flexíveis, menos burocracia e descentralização do poder decisório;

- **Apoio da chefia:** uma postura de valorização do trabalho, de receptividade, flexibilidade, aceitação e estímulo às novas idéias, paralelamente ao respeito às opiniões divergentes, favorecendo uma administração participativa;

- **Incentivo ao trabalho em grupo**: relacionamento interpessoal favorável e estimulante a idéias novas, diálogo, confiança e trocas de experiências entre os membros e equipes.

Tal raciocínio é reforçado por Alencar (1998), ao afirmar que outros fatores, como recursos tecnológicos e materiais, possibilidade de treinamento e desafios constantes também são importantes, embora o ambiente de trabalho seja considerado fundamental.

Em relação ao *empowerment*, Wellins *et al.* (1994) afirmam que: "O processo de *empowerment* ocorre quando o poder vai para os funcionários, que passam, então, a ter a sensação de propriedade e controle sobre suas tarefas. [...] Com direito de opinar e dar sugestões sobre o modo de execução das suas tarefas, as pessoas se sentem mais responsáveis, demonstram mais iniciativa e produzem mais".

Delegar poder aos funcionários contribui significativamente para o enriquecimento dos cargos, criando a motivação necessária e suficiente para a promoção de melhorias contínuas e o alcance dos objetivos propostos pelos indicadores organizacionais. De acordo com Zacharias (2001), "delegar é uma ação de melhoria real de produtividade e extremamente lucrativa para a organização".

Através de estudos realizados, Kaplan & Norton (1997) sugerem três medidas essenciais de desempenho dos funcionários: satisfação, retenção e produtividade.

O conjunto de medidas de desempenho para a perspectiva de aprendizado e crescimento pode ser definido da seguinte forma:

- **Satisfação dos funcionários**: podendo ser considerada como um vetor que direciona os outros dois grupos, pois somente com a satisfação dos funcionários

428 Qualidade e Competência nas Decisões

poderá ser obtida a sua retenção e a sua maior produtividade. Em funções de prestação de serviços, tal aspecto é particularmente importante, pois os funcionários interagem diretamente com os clientes, podendo prejudicar o desempenho geral da organização, através de um mau atendimento, gerado pela sua insatisfação ou pelo seu baixo comprometimento;

- **Retenção dos funcionários**: possibilita manter os valores e a cultura da organização, o conhecimento dos processos e a sensibilidade com relação aos clientes. A troca constante de funcionários (*turn-over*) pode ocasionar a perda de capital intelectual da organização;

- **Produtividade dos funcionários**: a produtividade dos funcionários mede o resultado do impacto agregado da elevação do nível de habilidade e do moral dos funcionários, pela inovação e pela melhoria dos processos internos.

Assim, conclui-se que a perspectiva de aprendizado e crescimento estimula a organização a justificar investimentos a longo prazo, como a modernização, a capacitação dos seus funcionários e a melhoria dos sistemas de informação.

25.3 Integração à estratégia

Como integrar as medidas do BSC à estratégia?

O objetivo de qualquer sistema de mensuração, incluindo o BSC, deve ser motivar os executivos e funcionários a implementar com sucesso a estratégia da sua unidade de negócios e obter os resultados esperados. As empresas que conseguem traduzir a estratégia em um sistema de mensuração têm muito mais chances de executar sua estratégia, porque conseguem transmitir os objetivos e metas estratégicas a todos os níveis da organização.

De acordo com Kaplan & Norton (1997), é importante elaborar o *scorecard* e divulgá-lo adequadamente para comunicar a estratégia de uma unidade de negócios, pelas seguintes razões:

a) O *scorecard* descreve a visão de futuro da empresa para todos os colaboradores da organização, criando assim, aspirações compartilhadas.

b) O *scorecard* cria um modelo holístico da estratégia organizacional, mostrando para todos os colaboradores o que devem fazer e como podem contribuir para o sucesso organizacional.

c) O *scorecard* dá foco aos esforços de mudança, principalmente na questão que está muito em voga na atualidade, que são as melhorias contínuas necessárias para a organização estar sempre em condições de competir no ambiente globalizado.

Para que o BSC apresente os resultados esperados, não é condição suficiente a criação de diversos medidores de desempenho para todas as quatro perspectivas sugeridas por Kaplan & Norton, mas sim de integrá-los e alinhá-los à estratégia organizacional. Para que isso seja possível, são utilizados três princípios:

25. Decisões Baseadas *no Balanced Sorecard*   429

1) Relações de causa e efeito

Um *scorecard* adequadamente elaborado deve contar a história da estratégia da unidade de negócios através da relação de causa e efeito. Por exemplo, a relação entre um melhor treinamento dos funcionários da produção e a redução de custos de fabricação pode ser estabelecida através da seguinte seqüência de hipóteses: "Se intensificarmos o treinamento dos funcionários em suas atividades, eles adquirirão, então, mais conhecimento sobre os pontos em que o defeito poderá ser introduzido no produto em fabricação. Se os funcionários passarem a conhecer melhor os pontos em que a falha poderá ocorrer, a eficácia de suas atividades, então, aumentará. Se a eficácia das atividades produtivas aumentar, os custos de fabricação poderão ser menores e as margens médias dos produtos comercializados, então, aumentarão."

2) Vetores de desempenho

Um adequado BSC deve ser uma combinação de medidas de resultados e vetores de desempenho. As medidas de resultados indicam ocorrências como lucratividade, participação de mercado, satisfação de clientes, retenção de clientes, conformidade dos produtos e competência dos funcionários. Os vetores de desempenho, por sua vez, refletem a singularidade da estratégia da unidade de negócios, tais como os vetores financeiros de lucratividade, os segmentos de mercado que a empresa opta por competir, os processos internos específicos e os objetivos de aprendizado e crescimento, que oferecerão propostas de valor a segmentos específicos de clientes e mercados. São, portanto, os medidores que avaliam os desafios a serem vencidos pela empresa.

3) Relação com os fatores financeiros

Com a adoção de programas de gestão da qualidade pelas empresas, é comum a preocupação com metas como qualidade, redução de não-conformidades, satisfação dos clientes, índices de atraso e melhorias contínuas. O BSC formulado pela organização deve estar fortemente ligado aos resultados, principalmente os financeiros. Muitos gestores da qualidade não vinculam os resultados do sistema de gestão da qualidade aos resultados que influenciam diretamente os clientes e geram desempenho financeiro futuro. O resultado inevitável é que essas empresas acabam se desiludindo com a falta de recompensas tangíveis de seus programas de mudança. Em última análise, as relações causais de todas as medidas incorporadas ao *scorecard* devem ser vinculadas a objetivos financeiros.

25.4 Conclusão

Conforme visto neste capítulo, o *Balanced Scorecard* é uma metodologia adequada para a tomada de decisões estratégicas, traduzindo a estratégia organizacional em medidores de desempenho, de tal forma que todos os colaboradores possam ter uma visão ao mesmo tempo abrangente e objetiva do caminho a ser seguido para o

430 Qualidade e Competência nas Decisões

alcance dos resultados planejados pela organização. O BSC considera quatro perspectivas que são: financeira, dos clientes, dos processos internos e de aprendizado e crescimento.

No entanto, a criação de medidores de desempenho para as quatro perspectivas do BSC só será eficaz e impulsionará a organização na direção dos resultados planejados, caso os medidores de desempenho sejam analisados e validados através da relação de causa e efeito, fazendo com que os mesmos sejam capazes de contar a história da estratégia.

Para que o BSC seja eficaz na tradução e tomada de decisões estratégicas é necessário considerar os seguintes pontos:

- O envolvimento da alta direção;

- A capacitação e o envolvimento das pessoas para a compreensão e operacionalização do BSC;

- Incentivar os funcionários a sugerirem as soluções para que a estratégia possa ser implementada;

- Divulgar o BSC a todos os funcionários, desde o nível hierárquico mais eleva-do ao mais baixo, de forma que todos possam ser capazes de interpretá-lo;

- Submeter o conjunto de medidores de desempenho a uma análise crítica periódica, ajustando o BSC às mudanças causadas por fatores externos ou mesmo por alterações da estratégia organizacional promovidas pela própria direção da empresa;

- Aprendizado estratégico, que o BSC possibilita à organização em todos os níveis hierárquicos. Tradicionalmente, a estratégia organizacional é um assunto veiculado nos níveis hierárquicos mais elevados, não sendo de conhecimento dos funcionários de nível operacional. A divulgação da estratégia e o seu conhecimento através do *scorecard* por todos os colaboradores pode trazer inúmeros benéficos à organização, visto que todos caminharão na mesma direção e estarão capacitados para participar na consecução das metas e objetivos estratégicos planejados.

Referências

- ALENCAR, E. M. L. S. **Promovendo um ambiente favorável à criatividade nas organizações.** Revista de Administração de Empresas. São Paulo, v.38, n.2, 1998, abril/junho.

- BERGAMINI, C. W. **A difícil administração das motivações**. Revista de Administração de Empresas. São Paulo, v.38, n.1, jan/mar 1998.

- FAIOL, H. **Administração Industrial e Geral** – Atlas, São Paulo, 1994 – 10ª ed.

25. Decisões Baseadas *no Balanced Sorecard*

- KAPLAN, R. S. & NORTON, D. P. **A Estratégia em Ação – Balanced Scorecard.** Editora Campus, 1997

- MAXIMIANO, A. C. A. **Introdução à Administração**. São Paulo: Editora Atlas, 1995.

- MINTZBERG, H. **The nature of managerial work. Harper & Row, New York,** 1973.

- REZENDE, J. F. **Balanced Scorecard e a gestão do capital intelectual**, Rio de Janeiro: Editora Campus, 2003.

- SHIBA, S., GRAHAM, A. & WALDEN, D. **As quatro revoluções na gestão da qualidade.** Porto Alegre: Editora Bookman, 1997.

- SILVA, L. C. **O Balanced Scorecard e o processo estratégico.** Caderno de Pesquisas em Administração, v.10, out/dez 2003.

- ZACHARIAS, O. **ISO 9000:2000 Conhecendo e implementando – uma ferramenta de gestão empresarial**. São Paulo: ABIMAQ, 2001.

- WELLINS, R., BYHAM, W. C. & WILSON, J. M. **Equipe Zapp: criando energização através de equipes autogerenciáveis para aumentar a qualidade, produtividade e participação**. Rio de Janeiro: Campus, 1994.

26 DECISÕES NO AGRONEGÓCIO

Mauro de Almeida Toledo

26.1 Introdução

Agronegócio é um termo que engloba uma série de atividades relacionadas à produção de uma vasta gama de artigos, que têm em comum o fato de serem relacionados ao setor primário da economia. Segundo Batalha (1997), Agronegócio, ou *Agribusiness*, em inglês, tem sido entendido como o conjunto dos mais diversos segmentos de negócios, "desde a produção de insumos (sementes, adubos, máquinas, etc.) até a chegada do produto final (queijo, biscoito, massas, etc.) ao consumidor". Entretanto, tal diversidade de objetos em foco pouco contribui à tomada de decisão nesse campo.

A ferramenta conceitual que se tem usado para esclarecer este complexo sistema é a análise de *cadeias de produção,* pela qual se define cada elo e suas distintas relações, na composição dos segmentos envolvidos na obtenção de cada produto final. Em outras palavras, do confuso emaranhado conhecido como agronegócio, pode-se recortar, com clareza, as Cadeias de Produção Agropecuária (CPA), por exemplo, da manteiga, requeijão e margarina (Figura 26.1).

No Brasil, a aquisição de terras tem um tradicional significado como investimento para imobilização de recursos financeiros excedentes de outras atividades, o que, paradoxalmente aos riscos inerentes às operações de produção rural, oferece certa segurança contra os efeitos da erosão monetária. Entretanto, herdamos, talvez da época da colonização portuguesa, uma "mentalidade bandeirante" de desbravamento de terras, o que normalmente se traduz por desmatamento e instalação de projetos nem sempre produtivos. No mais das vezes, a sociedade seria mais beneficiada com os serviços indiretos prestados pela vegetação nativa e o empresário mais teria a lucrar se investisse em pesquisa sobre os potenciais econômicos locais e as estratégias mais racionais para transformar estes potenciais em produtos.

A aquisição de terras no Brasil é confundida com a aquisição dos recursos naturais ali presentes, os quais, na verdade, constituem um patrimônio que, por lei constitucional, pertence à sociedade brasileira. Os recursos naturais vão desde a fertilidade do solo, a biomassa de sua cobertura, o patrimônio genético das populações vegetais e animais presentes, até a "produção" de água das nascentes e rios que são influenciados por aquela porção de superfície terrestre. A legislação restringe, orienta e, com a aprovação dos projetos pelos órgãos de fiscalização ambiental, o poder executivo estadual e, dependendo do porte do projeto, da União, delegam à iniciativa privada a exploração destes recursos, a fim de que sejam revertidos em riqueza para nossa sociedade.

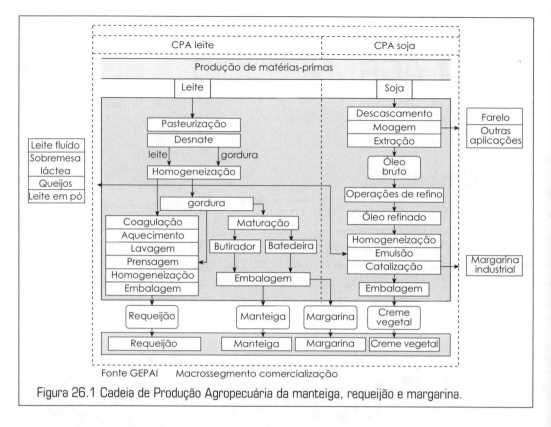

Figura 26.1 Cadeia de Produção Agropecuária da manteiga, requeijão e margarina.

Está cada vez mais claro que o futuro de nossa sociedade depende de essa geração de homens e mulheres efetuar um criterioso gerenciamento dos recursos naturais, financeiros e humanos. A escassez dos recursos naturais diante do crescimento da população humana e a fragilidade do equilíbrio meteorológico da biosfera sugerem perigo até para a própria sobrevivência de nossa espécie.

Ficou proibitivo avançar sobre os estoques de recursos naturais e humanos como quem se lança a uma "corrida do ouro". Esta "corrida" põe a perder riquezas de cunho cultural, biológico e físico-químico, de valor incalculável. Ela é feita por decisões tomadas sem uma consistente base de informes, sem uma suficiente prospecção de informações locais, em projetos mal elaborados, compostos por transposição de experiências inválidas.

Imaginar unidades de produção agrícola como máquinas é uma ingenuidade sempre perigosa para a comunidade local do projeto, para o meio ambiente e para a saúde financeira do investidor e da própria nação. Uma máquina deve permitir o controle de cada um de seus componentes: podemos regular sua velocidade de operação e prever aritmeticamente seu desempenho. Sistemas de produção agropecuários não são assim: apresentam variabilidades inerentes aos organismos vivos que os compõem. A variabilidade dos seres vivos permite sua adaptação às variações ambientais, que são cíclicas e contínuas, como dia e noite; inverno e verão; ciclos de secas; monções; eras glaciais; etc. Recentemente sugere-se, cada vez com maior convicção, que a própria Biosfera deve ser compreendida como um organismo vivo, que depende das complexas relações de seus componentes, para apresentar a estabilidade que vem permitindo a fixação da Vida sobre a superfície do planeta.

Nossa tradição cartesiana, ainda que permita bem destacar os fatores da produção, pouco ajuda a considerá-los integralmente. Abordagens que consideram o fator tempo com imediatismo, em descompasso com as duradouras conseqüências das intervenções humanas em uma extensão qualquer da superfície, estarão fadadas a surpresas desagradáveis e desperdiçarão riquezas que pertencem à humanidade.

26.1.1 Exemplo histórico

Ao criador do sistema de produção mais revolucionário da história da indústria se deve o exemplo mais didático de tomada de decisão com negligência no levantamento de dados, aliada à precipitação na alocação de vultosos recursos em um projeto extraordinário. É o caso da Fordlândia, um projeto de Henry Ford, que originou um município amazônico.

Mr. Ford poderia ter economizado alguns milhões de dólares (e milhares de hectares de florestas) se, em vez de instalar um projeto latifundiário e monocultural de plantio de seringueira, tivesse financiado um estudo etnobotânico da agricultura tropical nativa. Poderemos nesse caso, ter sido revolucionário novamente, antecipando a percepção da estratégia sanitária indígena de policultivo. Poderia ter tomado decisões mais fundamentadas, se simplesmente instalasse um experimento de dimensões mais modestas, com tempo mais longo de observação e levantamento de dados.

A concentração de muitos indivíduos da mesma espécie (*Hevea brasiliensis*) criou condições ótimas à propagação de doenças fúngicas que inviabilizaram sua *plantation* de seringueiras na Amazônia. Fordlândia é um laboratório vivo, que lições dele podemos tirar? Aprendizado é a única conta que amortizaria o custo social de recursos degradados em projetos que não deram certo.

26.1.2 Decisões políticas

A ditadura militar impôs à nação um modelo de produção agrícola transposto dos EUA, que ficou conhecido como a "revolução verde", aprofundando o interesse de empresas comercializadoras de insumos no país e reforçando o caráter exportador de nossa agropecuária. Além do fracasso econômico e ecológico de seu modelo de expansão da fronteira agrícola, calcado no deslocamento de populações para áreas virgens, legou uma extrema restrição de recursos para a pesquisa agropecuária e mais ainda, para a extensão rural. Foi o momento em que mais penetraram as iniciativas de "fomento", desenvolvidas por fabricantes de insumos industriais.

A nova república incentivou a participação da iniciativa privada na pesquisa, bem como a difusão de tecnologias e retomou os investimentos necessários à moderni-

436 Qualidade e Competência nas Decisões

zação da produção rural do país. No entanto, se vários centros de excelência em pesquisa foram criados, a extensão rural foi delegada às administrações estaduais e municipais, nem sempre comprometidas com o desenvolvimento da população no campo. Isto fez aumentar muito o descompasso entre a produção científica e a aquisição de saber e tecnologia, pelo empresário rural.

Sucessivos governos vêm comemorando o crescimento da produção agropecuária e seus recordes de produção, mas não têm se preocupado em imprimir políticas claras e efetivas para cada atividade. Observe-se a Tabela 1.2 do Capítulo 1 deste livro, onde se evidencia a importância da produção agrícola nas relações de nosso país com um parceiro estrangeiro. Somos exportadores de *commodities*, matéria-prima para a indústria. Nossa economia depende do agronegócio para equilibrar suas contas externas.

A interferência do mercado mundial na formação dos preços regionais arremessou o produtor rural ao *status* de exportador, competindo com os produtores do mundo todo, mas é nos mercados regionais que esse produtor adquire seus insumos e precisa escoar suas mercadorias. É lá que se dá a possibilidade da racionalização das cadeias de produção, da agregação de valor e do estabelecimento de relações comerciais que podem conferir um alicerce mais sólido do que as oscilações da bolsa de futuros de Chicago.

Enquanto o modelo tecnológico da produção vigente ficar a cargo da indústria do fomento, o investidor do agronegócio padecerá, como ocorreu com muitos produtores de arroz e soja, que tiveram um custo mais elevado do que o valor da saca na colheita de 2006, em muitos casos com índices de produtividade, por área, superiores à média nacional. Onde erraram? Lamentavelmente, os exemplos de fracassos são muito pouco documentados, não aparecem nas reportagens das revistas especializadas e os noticiosos só fazem denunciar atitudes do governo que não resolvem a equação destes produtores. Historicamente, os problemas acabam por resolver-se em perdão, ou escalonamento de dívidas – representando uma verdadeira transferência de dinheiro público ao setor privado – que, longe de ser solução, é um paliativo que acaba por causar novas distorções nas relações produtivas.

Quantos centros de pesquisa poderiam ter sido subvencionados com os dólares gastos na construção da Transamazônica? Aprenderemos a investir em pesquisa, antes de dissipar recursos em projetos mal adaptados, que trazem inclusive extinção de espécies?

26.1.3 Estrutura do capítulo

Este capítulo está organizado em uma seqüência de decisões que um imaginário investidor deve tomar, se deseja investir no agronegócio. É apresentado, também, um elenco de informações que precisam ser obtidas antes que estas decisões possam ser tomadas. Obviamente, esta seqüência será diferente em cada situação real, em que os fatos determinarão quais questões devem ser respondidas em primeiro lugar.

A maioria das questões como, por exemplo, "O que plantar?" e "Onde plantar?", estão intimamente relacionadas, de modo que apenas podem ser analisadas separadamente a título de simplificação didática.

Vamos supor, para contextualizar a exposição, que inicialmente exista apenas a determinação de investir no agronegócio. Deste cenário, um a um, serão destacados os fatores que envolvem decisão.

26.2 O que produzir? Onde produzir?

A primeira questão que se coloca é talvez a mais difícil de responder em termos genéricos, pois *onde* e *o que* produzir são questões intimamente relacionadas entre si, uma vez que não se pode produzir qualquer coisa em qualquer lugar e ainda assim obter sucesso econômico. Apesar de existir tecnologia disponível para mitigar muitos tipos de problemas de adaptação ambiental das culturas e criações, devemos lembrar que a inserção mercadológica de um produto depende de fatores ambientais que nenhuma tecnologia empresarial de curto ou médio prazo pode alterar. Entre elas contam-se peculiaridades culturais das populações envolvidas nas Cadeias de Produção Agropecuárias, taxas e impostos governamentais, ou ainda as relações de troca entre produtos e insumos que se averiguam (hoje, final de 2006, são necessárias aproximadamente duas sacas de milho para adquirir uma saca de adubo para plantio) ao longo de cada ano agrícola.

O que produzir, onde produzir? Perguntas que permanecem sem resposta e devem permanecer, até que se tenha colecionado um acervo de informações suficiente para construir um projeto adequado a um determinado ambiente e suas populações. Devem permanecer ainda como perguntas durante a implementação e durante a gestão dos agronegócios, no sentido de transformar cada ação executada em objeto de aprendizado e levantamento de dados. A complexidade e o dinamismo dos sistemas vivos, as alterações voluptuosas de um mercado mundializado, o significado estratégico do agronegócio na segurança alimentar das sociedades, além da permanente assimilação de novas tecnologias nos sistemas produtivos, trazem a geração e o processamento de informações ao cerne do desenvolvimento eficiente da gestão dos recursos naturais, sociais e econômicos.

26.2.1 Conceito de capacidade de uso dos solos

Para Lepsch (1991) , *"o uso adequado da terra é o primeiro passo em direção à agricultura correta. Portanto, cada parcela de terra deve ser empregada de acordo com sua capacidade de sustentação e produtividade econômica, de forma que os recursos naturais sejam colocados à disposição do homem para seu melhor uso e benefício, procurando ao mesmo tempo preservar estes recursos para as gerações futuras."*

438 Qualidade e Competência nas Decisões

A classificação das áreas por sua capacidade de uso é uma metodologia técnico-interpretativa de caráter conservacionista, que visa à utilização racional dos recursos naturais e dá idéia das possibilidades e limitações da ocupação da terra, sem considerar características econômicas da localidade. Esta classificação envolve o conceito de intensidade de uso, que diz respeito à maior ou menor mobilização imposta ao solo em seu preparo e durante a condução das culturas, de modo que os cultivos anuais, como algodão, arroz ou milho, são considerados de uso mais intensivo e as ocupações florestais e de refúgio à vida silvestre são consideradas de uso menos intensivo.

A classificação das áreas por sua capacidade de uso precedeu as atuais tecnologias computadorizadas conhecidas como "Sistemas de Informações Georreferenciadas", que visam à produção de mapas iluminados por diferentes texturas ou cores, relacionadas com características geográficas, sociais, econômicas ou ambientais da paisagem, como, por exemplo: vias de acesso, densidade demográfica, cobertura vegetal, declividade, fertilidade, condições de drenagem do solo, ou hidrografia. Esta "vista aérea" da superfície é fundamental para que se possa revelar o potencial produtivo de uma área; organizar as ações necessárias ao desenvolvimento de sistemas produtivos; prever e localizar os equipamentos de suporte necessários à implementação de uma empresa agroindustrial. Com essas medidas, minimizam-se as agressões ambientais e impactos sociais, enquanto se maximizam o aproveitamento dos recursos naturais, os ganhos sociais e econômicos.

O conceito de capacidade de uso dos solos de certa forma aponta para a diversificação das atividades de uma empresa agropecuária, que sempre precisará situar sua atuação nas cadeias produtivas em que pretende inserir-se. Devendo definir-se em cada cadeia produtiva como fornecedora de matéria-prima; ou, pela verticalização da produção, como fornecedora de produto processado. Aparentemente, o respeito às limitações ambientais sugere que cada propriedade rural possa estar incluída em mais de uma cadeia de produção agropecuária, conforme variam as condições ambientais das glebas envolvidas.

26.2.2 Cadeias de produção agropecuária

O aparecimento de extensas áreas densamente urbanizadas dificultou o abastecimento de alimentos, ao afastar as áreas de produção dos consumidores. A dieta humana, há pouco mais de cem anos, era constituída por cerca de trezentas espécies diferentes. Hoje em dia, a população urbana restringe sua dieta a pouco mais de oitenta espécies. Esta gritante diferença é uma conseqüência direta das cadeias de custódia que se estabeleceram da roça ao consumidor. Hoje, os produtos têm de ser embalados, transportados por longas distâncias e comercializados no atacado em centros de distribuição; muitos produtos agropecuários devem ser processados antes de tornarem-se alimentos, voltar ao mercado atacadista para enfim serem novamente transportados até o varejo, alcançando o consumidor final.

Quem decide, precisa conhecer todos os elos da cadeia de produção do produto que planeja fornecer, bem como mapear as unidades socioeconômicas que compõem

26. Decisões no Agronegócio **439**

esse sistema. Pode prever até que ponto dessa cadeia poderá intervir, sempre lembrando que cada elo agrega valor e poder de barganha. Sem capacidade de armazenamento, um produtor se vê obrigado a comercializar antes da colheita, sujeitando-se às condições do comprador. Um fornecedor de matéria-prima bruta para a agroindústria no Brasil deve estar ciente de que as indústrias mantêm políticas de preço que garantem uma mínima margem de lucro ao fornecedor, que deverá operar uma escala de produção grande o bastante para que esta pequena margem tenha significado econômico. Em toda cadeia de produção agropecuária, três segmentos fundamentais são destacados:

a) Produção de matérias-primas;

b) Industrialização;

c) Comercialização.

Desde que esclarecido cada componente de uma cadeia de produção agropecuária, uma empresa pode definir em quais elos está inserida e com quais outros elos deverá ligar-se:

- relações comerciais diretas (clientes e fornecedores)

- relações comerciais indiretas (fluxos de compras e vendas dos clientes e fornecedores)

- relações tecnológicas (elementos de base da construção da cadeia).

No quadro esquemático da Figura 26.2, verificam-se duas Cadeias de Produção Agropecuárias (CPA), compreendidas pelos segmentos de Produção de Matérias-Primas (MP), Industrialização e Comercialização. Destacam-se os insumos e operações 1, 2 e 3 de cada CPA e percebem-se operações 7 e 10 do segmento da industrialização que envolvem produtos das duas CPA, mais operações industriais 8, 9 e 11 específicas para produtos de cada CPA, operações 12 e 13 do segmento de comercialização e afinal três produtos para o consumidor.

Atualmente, a doutrina neoliberal, que orienta a gestão do Estado, aponta para a adoção de medidas de suspensão do protecionismo econômico, o que freqüentemente, sob o pretexto de estímulo à competitividade, abandona o setor primário ao sabor das flutuações de preço e pode levar o setor de processamento industrial a buscar matérias-primas importadas, em detrimento da produção local. Torna-se cada vez mais arriscada a opção pela concentração dos meios de produção agrícola em uma única espécie de planta ou animal. Evidentemente, o empresário deve optar entre a escala de produção e a diversificação de produtos. Esta opção pode ser mediada pela análise de riscos e a modelagem econômica dos fatores de produção e comércio da empresa, mas nunca se deve esquecer de considerar, nesta escolha, o fator tempo e, em especial, o ponto de vista do longo prazo, que tem como referência a perenidade dos recursos naturais e culturais.

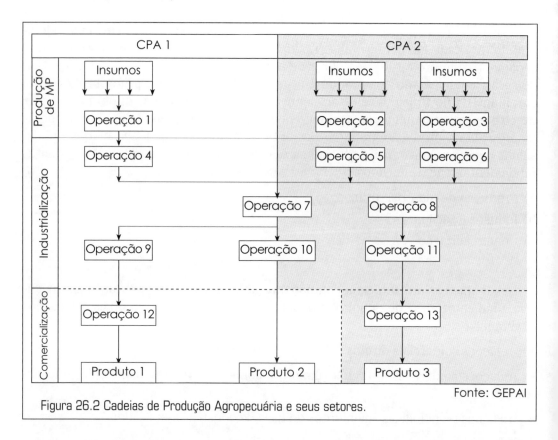

Figura 26.2 Cadeias de Produção Agropecuária e seus setores.
Fonte: GEPAI

A decisão sobre o que produzir deve sempre decorrer de um prévio conhecimento da infra-estrutura local para a recepção de mercadorias, o mercado consumidor da região, as vias de acesso a outros mercados vizinhos e a organização do setor de transportes que pode ser empregada.

A aplicação da metodologia de análise das cadeias produtivas apontará as estratégias de inserção da empresa; opções de marketing; política industrial e gestão tecnológica, através da descrição técnico-econômica de um sistema produtivo e o entendimento do caráter dinâmico que envolve as relações de produção, que evoluem segundo mudanças dos fatores econômicos e financeiros, dos fatores tecnológicos, dos sócio-culturais e dos legais ou jurídicos.

26.2.3 Sazonalidade da produção e dos mercados

As estações do ano determinam ciclos vegetativos, que pautam as operações da produção agropecuária. Na medida em que o mercado de *commodities* internacionaliza os produtos e preços, cria uma tendência à estabilidade dos preços. Esse fato, entretanto, não evita as flutuações sazonais de preços no nosso país, que se aprofundam nos mercados regionais. Os preços, de modo geral, alcançam seus picos superiores no começo das temporadas de semeadura, ou vegetação, que, por sua vez, acompanham as condições climáticas favoráveis a cada cultura. Os picos inferiores de preço acontecem sempre nas épocas de colheita. Assim, a decisão sobre a cultura que se vai implantar em determinada época pode influenciar os resultados econômicos positivamente, quando se escapa das temporadas de preços baixos.

O conhecimento do ciclo fenológico* e das limitações climatológicas de cada cultura e de seus cultivares (linhagens de seleção genética) é fundamental, quando se deseja planejar estrategicamente as operações de produção, a fim de escapar o máximo possível da comercialização nas épocas de grande oferta de determinado produto. A Figura 26.3 ilustra a fenologia do girassol.

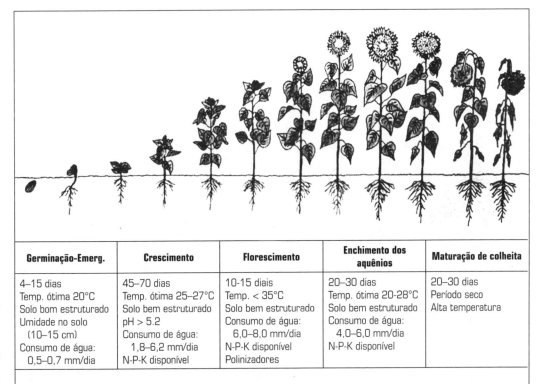

Germinação-Emerg.	Crescimento	Florescimento	Enchimento dos aquênios	Maturação de colheita
4–15 dias Temp. ótima 20°C Solo bom estruturado Umidade no solo (10–15 cm) Consumo de água: 0,5–0,7 mm/dia	45–70 dias Temp. ótima 25–27°C Solo bem estruturado pH > 5.2 Consumo de água: 1,8–6,2 mm/dia N-P-K disponível	10-15 diais Temp. < 35°C Solo bem estruturado Consumo de água: 6,0–8,0 mm/dia N-P-K disponível Polinizadores	20–30 dias Temp. ótima 20-28°C Solo bem estruturado Consumo de água: 4,0–6,0 mm/dia N-P-K disponível	20–30 dias Período seco Alta temperatura

Figura 26.3 Estágios fenológicos do girassol.

Uma mesma espécie de planta pode apresentar cultivares com grandes variações de duração de ciclo vegetativo; por exemplo, milhos híbridos precoces podem emitir pendão floral masculino em 60 dias após a germinação, podendo ser colhidos em três a quatro meses após a semeadura, enquanto milhos de ciclo longo iniciarão o florescimento apenas após 75 dias da germinação das sementes e podem alcançar períodos de até dez meses até a colheita.

---

* Fenologia é o estudo dos fenômenos periódicos de vida animal e vegetal.

442 Qualidade e Competência nas Decisões

Existem estudos de séries históricas de preços que podem orientar as decisões indicando tendências e sugerindo correlações entre época do ano e mercado, assim como há tecnologias – a irrigação, por exemplo – para oferecer às culturas condições ambientais alteradas, a fim de lograr êxito com plantios fora de época. Entretanto, estudos econômicos devem ser submetidos a apreciações agronômicas (e vice-versa), pois algumas culturas apresentam respostas aos fatores ambientais que podem significar sérios prejuízos à produção. A soja, por exemplo, quando submetida a períodos de temperatura média abaixo de vinte graus centígrados ou acima de trinta e cinco, apresenta distúrbios fisiológicos na floração que podem comprometer sua produtividade.

26.2.4 Fatores ambientais

Os fatores ambientais são limitantes que devem compor os projetos agropecuários desde o início de sua gênese. Cada espécie de planta e cada cultivar de produção têm um potencial genético, que se expressa de acordo com esses limitantes. Os estudos de fenologia das principais culturas exploradas pela agroindústria estão avançando no sentido de prever as perdas percentuais sobre o potencial de produção que cada tipo de *stress* ambiental pode causar em cada um dos estágios fenológicos de uma cultura, durante seu desenvolvimento até a colheita, a pós-colheita e o armazenamento; ou o ganho médio de peso diário que cada espécie animal deve apresentar, mediante tais e quais condições de manejo e nutrição, para justificar economicamente cada fase de seu desenvolvimento ou produção. Entretanto, vale lembrar que estas perspectivas de desempenho são geradas sob determinadas condições ambientais, sobre populações geneticamente caracterizadas. Vale lembrar, ainda, as lições da genética elementar: a expressão das características de um indivíduo depende da interação entre sua carga genética e os fatores ambientais aos quais esteve submetido durante cada fase de seu desenvolvimento. Por exemplo, não se pode esperar produções de 12 toneladas por hectare (t/ha) de milho, qualquer que seja sua linhagem, em um solo ácido, com pH 4,0. Neste caso, mesmo após a correção da acidez com calagem, seria temerário esperar colheitas superiores a 3 t/ha, embora com uma superadubação no plantio.

Há uma imagem clássica, divulgada pelo cientista alemão Justius Von Liebig (1803-1873) para ilustrar sua "Lei dos mínimos", onde um potencial produtivo é representado por um barril cujas tábuas são os fatores limitantes da produção, representada pelo volume de água que o barril pode conter, por sua vez determinado pela altura da tábua mais baixa. Ou seja; uma vez determinados os fatores limitantes da produção, é preciso encontrar quais podem ser alterados para que a produção aumente. No caso do milho citado acima, acidez aparentemente é a tábua mais curta. Seria então economicamente viável aplicar doses elevadas – por exemplo, 600 kg/ha de 04-14-08 (Nitrogênio-Fósforo-Potássio) – de adubo no plantio? O incremento da produção pagaria o custo do adubo?

Hoje, existem muitos estudos acadêmicos que propõem modelos para a avaliação dos incrementos produtivos de diversos fatores, mas nenhum dispensa as análises de

26. Decisões no Agronegócio   **443**

desempenhos locais das unidades de produção agroindustrial para o esclarecimento das estratégias de desenvolvimento desses sistemas. Cada localidade apresenta uma distinta composição de fatores.

Existem fatores ambientais de âmbito regional que podem ser pesquisados em publicações do IBGE (Projeto Radam Brasil). Dados como pluviosidade anual e temperaturas médias mensais são suficientes para que se possa verificar a possibilidade do estabelecimento, em certa região, de uma determinada cultura.

Escolas superiores instaladas na região onde se situa o projeto também são interessantes fontes de informação. Em Piracicaba - SP, há a Escola Superior de Agricultura Luiz de Queiroz (ESALQ), de renome internacional, que abriga mestrandos e doutorandos de todo Brasil e historicamente tem concentrado o maior volume de produção acadêmica do país. Sua biblioteca é, por isso, uma referência indispensável na pesquisa bibliográfica e levantamento de informações técnicas sobre a produção e a economia agrícola.

Os tratados técnicos sobre espécies de interesse econômico, quando bem compostos, trazem informações ecológicas sobre linhagens de plantas e animais e a conseqüente regionalização do uso do material genético à disposição dos produtores. Mapas de distribuição geográfica e informações específicas sobre as condições que limitam ou comprometem a produção de cada linhagem genética são comuns na literatura especializada.

No Quadro 26.1, verifica-se a viabilidade de alguns cultivares de feijão para o plantio "da seca" em cada região ecológica do estado do Paraná.

Quadro 26.1 – Quadro de recomendação de cultivares de feijão para cada região agroecológica do estado do Paraná no plantio das secas, em 1989

Região	Abrangência	Antecipação	Indicada	Prorrogação
I	Vale do Rio Paranapanema	Não recomendável o plantio da seca e com possibilidades do plantio de outrono-inverno		
II	Cascavel, Paranavaí, Londrina, Cambará	Não recomendável o plantio da seca		
III	Wenceslau Braz		25 dez/15 jan	
IV	Ivaiporã		15 dez/15 jan	
V	Francisco Beltrão, Peto Branco, Ponta Grossa, Guarapuava, Irati	10 dez	20 dez/20 jan	30 jan
VI	Guarapuava, Palmas	05 dez	15 dez/15 jan	
VII	Planalto de Curitiba	05 dez	15 dez/15 jan	
VIII	Cerro Azul, Adrianópolis	01 jan	15 jan/15 fev	28 fev
IX	Litoral	15 fev	25 fev/20mar	31 mar

444 Qualidade e Competência nas Decisões

Há também fatores ambientais locais, ligados a características da paisagem, que devem ser levantados por meio de estudo direto. Algumas localidades brasileiras dispõem de estruturas públicas de apoio tecnológico ao produtor, que às vezes mantêm arquivos com informações e podem orientar sobre a existência de postos meteorológicos, ou sobre algum empreendedor da região que mantenha sistemas de monitoramento do clima. Propriedades bem estruturadas, que empregam tecnologias de irrigação, precisam gerar este tipo de informação para a utilização racional de seus recursos. Informações sobre as temperaturas máximas e mínimas diárias, ocorrências de geadas e veranicos, direção e intensidade dos ventos mais freqüentes e séries de dados pluviométricos permitem evitar ou mitigar riscos ambientais das operações, bem como planejar equipamentos de irrigação e drenagem, equipamentos de controle do escorrimento superficial das águas pluviais, como terraços e curvas de nível, ou o plantio de cercas-vivas com função de quebra-vento.

Os órgãos públicos de pesquisa genética e tecnologia agropecuária oferecem informações sobre espécies ou linhagens de plantas e animais adaptados a cada condição climática. No mercado de insumos, freqüentemente são oferecidos serviços de fomento, que também podem fornecer informes sobre cultivares adaptados a cada região. Entretanto, estes últimos podem ser contaminados por "metas de vendas". Pode-se servir deles, porém procurando a confirmação de seus informes por outras fontes.

O conhecimento das condições ambientais e sua variação durante o ano é fundamental durante o planejamento das operações de produção. A maioria dessas operações, em um sistema de produção agropecuária, será realizada ao ar livre e muitas delas só podem ser realizadas em condições ideais de clima. O arado utilizado em solo muito seco irá pulverizar a estrutura do solo, tornando-o mais suscetível à erosão. O arado utilizado em solo muito úmido produzirá compactação da camada superficial, prejudicando a cultura que se pretende instalar. A colheita de grãos realizada em condições de alta umidade trará como conseqüências maior ocorrência de ataques de pragas e doenças de pós-colheita, perdas na qualidade do produto, ou maior gasto de energia durante a secagem forçada dos grãos.

Cabe ao planejador do agronegócio combinar condições climáticas e características biológicas dos seres vivos envolvidos no sistema produtivo com a inserção dos produtos no mercado. A decisão sobre as culturas ou tecnologias para implantá-las exige pesquisa climatológica do local onde se deseja operar, tanto quanto a respeito da adaptabilidade das espécies escolhidas para essas condições climatológicas.

Na seqüência, são discutidos alguns dos principais fatores ambientais.

a) Latitude

Os regimes climáticos variam conforme a latitude. Em latitudes próximas do equador, é menor a variação entre o número de horas de dia e noite. Em outras palavras, o fotoperíodo é mais estável no transcorrer do ano. Este fato traz como conseqüência menor variação nas temperaturas máximas e mínimas anuais.

26. Decisões no Agronegócio   445

Nas latitudes mais próximas dos pólos, o fotoperíodo está em constante alteração, o número de horas de luz aumenta até o equinócio de verão, quando passa a diminuir, até o equinócio de inverno. A conseqüência direta da diminuição das horas de luz é um menor aporte de energia (solar) nas estações de outono, inverno e primavera. Entretanto, o verão provê intenso aporte de energia. Ou seja, há muita variação de temperatura durante o transcorrer do ano. A energia do sol é a responsável pelo movimento do ar (vento) e da água (regime de precipitações), portanto há uma correlação direta da latitude com o regime climático de um local.

A maioria das plantas cultivadas responde às variações no fotoperíodo. Por exemplo, a época de diminuição do fotoperíodo determina o florescimento de algumas espécies de plantas, ou a formação de reservas subterrâneas em outras. Há respostas de algumas espécies a variações na temperatura que ocorrem entre inverno e verão, ou a mudanças no regime hídrico determinadas pelas estações de seca ou chuvas. Todas estas variações são condicionadas pela latitude, tão certas como o planeta na sua trajetória em torno do Sol, são as condições macro-climáticas.

b) Relevo

Em locais de grande declividade, a superfície de exposição ao Sol aumenta, mas a energia incidente é a mesma. Por essa razão, quando consideramos uma área de produção agropecuária, sempre nos referimos à sua área de projeção plana, o espaçamento das culturas deve obedecer à projeção plana. No Brasil ainda existe muita confusão entre a superfície absoluta, mais facilmente medida, e a projeção plana, obtida através de metodologia topográfica. Em alguns casos, podem ser observados erros de até trinta por cento em escrituras de imóveis registradas antes da década de 1970.

Relevo é o fator fundamental na formação do microclima. Também é um fator fundamental na formação dos solos e no regime de escorrimento superficial das águas pluviais. É também determinante das condições de mecanização de uma área. Todas estas características têm relevância na instalação de uma atividade produtiva.

A distribuição da luz solar em relevos suaves é uniforme. Sem as sombras das ondulações do terreno, as culturas recebem luz direta, desde o amanhecer até o pôr-do-sol. Relevos suaves dão condição à formação de ventos intensos e constantes, o que facilita as perdas de água por evapotranspiração e a disseminação de doenças fúngicas e pode atrapalhar operações de pulverização e aplicação de fertilizantes em pó. Isto pode ser previsto e mitigado pelo plantio de cordões de árvores ou a manutenção de corredores de mata nativa, como quebra-ventos. Por outro lado, este tipo de relevo permite o pleno acesso e as operações de máquinas para aplicação de corretivos e fertilizantes, preparo do solo, plantio, pulverização e colheita.

Regiões de relevo acidentado em geral oferecem clima mais ameno e maiores variações diárias de temperaturas máximas e mínimas. Como a declividade restringe a mecanização das operações, estas áreas são historicamente ocupadas por florestas (plantadas ou preservadas) e por culturas perenes, como fruticultura, em sistemas de intenso uso de mão-de-obra.

446   Qualidade e Competência nas Decisões

c) Altitude

A cada cem metros acima do nível do mar, em geral cai um grau da temperatura média local. Além de apresentar temperaturas mais baixas, os locais de altitudes elevadas têm ar com menor umidade e pressão e, em geral, menor nebulosidade, afetando o desempenho dos organismos vivos e sua interação. Por exemplo, uma doença de abelhas, chamada "cria pútrida", costuma dizimar apiários nos meses mais chuvosos do Sudeste, entre dezembro e fevereiro. A doença afeta bem menos os enxames transportados, nesta época, para altitudes superiores a 1000 metros. Devido à temperatura média e umidade do ar inadequadas ao desenvolvimento da bactéria, a doença deixa de ter significado econômico.

O Mal de Sigatoka é um exemplo de doença dos bananais, que causa grandes danos no litoral paulista, mas tem pouca importância econômica no planalto, pois os conídios – estruturas de disseminação do fungo na época do crescimento vegetativo da bananeira – necessitam de 98% de umidade do ar para se formarem, nível de umidade freqüente na baixada e raro no planalto.

A porção mineral do solo também sofre influência da altitude, devido aos regimes de variação de temperatura e sua interferência no intemperismo. Isto é, o conjunto de alterações das rochas, desde as eras geológicas do endurecimento da crosta terrestre, até que seus fragmentos decompostos tornem-se aquilo que chamamos de solo. A temperatura média inferior nas grandes altitudes restringe a oxidação dos minerais e a decomposição da matéria orgânica, determinando o aparecimento de solos menos ácidos, que acumulam mais matéria orgânica do que aqueles situados em ambientes mais quentes, em altitudes próximas do nível do mar.

O regime diferenciado de clima de altitude também determinou pressão de seleção dos organismos que colonizaram estes espaços. Ademais, os seres humanos têm, ao longo de sua história, atuado como dispersores de espécies. Hoje os centros de seleção de cultivares de exploração econômica segregam materiais adaptados a variados regimes climáticos. Isto derermina, para cada material selecionado, limites tais como altitudes recomendáveis, por exemplo, ao plantio de um cultivar de feijão das secas.

No Brasil, a maior parte das localidades de grande altitude é também composta por paisagens de declive acentuado, que dificultam a mecanização das operações e apresentam alta erodibilidade. Estes fatos apontam para usos menos intensivos de culturas perenes: reflorestamentos, pomares de plantas originárias de regiões temperadas ou pastagens. Entretanto, o clima de altitude viabiliza a produção de algumas culturas hortícolas, como alcachofra ou aspargos, e favorece a produção de quase todas as hortaliças.

d) Pluviosidade

As regiões macroclimáticas são caracterizadas por um índice de pluviosidade em milímetros por ano. As culturas, por sua vez, também são caracterizadas por sua necessidade de água expressa em milímetros por ciclo vegetativo (de um ano). Por

26. Decisões no Agronegócio 447

exemplo, a banana nanica produz cachos de 25 kg em solos de fertilidade mediana, se puder contar com precipitações de, no mínimo, 1800 mm bem distribuídos durante o ano.

O tomador de decisões, porém, deverá aprofundar-se no estudo deste item para levantar dados e entender a distribuição das chuvas durante o ano, a intensidade e a regularidade em que ocorrem estas chuvas. Deve também entender a contribuição da estatística nas análises de séries de dados meteorológicos, a fim de planejar não só os prazos de implementação de culturas, favorecendo seu desenvolvimento pela satisfação de suas necessidades de água, em cada estágio fenológico, mas também prevenir-se quanto à probabilidade de ocorrência de secas ou veranicos (secas curtas durante a estação chuvosa), considerando as possibilidades econômicas do uso da irrigação.

É indispensável prevenir-se quanto à ocorrência de precipitações intensas (chuvaradas), dimensionando os equipamentos necessários ao controle da erosão e à condução das águas de escorrimento superficial, para mitigar os riscos de seu projeto ir literalmente por água abaixo.

O rompimento de terraços de controle da erosão (também conhecidos como curvas de nível), bem como carreadores mal posicionados e drenos de estradas subdimensionados, causam irrecuperáveis perdas de solo e têm sido responsáveis pelo assoreamento de nascentes e leitos de rios. Estes tipos de equipamentos quando mal localizados ou mal dimensionados invariavelmente trazem mais prejuízos do que sua ausência, mesmo em um curto horizonte de tempo de operações. No entanto, a longo prazo têm um potencial de degradação ambiental cumulativa que pode inviabilizar a plena nutrição das próximas gerações humanas, pela perda da fertilidade dos solos.

O administrador prudente estudará as instalações das ocupações anteriores da área, as estruturas de controle de erosão e seus possíveis pontos de rompimento, ravinas ("trilhas" , vegetadas ou não, marcadas na paisagem pela passagem de enxurradas) e voçorocas ("valetas" desprovidas de vegetação, com visível escorrimento de terra arrancada pela enxurrada), bem como os pontos em que ocorre ou ocorreu assoreamento. Assim, estará ciente de que a correção destes equipamentos representará custos adicionais na implementação de projetos.

Precisará equipar-se com as ferramentas conceituais sobre a gestão das bacias hidrográficas e a drenagem das águas superficiais, para encontrar na paisagem os divisores de águas, as linhas de drenagem. Munido de uma planta em escala mínima de 1:10000, deverá estar pronto para calcular o volume de água que escorrerá, por determinado ponto do terreno (situado em uma linha de drenagem, ou corpo d'água), após uma chuva de dada duração e determinada intensidade de precipitação. Ou estimar, sob uma intensidade de precipitação crítica, o tempo que a primeira gota que escorre, do ponto mais distante de uma rampa, em uma bacia hidrográfica, leva para alcançar determinado ponto da linha de drenagem. Com este tipo de análise, é possível alocar os recursos necessários em equipamentos que têm grande probabilidade de eficácia para tempos de retorno predefinidos.

448 Qualidade e Competência nas Decisões

e) Tipo de solo

A visão do solo como um simples substrato onde se apóiam as estruturas vegetativas é o caminho certo para a desertificação das paisagens. Os solos só aparecem em virtude da atividade biológica na intemperização das rochas e a fertilidade está diretamente ligada à manutenção da atividade dos microorganismos do solo, que são os grandes parceiros do agricultor, especialmente em nossos solos tropicais, com sua composição mineralógica carente em Fósforo, pobre em bases (Ca, Mg, K, etc.) e pobre em cargas elétricas que as possam reter. A maior parte dos nutrientes em solos tropicais encontra-se seqüestrada na biomassa, sendo tradicionalmente mobilizada pelas queimadas, o que garante dois ou três anos de boas colheitas e um subseqüente decaimento da fertilidade. Felizmente, cresce hoje em dia a utilização de tecnologias, como o plantio direto, que privilegiam a manutenção da vida microbiológica no solo.

A fertilidade do solo é uma informação fundamental para o planejamento da atividade agroindustrial, tanto mais quando se pretenda instalar equipamentos de beneficiamento e processamento do produto. A gestão da fertilidade do solo certamente será o setor da empresa agroindustrial que mais demandará alocação de recursos, posto que dessa fertilidade depende a eficiência dos sistemas e sua continuidade. Cada colheita representa uma "exportação" de nutrientes e, se sua reposição não for efetuada, o empobrecimento do solo será fatal.

Os tratados sobre fertilidade e adubação envolvem o conhecimento da capacidade de absorção e exportação de nutrientes pelas culturas. O conhecimento de cada espécie vegetal ou animal de interesse econômico, associado ao conhecimento da fertilidade do solo, permitirá a previsão dos insumos necessários para atingir seus potenciais de produção. Somente estudos econômicos permitirão o estabelecimento das dosagens de insumos necessárias para atingir patamares de produção que permitam o lucro da operação. O patamar de máximo retorno econômico nem sempre será o da máxima expressão do potencial genético.

Análises químicas trazem um índice de especial utilidade que resume os teores de nutrientes: a saturação em bases – nos solos tropicais, em geral, quanto mais alta, melhor. Porém, a análise mineralógica é indispensável, informa as quantidades de areia, limo e argila. Os solos mais argilosos, chamados de solos pesados, são em geral menos erodíveis, têm mais bases e maior capacidade de retenção de nutrientes e água, mas são facilmente compactados. Os solos arenosos, chamados de solos leves, são o inverso disso: mais bem drenados, mas mais difíceis de manejar e frágeis, exigirão mais cuidados na manutenção da produtividade.

f) Infra-estrutura de transportes

O cumprimento de prazos na execução das tarefas de transporte é tanto mais importante quanto mais perecíveis são os produtos envolvidos nas cadeias de produção agropecuária. Senão todas, a maioria das ações do segmento industrial envolve a questão da preservação da qualidade de uma matéria-prima que, na maior parte dos casos, respira, sofre alterações enzimáticas e constitui "alimento de micróbios" (são decompostos por microorganismos). Insetos, roedores e até pássaros também constam da lista de organismos que costumam causar perdas no armazenamento.

Os prazos em que cada produto ou subproduto permanecem em condições de processamento ou consumo estabelecem o tempo que cada um destes itens pode ficar armazenado. A cana-de-açúcar, por exemplo, assim que é cortada começa a sofrer ataque de cepas de microorganismos presentes no solo, ou trazidos pelos ventos. Estas cepas consomem o mesmo alimento que seria destinado pela indústria a linhagens de levedura especialistas na produção de álcool e as cepas "selvagens" nem sempre produzem álcool, competindo, portanto, para diminuir a eficiência dessa produção, que ficará comprometida se a cana-de-açúcar não for transportada, moída e inoculada em um prazo de três dias.

Muitos produtos agrícolas exigem embalagem na roça, suas características físicas (diversas são sucetíveis de esmagamento) e nutricionais (quase todas sofrem transformações bioquímicas de pós-colheita) definem as estruturas exigidas para que as matérias-primas agroindustriais mantenham qualidade durante o transporte da roça até as instalações de processamento. Mesmo depois de processados, muitos produtos alimentícios ainda exigem prazos e condições especiais de transporte e armazenagem para garantir ao consumidor sua qualidade nutricional.

Nossa nação tem muito a construir em termos de infra-estrutura de transportes. Pode-se afirmar, com mínima margem de erro, que o valor das terras e até os preços regionais das matérias-primas agroindustriais são diretamente proporcionais à presença desta infra-estrutura, como também de sua qualidade. A simples distância dos pólos de processamento ou de consumo, ou até mesmo um segmento do percurso mal pavimentado, podem aumentar tanto o tempo como o custo do transporte, a ponto de inviabilizar economicamente a instalação de uma unidade de produção agropecuária.

O tomador de decisões deverá preocupar-se com as distâncias e as estradas disponíveis, mas também com as condições destas vias e seus pedágios, com as divisas estaduais e fronteiras internacionais, com suas barreiras sanitárias e fiscais. São também motivos de preocupação os equipamentos de embarque e desembarque, a qualificação da mão-de-obra para a execução destas tarefas e seus custos, a frota disponível, os modais de transporte envolvidos, as limitantes da perecibilidade dos artigos e os equipamentos necessários para mitigá-la.

26.3 Conclusão

No Brasil foi sempre muito comum o comportamento de rebanho: tal cultura mostra-se lucrativa em três safras subseqüentes e o cardume de empresários rurais volta-se a ela em massa e as ondas de preços baixistas começam a suceder-se à temporada anterior. Evidentemente, apenas as empresas que conseguem um eficiente sistema de levantamento de dados para alicerçar decisões e constroem seu nicho no mercado sobrevivem e crescem. Alimentação é um hábito que nunca sairá de moda.

Referências

- ALVES, E. J. (coord.). **A cultura da banana.** Brasília: Embrapa-SPI, 1999.

- BATALHA, M. O. (coord.) **Gestão Agroindustrial.** São Paulo: Atlas, 2001.

- CASTELLANO, E. G. (*et al.*) **Desenvolvimento sustentado: problemas e estratégias.** São Carlos: EESC-USP, 2000.

- CASTIGLIONI, V. B. R.; BALLA, A.; CASTRO, C. de; SILVEIRA, J. M. **Fases do desenvolvimento da planta do girassol.** Londrina: EMBRAPA-CNPSo, 1997.

- FUNDAÇÃO INSTITUTO AGRONÔMICO DO PARANÁ. **O Feijão no Paraná.** Londrina: IAPAR, 1989.

- INSTITUTO BRASILEIRO DE GEOGRAFIA E ESTATÍSTICA. **Carta do Brasil.** São Paulo: IBGE, 1971.

- LEPSCH, I. F. (coord.). **Manual para levantamento utilitário do meio físico e classificação de terras no sistema de capacidade de uso**: 4ª aproximação. Campinas: SBCS, 1991.

- SÍCOLI, J. C. M. (org.). **Legislação Ambiental: textos básicos.** São Paulo: IMESP, 2000.

27 MAIS SOBRE DECISÕES

Pedro Luiz de Oliveira Costa Neto

Fechamos o presente livro com este capítulo, no qual diversos tópicos relacionados com decisões em situações específicas são abordados. Esta apresentação, evidentemente, não esgota o assunto, havendo por certo diversos outros casos decisórios que podem ocorrer na prática.

27.1 Decisões empreendedoras

Tarde se descobriu que a maioria das nossas universidades formava especialistas para serem bons funcionários das grandes empresas, em particular das multinacionais. Não havia a preocupação em incutir nos jovens o espírito empreendedor, incentivando-os a encetarem os próprios negócios ou mesmo a adotarem uma atitude empreendedora dentro das empresas[1], tornando-se automaticamente competentes, conforme discutido em 5.3.4.

Felizmente, nos tempos que correm, esta situação está mudando, para o que certamente têm contribuído os trabalhos de Dolabela (1999), Salim (2005) e Silva (2005), dentre outros.

A decisão de empreender, entretanto, não é simples. É conhecido fato de que cerca de 85% das pequenas empresas criadas por novos empreendedores não vivem mais que cinco anos. No Brasil, o SEBRAE – Serviço Brasileiro de Apoio às Micro e Pequenas Empresas é o organismo que tem por missão dar apoio às micro e pequenas empresas, mediante o oferecimento de cursos e consultoria a preços acessíveis. Entretanto, segundo palavras de um gerente da própria entidade, em entrevista a 12/06/2006, "devido às pressões dos impostos e barreiras burocráticas, as MPEs têm uma percepção de desconfiança e distanciamento do governo. Com regras não muito claras, empreender passa a ser uma profissão de alto risco. Boa parte dos empresários brasileiros pode ser chamada de empreendedores de sobrevivência, e não de oportunidades".

Ou seja, no Brasil o empreendedor que decide iniciar o seu negócio deve ter, acima de tudo, coragem. Não obstante, o empreendedorismo deve ser amplamente prestigiado, até porque se sabe que as pequenas empresas são responsáveis pela maioria dos empregos oferecidos.

---

[1] Designada em inglês por *intrapreneurship*.

452 Qualidade e Competência nas Decisões

Entretanto, além de corajoso, o empreendedor deve também ser, na devida medida, cauteloso. Para tanto, convém estar atendo aos sete pecados capitais do empreendedorismo:

1. Não fazer plano de negócio;

2. Escolher mal os sócios;

3. Dar o passo maior que a perna e dispensar a experiência;

4. Descuidar da questão financeira;

5. Perder o foco do negócio;

6. Colocar o objetivo de ganhar dinheiro acima do fato de gostar do que faz;

7. Não saber a hora de desistir.

O plano de negócio acima mencionado tem pelo menos dois bons objetivos: fornecer um guia de ação ao empreendedor, ajudando-o a não perder o foco do negócio, e subsidiando-o na busca de aporte de capital para fazer crescer o seu negócio. O plano de negócio é o primeiro documento que qualquer investidor deseja ver antes de decidir-se a apoiar um novo empreendimento. A seguir, apresenta-se o conteúdo típico de um plano de negócio:

1. Sumário executivo;

2. Descrição do negócio (conteúdo, oportunidades, estratégias);

3. Produtos e serviços;

4. Análise do mercado (possibilidades econômicas, concorrência, visão de futuro);

5. Organização do negócio (participação societária, responsabilidades);

6. Planejamento financeiro;

7. Conclusões.

Encerramos esta breve apresentação da questão do empreendedorismo com duas alusões de Ozires Silva a esse respeito:

"São os empreendedores que trazem prosperidade a um país."

"As palavras-chave para o empreendedor de sucesso são entusiasmo, persistência e conhecimento."

Bem como com um aforismo de Miguel de Unamuno aprendido com o preclaro brasileiro Waldimir Pirró e Longo:

"Quem sonha o absurdo acaba realizando o impossível."

27.2 Metodologia Delphi

Utilizada inicialmente pela Rand Corporation americana nos anos 60, esta metodologia se destina a obter previsões de cenários mediante consenso, para subsidiar a tomada de decisões. É uma forma estruturada de consulta a especialistas buscando a convergência de opiniões através do uso de questionários. Casos típicos de sua aplicabilidade são a ocorrência de mudanças estruturais, inexistência de dados históricos ou horizonte longo a ser considerado.

Os participantes da consulta devem ser mantidos em recíproco anonimato, para evitar influenciação, devem representar opiniões heterogêneas, multidisciplinares, e devem ser, de preferência, interessados diretos no problema em questão, possivelmente, até, envolvidos *stakeholders*.

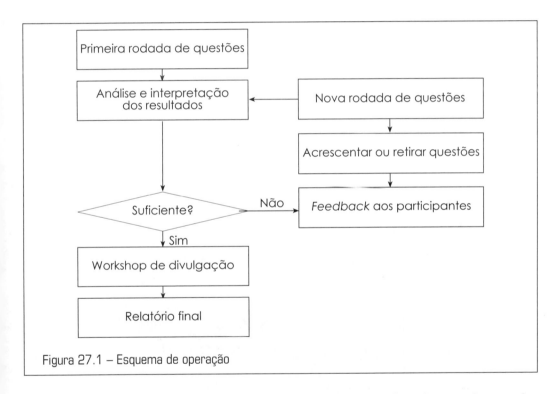

Figura 27.1 – Esquema de operação

A Figura 27.1 mostra um possível esquema de operação de aplicação da metodologia.

27.3 Modelos determinísticos

Quando um problema decisório envolve uma série de dados de entrada bem conhecidos, não sujeitos a variações aleatórias, o problema é determinístico e a solução pode, em princípio, ser encontrada matematicamente. Há, evidentemente, numerosos métodos desenvolvidos para situações específicas, dentre os quais destacamos a Programação Linear, uma das mais conhecidas técnicas da denominada Pesquisa Operacional, destinada, em princípio, a resolver problemas de maximização (ou minimização) de funções lineares, sujeitos a um conjunto de restrições também lineares. Por exemplo:

Maximizar $2x + 3y$

$$\text{Sujeito a: } x + 4y \leq 32$$
$$x + y \leq 11$$
$$2x + y \leq 20$$
$$x \geq 0$$
$$y \geq 0$$

Este problema típico da Programação Linear pode ser resolvido, como também outros mais complexos, envolvendo mais variáveis, através do conhecido Método Simplex, amplamente difundido em programas computacionais. Entretanto, por se tratar de um exemplo simples, com apenas duas variáveis, podemos resolvê-lo graficamente, a título de ilustração.

A Figura 27.2 apresenta as restrições do problema e um feixe de retas paralelas correspondente à família de retas dada por $2x + 3y = c$.

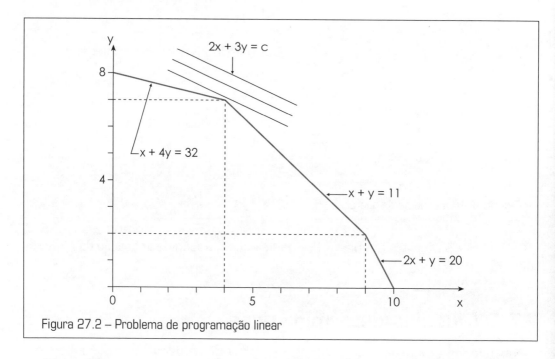

Figura 27.2 – Problema de programação linear

Ora, o feixe de paralelas "encontra" o conjunto de restrições no ponto ($x = 4$, $y = 7$), que maximiza a função objetivo, sendo esse valor máximo $2 \cdot 4 + 3 \cdot 7 = 29$.

27. Mais sobre Decisões   455

Existem, obviamente, outros modelos típicos de problemas determinísticos e probabilísticos que, juntamente com um detalhamento da Programação Linear, podem ser vistos, dentre outras referências, em Hillier & Lieberman (1980).

27.4 Modelos probabilísticos

A Pesquisa Operacional também enfoca diversas situações em que os dados do problema decisório são sujeitos à intervenção do acaso, ou seja, os modelos são probabilísticos. Um desses casos foi abordado no Capítulo 11.

Há, entretanto, muitas outras situações a considerar, caracterizando os chamados Processos Estocáticos. Nestes, existem sistemas que envoluem, numa seqüência de estágios, para possíveis estados, obedecendo a regras probabilísticas. A evolução de estágio para estágio pode se dar de maneira discreta ou contínua, como também as variáveis que caracterizam os possíveis estados do sistema podem ser discretas ou contínuas. O Quadro 27.1 ilustra as possibilidades para o processo estocástico quanto às naturezas dos estados e dos estágios.

Quadro 27.1 – Processos estocásticos

Estados	Estágios	Exemplo
Discretos	Discretos	Jogo de crap
Discretos	Contínuos	Filas
Contínuos	Discretos	Previsão do tempo
Contínuos	Contínuos	Vazão de um rio

Um processo estocástico com estados e estágios discretos em que as probabilidades de evolução entre estados dependem somente do estado em que o sistema estava no estágio anterior é chamado processo de Markov. Um exemplo muito simples é dado na Figura 27.3, em que estão representadas as probabilidades de evolução em cada estágio. O estado 4 é dito "absorvente", pois o sistema nele chegando, o que fatalmente ocorrerá em algum número de estágios, então encerra a sua evolução.

Há, certamente, muitos outros casos de uso dos modelos probabilísticos, dentre os quais destacamos as técnicas de simulação, usadas para resolver problemas complexos não passíveis de formulação matemática. A simulação consiste, como o próprio nome indica, em reproduzir a situação-problema através de um algoritmo, em geral computacional, que será executado um grande número de vezes, repetitivamente, para "ver o que acontece". Dessas observações tiram-se estatisticamente as conclusões sobre o que se espera ocorrer no problema real.

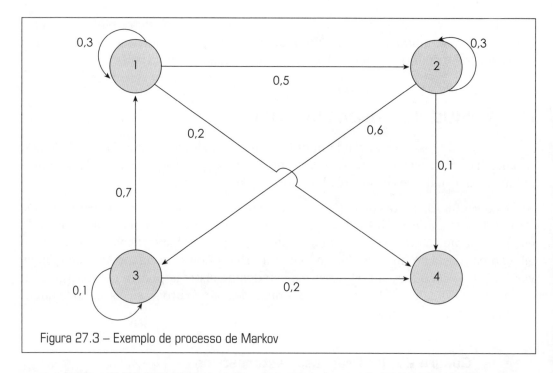

Figura 27.3 – Exemplo de processo de Markov

Evidentemente, esses modelos se valem largamente dos fundamentos e modelos fornecidos pelo Cálculo de Probabilidades, que podem ser vistos em Costa Neto & Cymbalista (2006). O Cálculo de Probabilidades é também a ferramenta básica para o desenvolvimento dos métodos estatísticos de análise e interpretação de resultados, conforme se vê a seguir.

27.5 O papel da Estatística

Segundo Costa Neto (2002), a Estatística pode ser considerada como a ciência que se preocupa com a organização, descrição, análise e interpretação dos dados experimentais, visando a tomada de decisões. Por dados experimentais pode-se entender todos aqueles, obtidos pelas mais variadas formas, que tenham interesse em um determinado estudo.

Essa ciência pode, até por razões históricas, ser subdividida em Estatística Descritiva, que cuida da descrição e apresentação dos dados, para isso se valendo de tabelas, gráficos e quantidades como a média, a mediana, o desvio padrão, o coeficiente de correlação e outros, e a Estatística Indutiva ou Inferência Estatística, que trata da análise e interpretação do significado dos dados. O posicionamento dessas duas partes da ciência Estatística na seqüência para a geração do conhecimento é mostrado na Figura 2.1.

Esclarecendo melhor, o papel da Estatística Indutiva consiste em tirar conclusões probabilísticas acerca de aspectos das populações ou universos de interesse a partir dos dados observados em amostras probabilísticas extraídas dessas populações ou universos.

Esta frase embute três conceitos importantes:

- O de **população** ou **universo**, que corresponde ao conjunto total de elementos de interesse no estudo em questão;

- O de **amostra representativa**, sendo a amostra um subconjunto retirado da população e que será examinado no estudo estatístico. Entretanto, essa amostra necessita ser representativa da população, ou seja, a característica populacional a ser estudada deve ter, a menos da sempre presente variação aleatória, as mesmas características que há na população, caso contrário será uma amostra viciada que comprometerá, desde o início, todo o trabalho estatístico. Daí a fundamental importância do processo de amostragem, que precede as demais partes do trabalho, para evitar que se incorra no vício de amostragem;

- O de **conclusões probabilísticas**, pois não basta pura e simplesmente tirar conclusões acerca de aspectos da população, sem também acompanhar essas conclusões de uma avaliação probabilística quanto a estarem corretas. Este é, em essência, o principal objetivo da Estatística Indutiva e explica por que suas técnicas somente começaram a aparecer no século XIX, após o Cálculo de Probabilidades, surgido cerca de 200 anos antes, ter fornecido ferramentas probabilísticas que possibilitassem a análise estatística dos resultados observados, enquanto a Estatística Descritiva já era utilizada, séculos antes de Cristo, pelos gregos no apogeu de Atenas. Note-se, a propósito, que o processo de raciocínio por indução ou inferência é aquele em que se parte do conhecimento de uma parte e se procura tirar conclusões sobre o todo, sendo, portanto, sujeito à incerteza por sua própria natureza, sendo oposto ao processo de dedução, em que se conhece o todo e se tira uma conclusão exata sobre o que se verifica em uma parte ou caso particular.

Estatísticas descritivas são proporcionadas, em larga escala, por entidades como o IBGE – Fundação Instituto Brasileiro de Geografia e Estatística, por outros institutos de pesquisa, por experimentos industriais e pela pesquisa de fontes em geral. Já os métodos de análise da Estatística Indutiva devem ser utilizados criteriosamente, conforme os objetivos que se tenham em mente. Cuidado deve-se ter com o uso indiscriminado de programas computacionais, que resolvem problemas estatísticos partindo de hipóteses consagradas, mas nem sempre válidas, e podem levar a interpretações indevidas dos resultados, se o seu uso não for acompanhado pela experiência e pelo bom senso.

Os problemas que a Estatística Indutiva busca resolver podem ser considerados de três naturezas:

- **Estimação**, em que se busca conhecer algum aspecto da população como, por exemplo, um seu parâmetro a ser caracterizado;

458 Qualidade e Competência nas Decisões

- **Teste de hipóteses**, em que existe uma hipótese considerada válida, mas que será submetida a teste mediante sua comparação com a evidência amostral;

- **Especificação de modelos**, em que se busca caracterizar o comportamento das variáveis de interesse nas populações a partir do comportamento observado nas amostras.

Merecem citação alguns capítulos da ciência Estatística, por seu grande interesse prático:

- **Análise de Variância**, desenvolvida pelo grande estatístico inglês Sir Ronald Fisher, uma técnica para a comparação simultânea de várias médias, aplicável em diversas situações e sob diversas condições;

- **Correlação e Regressão**, referente ao estudo de problemas bi ou multivariados, oferecendo modelos de previsão aplicáveis sob determinadas condições;

- **Estatística Não Paramétrica**, com forte aplicação nas ciências sociais e biológicas, conforme pode ser visto em Siegel (1975);

- **Delineamento de Experimentos**, importante quando os dados serão obtidos de experimentos planejados, para que se colham as amostras da forma mais eficiente e econômica, conforme pode ser visto em Montgomery (1995).

27.6 Mais sobre dominância

Foram vistos em 2.4 os conceitos de dominância e admissibilidade, ilustrados por dois exemplo. Tomemos um terceiro.

Suponhamos uma situação, mostrada na Figura 27.4, em que há oito alternativas de opção para o decisor e onde os eixos cartesianos representam os resultados da decisão segundo dois critérios. Uma análise imediata da figura permite identificar o fato de que as opções a_2 e a_6 podem ser descartadas de início. De fato, a_2 é dominada por a_3 e a_4 pois, sob ambos os critérios, oferece piores resultados, e a_6 é dominada por a_7, pois empata com esta segundo o critério 2 e perde segundo o critério 1.

Se considerarmos, entretanto, o conceito de estratégia mista, podemos eliminar mais duas dessas opções, devido à dominância. Uma estratégia mista corresponde a adotar uma regra decisória que escolhe probabilisticamente entre duas[*] opções. Assim, uma estratégia mista entre a_i e a_j seria dada por

$$a_p = p\,a_i + (1-p)\,a_j, \quad 0 < p < 1$$

---

[*] Duas ou mais. Aqui nos cingimos ao caso de duas, ou seja, de estratégias mistas binárias.

indicando que o resultado esperado dessa estratégia mista seria, dependendo do valor da probabilidade p, dado por

$$R(\mathbf{a_p}) = p\, R(\mathbf{a_i}) + (1-p)\, R(\mathbf{a_j})$$

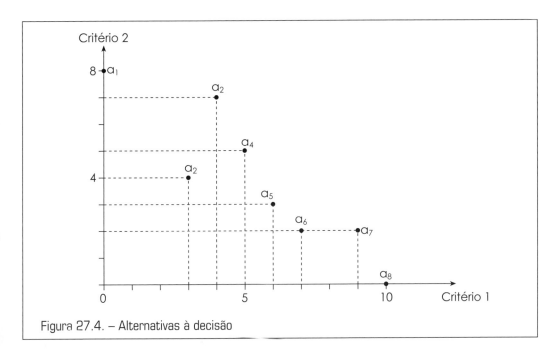

Figura 27.4. – Alternativas à decisão

O conjunto dos pontos referentes às opções correspondentes às estratégias mistas binárias imagináveis na Figura 27.4 seria dado pelos segmentos de reta unindo os pontos representativos das respectivas opções puras. Isto nos permite construir um contorno unindo os pontos correspondentes às opções mais acima e à direita na Figura 27.4, chegando a uma linha poligonal, conforme mostrado na Figura 27.5. A essa linha poligonal externa chamamos contorno admissível.

Admitimos que, através da possibilidade de adoção de estratégias mistas envolvendo as opções que estão no contorno admissível, é possível se dispor de uma infinidade de soluções admissíveis sobre esse contorno, que não são dominadas por nenhuma outra. Na Figura 28.5 são indicados trechos que contêm soluções desse tipo que são dominantes em relação às opções $\mathbf{a_4}$ e $\mathbf{a_5}$, logo estas podem também ser descartadas por dominância. Restam, pois, como opções admissíveis possíveis de escolha pelo decisor, $\mathbf{a_1}, \mathbf{a_3}, \mathbf{a_7}, \mathbf{a_8}$ e as soluções obtidas por estratégia mista a partir dessas soluções puras. Qual dessas deverá ser a escolhida pelo decisor dependerá da importância por ele atribuída a cada um dos critérios existentes.

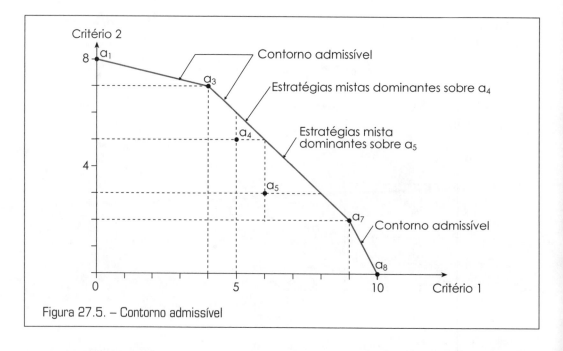

Figura 27.5. – Contorno admissível

Suponhamos, por exemplo, que o decisor tenha uma preferência por esses critérios expressa pela seguinte equação de ganho:

$$G(x, y) = k(2x + 3y), \qquad (27.1)$$

indicando que ele atribui peso maior, na proporção 3:2, para o critério 2 em relação ao critério 1. Ora, a equação

$$2x + 3y = c$$

representa um feixe de retas paralelas tais que

$$y = \frac{c - 2x}{3} = \frac{c}{3} - \frac{2}{3}x,$$

ou seja, com coeficiente angular $-\frac{2}{3}$, conforme representado na Figura 27.6. Esse feixe de paralelas "encosta" no contorno admissível no ponto correspondente à opção a_3. Logo, esta opção deve ser escolhida pelo decisor que se pauta por uma referência entre os critérios conforme expressa na equação (27.1).

Não é difícil perceber que, para um decisor que atribuísse igual importância a ambos os critérios, ou seja, tivesse sua equação de ganho expressa por

$$G(x, y) = k(x + y), \qquad (27.2)$$

tanto a_3, a_7 ou qualquer estratégia mista entre a_3 e a_7 dariam resultado ótimo, pois o feixe de paralelas conteria a reta que passa pelos pontos representativos de a_3 e a_7.

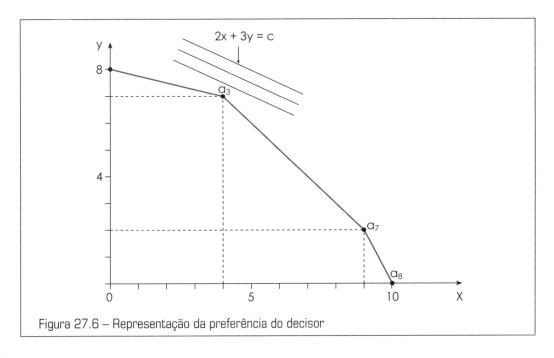

Figura 27.6 – Representação da preferência do decisor

Levando adiante esta análise, podemos chegar a uma solução geral para o problema desse decisor, qualquer que fosse a importância relativa que atribuísse aos critérios, em função do coeficiente angular do feixe de paralelas gerado por essa preferência. Essa solução geral é dada na Tabela 27.1, em que a indicação de duas opções puras embute também qualquer estratégia mista construída a partir desse par.

Tabela 27.1 – Solução geral

Coeficiente angular b	Solução ótima
$-\frac{1}{4} < b < 0$	a_1
$b = -\frac{1}{4}$	a_1, a_3
$-1 < b < -\frac{1}{4}$	a_3
$b = -1$	a_3, a_7
$-2 < b < -1$	a_7
$b = -2$	a_7, a_8
$b < -2$	a_8

462 Qualidade e Competência nas Decisões

Na Tabela 27.1 se confirma que, para o decisor com preferência expressa pela equação (27.1), cujo coeficiente angular é $-\dfrac{2}{3}$, a opção ótima é $\mathbf{a_3}$.

27.7 Teoria dos Jogos

Vimos no Capítulo 11 como se pode subsidiar decisões quando existe uma natureza cujos possíveis estados são sujeitos à incerteza e, portanto, tratados probabilisticamente. Se, ao invés de com uma natureza desinteressada o decisor tiver que se confrontar com um oponente que disputa com ele os resultados a serem auferidos, fica caracterizada uma situação de jogo, em que há conflito de interesses entre as partes atuantes.

A Teoria dos Jogos se ocupa das variadas situações em que esse conflito pode ocorrer. Nessas situações, não se incluem os chamados "jogos de azar", cujos resultados dependem somente do acaso, mas sim os "jogos de estratégia", em que a participação racional do jogador-decisor influi no resultado.

Ilustremos uma situação típica de jogo através de um caso particular bastante freqüente denominado "jogo de soma zero", em que a soma dos ganhos e das perdas dos participantes é nula. Trata-se, pois, de um jogo essencialmente competitivo. Se houver apenas dois oponentes, cada um procurará otimizar o seu resultado em detrimento do outro, sem a possibilidade de cooperação.

Esta é, por exemplo, a situação do jogo mostrado na Tabela 27.2, em que dois jogadores $\mathbf{A}$ e $\mathbf{B}$ devem se decidir simultaneamente por uma das opções $\mathbf{a_i}$ e $\mathbf{b_j}$, aparecendo no corpo da tabela quanto o jogador $\mathbf{A}$ recebe do jogador $\mathbf{B}$ em cada intersecção, ou seja, são representados ganhos de $\mathbf{A}$ e perdas de $\mathbf{B}$.

Tabela 27.2 – Jogo de soma zero

	Opções	b_1	b_2	b_3	b_4
			B		
	a_1	1	–2	0	8
A	a_2	2	2	1	3
	a_3	7	5	–3	4

Nesse jogo, que se apresenta bastante favorável ao jogador $\mathbf{A}$, o jogador $\mathbf{B}$ dispõe de ação $\mathbf{b_3}$, pela qual, na pior das hipóteses, se $\mathbf{A}$ optar por $\mathbf{a_2}$, perderá 1, caso contrário ficará no 0 ou ganhará 3 (perda -3). O jogador $\mathbf{A}$ deve raciocinar que essa será a escolha de $\mathbf{B}$ e, então, deve escolher $\mathbf{a_2}$, garantindo o ganho de 1 contra outras possibilidades piores.

27. Mais sobre Decisões

Neste caso, uma solução racional foi obtida para esse jogo, dada pelo par $(\mathbf{a_2}, \mathbf{b_3})$, que corresponde a um ponto de equilíbrio. Esse ponto é atingido pelos jogadores mediante a utilização do critério minimax, que visa minimizar a perda máxima. O equilíbrio corresponde ao ponto que, numa analogia contínua, seria "um ponto de sela", que é o máximo para um e o mínimo para outro[*]. Qualquer outra solução aumenta o risco para ambos jogadores.

Quando não existe o ponto de equilíbrio, a solução ótima para os jogadores é determinada mediante o uso de estratégias mistas, conforme foi visto em 27.6. Assim, no jogo de soma zero mostrado na Tabela 27.3, em que não há ponto de equilíbrio, chega-se a uma solução baseada em estratégias mistas que aponta para $\mathbf{A}$ escolher $\mathbf{a_1}$ com probabilidade 2/3 e $\mathbf{a_2}$ com probabilidade 1/3 e, para $\mathbf{B}$, escolher $\mathbf{b_1}$ ou $\mathbf{b_2}$ com probabilidade 1/2, resultando um ganho esperado de 3 para o jogador $\mathbf{A}$, conforme mostrado em Costa Neto (1970).

Tabela 27.3 – Jogo sem ponto de equilíbrio

	Opções	B	
		b_1	b_2
A	a_1	4	2
	a_2	1	5

A Teoria dos Jogos, cujo rudimento foi aqui apresentado, é complexa e envolve uma variedade grande de situações, tendo aplicações em negócios, decisões estratégicas e situações militares, dentre outras. Em Shimizu (2006), são tratadas condições de guerra e jogos de empresas virtuais. Quem se interessar pela interface entre a Teoria da Decisão, vista no Capítulo 11, e a Teoria dos Jogos poderá consultar Bekman (1970).

Referências

- BEKMAN, O. R. – A Decision Analysis Approach to Two – Person Games – Tese de doutorado – Stanford University, USA, 1970.

- COSTA NETO, P. L. O. – Contribuição ao Estudo dos Jogos de Múltiplos Estágios – Dissertação de mestrado – Escola Politécnica da USP – Departamento de Engenharia de Produção, São Paulo, 1970.

- COSTA NETO, P. L. O. – Estatística – Edgard Blücher, São Paulo, 2002 – 2ª ed.

---

[*] Observar que, no centro da sela de um cavalo, passa-se por um máximo na direção lateral e por um mínimo na direção frontal.

- COSTA NETO, P. L. O. & CYMBALISTA, M. – Probabilidades – Edgard Blücher, São Paulo, 2006 – 2ª ed.

- DOLABELA, Fernando – O Segredo de Luísa – Cultura Editores, São Paulo, 1999.

- HILLIER, F. S. & LIEBERMAN, G. J. – Introdução à Pesquisa Operacional – Campus, Rio de Janeiro, 1980.

- MONTGOMERY, D. C. – The Design and Analysis of Experiments – John Wiley, USA, 1995.

- SALIM, C. S. – Construindo Planos de Negócios – Saraiva, São Paulo, 2005 – 3ª ed.

- SHIMIZU, T. – Decisões nas Organizações – Atlas, São Paulo, 2006 – 2ª ed.

- SIEGEL, S. – Estatística Não-Paramétrica para as Ciências do Comportamento – Mc Graw Hill, São Paulo, 1975.

- SILVA, Ozires – Cartas a um jovem empreendedor – Elsevier, São Paulo, 2005.

Tabela 1 – Fatores de valor presente de operação única FVP$_U$(i, n)

i(%) / n	0,5	1	1,5	2	3	4	5	6	7	8	9	10	12	14	16	18	20	25
1	0,995	0,990	0,985	0,980	0,970	0,961	0,952	0,943	0,934	0,925	0,917	0,909	0,892	0,877	0,862	0,847	0,833	0,800
2	0,990	0,980	0,970	0,961	0,943	0,924	0,907	0,890	0,873	0,857	0,841	0,826	0,797	0,769	0,743	0,718	0,694	0,640
3	0,985	0,970	0,956	0,942	0,915	0,889	0,863	0,839	0,816	0,793	0,772	0,751	0,717	0,674	0,640	0,608	0,579	0,512
4	0,980	0,960	0,942	0,923	0,888	0,855	0,822	0,792	0,763	0,735	0,708	0,683	0,635	0,592	0,552	0,515	0,482	0,410
5	0,975	0,951	0,928	0,905	0,862	0,821	0,783	0,747	0,712	0,680	0,649	0,620	0,567	0,519	0,476	0,437	0,401	0,327
6	0,971	0,942	0,914	0,887	0,837	0,790	0,746	0,704	0,666	0,630	0,596	0,564	0,506	0,455	0,410	0,370	0,334	0,262
7	0,966	0,932	0,901	0,870	0,813	0,759	0,710	0,665	0,622	0,583	0,547	0,513	0,452	0,399	0,353	0,313	0,279	0,209
8	0,961	0,923	0,887	0,853	0,789	0,730	0,676	0,627	0,582	0,540	0,501	0,466	0,403	0,350	0,305	0,266	0,232	0,167
9	0,956	0,914	0,874	0,836	0,766	0,702	0,644	0,592	0,543	0,500	0,460	0,424	0,360	0,307	0,262	0,225	0,193	0,134
10	0,951	0,905	0,861	0,820	0,744	0,675	0,613	0,558	0,508	0,463	0,422	0,385	0,321	0,269	0,226	0,191	0,161	0,107
11	0,947	0,896	0,848	0,804	0,722	64958	0,584	0,526	0,475	0,428	0,387	0,350	0,287	0,236	0,195	0,161	0,134	0,086
12	0,942	0,887	0,836	0,788	0,701	0,624	0,556	0,496	0,444	0,397	0,355	0,318	0,256	0,207	0,168	0,137	0,112	0,068
13	0,937	0,878	0,824	0,773	0,680	0,600	0,530	0,468	0,414	0,367	0,326	0,289	0,229	0,180	0,145	0,116	0,093	0,054
14	0,933	0,869	0,811	0,757	0,661	0,577	0,505	0,442	0,387	0,340	0,299	0,263	0,204	0,159	0,125	0,098	0,077	0,043
15	0,928	0,861	0,799	0,743	0,641	0,555	0,481	0,417	0,362	0,315	0,274	0,239	0,182	0,140	0,107	0,835	0,064	0,035
16	0,923	0,852	0,788	0,728	0,623	0,533	0,458	0,393	0,338	0,291	0,251	0,217	0,163	0,122	0,093	0,070	0,054	0,028
17	0,919	0,844	0,776	0,714	0,605	0,513	0,436	0,371	0,316	0,270	0,231	0,197	0,145	0,108	0,080	0,059	0,045	0,022
18	0,914	0,836	0,764	0,700	0,587	0,493	0,415	0,350	0,295	0,250	0,211	0,179	0,130	0,094	0,069	0,050	0,037	0,018
19	0,910	0,827	0,753	0,686	0,474	0,474	0,395	0,330	0,276	0,231	0,194	0,163	0,116	0,082	0,059	0,043	0,031	0,014
20	0,905	0,819	0,742	0,672	0,553	0,456	0,376	0,312	0,258	0,214	0,178	0,148	0,103	0,072	0,051	0,036	0,026	0,011
21	0,901	0,811	0,731	0,659	0,537	0,438	0,358	0,294	0,241	0,198	0,164	0,135	0,092	0,063	0,044	0,030	0,021	0,009
22	0,896	0,803	0,720	0,646	0,521	0,421	0,341	0,278	0,225	0,183	0,150	0,122	0,082	0,055	0,038	0,026	0,018	0,007
23	0,892	0,795	0,710	0,634	0,506	0,405	0,325	0,262	0,210	0,170	0,137	0,111	0,073	0,049	0,032	0,022	0,015	0,006
24	0,887	0,787	0,699	0,621	0,491	0,390	0,310	0,246	0,197	0,158	0,126	0,101	0,065	0,043	0,028	0,018	0,012	0,004
25	0,883	0,779	0,689	0,609	0,478	0,375	0,295	0,233	0,184	0,146	0,115	0,923	0,058	0,037	0,024	0,015	0,010	0,003

Tabela 2 – Fatores de valor presente de operação multipla $FVP_m(i, n)$

i(%) \ n	0,5	1	1,5	2	3	4	5	6	7	8	9	10	12	14	16	18	20	25
1	0,995	0,990	0,985	0,980	0,971	0,962	0,952	0,943	0,935	0,926	0,917	0,909	0,893	0,877	0,862	0,847	0,833	0,800
2	1,985	1,970	1,956	1,942	1,913	1,886	1,859	1,833	1,808	1,783	1,759	1,736	1,690	1,647	1,605	1,566	1,528	1,440
3	2,970	2,941	2,912	2,884	2,829	2,755	2,723	2,673	2,624	2,577	2,531	2,487	2,402	2,322	2,246	2,174	2,106	1,952
4	3,950	3,902	3,854	3,808	3,717	3,630	3,456	3,465	3,387	3,312	3,240	3,170	3,307	2,914	2,798	2,690	2,589	2,362
5	4,926	4,853	4,783	4,713	4,580	4,452	4,329	4,212	4,100	3,933	3,890	3,791	3,605	3,433	3,274	3,127	2,991	2,689
6	5,896	5,795	5,697	5,601	5,417	5,242	5,076	4,917	4,767	4,623	4,486	4,355	4,111	3,889	3,685	3,498	3,326	2,951
7	6,862	6,728	6,598	6,472	6,230	6,002	5,786	5,582	5,389	5,206	5,033	4,868	4,564	4,288	4,039	3,812	3,605	3,161
8	7,823	7,652	7,486	7,325	7,020	6,733	6,463	6,210	5,971	5,747	5,535	5,335	4,968	4,639	4,344	4,078	3,837	3,329
9	8,779	8,566	8,361	8,162	7,786	7,435	7,108	6,802	6,515	6,247	5,995	5,759	5,238	4,946	4,607	4,303	4,031	3,463
10	9,730	9,471	9,222	8,983	8,530	8,111	7,722	7,360	7,024	6,710	6,418	6,145	5,650	5,216	4,833	4,494	4,192	3,571
11	10,677	10,368	10,071	9,787	9,253	8,760	8,306	7,887	7,499	7,139	6,804	6,495	5,939	5,453	5,029	4,656	4,327	3,656
12	11,619	11,255	10,908	10,575	9,954	9,385	8,863	8,384	7,943	7,536	7,161	6,814	6,194	5,660	5,197	4,793	4,439	3,725
13	12,556	12,134	11,732	11,348	10,635	9,986	9,394	8,853	8,358	7,904	7,487	7,103	6,424	5,842	5,342	4,910	4,533	3,780
14	13,489	13,004	12,543	12,106	11,296	10,563	9,899	9,295	8,745	8,244	7,786	7,367	6,628	6,002	5,468	5,008	4,611	3,824
15	14,417	13,865	13,343	12,849	11,938	11,118	10,380	9,712	9,108	8,559	8,061	7,606	6,811	6,142	5,575	5,092	4,675	3,859
16	15,340	14,718	14,131	13,576	12,561	11,652	10,838	10,106	9,447	8,851	8,313	7,824	6,974	6,265	5,668	5,162	4,730	3,887
17	16,259	15,562	14,908	14,292	13,166	12,166	11,274	10,477	9,763	9,122	8,544	8,022	7,120	6,373	5,749	5,222	4,775	3,91
18	17,173	16,398	15,673	14,992	13,754	12,659	11,690	10,828	10,059	9,372	8,756	8,201	7,250	6,467	5,818	5,273	4,812	3,926
19	18,082	17,226	16,426	15,678	14,324	13,134	12,085	11,158	10,336	9,604	8,950	8,365	7,366	6,550	5,877	5,316	4,843	3,942
20	18,987	18,046	17,169	16,351	14,877	13,590	12,462	11,470	10,594	9,818	9,129	8,514	7,469	6,623	5,929	5,353	4,870	3,954
21	19,888	18,857	17,900	17,011	15,415	14,029	12,821	11,764	10,836	10,017	9,292	8,649	7,562	6,687	5,973	5,384	4,891	3,963
22	20,784	19,66	18,621	17,658	15,937	14,451	13,163	12,042	11,061	10,201	9,442	8,722	7,645	6,743	6,011	5,410	4,909	3,970
23	21,676	20,456	19,331	18,292	16,444	14,857	13,489	12,303	11,272	10,371	9,580	8,883	7,718	6,792	6,044	5,432	4,925	3,976
24	22,563	21,246	20,030	18,914	16,936	15,247	13,799	12,550	11,469	10,529	9,707	8,985	7,784	6,835	6,073	5,451	4,947	3,981
25	23,446	22,023	20,720	19,523	17,413	15,622	14,094	12,783	11,654	10,675	9,823	9,077	7,843	6,873	6,097	5,467	4,946	3,985

Anexos 467

ANEXO II
Respostas aos exercícios propostos

A) Do capítulo 11

1. a) a_1, a_6
   b) a_2
   c) 11
   d) Se "R_1", a_5; se "R_2", a_2. 1,2

2. ~240

3. a) a_1 e a_3
   b) 300
   c) Se 0_1, a_1; se 0_2 ou 0_3, a_3 150
   d) a_3

4. Sim, desde que, qualquer que seja o seu resultado, não altere a decisão a priori.

B) Do capítulo 12

1. 7,25%

2. US$ 207.136

3. As parcelas de amortização são constantes e iguais a R$ 2.500,00 cada. Variam os pagamentos (ver tabela).

Instante	Juro pago	Prestação	Saldo devedor após
0	–	–	10.000,00
1	600,00	3.100,00	7.500,00
2	450,00	2.950,00	5.000,00
3	300,00	2.800,00	2.500,00
4	150,00	2.650,00	0

O valor contábil pago é R$ 11.500,00. No sistema com parcelas iguais (Tabela 12.1) é R$ 10.010,01.

4. R$ 626,00

GRÁFICA PAYM
Tel. (11) 4392-3344
paym@terra.com.br